普通高等教育公共基础课精品教材

大学生心理健康教育教程

（第二版）

主　编　韦　莺　曾巧莲　刘家金
副主编　邬　华　郑海林　周生娣　刘玲玲　徐　慧
参　编　刘灿彬　江瑜华　邓超华　詹伊梨　杨晓璐
　　　　王立皓　杨欣萌　熊　洁
主　审　胡银娇

西安电子科技大学出版社

内容简介

本书按照教育部印发的《普通高等学校学生心理健康教育课程教学基本要求》编写而成。全书共12章，主要内容包括大学生心理健康导论、大学生适应心理健康、大学生的自我意识、大学生的人格发展、大学生的情绪管理、大学生的压力管理、大学生学习心理健康、大学生职业生涯与心理健康、大学生人际交往与心理健康、大学生爱情与性心理、大学生网络成瘾与心理健康、大学生生命教育与心理危机干预。本书对大学生心理健康教育的各个方面进行了系统总结和论述，有理论、有实践、有案例，体现时代性，富有实用性，具有较强的实际操作性。

本书可作为普通高等学校心理健康教育课程的教材，也可作为广大心理健康工作者的参考书。

图书在版编目（CIP）数据

大学生心理健康教育教程 / 韦莺，曾巧莲，刘家金主编. -- 2版.
西安 ：西安电子科技大学出版社，2024. 7. -- ISBN 978-7-5606-7354-7

Ⅰ. G444

中国国家版本馆CIP数据核字第2024NT0094号

策　　划　刘小莉
责任编辑　刘小莉
出版发行　西安电子科技大学出版社（西安市太白南路2号）
电　　话　(029) 88202421　88201467　　邮　　编　710071
网　　址　www.xduph.com　　电子邮箱　xdupfxb001@163.com
经　　销　新华书店
印刷单位　陕西博文印务有限责任公司
版　　次　2024年7月第2版　　2024年7月第1次印刷
开　　本　787毫米×1092毫米　1/16　印张 17
字　　数　403千字
定　　价　52.00元
ISBN 978-7-5606-7354-7

XDUP 7655002-1

前　言

青少年是国家未来的栋梁、民族腾飞的希望，青少年的心理健康素质直接影响到社会的发展进步。在对青少年学生心理健康教育的研究中，面对当代大学生日益突出的心理问题，我们一直在思考和探索：哪些事情是他们郁闷、困惑、迷惘的根由？哪些事情给他们带来快乐或成就？哪些事情促使他们思考和成长？教育者应该怎样帮助他们化解内心的矛盾与冲突，引导他们健康发展？在长期面向大学生开展心理咨询及开设“大学生心理健康教育”课程的过程中，我们有机会直接了解了大学生的内心世界，开展了以培养大学生健康心理素质、维护心理健康为根本目标的“心理健康教育”实践。我们在党的二十大的精神指导下，坚持以人为本，关注每个学生的个体差异；坚持立德树人，努力培养学生的道德品质；坚持实践教育，培养学生面对挑战的勇气和解决问题的能力；同时更加注重内涵发展、质量提升和效果导向，致力于培养德智体美劳全面发展的社会主义建设者和接班人。以上就是本书的编写目标。

本书在第一版的基础上，对个别内容进行了适当的调整和更新。一是通过更新内容，确保学生获得最准确、最前沿的知识；二是通过改进教材的编排逻辑、表述方式和案例选择，使其更加符合学生的学习规律，提高教学质量。本书共 12 章，内容紧密围绕大学生自我成长、心理适应、人格发展、情绪管理、压力管理、人际交往等，既涉及大学生中普遍存在的人际交往问题、自我发展问题、挫折应对问题等现实心理问题的解决，又涉及如生命意义的探讨、创新精神的培养和健康休闲娱乐方式的养成等发展性心理问题的解决。这些内容不仅有利于大学生适应大学生活、成长成才，而且有的内容(如职场人际技巧、婚姻生活的经营等)对大学生成功走向社会、追求幸福人生亦有指导意义。

本书有两大特色：一是将传统文化思想渗透在其中。如每一章节的心灵语录都可以让我们感受到传统文化的智慧与魅力。二是理论与实践相结合。在实践方面，编者将心理素质拓展训练纳入到课程建设中。每一章的心理素质拓展训练都可认为是心理健康教育活动的一部分，包括心理影片赏析、心理游戏、心理测试、心理训练四项内容。所推荐的心理影片既可丰富学生的课余生活，又可促进他们对心理的关注和对人生的感悟。心理游戏旨在通过游戏引导学生发现自我意识、情绪、人际交往等方面的问题。心理测试则提供相应的量表参考。心理训练旨在明确目标，有针对性地进行训练，解决问题。当然，这四项内容只是心理素质拓展训练中的冰山一角，编者也只是根据当前现有的条件和水平列出了一些具有可操作性的实践项目，希望能起到抛砖引玉的作用，引发广大心理健康教育工作者的思考，同时希望这些内容对教育工作者能有一定的帮助。

本书由景德镇陶瓷大学心理健康教育中心组织编写，韦莺、曾巧莲、刘家金担任主编。其中，韦莺编写了第二章、第三章、第四章、第六章、第七章、第八章、第十一章，曾巧莲编写了第一章、第五章、第九章、第十章、第十二章，刘家金对全书进行统稿，邬华、郑海林、周生娣、刘玲玲等其他老师负责收集素材及校对工作。本书编写团队中有 7 人为景德镇市心理学会的骨干成员，编者与景德镇市心理学会紧密合作，整合学术与行业资源，将实践案例融入教材中，增强了教材的实用性和创新性。

本书在编写过程中参考、借鉴了许多国内外专家、学者的著作及文献，在此向相关作者表示诚挚谢意。同时，特别感谢胡银娇老师对本书编写工作的支持，刘家金老师对本书编写工作的指导。

大学生心理健康教育问题非常复杂，加之编写者水平有限，书中难免有所疏漏，我们真诚希望广大读者提出宝贵的意见，以便进一步完善。

编　者

2024 年 5 月

目　录

01

第一章
大学生心理健康教育导论

案例导入

小晴是一名大一学生，今天寝室里的同学七嘴八舌地说明天要去超市，但没有人问她去还是不去，这让她心里顿觉失落；之后她们又聊了上学期班里考试成绩和奖学金颁发的情况，她突然情绪十分低落。小晴从小因父亲重男轻女，一直觉得自己不受他人欢迎，以前因成绩优秀，没太注意这方面的感受，可现在在一群优秀的人中间，她的成绩不再突出，因此她认为自己不如其他同学，同学们也不喜欢自己，自己真的一无是处……

小毅是一名大二学生，由于人际关系问题来找心理咨询老师咨询。他自述来自云南的一个偏远农村，上大学之前因为学习成绩好，一直受到老师的重视和同学喜欢。可到了大学以后，他发现自己除了学习成绩还可以外，其余什么也不会；没有勇气参加各种活动，而看到其他同学能够自如地应对各种活动，他又非常羡慕，更觉得自己微不足道。由于性格比较内向，小毅和同学的关系渐渐疏远；其实他很想接近他们，但又怕自己什么都不如别人，遭到他人的嘲笑，因此内心很痛苦……

小晴和小毅并不是被心理健康问题困扰的大学生中仅有的两个例子，类似的心理困扰在大学生中并不少见。当大学生带着许多美好的憧憬与梦想走进美丽的大学校园后，发现成长的过程并不总是阳光普照，全新的环境、全新的生活也往往伴随着新的困惑，而种种心理困惑也时常会光顾大学生。因此如何树立阳光心态并微笑成长就成了新时代大学生面临的重要课题。

学习思考：结合生活实际，想一想自己有没有遇到过类似的心理困扰。如果有，你是如何应对的？

第一节　大学生心理健康教育的意义及其标准

我们总以为某些事情不会发生，但是它们经常不期然地出现在我们的视野，给予我们的心灵以重创：

2015 年 11 月，北大学生吴某宇在家中杀害了自己的母亲。2023 年 5 月，吴某宇终审被判决死刑。

2022 年 10 月，江西省上饶市某中学高一学生胡某宇从学校失踪。2023 年 1 月 28 日，其遗体在一树林中被发现，调查结果为自缢身亡。

2023 年 9 月，上海市某中学杨某某(女，13 岁)与同班同学郑某某(女，13 岁)于当日上午趁体育课期间返回教室，将具有清洁漂白作用的混合液倒入同班学生的水杯内，导致同班多名学生出现不适症状。

这些事件让人深深叹息的同时，也让心理健康教育工作者沉思：如何在大学生心理问题发生前，提前觉察并作出心理干预，避免悲剧发生？在高校内普遍培养大学生“积极向上、善待生命”的心理健康文化是关键。这些让人扼腕的悲剧是不尊重自己和他人生命的结果。不尊重和善待生命本身就是一种心理问题的表现，我们应该予以重视。

实际上，在新的历史时期，党的十八大、十八届三中和四中全会就明确提出要把立德树人作为教育的根本任务，强调要注重人文关怀和心理疏导，促进青少年身心健康。教育部也对大学生心理健康教育工作提出了新的要求，明确提出要推动大学生心理健康教育工作制度化、规范化、科学化，重视长效机制的建设，突出实际成效。习近平总书记在党的二十大报告中提出：“重视心理健康和精神卫生。”这对新时代做好心理健康等工作提出了明确要求。2021 年 7 月 21 日，教育部《关于加强学生心理健康管理工作的通知》中要求，“进一步提高学生心理健康工作针对性和有效性，切实加强专业支撑和科学管理，着力提升学生心理健康素养”；2022 年，教育部将“加强和改进学生心理健康教育工作，实施学生心理健康促进计划，做好科学识别、实时预警、专业咨询和妥善应对”作为年度工作要点之一。

中共中央、国务院《关于进一步加强和改进大学生思想政治教育的意见》(中发[2004]16 号)中明确提出，“要积极开展大学生心理健康教育和心理咨询辅导，引导大学生健康成长”。教育部、卫生部、共青团中央《关于进一步加强和改进大学生心理健康教育的意见》(教社政[2005]1 号)进一步明确了实施意见，提出要“充分发挥课堂教学在大学生心理健康教育中的重要作用”。在这两个文件的基础上，教育部办公厅印发了关于《普通高等学校学生心理健康教育工作基本建设标准(试行)》的通知(教思政厅[2011]1 号)和《普通高等学校学生心理健康教育课程教学基本要求》(教思政厅[2011]5 号)。党中央、国务院长期以来始终高度重视学生的身心健康，对于促进学生健康作出了一系列战略部署。各级教育部门和学校全面贯彻党的教育方针，深入落实立德树人的根本任务，把心理健康作为学生全面发展的重要基础，并开展了一系列扎实有效的工作。为进一步全方位高质量地促进学生身心健康，2023 年 4 月，教育部、国家卫生健康委等 17 个部门联合印发了《全面加强和改进新时代学生心理健康工作专项行动计划(2023—2025 年)》，并对学生心理健康工作作出了全面部署，这标志着加强学生心理健康工作上升为一个国家战略，摆在更加突出、更加重要的位置。

心理健康是指具有正常的智力、积极的情绪、良好的人际关系、完整的人格以及适宜的心理和行为。心理健康是大学生成长的基础，对每一位大学生来讲是最基本的人生课题，是成长的需要，也是时代的呼唤。

一、心理学与心理健康

现代社会，人才竞争日趋激烈，大学生面临着各种压力，而且压力明显增长，由此引发的各种心理问题也不断增多，大学生心理健康问题已引起了社会各界的高度关注。我国大学生心理健康教育工作起步于20世纪80年代中期，经历了一个逐步被认识、逐步受重视、逐步得到加强的过程。心理健康是大学生全面发展的重要基础，让每个大学生都掌握一些有关心理学与心理健康的知识已成当务之急。

心理学是心理健康的基础知识，那么什么是心理学呢？心理学是研究心理现象及其发生发展规律的一门学科。心理是大脑对客观现实的主观反映。心理现象又称心理活动，人的心理现象是心理过程和个性心理的总称。心理过程是从动态方面对心理现象进行阐述的；个性心理是从静态即相对稳定的方面阐述心理现象的。

1. 心理过程

人的心理现象是一个动态的活动过程，它包括认知过程、情感过程和意志过程。这些心理过程从不同角度能动反映着客观世界的事物及其关系。

(1) 认知过程又称认识过程，是人们获取知识、运用知识的过程。它是心理过程中最基本的过程，包括人的感觉、知觉、表象、记忆、想象、思维等活动过程。例如，人能通过视、听、嗅、触等活动感知事物，把经历过的事物记住，想象出经历的事物，把握事物的实质与规律。

(2) 情感过程是人在认识客观事物的同时产生的体验过程。它以主观体验的方式反映主观需求和客观事物之间的关系，带着显著的内部生理变化和外部表情动作，如喜、怒、哀、恶、恐、欲。

(3) 意志过程是人们自觉确立目标、支配和调节自己的行动、克服困难、实现目标的心理过程。它集中反映了人对客观事物的能动作用。

人的认知过程、情感过程、意志过程彼此之间密切联系、相辅相成，构成了个体心理活动的完整统一体。

2. 个性心理

心理过程是人们所共有的，它具有一般的活动形式及规律。但由于个体的遗传因素不同、生活条件不同、所受教育不同等，这些心理过程在每个人身上产生时又总带有个人的特点，构成了个体心理上的差异性，也就是个性心理。个性心理包括个性倾向性和个性心理特征。

(1) 个性倾向性指决定个体对客观事物的态度和行为的内部动力系统，是个体活动的基本动力，包括需要、动机、兴趣、理想、信念和世界观等。

(2) 个性心理特征指个人的心理活动中经常表现出来的稳定的心理特点，主要包括气质、性格和能力。其中，气质表现为个体活动的风格，性格决定了个体对活动的态度，能力标志着个体活动的水平。

二、心理健康教育对于大学生成长的重要意义

调查显示，中国人各种精神障碍的终身患病率是16.57%，也就是说，100个人中就有

16.57 个人在一生中可能患有精神疾病。每一个人在一生中都会有一段时间可能出现情绪或精神方面的问题，就像会感冒发烧一样，我们将这种现象称为“精神感冒”。既然是感冒，就要想办法去预防，特别是对正处于青年期的大学生来讲，如何正确认识和对待这些问题，保持健康的心理，顺利度过大学这一重要阶段，有着非同寻常的意义。

第一，心理健康有助于大学生善待自我，做最好的自己。心理健康的大学生能了解自我、悦纳自我、善待自我，对自己的能力、性格、行为、优缺点有明确的了解，能做出客观的和恰当的评价，社会角色扮演适当，不会做出不符合社会标准的事，情绪稳定，遇事能正确处理，三思而后行；能体验到自己存在的价值，在努力发掘自我潜能的同时，对于自己无法补救的缺陷，也能泰然处之；制定的生活学习目标比较切合实际，不会产生非分的期望，也从不苛刻地要求自己。这样，他们不会同自己过不去，不会因为理想和现实的差距过大而产生自责、自怨和自卑等不健康心态，也不会产生心理危机。心理健康的大学生知道什么是自己应该做的，什么是不应该做的，既不过多地幻想，也不逃避困难。

第二，心理健康有助于大学生平衡与自我、与他人和与自然的关系。心理健康的大学生心智健全，能够充分发挥自己的最大潜能，妥善地处理和适应人与人之间、人与社会环境之间的相互关系，具备与自然环境和社会环境维持动态平衡的心理保证。

第三，心理健康有助于大学生更好地进行情绪管控。心理健康的大学生能够在适当的时间和地点恰当地表现情绪，其愉快、乐观、开朗等积极的情绪始终占据优势，虽然有时也会有悲伤、忧愁、焦虑、愤怒等消极情绪，但一般不会持久。他们的情绪波动不会太大，基本能够保持情绪稳定，给人的感觉总是乐观积极、朝气蓬勃的，同时他们能够适度地表达和管控自己的情绪。

第四，心理健康有助于大学生更好地经营人际关系。心理健康的大学生能接受他人，善于积极主动地与人交往并搞好人际关系，而面对种种矛盾时也能正确处理。他们乐于与人交往，不仅能接受自己，也能接受他人、悦纳他人，并为他人和集体所理解和接受，能与他人相互沟通和交往，人际关系和谐。他们既能在与挚友同聚之时共享欢乐，也能在独处沉思之时无孤独感；在与人相处时，积极的态度(如同情、关心、友善、尊敬、信任等)总是多于消极的态度(如嫉妒、猜疑、畏惧、敌视等)，因而在社会生活中有较强的适应能力和较充足的安全感。

第五，心理健康有助于促进大学生培育健康的人格。每个人的行为、心理都有一些经常性的、稳定性的特征，这些特征可以是外在的，也可以是隐藏在内部的，它们的总和就是人格。心理健康的大学生在人格方面是完整的，因此可以根据他们的不同性别特点，帮助其扮演适宜的性别角色。在男性气质和女性气质基础上，努力养成双性气质的优秀特征，这是大学生成长面临的一大发展任务。双性气质是美国心理学家贝姆最早提出的。男性大学生既需要培养男子汉气概，又要具备善良、善解人意等双性气质。社会公认的男子汉气概(男性气质)的主要特征包含伟岸、睿智、果断、有能力、有责任感、大度、有幽默感、值得信赖、刚猛等。而女性大学生除培养自己细心、温柔、美丽、细腻、热情等女性气质外，还要有坚持、毅力等双性气质特征。这样，男女性格气质互相融合、不断同化、取长补短，同时具备男性气质和女性气质的优秀特征，女大学生可以热情泼辣、性格耿直、精明强干，男大学生也可以刚柔并济、感情丰富、务实稳重。

总之，心理健康有助于大学生的全方位发展。现代社会环境多变且复杂，要求大学生有充分的适应能力，对自己要有一个正确的定位。正如《国家中长期教育改革和发展规划纲要》中明确提出的：“坚持全面发展。全面加强和改进德育、智育、体育、美育。……促进德育、智育、体育、美育有机融合，提高学生综合素质，使学生成为德智体美全面发展的社会主义建设者和接班人。”随着社会的发展和改革开放的深入，社会竞争日趋激烈，同时对人才的要求也越来越高，只有那些知识广泛、专业技能熟练、综合能力强的人才能成为社会的新宠。心理健康有助于大学生个性、综合素质的和谐发展，培养大学生的创新力、批判力、竞争力、合作力，使其既有社会担当和健全的人格，又有人文情怀和科学素养。

知识拓展

心理咨询的五个不等式

• 心理问题≠精神病

心理咨询在我国是一门起步较晚的新兴学科，人们觉得它很神秘。心理咨询的来访者通常都是左顾右盼、鼓足了勇气才走进心理咨询室，同时在心理咨询师的反复保证下，才肯倾吐愁苦；或是绕了很大圈子，才把真实的情况吐露出来。因为在许多人眼里，去心理咨询的人很可能是不正常或有精神病的，要不就是有见不得人的隐私或道德品质方面的问题。此外，在中国人的传统观念中，表露出情感上的痛苦是软弱无能的表现，对男性来说尤其如此。以上种种原因，使得很多人宁愿饱受精神上的痛苦折磨，也不愿或不敢求助于心理咨询师。

其实，心理问题与精神病是两个不同的概念。每个人在成长的不同阶段及生活工作的不同方面，都有可能会遇到这样或那样的问题，导致消极情绪的产生。对这些问题如能采取适当的方法予以解决，个体就能顺利健康地发展；若不能及时加以正确处理，则会产生持续的不良影响，甚至导致心理障碍。心理问题是日常生活中经常会遇到的，就这些问题求助于心理咨询，这表明个体有较高的生活目标，希望通过心理咨询更好地完善自我，而不是回避和否认问题，混混沌沌虚度一生。有相当一部分人认为精神病就是疯子，其实，他们所说的精神病严格来说是重度精神病，如精神分裂症、躁郁症等，它与一般的心理问题和轻度心理障碍有很大区别。绝大部分精神病人对自己的疾病没有自知力，更不会主动求医。

• 心理学≠窥见内心

两个久未谋面的老同学在路上不期而遇，其中一个知道对方是心理咨询师，就让他猜一猜自己现在心中在想些什么。许多来访者也有类似的心态，他们不愿或羞于吐露自己的心理活动，认为只要简单说几句，咨询师就应该能猜出他心中的想法，否则就说明咨询师水平不高。心理咨询师没有特异功能，不可能窥见他人的内心世界，他们只是应用心理学的理论和方法，对来访者提供的一定信息进行讨论和分析，并进行咨询与治疗。因此，来访者需详尽地提供有关情况，才能帮助咨访双方共同找到问题的症结，才有利于咨询师作出正确的诊断并进行恰当的治疗。

• 心理咨询≠无所不能

许多来访者将心理咨询神化，似乎咨询师无所不能，就像一个开锁匠，什么样的心结都能一下打开，所以常常只来访一两次；如果觉得没有达到所希求的效果，就大失所望，再也不来了。实际上，心理咨询是一个连续的、艰难的改变过程。心理问题常与来访者的个性及生活经历有关，就像一座冰山，冰封已久，没有强烈的求助、改变的动机，没有恒久的决心与之抗衡，是难以冰消雪融的，所以来访者需有打“持久战”的心理准备。

• 心理咨询师≠救世主

一些来访者把心理咨询师当成“救世主”，将自己的所有包袱都丢给咨询师，以为咨询师应该有能耐把它们一一解开，而自己无须思考、无须努力、无须承担责任。而实际上，心理咨询是“助人自助”，心理咨询师只能起到分析、引导、启发、促进来访者改变与人格成长的作用。

• 心理咨询≠思想工作

来访者中还有另一种极端的认识，就是认为心理咨询没多大用处，无非是讲些道理，因而忽视或未意识到心理问题是需要治疗的。一女孩因强迫观念痛苦异常前去就诊，家人反对并干涉：“你就是钻牛角尖，想开点就会好的。”女孩得不到理解支持，内心很绝望，从而影响到治疗的连续性和效果。心理咨询与思想工作有本质区别。咨询师不是说服对方服从，而是运用专业理论与技巧寻找心理障碍的症结，予以诊断治疗。咨询师持客观、中立的态度，而不是对来访者进行批评教育。

三、大学生心理健康的标准

在讨论心理健康之前，有必要先了解什么是健康。

传统观念认为，健康就是躯体没有疾病，正如细胞病理学的奠基人魏尔啸教授指出“不健康的本质在于细胞病变”，所以人们都认为“无病就是健康”，当然这里的疾病是指躯体疾病。

但是，随着社会的进步和人们认识能力的提高，现在普遍认为健康不只是没有身体缺陷和疾病，还要有良好的生理、心理和完好的社会适应能力。1948 年世界卫生组织(WHO)成立时，把健康定义为：“健康乃是一种生理、心理和社会适应都臻于完满的状态，而不仅仅是没有疾病和虚弱的状态。”1989 年世界卫生组织又公布了经过修改的健康的定义：“健康不仅仅是没有疾病，而且还包括心理健康、社会适应良好和道德健康。”

心理健康是健康概念中非常重要的一个层面，那么什么是心理健康呢？国内外许多学者从各自关注的不同角度对心理健康进行了论述，迄今为止，对于什么是心理健康还没有一个统一的、公认的定义。有人从心理潜能的角度来理解心理健康，认为心理健康的人是能够充分发挥自己的潜能，并能适应人与人、人与环境之间相互关系的个体；有人认为心理健康是一种持续、积极乐观、富有创造性的心理状态，在这种状态下个体适应良好，具有旺盛的生命活力，在情绪与动机的自我控制等方面达到正常或良好水平。《简明不列颠百科全书》将心理健康定义为：“个体心理在本身及环境条件许可范围内所能达到的最佳状态，但不是指绝对的十全十美状态。”我国研究者王书荃认为，心理健康指人的一种较稳定持久的心理机能状态。它是个体在与社会环境相互作用时，主要表现出的在人际交往中能否使自己的心态保持平衡，使情绪、需要、认知保持一种稳定状态，并表现出一个真实自我的相对稳定的人格特征。她认为如果用简单的一个词来定义心理健康，就是“和谐”。个体不仅自我感觉良好，与社会发展和谐，发挥出了最佳的心理效能，而且能进行自我保健，自觉减少行为问题和精神疾病。

很多学者对心理健康提出了不同的标准。美国著名的人格心理学家奥尔波特(G. Allport)认为，心理健康应包括以下六个标准：

(1) 力争自我的成长。

(2) 能客观地看待自己。

(3) 人生观统一。

(4) 有与他人建立亲睦关系的能力。

(5) 有获得人生所需能力、知识和技能的能力。

(6) 具有同情心，对生命充满爱。

浙江大学马建青教授提出了心理健康七标准论，具体如下：

(1) 智力正常。智商测试，正常的智力区间为80～120，70以下属于智力低下，130以上属于高智商。

(2) 情绪协调，心境良好。心境能够保持稳定，不会因为一点点小事情就波动得特别大，或者陷入某种情绪中无法自拔。

(3) 具备一定的意志品质。具有能够完成某些任务所应具备的坚持不懈、努力奋斗的精神，敢于面对挑战，不怕困难，不怕失败。

(4) 人际关系和谐。人际关系能处理得游刃有余，待人接物都很到位，能够建立比较深厚的友谊，有值得信任的朋友。

(5) 能动地适应环境。对于环境能够主动地去适应，找到能够发挥自己能力的环境，或者能够适应环境并且改进环境，让自己有更多的发展和创造能力。

(6) 保持人格完整。人格独立完整，专注现实，富有创造力和自发性。

(7) 符合年龄特征。年轻的时候朝气蓬勃，中年时要稳重能够承担，老年时睿智而富有理性。

世界卫生组织提出了关于心理健康的七条标准，具体如下：

(1) 智力正常。

(2) 善于协调与控制自己的情感。

(3) 具备良好的意志品质，有自制能力。

(4) 关爱他人，能建立且享受不同的人际关系，人际关系和谐。

(5) 能动地适应和改造现实环境。

(6) 热爱生命，乐观、积极地面对生命与成长，保证人格的完整和健康。

(7) 心理行为符合年龄特征。

中国台湾心理学家吴静吉认为，一个人的心理健康可以表现在以下12个方面：

(1) 重视快乐的价值。

(2) 诚实待己，怡然自处。

(3) 不庸人自扰，拒绝杞人忧天。

(4) 抒发压抑感受，清理消极问题。

(5) 发展积极乐观的思考模式。

(6) 掌握此时此刻的时空。

(7) 有组织、有计划地确定生活目标。

(8) 降低期望水平，放缓竞争脚步。

(9) 追求人生理想，建立亲密关系。

(10) 追求有意义的工作，在工作中发挥创意。

(11) 尊重自己，亲近别人。

(12) 积极主动，分秒必争。

无论心理健康标准有多少条，万变不离其宗，我们认为心理健康的核心在于和谐，其内涵至少应该包括以下三方面：

(1) 从生理上看，心理健康的个人，其身体状况特别是中枢神经系统应当是没有疾病的，其功能应在正常范围内，没有不健康的遗传特质。

(2) 从心理上看，心理健康的个人对自我应该持肯定的态度，有正确地自我认知，明确认识自己的潜能、优点和缺点，并发展自我；有融洽的人际关系；能面对现实问题，具备良好的心理适应能力。

(3) 从社会行为上看，心理健康的个人能有效地适应社会环境，能妥善地处理人际关系，其行为符合所在生活环境中文化的常模而不离奇古怪，所扮演的角色符合社会要求，与社会保持良好的接触，并能为社会作出贡献。

因此，从广义上讲，心理健康是指一种高效而令人满意的、持续的、和谐的心理状态；从狭义上讲，心理健康是指人的基本心理活动过程的完整、协调、一致，即认识、情感、意志、行为、人格完整和协调，能顺应社会，与社会保持同步。

所以，大学生心理健康的标准至少应包括以下 8 个方面：

(1) 智力正常，能保持对学习较浓厚的兴趣和求知欲望。

(2) 能保持正确的自我意识，接纳自我，善爱自我。

(3) 能协调与管控情绪。情绪的反应适度，能保持良好的心境。

(4) 意志健全。有良好的意志品质，一是目的要合理；二是要学会调整自己的期望值和心态；三是要培养自己的坚强品性和自觉性；四是要培养自己的果断性和自制力。

(5) 保持完整和统一的人格。要以积极进取的人生观和信念作为人格核心，言行一致，表里如一。

(6) 有和谐的人际关系，乐于交往。

(7) 具备良好的环境适应能力。

(8) 心理行为符合年龄特征。人的心理是一个不断发展的过程，心理发展的各个阶段表现出来的特征称为心理发展的年龄特征。每个人的认识、情感、言行举止应基本符合自己的年龄特征。

第二节　大学生常见心理困扰及缘由

大学生在人生发展的特定阶段，可能会因遇到一些事情而产生一些不良情绪或心理上的困惑，这种常见的、人人都可能遇到的、随着年龄的增长会自动解决或缓解的一系列问题称为心理困扰。由于环境的改变和情感的挫折，难过、悲伤、愤怒、无助情绪的出现是难免的。一般来讲，大学一年级学生集中表现为对新生活的适应困扰，兼有学习、所学专业、自我认识、人际交往困扰；大学二年级学生出现的困扰依次为人际交往、学习与事业、情感与恋爱困扰；大学三年级学生集中在自我表现发展与能力培养、人际交往、恋爱与情感困扰等方面；大学四年级学生则以择业困扰为多数，兼有恋爱、未来发展和职业能力培养困扰等。

一、大学生常见心理困扰

（一）自我认识方面的困扰

大学生在自我意识发展过程中经常会产生的问题可以概括为以下几方面。

1. 自我中心

自我中心也是自我意识的偏差，即考虑问题、处理问题都以自我为中心。其具体表现为：

(1) 固执己见和唯我独尊。自我中心的人总是以自己的态度作为别人态度的"向导"，认为别人都应该是与自己一样的态度，而且这种人在明知别人正确时，也不愿意改变自己的态度或接受别人的态度，因而难以从态度、价值观的层次上与别人进行交往，整个交往的水平很低。

(2) 缺乏自省意识。人们遭受挫折或打击，大多情况下都与其自身的过失或弱点有某些关联。然而，一些大学生在遇到挫折或打击时，不是积极地从自身寻找原因、反省自己，而是首先想到社会和他人对自己的不公、不利，由此产生对社会、他人的不满和怨恨，心态变得消极、扭曲。

(3) 缺乏同情心。有些学生只关心自己的各种需要和利益，对与己无关的人和事达到了超乎寻常的冷漠程度，表现出毫无恻隐、同情、助人之心，因而丧失了人性的善良，变得自私、封闭、麻木、脆弱、敏感、偏激，甚至残忍。

(4) 自私任性。以上几种心理因素相互交汇，使部分学生形成了封闭、狭隘、自私、冷漠的人格倾向。在这类大学生的思想意识中，"我"占有绝对的、至高无上的位置，不可侵犯，他人为我是理所当然的，我为他人是不可理解、难以接受的。他们往往对社会、他人要求极高，求全责备，对自己却竭力放纵，无所顾忌，把一己私利的得失视为道德上善恶的唯一标准，为此不惜损害他人和社会的利益，堂而皇之地纵容自己的自私行为，并对给他人带来的痛苦和不幸毫无愧疚、不安之感。

(5) 攻击性强。由于一些学生的自我中心倾向，在遇到不顺和障碍时，他们就认为都是别人对不起自己，怨气冲天，情绪烦躁、焦虑，内心冲突强烈，有时恶语相加，有时在背后做手脚，有时采取暴力行为。

2. 盲目从众与虚荣

迈尔斯(Myers)认为从众是个体在真实或想象的群体压力下改变行为与信念的倾向。弗兰佐(S. Franzoi)则把从众定义为对知觉到的群体压力的一种屈服倾向。王小章在《中国社会心理学》一书中提到：从众是在群体的影响和压力下，个体放弃自己的意见而采取与大多数人相一致的立场的自我保护行为。有过强的从众心理的人往往会缺乏独立思考能力，缺乏主见，原则性不强，害怕孤立，缺乏自信，丧失自我。

根据社会比较理论，个体倾向于与那些在某些方面比自己更优越的人进行比较。这种比较可以帮助个体确定自己的社会地位和水平，但也可能导致个体对自己的能力或拥有物产生不满。通过社会比较，个体形成了对自己能力、地位、外貌等方面的评价，如果个体在比较中感到自己处于劣势，他们可能会感受到自尊受到了威胁。为了弥补自尊的不足或提升自己的社会地位，个体可能会发展出虚荣心，虚荣心可以看作是一种防御机制，用来对抗由于上行比较而产生的自我评价下降。个体可能会夸大自己的成就或优点，以在他人面前保持积极的形象，比如他们可能会通过展示自己的成就、财富、外貌等来吸引他人的注意和赞赏，从而提升自己的自我价值感。在某些情况下，个体也可能会通过贬低他人来提升自己的地位。这种策略可以减少他人与自己之间的差距，从而保护自尊。

阿德勒(Alfred Adler)认为虚荣会引导人去做一些只重外观而不重实质的无益工作及努力，使人经常想着自己或别人对他的看法，这迟早会使人失去与现实的接触。那些无法在自我虚荣中得到满足的人，常努力去阻止别人充分展现其生命。虚荣的人总是知道怎样把责任推到别人身上，而他自己总是对的，别人总是错的；他们对别人的生命毫无贡献，只是一味地抱怨、找借口，不计一切代价维持个人的优越感，并保护他们的虚荣。

虚荣心的产生通常是一种情绪信号，它反映了个体对自尊、社会地位和认同感的关注。虚荣心可能是内心不安感的一种反应，个体可能因为担心自己不够好或不被接受而感到焦虑，通过虚荣心来减轻这种不安。虚荣心也可能是对认同感和归属感的一种渴望，个体可能通过展示自己的成就或拥有物来寻求他人的认可和赞赏，从而满足对社交认同的需求等。策略冲突理论认为，当个体面临策略冲突时，可能会体验到负性情绪。

3. 过度自卑或自负

大学生心理困扰之一就是过度自卑或自负。具体来讲，自卑主要有：学习自卑，包括专业、外语、学习能力等方面；人际交往自卑，包括家庭经济状况，父母不如别人以及与老师、同学、校友、老乡及与异性交往等方面；爱情自卑，包括恋爱失败等方面；家庭自卑，包括经济、地位、地区、幸福等方面；身体自卑，包括外貌、体型等方面；能力自卑，包括语言表达能力、运动特长、艺术特长等方面；个性特征自卑，包括气质和性格等方面；成长经历自卑，包括经历很多失败和挫折、童年的不幸经历等方面。

阿德勒认为，每个人生下来都存在着身心缺陷，带有不同程度的自卑感，因而产生补偿这种缺陷的要求，而且补偿往往是超额的，即不仅补偿缺陷，还发展为优点，追求优越。同时，阿德勒认为，人生的主导动机就是追求优越，而自卑感是推动个人获取成就的主要动力。一个人越是自卑，追求优越感的要求就越强烈。正是由于自卑，人才会去寻求补偿，否则就会得心理疾病，失去对未来生活的兴趣和勇气。他还认为，每一个人都有追求优越的独特方式，这称为生活风格。生活风格是一个人在早期的生活道路上形成和固定下来的行为模式，是战胜自卑和追求优越的工具。

社会兴趣是个人对自卑感的一种最根本补偿。因为它使每一个人更好地为社会贡献力量，在为社会服务中感受到自己的价值。所有失败者——神经症患者、精神病患者、罪犯、酗酒者、堕落者、娼妓之所以失败，就是因为他们缺乏从属感和社会兴趣。

自负是个体自以为是、自命不凡的一种情绪体验和情绪表现。具有明显自负心理的大学生在现实生活中通常有以下几种典型表现：

其一，人际关系不和谐，具有较强的孤独感。大多数自负的大学生在学习、业余爱好、个人专长等方面分别表现出某种优势，在班级、家庭中成为大家关注的中心，这样他们在思维上也习惯了以自我为中心，总有一种高高在上的优越感，容易忽视对他人的情感关注。

其二，自控能力不强，自律观念淡薄。自负的学生往往智商较高、思想活跃、思维敏捷，而这些都容易给他们造成一种错觉，那就是不用花费很多时间，一样可以取得很好的成绩，所以在意志水平不太稳定的学生时代，容易出现耍小聪明、不够专注、懒散、自控力不强、自我约束力不够的情况。

其三，在创造性内隐特征上，往往表现出鲜明的综合性与矛盾性。创造性内隐是创造力及其发展的某些特征，是人们在日常生活和工作背景下形成的，如道德品质、才情、人格、独创力等。自负的学生在这些特征上往往呈现出两极性和矛盾性。如在独创力上，自负的学生一方面表现得思维敏捷、想象独特、观察敏锐，但另一方面有时候会表现得固执己见、不善变通、一意孤行。

其四，错误与负面的自我图式。自我图式是指个体在以往经验的基础上形成的对自己概括性的认识。一般来看，自信的学生的自我图式比较正面、乐观、积极。他们待人接物会淡化别人的缺点，着重看别人的优点，因此他们对待亲人、朋友的方式是尊重、宽容、理解的，会将心比心。而自负的学生容易采取错误与负面的自我图式，往往消极看待别人的行为品质，在与人相处时，亲和力不够，喜欢掩饰自己的缺点而夸大自己的成绩，以致自己与周围人的关系不够稳定。

4. 过度依赖和缺乏独立

现实生活中的大学生容易产生理想信念模糊，价值取向扭曲，缺乏实践动手能力等问题，更容易出现缺乏坚忍的意志品格的现象。正如陈寅恪先生所言，大学的责任在于培养人“独立之人格，自由之思想”，而大学生在学业、情感乃至择业中出现的种种困惑，都是由大学教育中独立人格培养缺失所造成的。

大学生在学业中缺乏独立思考的精神，自主学习能力差。今日之校园，学风日趋浮躁，面对考试，很多人怀着平日不读书，“临阵磨枪不亮也光”的想法。学术造假的歪风邪气甚嚣尘上，出现了诸如考试“枪手”、论文“代写”等不良现象，严重地影响了校园的人文环境和大学生的思想健康。此外，学术批判和创新精神不足。课堂上少问少答，几乎成为教师的一言堂。学生唯师、唯书、唯权威专家定论是从，在学术研讨探究中为观为静者居多，敢于开拓创新者甚少。大学生往往无法形成独立的学术见解，缺乏独立思考和判断的能力。

在择业中，大学生缺乏独立选择的勇气，独立生活能力弱。面对充满竞争的劳动力市场，相当一部分大学生抱有“等、靠、要”的幻想，不是主动地在市场经济的大潮中展示个人的潜力和才能，而是希望通过父母家人的裙带关系帮忙联系工作，甚至出现了“干得好不如嫁得好”的依附思想。与此同时，在选择工作时存在放弃人生理想，一味追逐短期经济利益的现象。如果求职受挫，大学生还会转而投向父母的怀抱，选择做“啃老族”。

大学生在情感中缺乏独立自主的精神，独立处理问题能力差。独立精神也体现在实践中，特别是人际交往中。首先，相对而言，大学生的生理、心理均发展到成熟阶段，客观上，大学与高中相比，其学习氛围更为宽松，这些都为大学生发展人际关系提供了现实的基础。而在交往中，大学生特别渴望与异性相处，因此大学生恋爱成为一个不可回避的话题。但是从恋爱动机来看，很多大学生存在盲目“随大流”的情况。很多人的恋爱目的不是结婚和追求个人幸福，抱有游戏心态的人不在少数。部分学校还出现了“单身歧视现象”，没有情侣的学生往往被视为异类。在这种情形下，恋爱不再是两个人情感的真诚交流，更多被扭曲成为一种表演，恋爱双方常喜欢在大庭广众下毫不掩饰地炫耀，他们希望从别人的羡慕和赞赏中获得自我肯定、自我证明、自我实现。由恋爱中关系处理不当、失恋等原因引发的校园血案屡见不鲜。这些都充分证明了大学生在情感交往中的人身依附关系，以致这种依附关系解体后自我意识评价出现错位，从而引发个体行为失范，最终造成了严重后果。

5. 缺乏目标和意义

当前，由于社会、家庭、学校等方面的压力，大学生的心理健康状况受到很大影响，许多在校大学生对自己的学习生活和未来走向不同程度地存在着心理上的困惑和迷茫，表现为学习上不知道学什么，行为上不知道干什么，对未来缺乏信心，心理压力较大，甚至少数心理脆弱的同学在这种状况下出现过激行为。回想一下，大学生在入大学之前，目标应该一直是明确的。从入托开始，父母总想创造条件让孩子上好的幼儿园，为的是上一个好的小学；上好的小学，为的是上一个好的初中；上好的初中，为的是上一个好的高中；上好的高中，为的是上一个好的大学；上好的大学，是为了找一个好的工作。如此环环相扣，就为上一个好的大学，目标是何等明确！那么上大学后为什么又迷茫了呢？

首先，错误的学习目的为大学的迷茫埋下了伏笔。大学以前，学生的路有老师手拉手地带领着走，考试压着学生走在单行道上，没有选择，学习内容也相对简单，学习方法相对单一。但大学不一样，学习内容丰富、跨越较大、方法多样、难度加深、学习时间由自己安排，而且有的课也要自己选择，这时候就需要有人指导或有人商量，但实际上没有。大学在某种意义上是一个人的世界。面对更多的选择，当选择权交给学生时，没有过类似经历的学生不知何去何从。这时，他们就开始迷茫。

其次，难免会遇到的挫折让没有任何准备的大学生在此时更为惊慌失措，焦虑又找不到出路，反思但找不到原因，于是陷入更深的迷茫，甚至开始否定自我。

最后，初次接触社会的大学生受到各种观念的影响，还有潜在的社会压力、就业的严峻形势、生活的高额成本、毕业就可能失业、可能蜗居的恐惧，导致以前的天之骄子成为现在的弱势群体。而现在模式化的大学教育，也助长了这种现象，让学生对未来没有自信心。

6. 苛求完美

苛求完美就是对人、对事、对物提出苛刻的要求，其表现在不容瑕疵、高标准等方面(如图 1-1 所示)。有这样的一个例子：有位渔夫从大海里捞到一个晶莹圆润的大珍珠，爱不释手。但是美中不足的是珍珠的上面有个小黑点。渔夫想，如能将小黑点去掉，珍珠将变成无价之宝。可是渔夫剥掉一层，黑点仍在；再剥一层，黑点还在；一层层地剥到最后，黑点没有了，珍珠也不复存在了。其实，有黑点的珍珠不过是白璧微瑕。渔夫想得到极致的美，而在他消除了所谓的不足时，美也消失在他追求完美的过程中了。

大学生的完美主义主要是对自己的期待太过完美、高标准、担心失败、做事太有条理、过分自省以及父母要求过高而导致的。其实，完美主义者与其说是追求完美和成功、卓越，不如说是害怕缺点和失败。因为害怕失败，完美主义的大学生常常在行动上表现为犹豫不决，在选择时优柔寡断、裹足不前。为了从 99.9%跨越到理想中的 100%，完美主义者会付出比正常标准多很多的时间，但是最后的 0.1%最难获得，往往得不偿失。

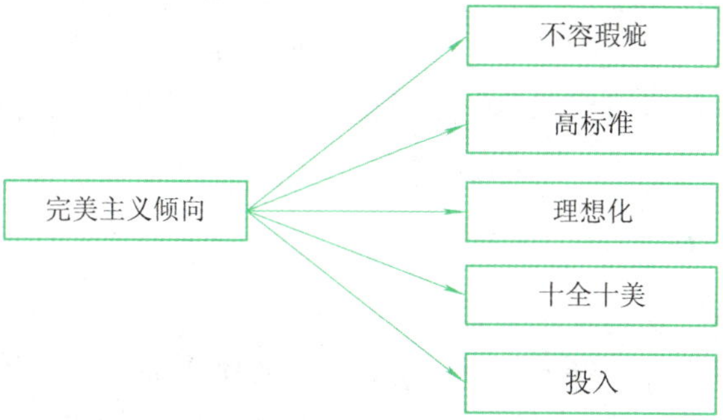

图 1-1　完美主义倾向的表现

以上自我认识上的六种心理困扰的实质都是自我认知失调。

知识拓展

利昂·费斯汀格认知失调理论

认知失调理论研究当人具有相互失调的认知因素时的心理体验的特点，以及在这种体验作用下的心理活动变化。利昂·费斯汀格(Leon Festinger)认为，相互失调的认知因素会引起人的心理上的紧张，并产生不愉快体验，他将其定义为失调感。减弱或消除失调感的策略有：① 改变认知：如果两个认知相矛盾，改变其中一个认知，使它与另一个匹配；② 增加新的认知：如果两个不一致的认知导致了失调，那么失调程度可由增加更多的协调认知来减少；③ 改变认知的相对重要性：因为一致和不一致的认知必须根据其重要性来加权，因此可以通过改变认知的重要性来减少失调；④ 改变行为：认知失调也可通过改变行为来减少。费斯汀格提出，人在减弱或消除失调感的过程中，一般对自己的心理活动状态缺乏明确的意识。

（二）生活适应问题

这一问题在刚入大学的新生中较为常见。新生来自全国各地，以前的家庭环境、教育环境、成长经历、学习基础等相差很大。来到大学后，他们在自我认识、同学交往、师生交往、自然环境、社会环境等方面都面临着全面的调整和适应。由于目前大学生的自理能力、适应能力和调整能力普遍较弱，所以，在大学生中，生活适应问题广泛存在。例如，一名女同学刚入校不到两个星期就神情恍惚，要求退学，原因是不适应集体生活，晚上睡不着，白天在学生食堂吃饭也没有胃口，时常感到精神紧张，心情烦躁，不能再坚持下去。

（三）学习困扰

大学生的主要任务是学习，学习上的困难与挫折对大学生的影响是最为显著的。大量的事实表明，学习成绩差是引起大学生焦虑的主要原因之一。虽然大学生在学业方面是同龄人中的优秀者，但由于大学学习与中学学习存在很大不同，所以，很多学生都有学习问题，包括学习目的、学习方法、学习态度、学习兴趣、考试等方面。例如，有一位同学因对专业不满意而提不起学习兴趣，经常想要转系或回家重考，就这样在矛盾中度过了大学生活的第一个学期，结果期末考试三门课不及格。又如，一位男同学在考试之前总是担心考不好，心情很紧张，常常失眠，因此非常焦虑。

（四）人际交往困扰

受应试教育的影响，多数学生较为封闭，人际交往能力普遍较弱。进入大学后，如何与周围的同学友好相处，建立和谐的人际关系，是大学生面临的一个重要课题。由于每个人待人接物的态度不同，个性特征不同，再加上青春期心理固有的封闭、羞怯和冲动，都使大学生在人际交往过程中不可避免地遇到各种困难，从而产生困惑、焦虑等心理问题，这些问题甚至会严重影响大学生的健康成长。例如，有一名大学三年级的女同学，由于与同寝室同学发生口角，心里很不平衡，总想找机会报复，于是便故意将那个同学的东西拿走扔掉，后来被发现并受到校纪处分。又如，有一同学很害怕和人交往，与人说话都要脸红、手脚发抖、声音发颤、胸闷，对此非常苦恼。

（五）恋爱与性心理困扰

大学生处于青春期，性发育逐渐成熟，恋爱与性的问题不容回避。总的说来，大学生接受青春期教育不够，对性发育成熟缺乏心理准备，对异性的神秘感、恐惧感和渴望互相交织，由此产生了各种心理问题，严重的还可能导致心理障碍，如失恋、单相思、恋物癖、窥阴癖等。

（六）性格与情绪问题

性格障碍是较为严重的心理障碍，其形成与成长经历有关，原因也较复杂，主要表现为自卑、怯懦、依赖、猜疑、神经质、偏激、敌对、孤僻、抑郁等。

（七）神经症

神经症是大学生中最常见的一种心理疾病，临床表现为焦虑、抑郁、强迫、疑病等。例如，一位同学总是害怕别人的目光，不管是在宿舍内，还是在教室内，只要感觉到别人的目光就不自在。尽管他已尽力克制，但都无济于事。为此他非常苦恼，严重影响了正常学习和生活。

以上是大学生常见的心理困扰。大学阶段是一个人的生理和心理都迅速发展的阶段，由于生活环境、学习特点、人际关系等因素的改变，许多学生表现出了不适应，出现了一些心理问题，这都是非常正常的。对于心理问题，应该客观辩证地看待，因为心理的“正常”和“异常”并没有明确的和绝对的界限。生活在现实社会中的每个人都在一定程度上存在心理问题，即人的心理问题是普遍存在的，只是程度不同而已。通常，心理问题根据其严重程度，分为心理困扰、心理障碍和精神疾病。事实上，大学生有心理障碍或精神疾病的极少，多数遇到的都是一般性的心理困扰。因此大学生有前述的心理问题时用不着惊慌失措，而是应该冷静地判断，对自己的心理状态有一个客观的认识，而不能仅根据一些情绪和躯体现象就轻易做出判断，更不能简单地“对号入座”。人们在遇到挫折时，出现一些情绪反应和躯体症状，本来属于正常现象，可有些学生却盲目地“诊断”为某种心理障碍，如焦虑症、抑郁症、强迫症等，这对降低紧张情绪和缓解心理痛苦是很不利的，这种消极的暗示作用有时还会使情绪和躯体反应进一步加重，给身心调整带来障碍。但是，也应该看到，对这些心理困扰问题如不加以调节和疏导，持续下去就有可能导致心理障碍或精神疾病，因此，有针对性地采取一些措施也很有必要。

二、大学生常见心理困扰产生的原因

世界卫生组织对影响健康的因素做过深入的研究，结果发现：一个人的健康15%取决于遗传，10%取决于社会生活条件，8%取决于医疗条件，7%取决于自然环境，60%取决于个人的生活方式。

大学生心理困扰产生的原因是非常复杂的。我们认为主要有以下几个原因：

（一）个体原因

大学生心理困扰与自身的认知风格、个性因素等有很大的关系。

认知风格，也称认知方式，是指个体在认知活动中所偏爱的信息加工方式。认知风格主要有场依存型和场独立型、具体型和抽象型、冲动型和沉思型等。其中，具有场依存型风格的大学生，对事物的认知加工倾向于以外部信息为参照依据，他们的态度和自我认知更易受周围的人们(尤其是权威人士)的影响和干扰，善于察言观色，从他人处获得标准。具有场独立性风格的大学生，对客观事物作判断时，常利用自己内部的参照，不易受外界因素的影响和干扰，他们倾向于对事物独立作出判断。前者容易导致依赖、被动的心理倾向；后者容易导致独断、专横、听不进意见等心理倾向。

大学生个性结构中较稳定的成分是能力、性格、气质，它们表明个体的典型心理活动和行为特征，是个体差异的重要标志。其中，性格在个体的个性特征中处于重要地位，具有核心意义。性格是人在对现实的稳定态度和习惯化的行为方式中所表现出的个性心理特征，诸如勤劳或懒惰、诚实或狡猾、勇敢或懦弱、谦虚或骄傲等，都是对一个人的性格特征的描述。这是因为一个人对现实的稳定态度和习惯化的行为方式，总是与人的价值观、人生观、世界观相联系的。性格体现了一个人的本质属性，具有明显的社会评价意义。而人与人之间个性特征方面的差异首先表现在性格上。在日常生活中，当我们提到一个人的个性时，也主要指的是一个人的性格。从心理活动倾向性上划分，性格有外倾型和内倾型。外倾型的人心理活动倾向于外部，表现为感情流露于外，对外部事物非常关心，活泼开朗，善于交际，不拘小节。拥有此类性格的人无疑较受欢迎。内倾型的人心理活动倾向于内部，表现为做事谨慎、深思熟虑、沉静、孤僻、反应缓慢、适应能力差、交际面狭窄。

性格良好与否直接影响着大学生的心理健康。良好的性格，尤其是勤奋刻苦、坚忍不拔、锲而不舍等性格特征，能使一个人的智慧潜能得到充分发挥和发展，甚至能使原有的能力不足得到很好的补偿，“勤能补拙”便是这个道理。同时，不良的性格会把一个人的聪明才智引入歧途，在损害集体和社会利益的道路上自毁、泯灭，产生心理问题。

（二）学校教育原因

大学生的心理问题多数从中学就开始了。长期以来，中学的教育模式使学生在身心发展诸多方面受到严重制约和影响，致使学生的许多心理发展问题延迟到了大学，学生的心理素质当然也不能达到应有的水平，这样无形中增加了学生在大学的成长负担，主要表现为自我管理能力差、人际沟通能力差、过于单纯与幼稚、情绪波动大、性格懦弱、意志薄弱、心理承受力差等。

学生进入大学后，由于学习负担过重、专业选择不当、大学生活不适应、业余生活过于单调等因素，加上大学又是一个竞争激烈的环境，使得大学生面临着很大的心理压力。

（三）社会原因

大学生的心理问题是由于对环境适应不良而引起的。改革开放以来，中国大地发生了翻天覆地的变化，同时人们的生活方式和价值观念也与以前不同，人们的心理活动较以前更为复杂。面对如此大的变化，面对不同以往的文化背景和多种价值选择，大学生常常感到茫然、疑惑、混乱，诸如在个人利益与个人主义、个性发展与个性放纵、自我意识和自我中心、享受与享乐等认识上的模糊。求新求异的心理使大学生盲目追求西方文化，而这些东西与中国现实社会在许多方面格格不入，使青年大学生陷入空虚、混乱、压抑、紧张的状态，在人生道路的选择上处于两难或多难的境地。长时间的心理失调必然带来心理上的冲突，出现适应不良的种种反应。

（四）家庭原因

现代心理学的研究证明，家庭环境对一个人的一生都会产生重大的影响，特别是早年形成的人格会在以后的心理发展中打下深深的烙印。家庭环境包括家庭人际关系、父母教养方式、父母人格特征。

国外学者对恐惧症、强迫症、焦虑症和抑郁症四种神经症患者的早期经历与家庭关系调查表明，这四种神经症患者的父母与正常个体的父母相比，表现出较少的情感温暖、较多的拒绝态度或者较多的过分保护。人们早期的信任感和安全感的缺乏，随着心理发展会产生一种无助的性格，难以与他人相处，因而容易产生心理异常。

张文新就独生与非独生青少年的研究表明，父母对独生子女的情感温暖和理解显著多于非独生子女，母亲对独生子女的干涉保护高于非独生子女。他还对城乡间不同文化背景对父母教养方式的影响进行了比较研究，结果发现，城乡间的不同地域导致父母的教育方式存在差异，来自城市的父亲对子女相比于农村的父亲有更多的情感理解与温暖；而城市的母亲与农村的母亲在对子女的情感温暖与理解方面则差异不显著，但对孩子的保护、干涉、惩罚严厉、否认拒绝等维度上，城市的母亲要体现得更多。

产生心理问题的大学生来自家庭放纵型的较少，而过度保护和过度严格的居多。前者导致依赖、被动和胆怯、任性等心理倾向；后者导致冷漠、盲从、不灵活、缺乏自信的心理倾向。如果父母的教养方式是溺爱型，子女则会利己、骄横、情绪不稳；如果父母的教养方式是专制型，子女则会消极、懦弱、不知所措；如果父母在教育过程中经常出现分歧或互相揭短，那养育的子女则会比较圆滑、讨好、投机、说谎等。所以，在大学生的各种心理问题和心理疾病中，我们常常可以看到家庭影响的痕迹。

（五）重要丧失原因

丧失即失去。在大学生中常出现的丧失主要是：人际关系的丧失，如失恋、朋友断交、亲人亡故、朋友亡故等；荣誉的丧失，如奖学金、优秀学生、优秀干部、入党、申报课题等没有如愿；自尊的丧失、梦想的丧失等。无论什么样的丧失，都会给大学生造成心理负担，产生心理压力，导致心理困扰，严重时还会形成心理障碍。

第三节 阳光心态，微笑成长

了解健康和心理健康的重要意义、标准及大学生常见心理困扰和缘由以后，如何才能成为心理健康的新时代大学生呢？我们认为，良好的社会环境、家庭环境和学校教育，对于大学生的心理健康有着非常重要的作用，但最关键的，还在于大学生自身。因此，要做到心理健康，阳光心态，微笑成长，大学生应努力做到以下几点：

一、认识自我，悦纳自我

自我，亦称自我意识（自我概念），是个体对自己各种身心状态的认识、体验和愿望，包括对自己生理和心理状态、人际关系及社会角色的认知。它对人格的形成、发展起着调节、监控和矫正的作用。自我意识具有意识性、社会性、能动性、同一性等特点。

（一）明确自我意识的内容

（1）个体对自身生理状态的认识和体验：对身高、体重、容貌、身材、性别等的认识以及生理疾病、温饱饥饿、劳累疲乏的感受等。

（2）个体对自身心理状态的认识和体验：包括知识、能力、情绪、爱好性格、气质等。

（3）个体对自己与周围关系的认识和体验：自己在群体中的地位、作用以及自己和他人相互关系的认识、评价、体验。

（二）了解自我意识的分类

1. 按结构分类

从结构上，自我意识可以分为自我认识、自我体验和自我控制。

（1）自我认识：属认知范畴，包括自我感觉、自我观念、自我分析、自我批评。

（2）自我体验：属情绪范畴，表现为自尊、自爱、自卑、自弃、自傲、责任感、义务感、优越感。

（3）自我控制：也称自我调节，属意志范畴，表现为自主、自立、自强、自制、自律、自卫等。

2. 按内容分类

从内容上，自我意识可分为生理自我、社会自我和心理自我。

（1）生理自我：个体对自己身体和生理状况的意识，如身高、体重、长相。

(2) 社会自我：个体对自己社会属性的认识，如自己在各种社会关系中的角色、地位、权利等。

(3) 心理自我：个体对自己心理属性的认识，如心理过程、能力、气质、性格等。

3. 按存在方式分类

从存在方式上，自我意识可分为现实自我、投射自我和理想自我。

(1) 现实自我：个体从自己的立场出发对自己当前总体实际状况的基本看法。

(2) 投射自我：想象中别人对自己的看法，即自己在与别人接触、交往的过程中，别人认为我是怎样的一个人，对我有怎样的评价。

(3) 理想自我：希望自己成为怎样的人，具有怎样的特征和品质，对将来或者想象的自我的认识。其中涉及的根本问题是“我想成为怎样的一个人”“我应该是怎样的一个人”。

(三) 悦纳自我

自我意识是心理健康的重要标志，只有在认识自我的基础上悦纳自我，才能成为心理健康的当代大学生。

悦纳自我其实就是一种自我价值感或者一种自我肯定。悦纳自我就是要无条件地接受自己的一切。好的和坏的，成功的和失败的，自身现实的一切都应该积极肯定，平静理智对待自己的长短优劣、得失成败，用发展的眼光来看待自己。

悦纳自我具体可以从如下几个方面着手：第一步，认同每一人都是不同的，拒绝用自己的弱势与别人的优势比较，无条件地接受独特的自己；第二步，欣赏自己的优点，并将优势努力发挥到最大；第三步，接纳自己的缺点，积极寻找修正缺点的具体办法；第四步，正确对待失败，把失败总结为一段经历，作为学习的过程，做到不抱怨；第五步，适当学习一些心理学知识，明白压抑、投射等自我防御机制，有助于我们更好地了解自我和接纳自己，从而悦纳自我。

二、保持健康的情绪

情绪像空气一样时刻围绕着我们，人的情绪状态是复杂多样的，只有稳定而良好的情绪才能使人心情安定，精力充沛，对生活和工作充满信心与快乐。

美国心理学家赫洛克提出的健康情绪的标准有：

(1) 能够保持健康，即自己能控制因身体疲劳、睡眠不足、头痛、消化不良、疾病等引起的情绪不稳定。

(2) 能够控制环境，即不是想干就干，而是先预料后果，再采取行动。

(3) 能够将情绪的紧张消解到无害的方面，即不是压抑情绪，而是将情绪转变，升华到社会性的高度。

(4) 能够洞察、理解社会。

心理健康的人愉快、乐观、开朗、满意等积极情绪总是占优势地位，虽然也会有悲伤、忧愁、愤怒等消极情绪体验，但一般不会长久；同时能适度地表达和控制自己的情绪，喜不狂、忧不绝、胜不骄、败不馁、谦而不卑、自尊自重，在人际交往中既不妄自尊大，也不退缩畏惧，对于无法得到的东西不过于贪求，争取在社会允许的范围内满足自己的需要。

保持健康的情绪，就是要提高情绪的调适能力：

一要保持积极乐观的生活态度，充分投入地体验生活。

二要学会合理地宣泄自己的情绪，既不要过分压抑自己，也不要过分放纵自己。

在生活中，人们难免会遇到不良刺激。由于剧烈的情绪会降低人的理智水平，所以我们要及时控制情绪和合理宣泄。情绪宣泄的途径很多，有倾诉、哭泣、写信、剧烈的运动等。比如，在忧郁的时候，找好朋友或亲人倾诉，压抑的心境就可以得到缓解。又如，当遇到令人不愉快的事情时，运用转移的方法，暂时离开这件事情，去看看电影、听听音乐，这样便可使郁闷的心情得以排遣。

三要学会放松调节，有想象放松法、音乐放松法、肌肉放松法。

三、建立合理的、充实的生活秩序

有人认为，跨入大学校门就自由了，没有太多的束缚，只要在上课时间把课听好，其余时间就可以为所欲为、想干什么就干什么，生活秩序一团糟也无所谓。实际上，大学阶段更需要我们建立合理的、充实的生活秩序。

（一）学习的时间要合理安排

许多大学生的学习容易出现两种倾向：一是觉得大学生活很自由，比较轻松，于是终日玩乐，不思进取，任时光荒废；二是学习压力很大，觉得时间不够用，高度焦虑。这两种不良倾向，最终都可能导致学习上的挫折，带来苦恼和自我否认等心理问题。

心理学研究表明，个体在适度的压力和焦虑情绪下，可以提高思考力和机敏度。因此，大学生的学习压力要适度，既不能太放松，也不能太紧张，学习时间要安排合理，只有这样，大学生的心理才会健康发展，学业才能顺利完成。

（二）生活节奏要合理

大学校园生活是丰富多彩的，这为合理安排生活节奏，积极参加多种多样的文体活动、社团活动提供了十分有利的外在条件。这样既可以调剂紧张的学习生活，又可以开阔视野，挖掘自己各方面的潜力，增加与他人相处的经验，增强自信，使大学生活有节奏感，劳逸结合，从而提高学习效率。

（三）用脑要注意卫生

大脑是心理活动的最重要的物质基础。过度的疲劳、紧张或长时间的高度兴奋、强烈刺激都会引起脑功能失调，而要恢复失调的脑功能，则颇为费时费力。因此，大学生千万不要图一时之快，逞一时之强，忽视用脑卫生，要避免过度的疲劳、紧张。

四、建立良好的人际关系

人际交往(interpersonal communication)是指人与人之间运用语言或非语言符号系统交换意见、传达思想、表达感情和需要的交流过程，是人们交往的一种重要形式和前提条件。

(一)人际交往中的三种基本需要

1. 包容需要

包容需要指个体想要与人接触、交往、隶属于某个群体，与他人建立并维持一种满意的相互关系的需要。在个体的成长过程中，若是社会交往的经历过少，父母与孩子之间缺乏正常的交往，儿童与同龄伙伴也缺乏适量的交往，那么，儿童的包容需要就没有得到满足，他们就会与他人形成否定的相互关系，产生焦虑情绪，于是就会形成低社会行为，在行为表现上倾向于内部言语，倾向于摆脱相互作用而与人保持距离，拒绝参加群体活动。如果个体在早期的成长经历中社会交往过多，包容需要得到了过分的满足，他们又会形成超社会行为，在人际交往中会过分地寻求与人接触，寻求他人的注意，过分地热衷于参加群体活动。如果个体在早期能够与父母或他人进行有效而适当的交往，他们就不会产生焦虑，就会形成理想的社会行为，这样的个体会依照具体的情境来决定自己的行为，决定自己是否应该参加或参与群体活动，形成适当的社会行为。

2. 支配需要

支配需要指个体控制别人或被别人控制的需要，是个体在权力关系上与他人建立或维持满意人际关系的需要。个体在早期生活经历中，若是成长于既有要求又有自由度的民主气氛环境里，个体就会形成既乐于顺从又可以支配的民主型行为倾向，他们能够顺利解决人际关系中与控制有关的问题，能够根据实际情况适当地确定自己的地位和权力范围。而如果个体早期生活在高度控制或控制不充分的情境里，他们就倾向于形成专制型的或是服从型的行为方式。专制型行为方式的个体，表现为倾向于控制别人，但却绝对反对别人控制自己，他们喜欢拥有最高统治地位，喜欢为别人做出决定。服从型行为方式的个体，表现为过分顺从、依赖别人，完全拒绝支配别人，不愿意对任何事情或他人负责任，在与他人进行交往时，这种人甘愿当配角。

3. 情感需要

情感需要指个体爱别人或被别人爱的需要，是个体在人际交往中建立并维持与他人亲密情感联系的需要。当个体在早期经验中没有获得爱的满足时，个体就会倾向于形成低个人行为，他们表面上对人友好，但在个人的情感世界深处，却与他人保持距离，总是避免亲密的人际关系。若个体在早期经历中，被过分溺爱，他就会形成超个人行为，这些个体在行为表现上强烈地寻求爱，并总是在任何方面都试图与他人建立和保持情感联系，过分希望自己与别人有亲密的关系。在早期生活中经历了适当的关心和爱的个体，则能形成理想的个人行为，他们总能适当地对待自己和他人，能适量地表现自己的情感和接受别人的情感，又不会产生爱的缺失感；他们自信自己会讨人喜爱，而且能够依据具体情况与别人保持一定的距离，也可以与他人建立亲密的关系。

(二)友谊的规则

友谊的规则包括：需要的时候自愿提供帮助，尊重隐私，提供情感性支持，不在公开场合批评对方，不嫉妒，宽容，保持感激的心态。此外，友谊关系中还存在相互依赖。

相互依赖的本质包括两点：

(1) 欲取先予。不贪婪，不在意即时的收益，有回报的相互依赖更有可能发展出共同关系。

(2) 公平关系。公平理论认为，人们对存在着适度公平的关系最为满意。公平并不要求双方从交往中得到相等的回报。

(三) 人际交往的四种模式

心理学家爱利克·伯奈(E. Bernc)提出了四种人际交往心理模式：

(1) “我不好—你好”，即“我不行—你行”，主要表现为：在人际交往中总认为自己这也不行、那也不行，缺乏自信心，而别人什么都比自己强。

(2) “我不好—你也不好”，即“我不行—你也不行”，主要表现为：在人际交往中认为自己和他人都不好，既不喜欢自己，也不喜欢别人；看不起自己，也看不起别人；既不会去爱别人，也不能体验和接受他人的爱。

(3) “我好—你不好”，即“我行—你不行”，主要表现为：充满极度的优越感和骄傲感，自信过头以致自负，总以为自己做的全是对的，而别人全是错的；自己对别人很好而别人对自己很差，付出和得到完全达不到平衡；为此常常怨天尤人，把人际交往中的失败、不和谐都归因为他人的责任。

(4) “我好—你也好”，即“我行—你也行”，应该说这是一种成熟的、健康的人际交往心理模式。其主要表现为：既相信自己，也相信别人；能够充分理解生活的价值；既爱自己，也爱他人。虽然他们并非十全十美，但能客观地悦纳自己和他人，能够正确面对现实，能够积极面对生活的不如意，并努力去改变，从而使自己一直保持积极、向上、乐观、奋进和和谐的人生状态。“我好—你也好”的人际交往心理模式有利于发展良好的人际关系。

(四) 人际交往的心理障碍

我们首先从一个案例来看人际交往的心理障碍。

嫉妒是伤害友情的利刃

小刘和小李都是机械学院大三的学生，一直以来两个人的关系都很不错。但最近发生的一件事情彻底破坏了两个人的亲密关系。大二下学期，两个人都报名参加了全国大学生机械创新设计大赛，结果小刘的团队顺利入围，而小李的团队却止步于选拔赛。刚开始的时候，虽然小李心里有些不舒服，但小刘给了她很多安慰，她的心情因此好了很多。然而随着时间的推移和比赛的不断深入，小刘团队的作品居然过关斩将，进入了全国总决赛。小李越来越觉得不舒服，开始怨恨自己为什么没有这么幸运，嫉妒好友的火焰开始在心里燃烧。小刘因为要准备比赛而十分忙碌，忽略了小李。在参加决赛的前两天晚上，小李被妒火冲昏了头脑，把小刘的模型从阳台上扔了出去……

除了案例中提到的嫉妒心理外，还有这几种心理障碍会影响正常的人际交往：内心封闭——人际沟通的藩篱，“小我”中心——脆弱的“我”，轻视与敌意——心灵沟通的毒素。

(五) 形成良好人际关系应遵循的原则

与人交往一定要认真地“听”。认真地倾听对方，可以产生某种奇特的效果：当一个人感到自己真正被人理解时，他就会觉得非常愉快，进而向你敞开心扉说出更多的心里话，这便是转变或治愈的开始。相反，当倾听者没有理解对方的话语或力图歪曲对方的意思使之符合自己的希望时，对方就会感到失望、沮丧、困惑甚至愤怒。于是就会关上心灵之门，并对别人能否理解自己不再抱有希望。因此，倾听在人际关系中极为重要。

除倾听之外还要真实。罗杰斯说："如果我与人接触时不带任何掩饰，不企图矫揉造作地掩盖自己的本色，我就可以学到很多东西，甚至从别人对我的批评和敌意中也能学到东西。这时，我也能感到更轻松解脱，与人也更加接近。"反之，如果不能表现真实的自我，则会产生种种消极的体验。如果长时间压抑自己对他人的真实看法，往往会招致意想不到的后果。

同时还要欣赏爱。在罗杰斯看来，爱是人类精神世界中的"土壤"，是精神世界最本质的属性。"关怀或者鼓励实际上是最重要的因素……关怀，是一种已知的能培育创造性的态度——在这样一种培育的气氛中能产生美妙的、尝试性的新思想和创造过程。"他断言："我们全人类中最强大的力量不是压倒一切的权利，而是爱。接受爱和给予爱都会使人感到生活的丰富和充实。但这种爱是一种欣赏之爱，而不是控制或占有。"他认为，在人际关系中爱与被爱是一种非常有助于成长的体验。当一个人感受到欣赏之爱时，就会促进自我的独特发展，而给予爱的人自己也会感到充实。相反，不被欣赏、珍视或尊重则会使人萎靡不振。

（六）大学生人际关系的改善

大学生人际关系的改善可以从以下几个方面进行：

(1) 多沟通，克服认知偏差。注意克服几种人际交往偏差，如刻板效应、首因效应、近因效应、晕轮效应、定势效应、投射效应等。

刻板效应，又称刻板印象，它是指对某个群体产生一种固定的看法和评价，并对属于该群体的个人也给予这一看法和评价。刻板印象虽然可以在一定范围内进行判断，不用探索信息，迅速洞悉概况，节省时间与精力，但是往往可能形成偏见，忽略个体差异性，人们不仅对接触过的人会产生刻板印象，还会根据一些不是十分真实的间接资料对未接触过的人产生刻板印象。例如：老年人是保守的，年轻人是冲动的；北方人是豪爽的，南方人是善于经商的；英国人是保守的，美国人是热情的；农民是质朴的，商人是精明的等。

首因效应也叫首次效应、优先效应或第一印象效应，是指交往双方形成的第一次印象对今后交往关系的影响，也即是"先入为主"带来的效果。如果一个人在初次见面时给人留下良好的印象，那么人们就愿意和他接近，彼此也能较快地取得相互了解，并会影响人们对他以后一系列行为和表现的解释。反之，对于一个初次见面就引起对方反感的人，即使由于各种原因难以避免与之接触，人们也会对之很冷淡，在极端的情况下，甚至会在心理上和实际行为中与之产生对抗状态。而人们常说的"给人留下一个好印象"，一般就是指的第一印象，这里就存在着首因效应的作用。在交友、招聘、求职等社交活动中，可以利用这种效应，展示给人一种极好的形象，为以后的交流打下良好的基础。当然，这在社交活动中只是一种暂时的行为，更深层次的交往需要加强在谈吐、举止、修养、礼节等方面的素养，否则会导致另外一种效应的负面影响，即近因效应。

近因效应是指当人们识记一系列事物时对末尾部分项目的记忆效果优于中间部分项目的现象。简单来说，最新出现的刺激物促使印象形成的心理效果。与首因效应相反，近因效应是指在多种刺激一次出现的时候，印象的形成主要取决于后来出现的刺激，即交往过程中，我们对他人最新的认识占了主体地位，掩盖了以往形成的对他人的评价，因此，也称为“新颖效应”。受近因效应的影响，人们的认知容易片面和失误。例如，用一时一事来肯定或否定一个人或某一事物的全面。

晕轮效应又称光环效应，是指当认知者对一个人的某种特征形成好或坏的印象后，他还倾向于据此推论该人其他方面的特征。它在本质上是一种以偏概全的认知上的偏误。这种爱屋及乌的强烈知觉的品质或特点，就像月晕的光环一样，向周围弥漫、扩散，所以人们就形象地称这一心理效应为光环效应。

定势效应是指以前的心理活动会对以后的心理活动形成一种准备状态或心理倾向，从而影响以后的心理活动。人们在一定的环境中工作和生活，久而久之就会形成一种固定的思维模式，使人们习惯于从固定的角度来观察、思考事物，以固定的方式来接受事物。所谓的老眼光，就是用已有的知识经验来看待当前的问题的一种心理反应倾向，也叫思维定势。

投射效应是指将自己的特点归因到其他人身上的倾向。在认知和对他人形成印象时，以为他人也具备与自己相似的特性的现象，把自己的感情、意志、特性投射到他人身上并强加于人，即推己及人的认知障碍。比如，一个心地善良的人会以为别人都是善良的；一个经常算计别人的人就会觉得别人也在算计他等。

(2) 换位思考，促进相互理解。换位思考，就是做任何事之前站在他人的角度来思考问题，考虑别人的感受，即换个角度、换个位置、换个思路，从内心深处去体验“假如我是他/她”。

(3) 赞扬要讲方式方法。赞美要有感而发，发自内心；赞美一定要具体——要有的放矢；赞美要恰如其分，并尽可能触及其最美的那一部分。

(4) 做人的底线——学会说“不”。认真听对方讲话，即使是一开始就感到必须拒绝他；周密地考虑情况，看是否可以改变开始的立场。如果认为不能改变，那就要深刻说明自己拒绝的理由。

(5) 阳光心态——主动、热情地待人，优化性格。要主动而热情地待人，活在当下，优化性格，学会积极的心理暗示。

知识拓展

宽恕模型

Worthington 提出冒犯行为是一种人际间的压力源，个体必须选择面对或者逃避。冒犯行为首先会导致个体产生不公平差距感(injustice gap)，根据个体接受的不公平差距感大小，个体会将当前的冒犯行为判断成为威胁或者挑战。如果个体将冒犯行为判断为威胁，个体会经历反刍、不可宽恕情感，以及由公平感产生的报复动机以及回避动机；如果个体将冒犯行为评价为挑战，个体就会寻找问题解决的方案，进行情绪的自我调整，以及关注事件中的意义，这些将会产生公平动机、和解动机或者利他动机。将冒犯行为视为挑战或者威胁，会促使个体根据双方能力、关系、个体自主权寻找方法应对当前压力，个体会试图采用问题关注型应对方法、情感关注型应对方法或者意义关注型应对方法。个体最终选择宽恕或者非宽恕，这两种决定都会对宽恕加工过程重新产生影响。同时，在宽恕的压力应对模型中，因为宽恕的人际间因素的作用，个体对宽恕的表达等也会作用于宽恕加工中的各个步骤。

共情的动态模型

所谓动态性，一般是指在一个过程中有多个系统参与(multilevel system)，并且是一种时间性的动态过程(temporal dynamics)(Steve & Daniel，2006)。共情是指个体在面对(或想象)他人的情绪情感或处境时所产生的心理现象，涉及个体的认知、情绪情感和行为等多个系统之间的交互作用，符合动态性的多系统性；另外，从时间上来看，共情过程有开始、发展和结束，是一种时间性的动态过程，与时间动态性的特点相符。所以共情具备了动态的特点，共情的动态模型涉及情绪、认知和行为三个系统，另外还有作为共情起因的他人的情绪情感或处境以及代表共情作用方向的投向性共五个部分。当个体在面对(或想象)他人的情绪情感或处境时，认知和情绪情感系统被唤醒，首先建立与他人的共享；然后在认知到自我与他人是不同的个体且自我的情绪源于他人的前提下产生与他人同样的情绪情感；而后个体对他人的实际处境进行认知评估，结合自身的价值观、道德准则等高级认知来考察“我”共情他人的理由是否成立。若共情的理由不成立，则过程中止；若成立，那么认知和所产生的情绪情感相结合，使得个体产生独立情绪情感，可能会伴有相应的行为(或行为动机)(外显的或内隐的)，最后将自己的认知和情绪情感外投指向他人，即共情发生。

心理韧性动态模型

该模型认为，心理韧性是青少年的一种天生潜能。青少年在发展过程中具有安全、爱、归属、尊敬、掌控、挑战、才能、价值等的心理需要，而这些需要的满足依赖于来自学校、家庭、社会和同伴群体的保护性因素或外部资源，包括亲密关系、高期望值、积极参与等。如果外部资源为青少年的心理需要提供了满足，青少年就会很自然地发展起一些个体特征，包括合作、移情、问题解决、自我效能、自我意识、自我觉察、目标与志向等，这些个体特征构成了内部资源。这些内部资源会保护青少年免受危险因素的影响，并促进他们的健康发展。

人际交往中，要注重沟通，沟通既有传递信息的功能和心理保健的功能，还有自我认识和人际协调的功能。有效沟通的方法有哪些呢?

管理心理学家认为，有效的沟通通常包括四大步骤：注意、理解、接受、行动。

第一步：注意，即接受人认真倾听沟通的信息。接受人对信息的注意集中程度与沟通效果关系很大，而这又与接受人当时的心情和信息的价值大小有关。

第二步：理解，即接受人能掌握的信息的含义。接受人是否理解对信息沟通效果有极大的影响，而理解程度与接受人的水平、主观立场有密切的关系。

第三步：接受，即接受人同意或遵循信息的要求。

第四步：行动，即根据信息要求采取措施。

这里引用美国管理协会曾提出的“良好沟通十诫”要点，以帮助建立良好的沟通，保持协调的人际关系。

第一条：沟通前先澄清概念。

第二条：明确沟通的真正目的，即希望得到什么。

第三条：考虑沟通时的背景、环境及条件。

第四条：重视双向沟通，正确理解。

第五条：沟通中运用通俗易懂的语言，条理清楚、有层次，长句要少，意思要明确，注意非语言的表达。

第六条：注意倾听对方讲话，耐心、不轻易插话和打断别人的表达。

第七条：善于提问，搞清问题。

第八条：言行一致，心平气和，感情真挚。

第九条：要有必要的反馈。

第十条：不仅要着眼于现在，更要着眼于未来，而不要只顾一时的满足。

知识拓展

大学生人际关系的分类

据西南大学黄希庭教授的研究，大学班级中的人际关系可分为人缘型、首领型、嫌弃型、孤独型四种类型。

人缘型者即明星，一般每个班级都有两三个，由于他们有良好的个性品质，所以深受同学们的喜爱，无论男女生都愿意与这几个人交往。

首领型者与人缘型者不同，他们之所以在人际关系中居于首领位置，主要依赖于下列品质：政治思想品质良好、组织能力强、学习成绩好且知识水平高、工作作风端正、群众威信高等。

嫌弃型者由于具有令人生厌的不良个性品质，往往是班级中最不受欢迎的人，受到多数学生的排斥。通常，他们的个性品质可能是自我中心、嫉妒心强、毫无责任感、虚伪、固执、不尊重他人、孤僻、猜疑与敌对、神经质、自命不凡、小气、敏感、势利、放荡等。

孤独型者就是在班级中很少与他人交往，他人也很少与其交往的人。这种人或者是性格孤僻，喜欢独处，对人际关系交往缺乏兴趣；或者是自我期望过高，不屑与班里同学交往；或者是缺乏必要的人际交往的知识和技能，不会交往。

在大学生活中，建立良好的人际关系的方法很多，但最为主要和最为有效的是以下几个：

首先，加强交往，主动交往。人际关系是通过高质量的交往建立起来的，经常交往，有助于逐步加深相互了解，不断提高人际关系水平，即使两个人的关系比较紧张，通过交往，也有可能逐步消除猜疑、误会。学会和参与交往，是提高人际关系水平的重要手段。

其次，建立良好的第一印象。第一印象在人际交往当中对后继信息的理解和组织有着强烈的定向作用。心理学家通过大量的研究，总结出了在最初交往中可有效表现自己的技术，即所谓的 SOLER 技术。在这里，S 代表“坐着面对别人”；O 表示“姿势要自然开放”；L 的意思为身体“微微前倾”；E 代表“目光接触”；R 表示“放松”。这种技术可以有效地增加别人对自己的好感，增加别人对自己的接纳程度，并且给人以良好的第一印象。

最后，通情。通情是沟通人们内心世界的情感纽带，是建立人际关系的基础。这里的通情指的是双方内心情感的统一。心理学在情感方面的训练可以直接提高人们的通情能力。

千里之行，始于足下。大学生良好人际关系的建立和发展，关键在于不断地实践，在实践中吸取教训，在实践中获得经验，在实践中得到完善和发展。

五、培养成熟的恋爱和科学的性观念

心理健康教育要培养大学生具备爱的能力，包括迎接爱的能力、拒绝爱的能力和发展爱的能力。大学生要有一种健康的心理，能坦然地表达爱或接受爱，能承受求爱被拒绝或拒绝他人求爱所引起的心理波动；要有拒绝爱的能力，敢于理智地拒绝不希望得到的爱情，学会勇敢地说“不”，掌握恰当的拒绝方式，因为珍重每一份真挚的感情是对他人的尊重，也是一种自珍，同时还是对一个人道德情操的检验；要学会发展爱的能力，培养爱的责任，为朋友、为社会负责，树立正确的爱情价值观和婚恋观。不正确的爱情价值观可能危及生命，当代大学生为情所困而轻身的案例比比皆是。

大学生的性生理基本成熟，性意识增强，有了性冲动和性要求，渴望得到异性的友谊和爱情。但是由于生活经验缺乏，性心理的不完全成熟等多种原因，常会产生一些不必要的紧张、恐惧等心理，甚至会产生诸如性罪错、性恐惧、性压抑、性放纵、自慰焦虑、同性恋等心理障碍。因此，大学生应加强性生理、性心理知识的学习，对两性之间的生理差异、性发育的自然规律有基本的了解，能够正确处理同学、恋爱、友谊的关系，树立科学的性观念。

六、大学生健康人格的塑造

心理健康的大学生，其人格结构(包括气质、能力、性格和理想、信念、动机、兴趣、人生观)各方面能平衡发展，人格作为人的整体的精神面貌，能够完整、协调、和谐地表现出来；思考问题的方式是适中和合理的，待人接物常常采取恰当灵活的态度，对外界刺激不会有偏颇的情绪和行为反应；能够与社会的步调合拍，也能和集体融为一体。

因此，健康的人格不仅是大学生应该追求的价值目标，也是他们充分发展所能达到的一种境界。具有健康人格的大学生，其最显著的特点是：他们能够有意识地控制自己的生活，掌握自己的命运；他们正视自己、正视过去、面对现实、注重未来、渴望迎接生活的挑战，在实践中充分发挥自己的潜能并实现自己的价值。

健康人格的标准可以分为概括标准和具体标准。从概括标准来看，人格健康的人应该在推动社会进步的实践中充分发挥自己的才干，为人类、社会做出自己的贡献，同时使自己的人格在各个方面得到充分的、协调的发展。从具体标准上讲，健康的人格应具有正确的自我意识、和谐的人际关系、健康的情绪调控能力、乐观向上的人生态度、良好的社会适应能力。

苏霍姆林斯基认为：“学生的精神生活应该是丰富多彩的，能使每一个人都找到发挥、表现和确信自己的力量和创造才能的场所。学校的精神生活就在于，要在每个学生身上唤起他的人格特性。在一种创造性的劳动(这是个人精神生活的实质本身)的领域里形成一个人的独一无二的个性。”具体而言，怎样塑造大学生的健康人格呢？

我们认为，除了创造良好的生活环境外，就每个人而言，应该从以下几方面着手：

① 保持开朗的心境，学会控制和调节自己的情绪，建立积极、健康的情绪状态。

② 加强意志磨炼，自觉主动地控制自己的行为，培养经受挫折的耐受力，不盲目冲动，不消极低沉，始终保持乐观的生活态度。

③ 注意完善性格，自觉检查修正自己的性格特点，培养健康的性格模式。

④ 养成良好的思维品质，具有独立分析问题和解决问题的能力。

⑤ 培养良好的情操，加强思想品德修养，树立科学的世界观、人生观，注重社会实践，提高自身综合素质。

七、学会尊重、感激、宽容、赞美与善待

大学生在学习、生活中，会遇到各种各样的人和事，不管怎样，只要学会尊重、感激、宽容、赞美、善待，就会保持身心健康。

尊重包括尊重自我和他人。它意味着完整地接纳一个人，接纳一个有优点、有缺点的人，接纳一个价值观和自己不同甚至差别很大的人；意味着一视同仁、以礼待人、信任对方、保护隐私；尊重应以真诚为基础。

记得有这样的一首诗，应该对我们很有启发：

凡事感激

感激伤害我的人，因为他磨炼了我的心态；
感激绊倒我的人，因为他强化了我的双腿；
感激鞭打我的人，因为他激发了我的斗志；
感激欺骗我的人，因为他给了我智慧；
感激抛弃我的人，因为他教会了我独立；
凡事感激——感激一切使我坚强的人。

做心理健康的当代大学生，应树立这样的理念：心理健康如同身体健康一样重要，要有健康意识，强调积极预防。心理健康不是不会遇到心理问题，而是能有效地解决心理问题。心理有问题如同身体有疾病一样，属于正常现象，要学会面对，积极求助，避免因回避和不好意思寻求帮助而加重问题，影响正常的学习和生活。如果确实发现有需要解决的心理问题，应及时到心理咨询中心寻求心理帮助。心理健康、和谐发展是我们大学生成长的主旋律。

第四节　心理素质拓展训练

一、心理影片赏析：《心灵捕手》

《心灵捕手》(Good Will Hunting)是一部励志剧情电影，于 1997 年 12 月 2 日首映。影

片由格斯·范·桑特执导，罗宾·威廉姆斯、马特·达蒙等主演。影片讲述了一个名叫威尔的清洁工的故事。威尔在数学方面有着过人天赋，却是个叛逆的问题少年，在教授蓝勃、心理学家桑恩和朋友查克的帮助下，威尔最终把心灵打开，消除了人际隔阂，并找回了自我和爱情。

二、心理游戏：大学生心理健康观念调查

游戏目的：通过活动引导学生了解、关注有关健康与心理健康的概念；同时通过调查，初步把握在校大学生对健康与心理健康的认知状况。

游戏方法：

(1) 将全班同学分成若干个小组，每组 8～10 人。

(2) 讨论：什么是健康？什么是心理健康？心理健康的标准是什么？大学生常见的心理问题和心理疾病有哪些？怎样维护自身的心理健康？大学生需要有关心理健康方面的帮助吗？如果需要，那么需要什么样的帮助？

活动背景音乐：《高山流水》。

三、心理测试：心理老化

心理健康标准里有一条很重要，那就是心理年龄和生理年龄要相符合。常有大学生讲“老了”，虽说有时可能是玩笑话，但也反映出相对中学时我们的心态变“老”了，下面列出测定心理老化的 16 个问题，不妨来测一测。

(1) 是否变得很健忘？

(2) 是否经常束手无策？

(3) 是否总把心思集中在以自己为中心的事情上？

(4) 是否喜欢谈往事？

(5) 是否总是爱发牢骚？

(6) 是否对发生在眼前的事漠不关心？

(7) 是否对亲人产生疏离感，甚至想独自生活？

(8) 是否对接受新事物感到非常困难？

(9) 是否对与自己有关的事过于敏感？

(10) 是否不愿与人交往？

(11) 是否觉得自己已经跟不上时代？

(12) 是否常常很冲动？

(13) 是否常会莫名其妙地伤感？

(14) 是否觉得生活枯燥无味，没有意义？

(15) 是否渐渐喜好收集不实用的东西？

(16) 是否常常无缘无故地生气？

如果你的答案有 7 条以上是肯定的，那么你的心理就出现老化的危机了，就要小心保护自己的心理了。

四、心理训练：认识、领会健康与心理健康

（1）谈谈自己过去对健康及心理健康的认识，再谈谈现在的感受，同时与同学们探讨心理健康对大学生成长的意义。

（2）每个小组自编一份大学生心理健康观念及需求调查问卷，分别在全校不同专业的同学中进行抽样调查，并分析调查结果，写出调查报告，了解当前大学生的心理健康观念和需求。

思考题

（1）大学生心理健康的标准有哪些？

（2）大学生常见的心理困扰及缘由是什么？

（3）怎样建立合理而充实的生活秩序？

心灵语录

我们不能改变环境，却可以改变自己；

我们不能改变自己的容貌，却可以决定自己的笑容。

——励志语录

02 第二章 大学生活应心理健康

案例导入

小赵刚上大学一个学期，便决定退学回家。小赵的父母接到电话急忙乘火车千里迢迢赶到学校。可任凭父母和老师苦口婆心劝说，小赵毫不动心。他退学的理由十分简单："我跟不上，不如不读。"可班主任说："小赵的成绩在全班属中等水平，不存在跟不上的问题。"原来，小赵来自边远地区，家庭贫困，自幼多病，凭着刻苦努力和天资聪颖考上了大学。可是，入校后不久，他发现自己在许多方面与周围众多来自城市的同学相比差距很大。例如：城市的同学英语基础较好，而自己的英语口语和听力很差；城市的学生善交际，朋友多，而自己不会与人交往，感到孤独；城市的学生多才多艺，打球、唱歌、跳舞、电脑学起来都很快，而自己学得慢，显得很笨拙；此外，在经济和生活上的差距就更大了。于是，小赵觉得自己无论怎样努力也难以获得成功，开始悲观失望起来，渐渐失去了自信与自尊。

学习思考：

(1) 面对新的大学环境，你是否有过与小赵一样"闪退"的念想？

(2) 将大学的生活环境、学习内容以及人际关系与中学时期的相比，你是否感觉不太一样？请列出五项不同的地方。

从中学到大学，每一个大学新生都面临一个崭新的世界。新的学校、新的同学、新的老师、新的学习、新的生活，无论是自然环境还是生活环境，无论是人际交往还是学习方式，无论是个人角色还是社会期望，都发生了很大变化。很多人对大学充满了好奇与幻想，脑海中编织着一幅幅美丽图景。然而，真的步入大学校门，开始新的生活之后，种种困惑和不适很快驱散了最初的激动与振奋，茫然、焦虑、苦恼、无助笼罩在心头。怎样调整好自己的心态，尽快适应大学生活，实现个人角色的转变，成功地度过美好的大学时代，是我们每一个大学新生面临的新课题。

第一节　适应心理概述

一、适应是人类生存和发展的前提

适应，最初是一个生物学概念。一切有生命的有机体都以适应作为生存的基本任务。动物的适应是被动的，它们通过改变自身去适应大自然。而人类是环境的产物，是通过在不断主动适应自然环境、社会环境的过程中逐步成长的。达尔文的“物竞天择，适者生存”这一法则虽然是针对生物界而言的，但对我们同样具有一定的借鉴意义，因为人本身就是一种高度进化的生物。不同的是，人所处的环境主要是人类自己创造的社会文化环境。因此，人的适应本质上是人与环境相互作用的过程，是“人的活动使环境适应人的机能，然后，人类又适应自己创造的环境”。对于个人而言，要生存，首先要适应生存的环境，包括自然环境和社会环境。在许多情况下，社会环境的力量太强大，个人把握环境的能力有限，他无法选择，也不能拒绝外部强加于他的生活条件。这时，个人只能依靠调整自己来适应环境，以获得生存。人的生存是以发展为目的的，为了更好地发展，首先要学会适应环境，因此适应是人类生存和发展的前提。此外，人所处的客观环境又总在不断变化，适应只是相对的与暂时的。于是，人总是不断地调整自己，使自己和环境处于一种和谐、相适宜的状态。因此，适应是人的一种需要，这种内在的、独特的动力，使人的适应成为一种自觉的、能动的适应。

心理学家沃尔曼 Walman 对适应作了如下定义：“一种与环境融洽和谐的关系，包括满足一个人的绝大多数需要，并且拥有符合要求所必需的行为变化，以便一个人能与环境建立起一种融洽和谐的关系。”简言之，适应不仅是与人的需要和满足相联系的心理过程，而且还是个人通过不断地调整身心，在现实生活环境中维持一种良好有效的生存状态的过程。适应的目的是为个体充分发展提供良好的条件，以促进新的适应。社会的每一次变化，人的每一个阶段的发展与成长，都需要个体去适应这种变化，而个体的每一次适应，实际上也是个体的一次成长。

二、适应心理过程

从心理学的角度研究适应，可以看到适应的心理过程包括以下几个主要步骤：一种需要（或动机）的存在；阻止这种需要得到满足的阻挠的存在；个人提供的克服这些阻挠的各种各样的行为反应方式；最后有一种反应减轻了紧张，即解决问题的结果。

1. 需要的存在

人在世界上生存，会有各种各样的需要。马斯洛提出，按从低到高的顺序，人有五个层次的需要：生理的需要、安全的需要、归属与爱的需要、尊重的需要、自我实现的需要。每一个低层次需要的满足又会产生更高层次的需要。人的各种需要如果得到满足，就会产生心理平衡；反之，则会感到紧张、失望、恐惧、不安，产生情绪波动。由于人们生活环境的多变性，每个人都会产生适应新的环境变化的需要。因此在适应的过程中必须是有一种需要存在的，人们便是为了满足需要而去适应的。

2. 阻挠

阻挠是指个体在利用其现有的习惯机制满足需要(动机)时所遇到的阻力。如果人们对某种环境已经建立了某种可以适应的机制，这就是习惯性机制；但是，当环境发生变化，原来的习惯性机制解决不了问题时，就发生了阻挠。面对阻挠，人们会产生不同程度的紧张与焦虑。阻挠大致有三种情况：一是环境的阻挠。比如，一个人从农村来到城市，一个新的生活环境、生活方式、日常生活接触的社会群体都和以前有了很大的不同，如果还用以前的习惯就难适应了。二是个人的缺陷，即个人在生理、智力、能力等方面的某些缺陷。比如，一个人很想当演员，但他的身材、相貌欠佳，使他的动机实现受到了阻挠。三是一些相反需要的冲动。比如，一个大学新生，一方面需要马上静下来集中精力学习，另一方面又想好好地轻松一下，不愿认真听课看书，这种需要相互冲突，使他产生紧张不安的情绪，他需要寻找一种新的适应机制来适应大学生活。

3. 反应

面对新环境，当人们用以往习惯的方式尝试解决问题而失败时，就会主动寻找一种新的能够解决问题的方式，这就是反应。人适应环境的效果很大程度上取决于他不断地变更自己的反应，直到取得成功为止。当人们尚未找到一种成功解决问题的反应方式时，常常在情绪上表现出紧张、焦虑、沮丧。因此，在面对不适应时，一方面要积极尝试，寻找成功解决问题的反应方式；另一方面要保持一种积极解决问题的心理状态，消极的心态不利于思考和寻找新的解决问题的方式。

4. 适应

根据内驱力减少理论，当个体进行某种活动时，如果这个活动能够减轻或满足内驱力，导致紧张状态降低，那么个体就会停止原来的活动。例如，当一个人感到饥饿(内驱力)时，他们可能会开始寻找食物。一旦他们找到食物并吃下去，饥饿感(内驱力)得到满足，紧张状态降低，他们就会停止寻找食物的行为。也就是说，经过一番尝试，人们找到了新的解决问题的方式，他们新的需要就可以得到满足，原有行为模式与新的需要之间的基本矛盾基本上得到了解决，曾经有过的不平衡状态重新恢复了平衡。这意味着，一次不适应的问题已经解决，主体可以重新回到适应状态之中。只是这种状态仍然是短暂的，很快就会被新的不适应现象重新打破。这种“不适应—适应—不适应”状态的循环往复，就是适应过程的规律性表现。

三、适应与大学生心理健康

心理健康的实质就是个体的适应。心理健康意义上的适应，就是个体在与环境的互动中，主体能够通过自身调节系统作出积极而能动的反应，从而使主体与环境之间不断达到新的平衡的过程。

由《中国教育报》对全国12所高校(含部属、省属和市属高校)的2308名大学生的调查研究表明：心理不适应是困扰大学生心理健康的重要因素之一。调查还发现大学生经常出现无端苦闷、懒散而不思进取、自卑等症状。大学生在生活、情绪、情感等方面存在诸多不适应，这些不适应或轻或重地影响了大学生的心理健康，如表2-1所示。

表 2-1　大学新生常出现的症状

症状	无端苦闷	懒散而不思进取	自卑	生活没有意义	没了嗜好	反应迟钝	不愿与人交流	多疑	无端乏力	长期失眠
受影响程度/%	46.8	34.8	33.4	32.9	22.9	22.5	21.9	21.3	14.4	13.7

因此，心理健康的实质也可以说就是个体心理调节机制的建立与完善。大学生能否迅速进入新的角色、适应新的环境，很大程度上取决于他的心理健康水平如何。心理健康水平高的同学，随着环境的变化，能进行自我调整，在新的环境中建立新的友谊，开拓新的生活空间，从而产生新的归属感和稳定感。他们可以排除各方面的干扰，很快投入到新的环境中，步入学习生活的正轨。相反，大学生如果不能很快适应新的环境，则会产生适应障碍，影响心理健康，由此可能出现失眠、食欲不振、注意力不集中、焦躁、头痛、神经衰弱等症状，这些症状导致大学生适应环境更加困难。

第二节　大学生适应心理问题分析

一、大学生活新变化

（一）生活环境的变化

1. 环境的改变

大学新生面临的第一个巨大变化就是环境的改变。不少同学都是到外地上大学，有的从农村、乡镇来到城市，有的从南方来到北方，有的从西部来到东部，离开了家乡熟悉的一切，一方面需要面对陌生的校园环境和城市；另一方面要适应气候条件、习俗、文化等方面的差异。

2. 生活方式的改变

中学生的生活模式基本上是以高考为目标，以学习为中心，从“家门到校门，饮食起居依赖父母”，凡事不用自己操心，只管埋头读书。上大学后，父母不在身边，没有了长辈的呵护和照料，过的是集体生活，住集体宿舍，吃大食堂，独立地处理自己的事情，衣食住行、经济开支、待人接物都要自己解决。

3. 生活习惯的改变

中学生一般住在家里，很多人有自己独立的生活空间，从小到大养成了自己的生活习惯。而大学宿舍是集体居住，每个人生活习惯不一样，作息时间、卫生习惯各异；还有的同学因地域的转变还需要改变饮食习惯。

4. 生活内容的改变

中学生生活内容单一，主要是学习，课余时间较少，校园生活相对单调。大学生活内容十分丰富，除了学习之外，还有广泛的社会交往、丰富多彩的校园文化活动和社会实践活动。

(二)学习环境的变化

1. 学习方向专业化

中学阶段主要是基础教育，突出普及性和基础性，为升学做准备。大学是为社会培养高级专门人才，注重专业性和应用性。

2. 学习内容多元化

中学开设课程较少，学生对学习内容没有选择的余地。大学里的课程纷繁复杂，既有基础课，又有专业课，还有各类选修课；既有自然科学，又涉及人文科学，不仅要学习理论，还要培养实践能力。

3. 学习的自主性

中学学习的主要形式是课堂讲授，巩固知识的主要方式是做练习题，一切听从老师的安排。而大学课堂讲授时间较少，课堂内容多、速度快、跨度大，更强调启发性、研讨式、自学式教学。尤其是低年级的基础课，大都采用大班授课形式，教师不一定按书本讲，只是提纲挈领地讲思路、重点和难点，大部分内容粗线条地讲，重点布置学生自学、看参考书，然后讨论。很多大学新生有这样的感受：教室大、人很多、下课老师难见到，自己复习自己管，茫然无措难把握。大学的学习弹性大、自由空间大、自主性大，更多地靠学生自己学习钻研，这就要求大学生自主学习。

(三)人际环境的变化

1. 师生关系相对松散

中学老师在学习、思想、生活很多方面和学生关系密切。大学老师一般下课后与同学交流较少，班主任或辅导员和学生也不天天见面，班上的工作大多由班干部组织学生自己完成，师生关系相对松散。

2. 人际关系比较复杂

中学时代，学生很少接触社会，主要和父母、老师、同学打交道，人际关系相对单纯。到了大学，其人际交往范围发生了很大变化，不仅要和不同地域、不同习俗的同学打交道，还要和有关部门的教职员工打交道；如果参加了各种社团活动、勤工俭学、教学实践等社会活动，还要与各种各样的人打交道，人际关系更为复杂；加上同学之间的语言、价值观念、生活习惯、性情等方面的差异，增加了交往的难度。

3. 异性交往的困扰

摆脱了高考压力的束缚，大学新生对异性交往给予了前所未有的关注。很多同学很想与异性交往，但因为紧张自卑，在异性面前感到羞怯畏惧，影响了同学关系；有许多新生刚离开父母亲人，在异地感到孤独，想为自己无以寄托的情感找一个归宿以代替父母的关怀，但由于考虑问题简单，感情易冲动，在异性交往方面常常感到困惑；有的分不清是爱情还是友谊，因单相思而自困，对恋爱的冲突和矛盾感到惊慌失措；有的因为激情冲昏了头脑，影响了学习；有的因为对异性关系处理失误而导致了严重后果。这些都给大学新生的适应带来了困扰。

（四）角色心理变化

1. 从“佼佼者”到“普通人”

很多大学新生上大学前都是同学中的“佼佼者”，是父母的宠儿，老师、同学眼中的高才生，备受大家的重视和羡慕。到了大学，大多数人忽然发现校园里人才济济，群英荟萃，强手如林，过去的佼佼者大多变成了一名普通学生，不再耀眼辉煌，顿时倍感失落，优越感荡然无存。

2. 从学习型到能力型

中学一般以学习为主要评价标准，学习成绩好，便可处于优势地位。大学更注重全面发展，除了学习成绩，更看重能力。有许多同学在大学学习成绩优秀，但因缺乏特长，学习以外的能力较差，反而不如那些其他能力和特长更为出众的学生受青睐。有的大学生在大学生运动会和文化艺术节后感叹地说：“我除了会学习，什么也不会。”许多人因而会对自己的认知产生动摇，情绪低落，失去了往日的自信与雄心。

3. 从依赖到独立

大学新生要从过去的依赖转向完全的自我独立。中学时的生活依赖于家庭，学习依赖于老师，事事由大人做主，样样不用自己操心。大学不同了，生活要完全自理，学习要自主，行为要自制，思想要自立，一切要靠自己独立完成，不可能再由父母、老师包办代替。独立生活能力强的人便如鱼得水、应付自如；独立性差的人便一筹莫展、束手无策，莫名的烦恼骤然增多，心里一团糟的感觉挥之不去。

二、大学生适应中的应激源

心理学中，由外界刺激引起的生理、心理和行为反应称为应激反应。应激反应是一种适应性反应。通过应激反应，社会成员在新的条件下达到心理上的平衡和行为上的适应。引起应激反应的刺激因素则称为应激源。研究表明，各种文化的、心理的、社会的刺激以及各种生活事件都可以成为应激源，只是对于不同的人群、个体、情境所引起的应激反应的强度不同而已。

大学生适应中的主要应激源归纳起来是三大压力和四大问题。

1. 三大压力

一是学习压力。学生以学习为主，学习成绩的好坏，在一定程度上成为评价一个学生的标准。社会的竞争体现在大学生身上，主要是学业的竞争。一方面，大学生要完成繁重的学习任务，承受考试的压力；另一方面，为了适应将来社会的需要，大学生又要参加各种各样的技能培训班，如近年来在大学校园内出现的“考证热”。担心考试不通过，往往造成学生在考试前后的紧张不安、焦虑和恐惧。

二是经济压力。自 1997 年我国高校实行自费上学，由于社会生活水平的变化，大学生所缴费用与上学花销在逐年增加，经济困难成了一部分学生尤其是贫困生的压力源。这些学生由于经济困难，在与同学交往中有自卑感，有的学生因为学习期间缺乏经济保障而忧虑。

三是就业压力。随着大学生就业实行双向选择，不少大学生深感择业就业的压力。一方面他们认同竞争，赞成双向选择，但另一方面又担心机会不均，害怕找不到自己满意的工作。不少新生从高年级学生身上感受到就业的压力，也为自己的前途感到焦虑、担忧、不知所措。

2. 四大问题

一是学校生活环境与生活习惯的适应问题。

二是自我认识与评价问题，即如何在新的集体中对自己有一个正确的认识和准确定位。

三是人际关系问题。

四是恋爱、与异性交往问题。

三、大学生适应中的主要心理问题分析

(一) 孤独感

孤独感是一种无依无靠、孤单烦闷的不愉快情绪体验。如果一个人的孤独感特别严重，并且长期存在，就会心情郁闷、精神压抑、性格古怪，影响其正常的学习和人际交往。大学新生越来越发现自己与其他人之间的心理差异，意识到自己与众不同的特点，便会产生与人交往、了解别人内心世界并被同龄人接受的需要。如果这种需要得不到满足，便容易感到空虚，产生孤独感。大学新生产生孤独感的原因是多种多样的，主要有这样几个方面：

(1) 离开家乡和父母而带来的孤独。刚上大学，远离了父母和昔日的朋友，人生地不熟的感觉，都会不同程度地让人感到孤独。

(2) 自我评价不当带来的孤独。自我评价过低者产生自卑心理，表现为胆怯害羞、缩手缩脚，经常压抑自己的言行，不轻易对别人袒露内心，其闭锁的心理自然影响与别人的交往，形成冷漠孤独情绪。自我评价过高者，产生自负心理，孤芳自赏，看不起别人，在交往中不合群，不尊重他人，导致他人的不满，受到同学的疏远，陷入孤独。

(3) 缺乏人际交往技巧带来的孤独。一些新生由于缺乏人际交往技巧导致沟通不良，产生了交往障碍，出现了苦恼、焦虑、浮躁和无所适从的现象。例如，有的学生想与同学交流，却常常感到无话可说；有的学生想与异性交往，但在异性面前紧张、脸红；有的学生与同学产生误会，却不知如何解决等。

(二) 失落感

失落感是因理想与现实的反差太大引起的失望、不满、沮丧等消极心理的情绪体验。

大学生普遍比较理想化，对现实和未来怀着美好的期望，对大学充满了憧憬和向往，想象它是一座金碧辉煌的知识殿堂。但是大学生活并非理想中那么浪漫、那么充满诗情画意。正如许多新生所说：“进到大学好像是从理想的天堂回到了现实的土壤。失望是大学给

我的印象，我想象中的大学生活是充满花香和温馨，非常美丽的生活，而现实中的大学生活枯燥无味，整天就是上课、吃饭、作业，还需应对令人恐惧的考试。”社会中的不良现象在大学校园也或多或少存在，如评优评奖不公正，考试作弊等。“理想大学”与“现实大学”的反差导致了一些大学生产生失落感，更引发了不满、愤怒、嫉妒、焦虑等消极心理。有研究者总结了关于新生的失落感主要如下：

(1) 大学和自己想象的不一样——理想和现实的矛盾。

(2) 自己的愿望是重点，到了普通学校，有一种不甘——愿望和现实脱节。

(3) 原本自己很优秀，在新集体中找不到感觉——失落。

(4) 生活中少了很多呵护——恋旧。

(5) 特长不足带来在同学和集体活动中的无奈和尴尬——自卑。

(6) 心中的话不知对谁说——孤独。

(三) 挫折感

大学生怀抱着许多的幻想、希望，为将其变成现实，需要付出各种努力和追求。当这些追求持续性地不能得到满足或部分满足，就产生了挫折感。挫折感往往是需求得不到满足时的紧张情绪状态，包括一系列诸如失望、压抑、沮丧、忧郁、苦闷等的心理反应。在大学生活中，家庭变故、环境适应、学业压力、恋爱、人际交往、就业都会带来挫折感。根据挫折强度的大小可以把挫折分为两类：一般性挫折和严重性挫折。一般性挫折指大学生在对自己而言不太重要的事情上遭受的挫折，也就是日常生活中的“小事”或“不愉快”。例如自己有烦恼找同学倾诉而对方不能理解自己，学习成绩下降，因一件小事与同学关系紧张，害怕不被朋友接受，感到孤独和悲伤等。严重性挫折指大学生在与自己关系密切或影响个人前途发展的问题上遭受的挫折，如亲人亡故、家庭悲剧、失恋、重要考试失败等。一般而言，大学生遭受严重挫折的概率较小，更多情况下是遭受一些小挫折的烦扰。但因为一个人对生活中的小事应变能力极差，就会导致另外的麻烦同时出现或接踵而来，这样实际上构成了严重挫折，长此以往对身心健康极其不利。

(四) 迷失感

有人打过这样的比方：上大学前，大学是一盏很亮同时很远的灯，同学们好像在黑夜里，除了这盏灯，周围一切都看不清，大家只顾朝着灯跑。上了大学，好像天亮了，灯的光芒消失了，太阳却还没有出来，一下子分不清东西南北，不知道该朝哪个方向跑了。刚入学的新生在最初的新鲜感过去之后，容易产生一种莫名的迷茫，行为上表现为一种“无目标状态”，情绪上有明显的郁闷、不适感。这种迷失感主要有四种表现：一是高考紧绷的弦放松了，新的目标还没确定；二是学习模式变了，还没找到适合自己的新方法；三是生活自由了，却不能很好地管理自己；四是新的问题多了，似乎都没有标准答案。

1. 学习目标的迷失

中学阶段，学生都有一个明确具体的目标——考大学。考大学既是压力又是动力，迫使学生拼命学习。随着上大学目标的实现，压力突然消失，而新的目标还不清楚，一些大学生也就暂时失去了学习的动力，于是得过且过，甚至荒废学业。

2. 学习方式的迷失

中学学习都有老师具体的安排和督促，学习内容和方法十分明确；而大学是自主性学习，学习时间、空间很宽松，内容、方法大都由自己把握。面对纷繁复杂的内容，无统一的标准，无专人的督促和辅导，很多大学生不知从何下手，如何去把握，好像在森林里迷失了方向，找不到适合自己特点和大学学习特点的方法。

3. 思想观念的迷失

大学里各种流派观点不断涌现，新的观念层出不穷，中西文化交融，现代与传统碰撞，民族文化、地方文化、主流文化、非主流文化形成文化的“大会餐”。但由于大学生阅历较浅，文化积淀不深，分辨能力不强，对传统文化和主流文化的社会价值标准认同度降低，陷入多元文化的价值观冲突中，感到无所适从而陷入迷惘。

第三节　大学生适应问题的心理调适

一、适应的心理误区

（一）习惯了就是适应吗

传统的观点认为习惯即适应，即一个人对所处的环境满意，工作顺手，感觉良好，便是适应良好。但是，用变革的观点来看，这未必是真的适应，而且很有可能成为自我发展的束缚。心理学家认为，习惯是人的潜能发展的大敌。大部分人在一个环境待久了，常常形成一套对这个环境所固有的思维习惯和心理上的惰性，如果不去主动地寻求变革，就会墨守成规，限制自己的发展。马斯洛说：“对于世上一成不变的事物来说，习惯何等有用，但是当要去应付世上一些不断变化和流动着的事物时，习惯显然就构成障碍和阻力，它影响我们去适应新的、独特的，从未碰到过的情况。因此，人身上的这种‘惰性’——‘最少努力原则’，压抑着人的潜在能力的发挥。”所以，信息社会、变革时代的大学生不能简单满足于习惯，而要培养不断适应新环境的能力，充分发挥自己的潜能。

（二）服从就是适应吗

在传统观念中，适应新环境的思维和行为模式就是顺从。读什么专业，学什么课程，从事什么职业都是别人规定好的，不用选择，只有服从。这种模式可使人们的心理矛盾冲突减少，趋于稳定，但也限制了人的主体性的发挥。在计划经济体制下，大学生的招生、分配都按国家计划进行，人才很少流动，大学生只需服从，做一颗人民的“螺丝钉”。如今，市场经济条件下，大学生根据人才市场的要求来选择专业、课程，毕业后个人和单位进行双向选择，就业工作后若有新的发展机会，还可以“跳槽”，重新选择。服从是被动的，虽然可避免因选择带来的风险、困惑和烦恼，但也失去了更多的自由和更多的发展机遇。因此，大学生更应适应环境，积极主动面对市场，面对机遇，应对各种挑战。

（三）时尚是适应吗

在人们的观念中，还存在着这样的心理误区，即追求时尚、流行即适应。许多大学生认为，只要跟得上社会的流行趋势，围绕着社会的热点、焦点行事即适应了社会。时尚即适应吗？表面上似乎如此，其实不然。时尚、流行反映着社会生活某方面的新动向、新变化、新形态，更多地满足人们的求新求异心理，但并不一定能代表社会发展的主流和本质，比如时尚服装、流行歌曲、流行色等，甚至有的时尚居然还是复古。当今社会变化很快，热点、焦点很多，快得让你应接不暇，来不及冷静观察思考；多得让你眼花缭乱，分不清虚实真假。如果盲目追求时尚，缺乏自己的发展目标，结果会适得其反，无所适从。真正的适应是对时尚进行分析，思想与时俱进，行为推陈出新，既了解社会的发展趋势，又明了自己的特长，结合社会需要和个人理想，确定适合自己的发展目标，勇于探索、积极进取、开拓事业新天地。

二、增强适应能力的策略

（一）正确认识自我，接纳自我

心理学研究表明，个体对自我的认识和评价，越接近现实，自我防御就越少，社会适应能力就越强；反之，过低评价自己或过高评价自己，常常使自己感到焦虑、不安而产生心理问题。只有客观评价自己，不苛求自己，不为自己的缺点而沮丧，也不为自己的长处而自傲，扬长避短，乐观自信，宽容豁达，才能促进个性的发展与完善。

正确地自我认知、悦纳自我是调整心理不适的关键。西方古希腊学者认为最高智慧就是“认识你自己”。东方也有相同的慧言：“仁者他知，智者自知。”认识自我虽不容易，但却是必需和可能的。正如马克思所说：“一切真理精华在于人们最终会自己了解自己。”在经历了心理落差之后，我们应重新审视自我，全面客观地认识自我，明白“我是谁”，总结自己的优点是什么，缺点是什么，自己追求的人生目标是什么，既看到优点和长处，也承认弱点和短处，积极地去改善和弥补，接受自我、超越自我、完善自我，坦然面对各种挑战。

（二）采取积极行动

你是否有过这样的体验：当你面对一件事情的时候，觉得它很复杂，很困难，对是否能够完成它，心中没有把握。然而，当你一步一步积极去做时，你会一点一点地取得成功，当最后圆满地完成任务时，你也由此获得自信。如果你不去行动，沉浸于自己“冥思”的烦恼之中，可能永远都不知道自己是否能够去完成它。对环境的适应同样如此，当你对新的环境不熟悉、不满意时，也要采取积极的行动，为集体、为他人做些事情，在行动的过程中，逐渐熟悉新的环境，别人也会从你的行动中了解你，这样你就逐渐融入新的环境当中了。当你全身心地投入到工作中时，将不会像往日那样去琢磨自己的心境，从而摆脱环境不适应带来的孤独、苦闷、空虚的恐惧，慢慢地会获得充实和愉快。

(三)合理运用心理防御机制

当个体处在挫折与冲突的紧张情境时，会感到困扰、不适应，甚至体验到一种痛苦的折磨，出于自我保护的本能，在其心理活动中会产生一种自觉不自觉地消除或减轻这种状态的倾向，会有意无意地采取某种方式来恢复心理平衡。人的这种摆脱痛苦、减轻不安、稳定情绪、平衡心理的自我保护机制通常称之为心理防御机制。心理防御机制可以起到缓冲心理挫折，减轻焦虑情绪等作用，并且可为人们寻找战胜挫折的办法提供时机。正确运用心理防御机制可以调解由适应不良引起的心理不适。比如，运用“合理宣泄”，把个人的忧虑、烦恼和不平向自己信任的老师、同学、朋友倾诉一番，可以减轻自己的心理压力。“升华”使你转移或实现原有的情感，达到了心理平衡，同时又创造了积极的价值，利己利人。(详细论述参见第八章)

(四)寻找心理咨询的帮助

在新生适应不良需要维护和促进心理健康的过程中，除了重视自我调节，重视朋友的帮助、家长的支持、教师的指导外，还应该有向专业机构寻求帮助的意识；特别是当心理压力较大，心理冲突激烈，自我调节难以奏效时，更应主动及时寻求专业指导。

大学心理咨询主要是发展性咨询，是针对大学生学习、生活中的各种困惑、心理冲突、感情纠纷和精神压力等问题，帮助学生分析问题的症结所在，找出摆脱困境、解决问题的办法。它是提高大学生心理素质的重要途径，也是缓解大学生心理矛盾的有效方式。大学新生通过心理咨询，既可以开发潜能，促进自我发展，又可以缓解心理冲突，恢复心理平衡，增进心理健康，健全和完善人格。因此，积极寻求心理咨询的帮助，将有助于大学新生健康成长与人格的完善。

三、增强适应能力的途径和方法

(一)学会生活

1. 培养良好的生活习惯

(1) 早睡、早起，合理安排作息时间。

(2) 饮食合理，主副食搭配合理，鱼、肉、蛋、奶、蔬菜、水果比例合适。

(3) 讲卫生、爱整洁，勤洗澡、勤换衣服，勤晒被子、勤打扫卫生。

(4) 进行适当的体育锻炼和文娱活动。

2. 提高个人财务管理能力

(1) 计划用钱。先写下自己每个月的可支配数额，减去每个月固定花费，如吃饭、学习用品、生活用品等，剩下灵活支配的钱。随后据此列出财务计划清单，尽量每月按计划用钱，减少冲动性消费，量入为出。如果冲动性花费高于灵活性支配的总数，就可能造成经济危机。

(2) 合理消费。学会消费也是一种能力。合理消费，就是要结合自己的需要、实际能力、实际情况等等来综合考虑消费方式和消费水平。记下一个月中所有的花费，然后进行统计，看用于学习、生活、娱乐、交友等各项花费有多少，然后了解自己的钱花在什么地方，需要花在什么地方，再根据财力和实际情况，首先保证生活、学习等必要开支，再减少不必要开支，把钱用到真正需要的地方，做到合理消费。

3. 做时间的主人

（1）守时。严格遵守作息时间，按时作息，上课、开会不迟到，自习、活动不溜号。守时是每一个受过高等教育的人应有的基本品质。

（2）惜时。“一寸光阴一寸金，寸金难买寸光阴”，浪费时间等于浪费青春、浪费生命。大学课余时间较多，可自由支配的时间多，有的同学就利用这时的时间玩乐，如上网、聊天、玩游戏、谈情说爱、逛街等。如果放松了对学习的要求，不珍惜时间，等到考试时，该看的书没看，该记的东西没记，只得“临时抱佛脚”。

（3）追求时间效率。“时间就是金钱，效率就是生命”，大学生要学会高效率地利用时间，追求时间最大效率。有一个著名的效率专家，每天早晨在卫生间洗脸刷牙时，就开着录音机听外语，结果几年下来，他和他的家人都学会了一门外语。大学生应学会分配时间，善于兼顾学习、生活的各个方面，在全力保证学习时间的条件下，安排好体育锻炼、业余爱好、娱乐休息和社交活动等的时间。大学生要根据自己的特点，知道什么事情在什么时间做最有效，什么事情先做，什么事情后做，对时间进行科学合理的安排和有效的管理。这样，做时间的主人，既能保证学习任务的完成，又能增长见识和才干，促进自己全面和谐的发展。

（二）学会学习

1. 尽快熟悉学习环境

新生入学后，首先要了解学习环境，学会利用现有的学习条件和学习资源。大学的教学内容包含的信息量较大，单凭死记书本是远远不够的，必须通过各种渠道获取信息，充分利用学校的各种教学资源和辅助设施来掌握和运用所学的知识，增强学习能力。在入学之初，要迅速熟悉学校一切可利用的教学设备及辅助设施，如教学楼、办公楼、图书馆、电教馆、实验楼、语音室、电子计算机房、多媒体室等，并尽快学会运用这些设备设施。

2. 及时确立新的学习目标

目标是人们活动所追求的预期结果，是激发人的积极性并产生自觉行为的必要前提。目标对人的行为具有定向作用、激励作用和维持作用。没有目标，就没有方向和动力。中学时代考大学是我们追求的目标。一旦考上大学，没有新的目标，大学生就会失去努力的方向，出现“动力真空”，失去上进心和学习兴趣，如有的同学终日玩乐，不思进取，做一天和尚撞一天钟，成绩直线下降。大学新生应尽快树立新的学习目标，做好大学四年的学习生涯规划，如完成学业，找到一份好工作或继续深造。无论是哪一种目标，大学生都要根据自己的实际情况，认真地给自己定位，制定一份详细的大学学习生涯规划，并将大目标分解成具体详细的小目标。这样，大学生才能在大学学习和生活中体会到成就感和充实感。

3. 树立发展式学习理念

树立发展式学习理念就是将学习当成个人终生发展的任务，在不同的人生阶段指向不同的目标，建立客观、合理的评价体系，确立自我价值，应对学习中的困难，调节心理冲突，在获得知识、能力的同时，也达到心理上的和谐、统一，保持心理健康的状态。

随着知识经济时代的到来，学习成为一个动态发展的过程。学习过程不会再随着学校生活的结束而结束，而是伴随着人的一生；在人生的不同阶段都有相应的学习任务，现代社会要求人们要终身学习，终身接受教育。因而，在大学学会怎样学习，就会为将来的终身学习打下良好的基础。大学的学习在学习内容和形式上都有所不同，要适应大学的学习，就必须客观地认识、了解大学学习的特点和模式，学习应对学业困难的方法和技巧，注意创造能力的培养。大学生要从根本上改善学习状态，从学习中获得乐趣，就需要对学习有深入的理解，真正明白要学习些什么，为了什么而学。只有树立发展式学习理念，懂得学习是一项发展的终身任务，明确个人的发展目标，确立恰当的自我评价体系，才有助于克服困难，获取更多的知识，保持心态的平和。

4. 调整学习方法

大学学习与中学学习相比有很大的差别，这种差别必然导致学习方法的改变。大学的教学模式与中学相比最大的变化是以教师为主导的模式变成了以学生为主导的模式，自学能力的培养因而相当重要。因此，能否养成自主学习的习惯，不仅关系到能否很好地完成大学学业，还会影响到毕业后能否不断地汲取新的知识、创造性地进行工作。

自主学习主要包括以下内容：

(1) 确定学习目标；

(2) 制订学习计划；

(3) 安排学习时间；

(4) 独立完成作业；

(5) 检查学习效果；

(6) 查阅资料、检索文献；

(7) 批判式学习；

(8) 培养求知、求真、求实精神，积极探索客观事物发展变化的规律。

(三) 学会相处

在大学里，我们要面对的人际关系呈现出复杂化的特点。新生往往缺乏交往经验，容易在处理人际关系时出现问题，产生心理负担。我们应怎样处理好人际关系呢？

1. 接纳他人，求同存异

大学新生彼此是陌生的，有一种距离感。但大学四年要在一起学习、生活，就要接纳、接受他人的生活方式，适应彼此的生活习惯。不接纳他人的人，也无法让别人接纳自己。每个人来自不同的地区、家庭，都有自己的生活习惯、价值观念，有各自的长处，也有缺点和不足。比如：有的人喜欢安静，有的人喜欢热闹；有的人喜欢早睡早起，有的人喜欢熬夜；有的人严谨细致，有的人大大咧咧；有的人非常勤奋，有的人非常懒散。这些习惯都是长期生活养成的，一时难以改变。当别人的言行不符合自己的要求时，要学会求同存异，不以个人好恶作为标准，要承认各人有各人的生活习惯和价值观念。面对这种差异，我们不妨换个角度想一想：

——别人是如何看待我的“异样”的？

——我这样的为人处世，他是不是也很难接受？

——如果他看不惯，一定要我适应他，我会是什么感受？

如果针锋相对，寸步不让，不但于事无补，还会把事情弄僵。当然，如果同学的行为确实妨碍了自己，也不必处处忍让、委曲求全，而应委婉地提出意见。此外，还可以调节自己的生活方式。如果同宿舍的人喜欢卧床谈心，自己不习惯又无法改变，那么就调整自己的计划，或推迟睡觉时间，可以听听英语磁带、看看书等。

2. 积极交往，理解宽容

交往的心理和行为是受根本态度支配的。与同学交往的正确态度是诚恳、尊重、宽容。以诚待人，使人产生安全感；尊重他人，使人信赖，获得愉快；对人宽容豁达，会赢得真心，增添自身人格魅力。积极交往，就是在平时的生活中不要消极被动，要积极主动，即主动与同学打招呼，主动和同学讲话，主动帮助别人。

理解是人际交往的基本需要，宽容是人际交往中的一种美德。学会理解宽容是我们处理人际关系的一项重要原则。有的人过分看重自我，以自我为中心，言行举止不考虑别人的利益，缺少理解和宽容，这种人在群体中往往不受欢迎，容易被孤立。当然宽容也是有原则的，对于不良品行和不良习惯就不能听之任之，否则就是纵容，如深夜看电视、酗酒、吵闹，随便使用别人的物品等行为就不能置之不理。

理解宽容的最好注释是：像你希望别人对待你那样对待别人。

——你希望别人肯定你，就去真诚地赞赏对方。

——你希望别人关心你，就去真诚地关心对方，关心他的需要和心理感受。

——你希望别人尊重你，就去尊重别人，即便是非常好的朋友，也要给彼此留有空间，不能把自己的意志强加于别人。

——千万不可“我对别人怎样，别人必须对我怎样”。

3. 异性交往，把握尺度

异性之间的交往是人际关系的重要组成部分，也是衡量我们交往能力的一个重要标志。社会是由两性构成的，如果大学生不善于与异性交往，或处理不好与异性之间的关系，就会影响对大学生活的适应。同学之间的异性交往可以增进相互了解，获得异性的信赖和友谊，还能消除对异性的神秘感，促进男女情感世界的稳定。学会与异性交往也是青年学生获得真挚爱情的必要前提。

有人不相信男女之间会产生纯洁的友谊，一看见男女生在一起，就认为是在谈恋爱或关系不正常。这种看法是错误的，异性友谊不等于爱情，爱情与友谊是有本质区别的。我们提倡大学生建立发展友谊，把握好友情与爱情之间的界限和尺度。

——端正交往动机，遵循道德原则，发展健康文明的异性关系。

——保持距离，把握分寸。

——关注集体活动，减少不必要的单独相处。

——广泛交友，扩大友谊圈。

——把握好友谊与爱情的界限，以免让对方误解，错把友谊当爱情。

第四节 心理素质拓展训练

一、心理影片赏析:《女大学生宿舍》

《女大学生宿舍》(又名《武大校园》)是一部反映大学生在面对新校园环境时如何适应的影片，该影片于1983年上映。该片根据喻杉所著同名短篇小说改编。20世纪80年代初，大学中文系205号女生宿舍，住进五个刚入校的姑娘。拥有不同的家庭背景的她们，或多或少对大学新生活不适应，同时由于生活习惯的差异也导致寝室人际关系不和谐。尽管性格各异，但是在经历一个学期的磨合后，205宿舍的五个姑娘终于在互相理解的基础上建立了深厚友谊。

在大学新生活适应不良方面，影片中表现比较典型的当属辛甘和匡亚兰。见面的第一天，她们就为了上下铺而争吵起来。辛甘从小被溺爱着，自身家庭条件也比较殷实。而匡亚兰是个孤儿，家庭条件特别艰苦，她需要用课余的时间去干苦力赚学费，做事情都是独来独往，给别人一种神秘感和距离感。她的沉默寡言也使她很难交到知心朋友。

虽然辛甘和匡亚兰对于大学的新生活表现出了不同程度的不适应，但是当误解和矛盾慢慢地解开后，她们都顺利地融入了大学生活中。一方面她们两个积极地参与到晚会中；另一方面大家也改变了对匡亚兰的看法，她收获了大家的尊重和帮助。姑娘们变得越来越团结，感情也越来越好。正如电影的结尾所说：友谊、理解、信任，它们不仅对我们的大学生活而且对我们的人生都非常珍贵！

二、心理游戏：大风吹

人数：不限。

场地：室内。

对象：刚认识或不认识的人。

游戏方法：

(1) 把比人数少一张椅子数目的椅子围成一圈。

(2) 除了扮鬼的人以外，其余的人分别坐在不同的椅子上。每张椅子限坐一人。

(3) 扮鬼的人站在中间，他可以随意说大小风吹。如果他说大风吹，有X的人必须起来换位置；如果说小风吹，则是相反，没有X的人起来换位置。换位置时不能持续两人互换或坐回原位。没抢到椅子的人则扮鬼。

(4) 扮鬼三次的人则算输，需接受处罚。

例子：

鬼：大(小)风吹！

其余的人：吹什么？

鬼：吹戴眼镜的人(如是大风吹，则戴眼镜的人起来换；如果小风吹，则没戴眼镜的人起来换!)。

三、心理测试：社会适应能力诊断量表

序号	下面问题能够帮助你进行社会适应能力的自我判别。请根据自身情况如实作答，了解自己的社会适应能力情况	是	无法肯定	不是
1	我最怕转学或转班级，每到一个新环境我总要经过很长一段时间才能适应	−2	0	2
2	每到一个新的地方，我很容易同别人接近	2	0	−2
3	在陌生人面前，我常无话可说，以至感到尴尬	−2	0	2
4	我最喜欢学习新知识或新学科，它给我一种新鲜感，能调动我的积极性	2	0	−2
5	每到一个新地方，我第一天总是睡不好，就是在家里，只要换一张床，有时也会失眠	−2	0	2
6	不管生活条件有多大变化，我也能很快习惯	2	0	−2
7	越是人多的地方，我越感到紧张	−2	0	2
8	在正式比赛或考试时，我的成绩多半不会比平时练习差	2	0	−2
9	我最怕在班上发言，全班同学都看着我，心都快跳出来了	−2	0	2
10	即使有的同学对我有看法，我仍能同他(她)交往	2	0	−2
11	老师在场的时候，我做事情总有些不自在	−2	0	2
12	和同学、家人相处，我很少固执己见，乐于采纳别人的看法	2	0	−2
13	同别人争论时，我常常感到语塞，事后才想起该怎样反驳对方，可惜已经太迟了	−2	0	2
14	我对生活条件要求不高，即使生活条件很艰苦，我也能过得很愉快	2	0	−2
15	有时自己明明把课文背得滚瓜烂熟，可在课堂上背的时候，还是会出差错	−2	0	2
16	在决定胜负成败的关键时刻，我虽然很紧张，但总能很快地使自己镇定下来	2	0	−2
17	我不喜欢的东西，不管怎么学也学不会	−2	0	2
18	在嘈杂混乱的环境里，我仍然能集中精力学习，并且效率较高	2	0	−2
19	我不喜欢陌生人来家里做客，每逢这种情况，我就有意回避	−2	0	2
20	我很喜欢参加社交活动，我感到这是交朋友的好机会	2	0	−2

得分对照：

得分	35～40分	29～34分	17～28分	6～16分	≤5分
社会适应能力	很强	良好	一般	较差	很差
主要表现	(1) 能很快地适应新的学习、生活环境； (2) 与人交往轻松、大方，给人的印象极好； (3) 无论进入什么样的环境，都能应付自如，左右逢源	(1) 能较好地适应周围的环境； (2) 与人关系融洽； (3) 处事能力较强	当进入一个新环境，经过一段时间的努力后，基本上能适应	依赖于较好的学习、生活环境，一旦遇到困难则易怨天尤人，甚至消沉	(1) 在各种新环境中，即使经过相当长时间的努力，也不一定能够适应； (2) 在与他人的交往中，总是显得拘谨、羞怯而手足无措； (3) 常常感到困惑，与周围事物格格不入而十分苦恼

说明：

如果你在这个测试中得分较高，说明你的社会适应能力较强。但是，如果你得分较低，也不必忧心忡忡，因为一个人的社会适应能力是随着年龄的增长、知识经验的丰富而不断增强的。只要你充满信心、刻苦学习、虚心求教、加强锻炼，一定会成为适应社会的成功者。

四、心理训练：微笑握手与滚雪球

训练目的：扩大交往圈子，拓展相识面，引发个人参与团体活动的兴趣。

具体步骤：

(1) 微笑握手。全体同学起身离开座位，面带微笑，伸出右手走向你想认识的同学，对着他(她)说"你好"并相互握手，在5分钟内尽可能多地和更多的人握手，老师喊"停"，大家站在原地不动，看谁握手人数最多，握手人数最少，并请他们谈谈感受。

(2) 滚雪球。微笑握手活动中最后握手的同学组成两人组开始"自我介绍"(时间3分钟)。介绍的内容包括：姓名、所在院系和专业、性格特点、个人兴趣爱好以及个人愿意让对方了解的有关自我的资料。两人组自我介绍完毕后，邻近的两组组成4人组开始"他者介绍"(时间5分钟)，每位成员将自己刚才认识的朋友向另外的两位新朋友介绍，例如A向C和D介绍B。当4个人已经相识时，8人组开始"连环自我介绍"(时间10分钟)。如有的成员一时记不起太多的信息，全组成员可以一起帮助他。

(3)"微笑握手与滚雪球"活动结束后讨论与分享：

① 当全班各个8人组介绍完毕后，请每位同学在组内谈谈在短短的十几分钟内认识其

他 7 位朋友的感想。

② 以“我理想中的大学”为主题，谈谈各自的感受。

③ 请每个小组选出一个代表，把全组成员一一向班内其他小组成员介绍。

活动背景音乐：《相亲相爱一家人》。

思考题

(1) 你理想中的大学生活是怎样的，初到大学，你对大学生活适应吗？

(2) 你所观察到的适应不良现象有哪些？结合相关经验，请你谈谈怎样帮助他们快速有效地适应新环境？

心灵语录

中学阶段，学生伏案学习；在大学里，他们应该站起来，四处瞭望。

——(英)怀特海

03 第三章 大学生的自我意识

案例导入

独立与依附

小刚，南昌某高校大一学生，来自沿海城市。小刚有两个姐姐，他在父母和姐姐的关爱与呵护中长大。中学时期他一直在父母身边，个人生活都由父母料理，只管努力学习，不承担任何家庭劳动。他来到南昌就读大学后，非常想家，很不适应独立的大学生活，无法安心学习，后悔报考了南昌的学校，甚至产生了转学回家乡的想法。他不喜欢南昌这个城市，一听到当地方言，便觉得自己是个被抛弃的外乡人，也不愿和同学交朋友，觉得内陆和沿海的区别非常大。班上组织出去玩，他却开心不起来，反而越玩越伤心，觉得哪都不如家乡好，特别想家想父母。上学期间，姐姐来看过他，安慰他要学会独立生活。周末，他看到寝室里有的本地同学回家了，心里更难过。对大学生活新环境的严重不适应及思乡情绪影响了小刚在校的学习和生活状态。

学习思考：

（1）大学生想家是一种正常的现象吗？能谈谈你的个人经历吗？

（2）你怎样看待大学生不能独立的现象？

个人生活在社会中，经常会问自己：我是谁？我过去曾经怎么样？我现在怎么样？我将来会怎么样？我怎么才能够给别人留下一个完美的形象？如果有人要你简单介绍一下自己，你会怎样介绍自己？你首先想到的特征是什么，是说自己的性格是内向的还是外向的，还是说自己的外表特征是高、矮、胖还是瘦？这些提问都涉及一个问题：自我意识。那自我意识的含义是什么？它是怎么样形成的？它对个人的成长和发展起着什么作用和意义？

第一节　自我意识概述

一、自我意识的含义

自我意识也称自我，是个体意识发展的高级阶段。早在古希腊时期，哲学家苏格拉底就提出了“认识你自己”的口号，这标志着人类自我意识的觉醒，人类开始关注自己，开始将目光从神的光彩转向人类自身。因此自古以来，人类就已经开始关注自己。那么什么是自我意识呢？

自我意识是个体对自己身心活动的觉察，即自己对自己的认识，具体包括认识自己的生理（如身高、体重、体型等）、心理特征（如兴趣、能力、气质、性格等）以及自己与他人的关系（如自己与周围人们相处的关系，自己在集体中的位置与作用等）。自我意识是人的意识活动的一种形式，也是人的心理区别于动物心理的一大特征，它同时又是一个复杂的、多层次的心理系统。

二、自我意识的分类

自我意识可以从不同的角度进行分析。我们可以从知、情、意三个角度把自我意识分为自我认识、自我体验、自我控制。

（一）自我认识

自我认识是主观自我对客观自我的认识与评价。自我认识是自己对自己身心特征的认识，自我评价是在这个基础上对自己做出的某种判断。正确的自我评价，对个人的心理活动及其行为表现有较大影响。如果个体对自身的估计与社会上其他人对自己的客观评价过于悬殊，就会使个体与周围人们之间的关系失去平衡，产生矛盾，长此以往，将会形成稳定的心理特征，如自满或自卑，不利于个人心理的健康成长。自我认识在自我意识系统中具有基础地位，属于自我意识中“知”的范畴，其内容广泛，涉及自身的方方面面。对学生进行自我认识训练，重点放在三个方面：第一，让学生能认识到自己的身体特征和生理状况；第二，认识到自己在集体和社会中的地位及作用；第三，认识到自己内心的心理活动及其特征。自我评价是自我意识发展的主要成分和主要标志，是在认识自己的行为和活动的基础上产生的，是通过社会比较而实现的。由于学生的自我评价能力不高，往往不是过高就是过低，大多属于过高型。因此，要提高学生的自我评价能力，就应学会与同伴进行比较，并通过比较做出评价；还应学会借助别人的评价来评价自己，学会用一分为二的观点评价自己。由于自我评价是自我认识中的核心成分，它直接制约着自我体验和自我调控，所以，对学生进行自我意识训练，核心应放在自我评价能力的提高上。

（二）自我体验

自我体验是主体对自身的认识而引发的内心情感体验，是主观的我对客观的我所持有的一种态度，如自信、自卑、自尊、自满、内疚、羞耻等。自我体验往往与自我认知、自我评价有关，也和自己对社会的规范、价值标准的认识有关，良好的自我体验有助于自我监控的发展。对学生进行自我体验训练，就是让学生有自尊感、自信感和自豪感，不自卑、不自傲、不自满，随着年龄的增长，学生会在做错事时感到内疚，在做坏事时感到羞耻。

(三) 自我控制

自我控制是自己对自身行为与思想言语的控制，具体表现为两个方面：一是发动作用；二是制止作用，也就是支配某一行为，抑制与该行为无关或有碍于该行为进行的行为。进行自我认识、自我体验的训练目的是进行自我控制，调节自己的行为，使行为符合群体规范及社会道德要求，并通过自我控制调节自己的认识活动，提高学习效率。为提高学生的自我监控能力，重点应放在促使一个转变的发生上，即由外控制向内控制转变。学生的自我约束能力较低，常常在外界压力和要求下被动地从事实践活动，比如只有教师要求做完作业后检查，才会进行检查。针对这种现象，学生应学会如何借助外部压力，发展自我监控能力。

自我意识从内容上可以分为生理自我、社会自我和心理自我。生理自我是指个体对自己身体的意识，如“我认为自己长得很胖，她的身材很好”等。社会自我，是个人对自己在社会关系、人际关系中所处角色的意识，包括个人对自己在社会关系、人际关系中作用和地位的意识，对自己所承担的社会义务和权利的意识等，如“我是一个很受欢迎的人，他是一个没有责任感的人”。伴随社会自我出现的同时，心理自我也形成和发展起来。心理自我就是个人对自己心理的意识，包括个人对自己的性格、智力、态度、信念、理想和行为等方面的意识，如“我是一个性格外向的人，我对自己的理想充满信心”等。个人对自己生理的、社会的、心理的种种意识，也是密切联系在一起的。因而，每个人都有对他人的看法和态度，于是自我意识就有其独特的形式和内容，如表 3－1 所示。

表 3－1 自我意识的具体分类

自我本身	自我认识	自我体验	自我控制
生理自我	对自己身体、外貌、衣着、风度、家属、所有物等的认识	英俊、漂亮、有吸引力、迷人	追求身体的外表、物质欲望的满足，维持家庭的利益
社会自我	对自己在团体中的名望、地位、自己拥有的亲友及经济条件等的认识	自尊、自信、自爱、自豪、自卑、自怜、自恋	
心理自我	对自己的智力、性格、气质、兴趣等特点的认识	有能力、聪明、优雅、敏感、迟钝、感情丰富、细腻	追求信仰，注意行为符合社会规范，要求智慧与能力的发展

从自我认知的自我观念来看，自我意识又可以分为现实的自我、投射的自我、理想的自我。现实的自我也称现实我，是个人从自己的立场出发对自己目前实际状况的看法。投射的自我也称镜中自我，是个人想象中他人对自己的看法，想象他人心目中自己的形象，

想象他人对自己的评价，以及由此而产生的自我感，如“我在同学们心目中的形象比较完美”就是投射自我的表现。现实的自我即个人对自己现实的观感，不一定与镜中自我的观感完全相同，两者之间可能有距离。当这个距离加大时，便会感到自己不为别人所了解。理想的自我也称理想我，是指个人想要达到的完善的形象，如“我的理想是当一名科学家、我想做个诚信的人”等，理想我是个人所追求的目标，不一定与现实我是一致的。理想我虽非现实，但它对个人的认识、情绪和行为的影响很大，是个人行为的动力和参照系统。

三、自我意识的形成和发展

埃里克森(E. H. Erikson)是美国著名精神病医师，新精神分析派的代表人物。他认为，人的自我意识发展持续一生。他把自我意识的形成和发展过程划分为八个阶段，这八个阶段的顺序是由遗传决定的，但是每一阶段能否顺利度过却是由环境决定的，所以这个理论可称为“心理社会”阶段理论。每一个阶段都是不可忽视的。埃里克森的人格终生发展论为不同年龄段的教育提供了理论依据和教育内容，任何年龄段的教育失误，都会给一个人的终生发展造成障碍。该理论也告诉每个人，你为什么会成为现在这个样子，你的心理品质哪些是积极的，哪些是消极的，分别是在哪个年龄阶段形成的。

1. 婴儿期(0～1.5岁)：基本信任和不信任的心理冲突

不要认为婴儿是一个不懂事的小动物，只要吃饱不哭就行，这就大错特错了。此阶段是基本信任和不信任的心理冲突期，因为这期间孩子开始认识人了，当孩子哭或饿时，父母是否出现是建立信任感的重要因素。信任在人格中形成了“希望”这一品质，它起着增强自我力量的作用。

具有信任感的儿童敢于希望，富有理想，具有强烈的未来定向。反之则不敢希望，时时担忧自己的需要得不到满足。埃里克森把希望定义为：“对自己愿望的可实现性的持久信念，反抗黑暗势力、标志生命诞生的怒吼。”

2. 儿童期(1.5～3岁)：自主与害羞和怀疑的冲突

这一时期，儿童掌握了大量的技能，如爬、走、说话等。更重要的是他们学会了怎样坚持或放弃，也就是说儿童开始“有意志”地决定做什么或不做什么。这时候父母与子女的冲突很激烈，也就是第一个反抗期的出现，一方面父母必须承担起控制儿童行为使之符合社会规范的任务，即养成良好的习惯，如训练儿童大小便，使他们对肮脏的随地大小便感到羞耻，训练他们按时吃饭、节约粮食等；另一方面儿童开始有了自主感，他们坚持自己的进食、排泄方式，所以训练良好的习惯不是一件容易的事。这时孩子会反复使用“我”“我们”“不”来反抗外界控制，而父母绝不能听之任之、放任自流，这将不利于儿童的社会化。反之，若过分严厉，又会伤害儿童自主感和自我控制能力的形成和发展。如果父母对儿童的保护或惩罚不当，儿童就会怀疑自我并感到害羞。因此，把握住“度”的问题，才有利于在儿童人格内部形成意志品质。埃里克森把意志定义为：“不顾不可避免的害羞和怀疑心理而坚定地自由选择或自我抑制的决心。”

3. 学龄初期(3～5岁)：主动对内疚的冲突

这一时期，如果幼儿表现出的主动探究行为受到鼓励，幼儿就会形成主动性，这为他将来成为一个有责任感、有创造力的人奠定了基础。如果成人讥笑幼儿的独创行为和想象力，那么幼儿就会逐渐失去自信心，使他们更倾向于生活在别人为他们安排好的狭窄圈子里，缺乏自己开创幸福生活的主动性。当儿童的主动感超过内疚感时，他们就有了“目的”的品质。埃里克森把目的定义为：“一种正视和追求有价值目标的勇气，这种勇气不为幼儿想象的失利、罪疚感和惩罚的恐惧所限制。”

4. 学龄期(6～12 岁)：勤奋对自卑的冲突

这一阶段的儿童都应在学校接受教育。学校是训练儿童适应社会、掌握今后生活所需知识和技能的地方。如果他们能顺利地完成学习课程，就会获得勤奋感，进而使他们在今后的独立生活和承担工作任务中充满信心；反之，就会产生自卑感。另外，如果儿童养成了过分看重自己的工作的态度，而对其他方面漠然处之，以后的生活是可悲的。埃里克森说：“如果他把工作当成他唯一的任务，把做什么工作看成是唯一的价值标准，那他就可能成为自己工作技能和老板们最驯服和最无思想的奴隶。”当儿童的勤奋感大于自卑感时，他们就会获得有“能力”的品质。埃里克森说：“能力是不受儿童自卑感削弱的，完成任务所需要的是自由操作的熟练技能和智慧”。

5. 青春期(12～18 岁)：自我同一性和角色混乱的冲突

一方面青少年本能冲动的高涨会带来问题，另一方面更重要的是青少年因面临新的社会要求和冲突而感到困扰和混乱。所以，青少年期的主要任务是建立一个新的同一感或自己在别人眼中的形象，以及他在社会集体中所占的情感位置。这一阶段的危机是角色混乱。“这种统一性的感觉也是一种不断增强的自信心，一种在过去的经历中形成的内在持续性和同一感(一个人心理上的自我)。如果这种自我感觉与一个人在他人心目中的感觉相称，很明显会为一个人的生涯增添绚丽的色彩。”(埃里克森，1963 年)埃里克森把同一性危机理论用于解释青少年对社会不满和犯罪等社会问题上，他说：“如果一个儿童感到他所处于的环境剥夺了他在未来发展中获得自我同一性的种种可能性，他就将以令人吃惊的力量抵抗社会环境。在人类社会的丛林中，没有同一性的感觉，就没有自身的存在，所以，他宁做一个坏人，或干脆死人般地活着，也不愿做不伦不类的人，他自由地选择这一切”。随着自我同一性形成了“忠诚”的品质。埃里克森把忠诚定义为：“不顾价值系统的必然矛盾，而坚持自己确认的同性的能力”。

6. 成年早期(18～25 岁)：亲密对孤独的冲突

只有具有牢固的自我同一性的青年人，才敢于冒与他人发生亲密关系的风险。因为与他人发生爱的关系，就是把自己的同一性与他人的同一性融合一体。这里有自我牺牲或损失，只有这样才能在恋爱中建立真正亲密无间的关系，从而获得亲密感，否则将产生孤独感。埃里克森把爱定义为“压制异性间遗传的对立性而永远相互奉献。”

7. 成年期(25～65 岁)：生育对自我专注的冲突

当一个人顺利地度过了自我同一性时期，以后的岁月中将过上幸福充实的生活，他将生儿育女，关心后代的繁殖和养育。他认为，生育感有生和育两层含义。一个人即使没生孩子，只要能关心孩子、教育指导孩子也可以具有生育感。反之，没有生育感的人，其人格贫乏、发展停滞，是一个关注自我的人，他们只考虑自己的需要和利益，不关心他人(包括儿童)的需要和利益。在这一时期，人们不仅要生育孩子，同时要承担社会工作，这是一个人对下一代的关心和创造力最旺盛的时期，人们将获得关心和创造力的品质。

8. 成熟期(65岁以上)：自我调整与绝望期的冲突

由于衰老，老人的体力和健康每况愈下，对此他们必须做出相应的调整和适应，所以被称为自我调整与绝望感的心理冲突。当老人们回顾过去时，可能怀着充实的感情与世告别，也可能怀着绝望走向死亡。自我调整是一种接受自我、承认现实的感受，一种超脱的智慧之感。如果一个人的自我调整大于绝望，他将获得智慧的品质。埃里克森把它定义为“以超然的态度对待生活和死亡”。老年人对死亡的态度直接影响下一代在儿童时期时信任感的形成。因此，第八阶段和第一阶段首尾相连，构成一个循环或生命的周期。

埃里克森认为，在每一个心理社会发展阶段中，解决了核心问题之后所产生的人格特质，都包括了积极与消极两方面的品质，如果各个阶段都保持向积极品质发展，就算完成了这阶段的任务，逐渐实现了健全的人格，否则就会产生心理社会危机，出现情绪障碍，形成不健全的人格。

第二节　大学生自我意识发展规律及其特点

大学时期是人生的关键时期，也是大学生自我意识发展的特殊时期和关键时期，处于青年中后期的大学生，自我意识发展到了新的阶段，经历了一个自我认识、自我体验、自我控制逐渐协调一致的过程。大学生的自我意识会出现一个分化—冲突—统一的、逐渐成熟的过程。

一、大学生自我意识发展的规律

（一）自我意识的分化

大学生自我意识的发展是从明显的自我分化开始的。其表现为以往那种笼统的、完整的“我”被打倒，出现了两个“我”——主观的“我”和客观的“我”以及“理想中的我”(我想成为一个什么样的人)和“现实中的我”(现在我是怎么样的一个人)。其中主观的“我”处于观察者的角度，而客观的“我”处于被观察的角度。自我意识的明显分化使大学生主动、迅速地对自己的内心世界和行为具有新的意识，开始意识到自己那些从来没有被注意到的“我”的许多方面和细节。这一时期，大学生自我沉思、自我分析、自我反省的时候明显增多；对自我新的认识，体验和控制而带来的种种激动、焦虑、喜悦和不安明显增加；为自己应该怎样做、能怎样做、不应该怎样做等而开始认真地动脑筋，不像中学生那样随心所欲。

（二）自我意识的矛盾

自我意识的分化使大学生开始注意到自己以往不曾留意的许多方面，同时也意味着自我矛盾冲突的加剧，即主观自我和客观自我的矛盾冲突，理想自我和现实自我的矛盾，自信心和自卑感的冲突等。由自我意识的分化带来的矛盾是大学生自我意识发展过程的正常现象，但自我冲突加剧、自我概念不能形成、自我不能统一等会给大学生带来明显的内心冲突，甚至引起内心的痛苦和不安、疑惑和困扰。大学生对自我的评价常常是矛盾的，对自我的态度常常是波动的，对自我的控制常常是不自觉的、不果断的。他们时而能较客观地评价自己，时而不能这样做；时而肯定自己，时而否定自己；时而感到自己什么都行，时而又感到幼稚；时而对自己充满信心，时而又感到自己无能，对自己不满意。所有这些都会影响到大学生的身心健康和自我意识的发展。

(三) 自我意识的统一

大学生自我意识的分化和自我意识的矛盾是大学生自我意识发展过程中出现的正常现象，也是大学生自我意识走向成熟的必经阶段。自我意识的矛盾冲突一方面会使大学生产生焦虑苦恼、痛苦不安，如果处理不好，甚至出现这样那样的心理问题；另一方面大学生自己会想方设法去解决矛盾，来实现“理想自我”和“现实自我”的统一。但是由于个人的社会背景、生活经验、理想和目标的差异，自我意识统一的途径和方法是不同的。具体来说，大学生自我意识统一的途径有三种：一是按照理想自我的要求，努力改善现实自我，使现实自我和理想自我达到一致；二是对理想自我中某些不合理、不科学、不实际的东西加以改正，并改进现实自我，使两者互相接近；三是放弃理想自我而迁就现实自我。

由于每个大学生的生活经验、成长环境、心智发展水平以及追求目标等方面都存在着差异，因此其自我意识分化、矛盾、统一的途径会有所不同，其结果也会不一样。

二、大学生自我意识的特点

(一) 大学生自我认识的矛盾性

大学生自我意识的矛盾性主要是由大学生缺乏社会经验、不成熟等原因造成的，这种矛盾性主要体现在以下几个方面：

1. 主观自我和客观自我的矛盾性

主观自我是自己所认识和评价的我，客观自我是他人所认识和评价的我。大学生一方面以自身的实践活动、学习成绩、办事能力等与外部的、社会的榜样作为参照系统，在自己头脑中形成自我认识，这就是主观的自我；另一方面，别人对自己的评价又在头脑中构成另一个自我形象，即客观自我。自我评价与别人评价之间往往存在着差距，这就构成了主观的我和客观的我之间的矛盾。这种矛盾使得大学生对自我的认识模糊，弄不清自己究竟是怎样一个人，在自我情感体验上也造成较大的波动。自我评价与客观评价之间的矛盾具有极其复杂的性质，而认识水平和评价标准是产生矛盾的主要因素，如认识不全面、不客观、评价标准过高或过低等。但不论哪种情况，主观的我和客观的我之间的矛盾都能促进自我认识的发展，或者维持个人原来的自我认识和评价，继续按个人的意愿向前发展，或者符合社会的要求与别人的评价修正自我认识，向他人所要求的方向发展。

2. 理想自我与现实自我之间的矛盾

理想自我是在自己头脑中塑造的、自己所期望的未来的自我形象，现实自我则是通过个人的实践而反映到头脑中的真实的自我形象。“我应该成为一个什么样的人”就是大学生在头脑中的一个理想自我的形象。这个理想自我形象形成以后，人们常不自觉地把自己理想化，因而与现实自我发生矛盾。理想自我和现实自我之间的矛盾，既可能激励个人努力改善现实自我的状况，向理想自我的目标迈进，也可能导致个人降低理想自我的标准，甚至放弃对理想自我的追求。因此，对大学生的理想自我应该积极保护，并引导其通过自我调整，与社会发展的客观要求相一致。

3. 大学生自我意识的独立性和依赖性的冲突

大学生生理与心理的成熟使他们渴望独立，渴望以独立的个体面对生活、学习与工作中遇到的问题，但由于长期的校园生活使他们社会阅历与经验相对匮乏，当应急事件出现时，又盼望父母、老师和同学能够为自己分担压力和责任，寻求其他人的帮助。另外，大学生心理上的独立与经济上的不独立也形成了明显的反差。在他们迫切希望摆脱约束、追求自立的同时，却又不可能真正摆脱家长、老师的支持和帮助。特别是对于独生子女来说，由于受到父母的溺爱，这种独立与依赖的矛盾就表现得非常突出。应该说明的是，大学生的独立并非意味着独来独往，独立并非不需要任何人的帮助和指导，并非不需要依赖别人，而在于个人必须对自己的行为负责任。

（二）大学生自我意识的不成熟性

大学生自我意识发展的不平衡性有许多表现，概括起来主要在以下几个方面：

1. 自卑

对现实自我的认识评价过低，认为现实的自我与所确定的理想自我差距太大，经过努力也难以达到。产生这种情况的主要原因是心理上缺乏必要的承受能力和驾驭自我的能力，加上以往由失败的体验所产生的挫折感的积累。持这种自我轻视，自我否定的自我认识的人，往往表现为过分地对自己进行自我批评，如对自己的身高和容貌不满意，对自己的能力和性格不满意，批评自己的一些本不该受批评的方面。这种对自己的苛求使其陷入困境，并由此转向孤独、沉默，对别人过分依赖，不敢独立承担任务、听天由命、无所作为。

2. 自大

对现实自我的认识和评价过高。对于自大的人而言，理想的我往往是幻想的、脱离自己实际的，其实就是不可能实现的我。持有这种自我认识的人，常表现为狂妄自大，有点成绩，就自以为了不起，得意忘形，忘掉了现实中的我，忘记了客观社会对自己的制约，甚至以自我为中心，不愿意服从任何人，追求脱离社会现实的目标和“理想”，一旦受到挫折又喜欢抱怨，看谁都不顺眼，人际关系紧张。自大的人在逆境时往往会从内心否定自己，甚至自暴自弃，一蹶不振。自卑和自大实质上都是对自我的否定，否定自我是极其有害的。一是否定自己就不会真实地表现自己。一个人要竭力掩盖自己的真实面目，希望给别人一个并不符合自己的印象，就必然给自己带来沉重的思想负担；二是否定自我的人，不愿意和周围的人交往，容易变得孤僻，形成性格障碍；三是自我否定容易导致偏激的行为。盲目自卑和盲目自大的人都有强烈的防卫心理，对批评和建议易产生不正常的反应，对工作和生活中某些挫折的反应会更加强烈，致使自身陷入不能自拔的境地。大学是大学生自我意识发展的重要时期，大学生应该特别注意防止自我意识发展的不良倾向，向完善自我意识的方向努力。

(三)大学生自我意识的不稳定性

1. 波动性

青年期是个体一生发展的最重要时期，也是变化和波动的时期，生理的成熟、知识经验的丰富与人生体验的贫乏都对青年的心理形成了巨大的冲击，加之外界种种复杂变化的刺激令人目不暇接，所有这些都会造成青年情绪上的不稳定。其表现在自我意识中的自我体验上的波动性，既容易产生积极肯定的情感体验，又容易遭受打击走向另一个极端。现代大学生面对的社会环境与以往不同，社会经济发展的不平衡、家庭背景的巨大差距、大学激烈的人才竞争、就业形势的严峻等问题复杂多样，都会对大学生的内心世界产生强烈冲击，导致心理失衡。如果大学生自己不能妥善地自我调节，就很容易走向自我体验的极端化，影响自我的身心健康水平甚至产生不良的社会后果。

2. 多变性

随着大学生知识经验的增长，人际交往关系的扩大，生理心理的进一步成熟以及对自我内心活动的关注，个体出现了许多以往少有的自我体验，如自爱自怜、自责自怨、自负自卑等。王登峰研究青年大学生自我体验的结构结果表明：中国青年大学生自我体验包含两个主导维度——正情绪和负情绪，二者相互对立。正情绪包括接受、精力充沛、喜爱和满意等；负情绪包括精神低落、自我否定、对不良刺激的情绪反应及自我扩张等。

第三节 大学生自我意识偏差及其完善途径和方法

个体的自我意识是在外部环境的影响作用下，通过自我的主观努力形成的。自我发展的历程是一个主观和客观、内在与外在双向互动的过程，因此自我意识的发展水平就是个体主客观力量共同作用的结果。大学生正处于心理迅速成熟、又尚未完全成熟的时期，自我意识还在不断发展中，所以传统观念作用下的大学生，在当前多元化的人生观和价值观的冲击下，在复杂多变的社会环境的影响下，如果缺乏正确的引导和自省，其心理发展则容易出现各种的偏差。

一、大学生自我意识的发展偏差

(一)过分自我接纳与过度自我否定

过分自我接纳是指大学生过高地估计自己，不切实际地高估自己的能力和优点，看不到自己的缺点和不足，同时把别人看得一无是处，在与人交往时，盲目乐观，自以为是，听不进别人的意见和批评。生活中，不少大学生经常把自己看作有价值的、令人喜欢的、优越的、能干的人。过分自我接纳容易产生盲目乐观、骄傲自满情绪，认识问题往往带有一定的偏激和固执，且行动目标往往力不能及，很可能在实际行动中遭遇失败和冲突，从而引起情感损伤，严重时还会导致自我扩张的不健康心理。

相对的，过度自我否定就是不喜欢自己，不能容忍自己的缺点和不足，否定、指责、抱怨、苛求自己。恰当的自我拒绝可以使人反省自己，完善自己，但过度的自我拒绝往往会忽略自己的优势，看不到自身的价值，过分关注，夸大自己的不足，严重的会自暴自弃，丧失生活的兴趣和信心。

（二）自我中心和从众心理

个体在自我意识的发展过程中，最初的萌芽和发展是建立在自我中心这一基础上的。大学生阶段是自我意识发展最重要的阶段。大学生强烈关注自我，往往愿意从自我的角度、标准去认识、评价和行动，容易出现以自我为中心的倾向。当这种倾向与某些不健康的思想意识和不良的心理特征结合在一起时，就会出现过分的，扭曲的自我中心。极端的自我中心意识不仅严重影响一个人的自我形象，影响良好思想品质的形成，而且会导致被人厌恶、瞧不起、严重的自我中心者甚至会对自己、他人和社会造成危害。

大学生中与自我中心相反的另一现象是从众。从众是指个体在群体的影响和压力下，放弃自己的意见而求得与大多数人一致的自我保护行为，这是人们所说的“随大流”的一种心理表现。大学生生活在特殊的大学校园环境中，加上大学生这个特殊的年龄阶段，并且大学生基本上都有一个普遍认可的价值观或者行为标准，因此很容易出现从众的现象。如助人情景中跟随大家旁观，暴乱中跟随大家一起破坏，校园内部出现某种流行的服饰或者是发型，大学生都会跟随这种大流，即从众。盲目从众是很多大学生都有的倾向，也正是自我统一发展中的问题之一，过强的从众心理实际上是依赖反应，缺乏主见和独立意识，自己不思考或依赖别人思考。事实上，世界上任何人都不可能在任何事情上都独立、为所欲为，但个人应能主宰自己的思想和观念。大学生在对待与自己有关的事情上，应该勇于独立思考，坚持自己所认为的正确观念，不受他人的影响，保持自己的独立性和个性，这是克服从众心理最基本、也是最重要的途径。

（三）逆反心理和虚荣心理

大学生正处于生理基本成熟而心理尚未完全成熟的阶段，他们渴望在思想上、行为上完全独立。这个时期虽然智力发展较好，但是阅历有限，经验不足，情绪易受到外界干扰，易感情用事，观点容易片面主观，脱离实际，形成偏见。具有逆反心理的人，易钻牛角尖，易从负面思考，一旦不满时，反应比较激烈，容易走极端。

根据马斯洛的需要层次理论，人人都有被尊重的需要。特别是敏感群体，会更加在意他人的关注、赞赏和肯定。心智不够成熟的大学生往往会把这些评价看成是自我价值的评定标准。因此，有虚荣心理的人往往不是通过刻苦的努力，而是利用撒谎、吹牛、作假、投机等非正常手段沽名钓誉。

二、大学生自我意识的完善

大学阶段，自我意识存在各种矛盾和偏差，这些矛盾和偏差已经成为阻碍大学生身心健康发展的重要原因。由于自我意识矛盾和偏差几乎每个大学生都存在，引导和教育大学生形成完善的自我意识，是对大学生进行心理健康教育的重要内容之一。能否保证大学生具备健康的自我意识还关系到他们在面对其他心理问题时能否有效地进行自我干预、调节和接受他人的积极帮助，因此，这一问题显得更加重要。对于大学生来说，各种自我意识障碍的主要根源在于个体不能进行理性的自我认知。理性的自我认知，是个体获得积极的自我体验，进行良好的自我控制、自我设计、自我完善的前提。因此，引导大学生建立理性的自我认知，是促进大学生自我意识健康发展的重要任务之一。建立完善的自我意识主要有以下几种途径：

(一) 正确认识自我

大学生只有正确认识自我，全面地评价自己，才能形成正确的自我意识。要正确全面了解自己，就必须看到自己的长处和短处，把握自己与群体的关系，自己在社会中所处的位置，对自我做出恰当的评价。正确认识自我是健全自我意识的基础，有利于调适现在的我和构建未来的我。如果一个人能够对自己有一个全面、正确的认识和评价，就能够扬长避短，取长补短，根据自己的实际情况，选择相应的目标并为之努力奋斗。正确认识自我主要有以下一些途径：

一是用正确的社会价值尺度评价自己。

要想正确认识自己，首先要正确认识社会、认识人生。大学生要熟悉社会生活、观察社会现象，积累社会经验，了解人生意义。只有这样大学生才能找到合适的社会尺度，否则，就可能做出错误的判断与评价。不能正确评价自己的人或者全面否定自己的人，看不到自己诚实、善良、正直等品质，反而看到自己自私、优柔寡断、能力不强等缺点。有的人以自我为中心，过高评价自己，结果却脱离社会现实；有的人面对社会生活中的一些消极现象，表现为惊慌失措、无可奈何，所以大学生应学会以积极、乐观的心态体验社会和人生。

二是多方位多角度来认识和评价自己。

第一，通过与他人比较来认识和评价自己。大学生生活在大学校园中，身边什么样的人都有，通过比较看到自己在某些方面的差距，为自己寻找今后努力的方向，从而使自己变得更加完善和成熟。但是在生活中，往往有些大学生会用自己的长处和身边人的短处比较，从而产生骄傲自满的情绪，使自己停滞不前；还有的同学会用自己的短处同别人的长处比较，从而产生自卑，或者过分自尊而产生嫉妒心理，在同别人比较的过程中应该综合分析，全面比较，才能客观公正地评价自己，确定个人的奋斗目标和行动计划。

第二，从他人的态度中认识自己。有心理学家认为，当一个人的自我评价与别人对他的客观评价较大程度上一致时，表明他的自我意识较为成熟。了解他人对自己的看法，有助于发现自己忽视的问题。在与他人的交往中，他人的态度就是一面镜子，也就是客观上的参照尺度，可以用来观测自身，求得对自己的正确认识。如果很多人讨厌嫌弃自己，不愿意和自己交往，或者一起共事，就应该好好反省自己在哪些方面存在问题，从而加以调整和改正。

第三，通过自己的活动结果来认识自己。人人都有各自潜在的天赋和才能，如果不及早发现，有意识地加以开发，就可能埋没。因此，大学生应从事多方面的活动，挖掘自己的天赋与才能。实践中，一方面可通过不断地探索与尝试，从不同的角度了解自己的兴趣、能力和意向等；另一方面可通过参加各项活动，增加经验，从中找到最适合自己的发展方向，对自己有较为客观的认识，建立自信心，更好地发展自己。

三是不断反省自我。

通过反省、分析自己来进行自我认识。大学生已具备了内省的能力，能够与自我进行对话，对自己的内心世界加以分析，使自己不但成为被观察的主体，也成为自我观察的对象。要给自己独处的时间和机会，以便反省过去发生的事情，思考未来的活动。如通过反省，思考自己有哪些事情做得比较完美，值得肯定和鼓励，哪些事情做得不好，应该吸取经验教训，争取今后做得更好，在存在问题的地方，要有意识地去调整自己。

（二）积极地悦纳自我

什么是悦纳自我？悦纳自我就是个体对自身以及自身所具特征持有的一种积极的态度，既能欣然接受自己现实中的状况，满意于自己的某些长处，也允许自己有不足的地方。承认自己有不足之处，但能够悦纳自己，爱自己，坦然地面对自己的缺陷。心理学研究证明，心理健康者更多地表现出对自我的接受和认可，而心理障碍者则明显表现出对自我的不满和排斥。有些大学生对自己的容貌、性格、才能、家庭等一些方面不满，而又无力改变，便产生自我排斥的心理，这是心理幼稚的一种表现。人总要对自己有所肯定又有所否定，并且在自我意识的发展中建立起二者的动态平衡。否则，对自己的不满过于强烈，就会加剧心理矛盾，产生持续紧张的心理，这样不仅使个体活得很累，还可能引发心理问题，严重的可能出现悲剧。

大学生要积极地悦纳自我，首先就应该积极地评价自己，这是促使他们产生自尊感、克服自卑感的关键。其次大学生在自己获得成功时，就应该自我鼓励，充满自信。同时大学生应该坚信：只要真正付出努力，同等条件下，别人行，我也一定行；人无完人，金无足赤；失败是成功之母；失之东隅，收之桑榆等道理。

（三）发展自我、完善自我

在自我意识的发展中，同学们不仅要认识自我，悦纳自我，而且还要发展自我，完善自我，设计自己的未来，为自己描绘一个理想的我，并去努力追求理想。大学生应该有很高的抱负和远大的理想，“千里之行，始于足下”，即大学生应该从点滴小事开始，从行动开始，发展和完善自我，可以从以下几方面做起：

首先是要确立明确、合乎自身实际的行动目标。个体行为是否有目的性会带来不同的行为结果。有目的指向的行为较无目标指向的行为成就大得多。因为正确的目标能够诱发人的动机，强化人的行为，并促使其指向预定的方向。例如，一些大学新生，一进大学就根据自身情况树立比较明确的大学目标，并且根据目标制订详细的学习和生活计划，在大学毕业的时候取得更大成就的可能性相比没明确目标的同学就大得多。

二是培养顽强的意志力。许多大学生为自己树立了远大的理想和目标，但在努力的过程中，却没有足够的自制能力和意志，经受不住挫折和打击。在实现人生目标的旅途上，既有各种本能欲望的干扰，又有各种外界诱惑的侵袭。本能的欲望常令人失去理智，如贪图安逸、追求物欲等；外界诱惑容易使人偏离正确的前进轨道，丧失奋进的斗志，放弃对远大目标的追求。主宰自己的行动需要有较强的自我控制力，才能理智地约束自己的情感，把控自己的行为。自我控制的动力来源在于从根本利益和长远利益上去看问题。有些诱惑之所以对个体很有吸引力，就是因为它充分地显示了表面的、暂时的利益。例如在大学的学习生活中充满了各种诱惑，如果不能抵御，作为学生，最终可能在考场上难以过关，在就业竞争中处于不利地位，如果能想到自己的根本利益和长远目标，就会有控制自己的动力，进而抵御表面的、暂时的利益诱惑。

三是塑造健全人格。人格是一个人在与其环境相互作用的过程中所表现出来的独特的思维模式、行为方式和情感反应的特征，它组织着人的经验并形成人的行为和对环境的反应。人格不仅是心理面貌的集中反映，还是心理行为的基础。它在很大程度上决定了人对外界的刺激做出怎样的反应，包括反引发的方向、形式和程度等，因而会直接影响人的身心健康、活动效果、潜能开发以及社会适应情况，进而也将影响一个人包括生理、心理和社会文化素质在内的综合素质的发展。健康的自我意识的形成，除了要对自我有正确的认知外，还要有健全人格的支持。培养大学生积极、和谐、健全的人格，对健康的自我意识的发展将起到良好的促进作用。

第四节　心理素质拓展训练

一、心理影片赏析：《完美的世界》

《完美的世界》是由克林特·伊斯特伍德执导的美国片，由凯文·科斯特纳、克林特·伊斯特伍德、T.J. 劳瑟等主演，1993 年于美国上映。该片主要讲述了从小失去父爱的男孩菲利普在被绑架途中与罪犯逐渐产生一种父子般的感情，但最终心灵净化的罪犯仍被击毙的故事。该片把公路片、强盗片和西部片杂糅交织在一起，并因其发人深省的社会、道德、教育意义的思想内涵而更具艺术张力。

二、心理游戏：多元排队

活动目的：

(1) 通过“多元排队”，让学生寻找一个客观、真实的自我。

(2) 根据自己在“多元排队”中所处的不同位置，让学生明确自己的客观地位，消除对自己的过高或过低评价。

活动时间：大约需要 20 分钟。

活动场地：室内、室外均可。

活动程序：

(1) 全体学生围成一个圆圈，大家面向圆心站立。

(2) 主持人宣布排队开始，大家根据某一特征要求调整自己的位置。在调整过程中，不允许用语言交流。

(3) 排序方式一：请大家按个子高矮排队，高个子排在主持人左边，按顺时针方向从高到矮依次排列。

(4) 排序方式二：请大家按出生月、日的顺序排队，1 月 1 日出生的排在主持人左边，按顺时针方向从月、日的小至大依次排列。

(5) 排序方式三：请大家按体重排队，体重大的排在主持人的左边，按顺时针方向由重至轻依次排列。

每次排完后，都通过说出自己的身高或出生月日或体重数字检查是否有人排错了队，排错者需说明理由，大家一起帮助澄清。

注意事项：

主持人一定要强调排队中不允许用语言交流，否则会失去游戏的意义。对排错队的学生，要耐心启发其分析自己排错队的主观原因，而不是简单的客观原因。既不要轻易放过，也不要让其感觉出丑。

主持人要敏锐地抓住“多元排队”中典型的案例进行剖析，如过矮、过胖、过大、过瘦、过高的及错位严重的等情况。

三、心理测试：自我和谐量表(SCCS)

个人对自己看法的陈述	1	2	3	4	5
1. 我周围的人往往觉得我对自己的看法有些矛盾					
2. 有时我会对自己在某方面的表现不满意					
3. 每当遇到困难时，我总是首先分析造成困难的原因					
4. 我很难恰当表达我对别人的情感反应					
5. 我对很多事情都有自己的观点，但我并不要求别人也与我一样					
6. 我一旦形成对事物的看法，就不会再改变					
7. 我经常对自己的行为不满意					
8. 尽管有时要做一些自己不愿意的事，但我基本上是按自己的意愿办事的					
9. 一件事好就是好，不好就是不好，没有什么可含糊的					
10. 如果我在某件事上不顺利，我就往往会怀疑自己的能力					
11. 我至少有几个知心朋友					
12. 我觉得我所做的很多事情都是不该做的					
13. 无论别人怎么说，我的观点绝不改变					
14. 别人常常会误解我对他们的好意					
15. 很多情况下，我不得不对自己的能力表示怀疑					
16. 我朋友中有些是与我截然不同的人，这并不影响我们的关系					
17. 与朋友交往过多，容易暴露自己的隐私					
18. 我很了解自己对周围人的情感					
19. 我觉得自己目前的处境与我的要求相距太远					
20. 我很少去想自己所做的事是否应该					
21. 我所遇到的很多问题都无法自己解决					

续表

个人对自己看法的陈述	1	2	3	4	5
22. 我很清楚自己是什么样的人					
23. 我能自如地表达我所要表达的意思					
24. 如果有足够的证据，我也可以改变自己的观点					
25. 我很少考虑自己是一个什么样的人					
26. 把心里话告诉别人不仅得不到帮助，还可能招致麻烦					
27. 在遇到问题时，我总觉得别人都离我很远					
28. 我觉得很难发挥出自己应有的水平					
29. 我很担心自己的所作所为会引起别人的误解					
30. 如果我发现自己某些方面表现不佳，总希望尽快弥补					
31. 每个人都在忙自己的事，很难与他们沟通					
32. 我认为能力再强的人也可能遇上难题					
33. 我经常感到自己是孤独无援的					
34. 一旦遇到麻烦，无论怎样做都无济于事					
35. 我总能清楚地了解自己的感受					

四、心理训练：接受现实的我——克服自卑心理，树立自信心，形成悦纳自我的积极态度

活动项目：谁塑造了我。

活动目的：协助个人探索自己的成长历程，促进个体全面认识自我。

活动方法：请在各方格中简单描述不同人物对你的看法、评语及任何难忘的正面和负面的经历。

父亲眼中的我	母亲眼中的我	兄弟姐妹眼中的我	老师眼中的我
同学眼中的我	一位重要人物眼中的我	现实中的我	理想中的我

活动背景音乐：《致爱丽丝》。

思考题

（1）大学生的自我意识发展有什么特点？
（2）分析自己有哪些优缺点，你怎样看待和评价自己的优缺点？
（3）你怎样理解“做一个自如的我、独特的我、最好的我”这句话？你打算怎么去做？

心灵语录

世界上最广阔的是海洋，比海洋更广阔的是天空，比天空更广阔的是人的胸怀。

——法国作家雨果

04 第四章 大学生的人格发展

案例导入

自卑的小刘

小刘是一个清秀的大二男生，来自赣南的一个边远山村，从小就喜欢与人比赛，凡事喜欢比个高低输赢，并且很在乎结果和别人的评价，自身的性格也比较内向。小刘儿时的梦想是走出大山看看外面的世界，高中的理想是考上一所自己心仪的大学。尽管他经过了努力拼搏，可高考结果还是不尽如人意，最后无奈进入一个三本学校开始了新的学习生涯。

小刘说他本来是有充分的思想准备的，既然高考失利，只要有机会上大学，都要好好珍惜机会，不管什么学校，只要自己认真学习，学好专业知识，将来一样能取得大学文凭，一样能找到一个满意的工作。可是到学校一段时间之后，他看到有的同学整天不学习，吃喝玩乐，听到高中其他同学考上自己理想的大学，心里很不是滋味，再想想自己家境贫寒，又没有特殊才能，感觉在很多方面都低人一等。渐渐地，小刘发现自己的生活开始了“三不政策”：不抬头说话、不主动社交、不出风头。周末他很怕其他大学的老乡前来串门，也从不愿意向别人提起自己是大学生，干什么事都提不起精神，计划好的事情总是无法坚持下去，每天都在消磨时间，身心极为疲倦。

“我有前途吗?”“我为什么处处总是不如别人呢?”“我的未来在哪里?”“我该怎么办?”……这些问题总是闪现在小刘的头脑中，后来发展到令他寝食不安、不想上课、无法集中精力学习的地步，这让小刘陷入了深深的绝望之中。

学习思考：

（1）你如何看待自卑?

（2）你如何看待性格与人生?

第一节 人格概述

一、人格的含义

“人格”一词是我们日常生活中的高频词汇，我们经常说“他具有高尚的人格”“他出卖了自己的人格”“他具有健全的人格”等。人格一词涵盖了法律、道德、社会、哲学等领域。人格(personality)一词最初来源于古语 persona，指演员在舞台上扮演角色所戴的假面具，用来表现剧中人物的身份和性格。

在我国的京剧中，各种脸谱也用来展示不同角色的性格特点。心理学沿用了“persona”的含义，把个体在人生舞台上扮演角色时表现出来的种种行为和心理活动都看作人格的表现。

因此，心理学上所说的“人格”是指一个人表现于外的给人以印象性的特点和生活中所扮演的角色以及与此角色相应的个人品质、声誉和尊严等。

二、人格的基本特征

人格是一个具有丰富内涵的概念，其中反映了人的多种本质特征。

1. 人格的整体性

人格是人的整体精神面貌的表现，人格倾向性和人格特征不是孤立地存在着，也不是机械地联合在一起，而是相互联系、相互制约、相互作用组成一个完整的人格。

人格的整体性首先表现在人格的内在统一上。个体能够正确地认识和评价自己，能及时调整内心世界的矛盾冲突，协调主观与客观、心理与环境之间的关系，这样个体的动机和行为才能保持和谐一致。个体的人格一旦失去了内在统一，其行为就会由几种相互抵触的动机支配，最终导致人格分裂。

其次，只有从整体出发才能正确理解某一人格特征的确切含义。例如，热情大方，可能是性格外向，也可能是掩饰自己的孤独境况，还可能是情绪突然失控。离开了整体的人格结构，我们就无法分析理解任何具体个体的人格。

2. 人格的独特性

俗话说：“人心不同，各如其面。”人与人之间没有完全相同的心理面貌，就像世界上没有相同的树叶一样。人格的独特性是指个体的人格是由某些和别人共同或相似的特征以及完全不同的特征错综复杂地交织在一起构成的。由于人格结构的多样性，每个人都有自己独特的个性特点。由于遗传、家庭教育、学校教育、周围社会环境、时代背景等方面的差异，人格的形成和发展必然会各不相同，如有的人开放自然，有的人顽固自守，有的人沉默寡言，有的人豪爽，有的人谨慎等。

3. 人格的社会性和生物性

人格是个体在生物遗传的基础上形成的，人的自然生物性构成了人格的基础，影响着人格的发展方向和方式，影响着某些人格特征在特定个体心理上形成的难易程度。在充分看到人格的生物学意义的同时，绝不能把人格的形成简单归结于先天固定，也不能把人格的发展看作遗传决定的必然过程。任何初生的婴儿都不具备人格品质，他们既没有工作的能力也没有工作的热情，不会表现出宽容或尖刻、执着或散漫的人格特点。研究发现，由狼群哺育大的“狼孩”，尽管有健全的人体组织和构造，也有高度发达的大脑，却没有人的智力和道德品质，也不具备完善的人格。人格的社会性是指社会化把人这样的动物变成社会的成员。人格是社会的人所特有的。

4. 人格的稳定性和可塑性

人格具有稳定性。个体经过母亲的孕育，历经出生、婴儿期、童年期、少年期、青年期、成人期、老年期的发展，逐渐形成相对稳定的人格。因此，人格是在先天遗传素质的基础上，通过社会活动和社会交往，在社会化的过程中逐渐形成的。离开人类的社会生活，人的正常人格就无法形成和发展。俗话说，“江山易改，禀性难移”，这里的“禀性”就是指人格。

人格使个体在不同生活情景中都表现出大体一致的心理品质，这就是人格的稳定性。当然，个人行为中也会偶然性表现出一些心理特征和心理倾向，但这些偶然行为并不代表个体的人格特征。例如，任何人在特定条件下都会忘记一些事情，但并不能说健忘就是其人格特征；相反，某人在生活或工作中经常表现出粗心大意或丢三落四，那么可能健忘就是他的人格特征。

当然，强调人格的稳定性并不意味着它在人的一生中是一成不变的。其实，人格也具有可塑性。随着生理的成熟和环境的变化，人格也有可能产生或多或少的变化，这是人格可塑性的一面。正因为人格具有可塑性，才能培养和发展人格。每个人的人格都可能随着现实环境的改变或多或少地发生变化。儿童的人格在形成过程中易受环境影响发生较大的改变，因而可塑性较大；成年人的人格比较稳定，可塑性小，但也并非不能改变。我们在生活中经常能够发现由于生活环境的重大变化或受到重大生活事件的影响，一个人的性格发生了比较明显的变化。例如，本来沉默内向的人由于长期从事销售工作，渐渐变得健谈了；本来热情活泼的人在生活中某个不幸事件的刺激下变得沉默寡言了。

总之，人格是在先天遗传素质的基础上，通过社会活动和社会交往，在社会化的过程中逐渐形成的。人的本质是一切社会关系的总和，离开人类的社会生活，人的正常人格就无法形成和发展。

三、人格的类型及其发展

(一) 人格的类型

在人格的形成和发展过程中，人格与气质和性格的关系最为密切。就人格与气质的关系而言，可以说没有离开人格的气质，也没有缺乏气质的人格。从严格意义上来划分，性格是对人格的评价，而人格则是对性格的再评价。由此可见人格、气质、性格三者之间的紧密联系。因此，对气质与性格的研究，对人格的形成与发展，特别是对青年的人格塑造有重要的意义。

1. 气质

气质是指个体表现在心理活动的强度、速度、灵活性与指向性的一种稳定的心理特征。这种特征既决定了个体心理活动的动力特征，又给每个人的心理活动蒙上了一层独特的色彩。现代心理学将人的气质分为四种典型类型，即胆汁质、多血质、黏液质和抑郁质。每一种气质类型的心理特征及典型表现都是不同的。

1）胆汁质——夏天里的一团火

胆汁质的人反应速度快，具有较高的反应性与主动性。这类人情感和行为动作产生得迅速而且强烈，有极明显的外部表现：性情开朗、热情、坦率，但脾气暴躁、好争论；情感易于冲动但不持久；精力旺盛，经常以极大的热情从事工作，但有时缺乏耐心；思维具有一定的灵活性，但对问题的理解有粗枝大叶、不求甚解的倾向；意志坚强、果断勇敢，注意稳定而集中但难于转移；行动利落而敏捷，说话速度快且声音洪亮。这种气质类型的典型代表人物有鲁智深、李逵、张飞等。

2）多血质——喜形于色

多血质的人喜怒都在外表露，可塑性强。多血质的人行动具有很高的反应性。这类人情感和行为动作发生得很快，变化得也快，但较为温和；易于产生情感，但体验不深，善于结交朋友，容易适应新的环境；语言具有表达力和感染力、姿态活泼、表情生动，有明显的外倾性特点；机智灵敏、思维灵活，但常表现得对问题不求甚解；注意与兴趣易于转移，不稳定；在意志力方面缺乏忍耐性，毅力不强。这种气质类型的典型代表人物有孙悟空、赵云、王熙凤等。

3）黏液质——冰冷耐寒

黏液质的人反应性低，情感和行为动作进行得迟缓稳定、缺乏灵活性。这类人情绪不易发生，也不易外露，很少产生激情，遇到不愉快的事也不动声色；注意稳定、持久，但难于转移；思维灵活性较差，但比较细致，喜欢沉思；在意志力方面具有耐性，对自己的行为有较大的自制力；态度持重、沉默寡言，办事谨慎细致，从不鲁莽，但对新的工作较难适应，行为和情绪都表现出内倾性，可塑性差。这种气质类型的典型代表人物有沙僧、诸葛亮等。

4）抑郁质——秋风落叶

抑郁质的人有较高的感受性，这类人情感和行为动作进行得都相当缓慢、柔弱。情感容易产生，而且体验相当深刻，隐晦而不外露，易多愁善感；往往富于想象，聪明且观察力敏锐，善于观察他人观察不到的细致事物，敏感性高，思维深刻；在意志方面常表现出胆小怕事、优柔寡断，受到挫折后常心神不安，但对力所能及的工作表现出坚韧的精神；不善交往、较为孤僻，具有明显的内倾性。这种气质类型的典型代表人物有林黛玉等。

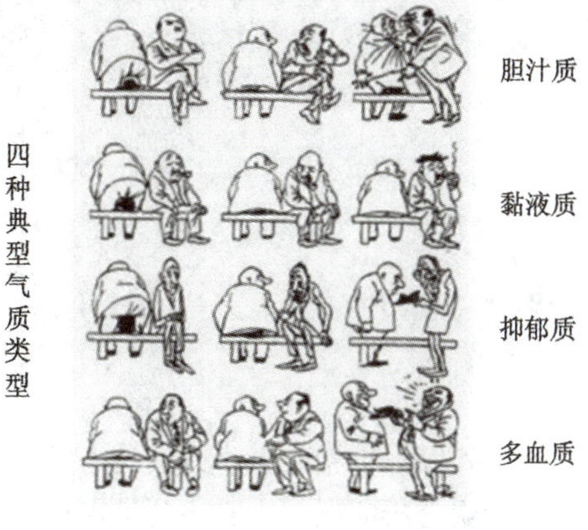

图 4-1 《一顶帽子》

丹麦画家皮特斯特鲁所作的《一顶帽子》形象地表现了不同气质的人对同一事物的反应，如图 4-1 所示。

在现实生活中，并不是每个人的气质都能

归入某一气质类型。除少数人具有某种气质类型的典型特征之外，大多数人都偏于中间型或混合型，也就是说，他们较多地具有某一类型的特点，同时又兼具有其他气质类型的一些特点。

气质本身无优劣之分，任何一种气质都有其积极和消极的方面，气质也不能决定一个人活动的社会价值和成就的高低。因此，大学生要正确对待自己的气质类型，有意识地控制自己气质的消极品质，发扬积极品质，形成良好的个性。

2. 性格

性格是指个人的品行道德和风格。它是人格结构的重要组成部分之一；是个人有关社会规范、伦理道德方面的各种习性的总称；是不易改变的、稳定的心理品质，如诚实、坚贞、奸险、乖戾等；可作善恶、好坏、是非等价值评价的心理品质。性格是后天形成的，而人格的某些方面(如气质)却是生而具有的。性格表现了人们对现实与周围世界的态度，对自己、对别人、对事物的态度。

根据“力必多”的倾向来划分，性格可以划分为外倾型与内倾型，如图 4－2 所示。外倾者被“力必多”引向客观的外部环境的知觉、思维和情感之中，外倾者情感外露、注重实际、善于交际、活泼开朗、对周围的一切兴趣广泛；内倾者被“力必多”引向主观的内心世界而产生自我感知、思维和情感，他们谨慎小心、深思熟虑、顾虑重重、冷漠寡言、不善交际，这两种基本倾向具有四种心理机能，即思维、情感、感觉和直觉。思维是由彼此联结的观念组成，受伦理、法则的支配；情感是一种价值判断的功能，它是一种根据表象唤起的愉快与不愉快的体验；感觉是通过感官刺激而产生的经验；直觉是一种直接把握到的，而不是作为思维和情感的结果产生的经验。这四种心理机能的支配形成了以下八种类型的性格：

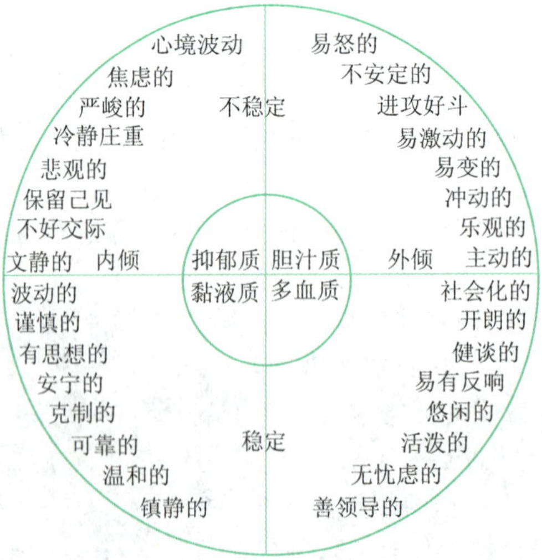

图 4－2 艾森克的人格类型维度

(1) 外倾思维型。这种类型的人重视理解自然现象和客观事物的规律，重思考而不重感情，喜欢分析问题，处理问题讲求逻辑顺序，有判断和鉴别能力。

(2) 内倾思维型。这种类型的人不关心外界现实，以自我以主、情感冷漠、与人疏远、倔强偏执、不体谅他人。

(3) 外倾情感型。这种类型的人容易感情用事，情绪反应强烈、热情奔放、爱浮华虚饰、喜怒无常。

(4) 内倾情感型。这种类型的人情感沉着、不向外表露、沉默寡言、对人冷淡、有抑郁情绪，有时表现为恬静、深沉，给人以自信自足之感。

(5) 外倾感觉型。这种类型的人依据感觉估量生活价值，讲究实际，情感体验肤浅，对事物存在的意义不做更多的思考。

(6) 内倾感觉型。这种类型的人不能深入到事物的内部，重视个人内心的感觉，在事物与自我之间凭借知觉观察一切，缺乏实际的思想和情感。

(7) 外倾直觉型。这种类型的人凭直觉观察事物和解决问题，不安于稳定的情境，不能对工作目标保持长久的兴趣，对反复出现的日常事物容易厌倦，不断转移兴趣方向。

(8) 内倾直觉型。这种类型的人不关心外部事物，以自己的意象为主，从一个意象跳跃到另个意象，而不能把持超出个人直觉的范围，内心充满幻想。

大学生性格发展的一个突出特点是对性格的自我认识和自我控制水平提高了。他们常常主动观察自己，自觉地分析、总结和评价自己的态度及行为，并积极作出调整以达到适应环境和完善自我的目的。

(二) 人格的发展

每个人的人格塑造都经历了不同的发展阶段，大体上可分为萌芽期、重建期和成熟期，每个时期又有其不同的特点。

第一个阶段为萌芽期，这个阶段是从人一出生到进入青春期之前。当婴儿3～8个月时，便可区分"我他"。成长到8个月～1岁时，对自我开始有模糊的认识。2周岁时，开始确立作为个体的一些基本概念，如性别、年龄等。此后，在父母和老师的教育下，在生理上提高了动作的协调性和自控能力，逐步能比较自如地运用语言，在心理上形成了初步的性格及情绪反应方式等。随着怀疑感的产生，也会对周围的事情提出问题，并逐步发展到在一定程度上对周围世界的观察与思考。在观念上因灌输等产生了朦胧、机械的道德观、价值观等。在这个时期，人以模仿为主，依赖性很强，自觉程度低，缺乏个体的主动性。

第二个阶段为重建期。重建期是指从青春期开始到青年期结束。这是人格突变、重建和产生新知的时期，是人的生理和心理都处于显著变化的时期。身体的急剧发育和性的成熟，使青年在关心自己的身体和探索自己的内心世界的同时，也开始关心他人对自己的评价。学者们把这个时期称之为"断乳期""I与Me的分裂期""感情上的暴风雨期"等。人在这个时期由过去的依附走向独立，由无忧无虑的儿童成长为承担责任和义务的成年人。在心理方面，气质、性格、情感、态度等都开始由易变转向稳定，独立意识增强，学会用自己的眼睛去审视世界，确立自己的世界观与人生观，人格在此阶段得到调整、修正和完善，所以称之为人格的重建。

第三个阶段为成熟期。这个阶段是从成年期到老年期。随着自我意识的日趋成熟，人在社会中的位置和适应性得到强化，人格特质也逐步稳定，行为方式进一步稳固，社会角色得到确立，由过多的自我调节向积极参加社会生活迈进。开始专注于各自的事业，发挥才干，为社会谋利益并进一步实现人生价值，同时会关注和维持家庭及教育子女。在事业和情感上会产生全面的体验和认识。心理上若遇到强烈刺激也会趋于平稳，观念上会把青年期积淀下来的东西消化，有选择地由成熟走向坚定和开阔。

第二节 大学生常见的人格障碍与调适

一、人格障碍的概念及其特征

（一）人格障碍的概念

人格障碍又叫病态人格或变态人格，指人格特征显著偏离正常，进而形成了特有的行为模式。人格障碍常开始于幼年，青年期定型，持续至成年期或者终生。人格障碍有时与精神疾病有相似之处或易于发生精神疾病，但其本身尚非病态。严重躯体疾病、伤残、脑器质性疾病、精神疾病或灾难性生活体验之后发生的人格特征偏离，也会发生相应的人格改变。

（二）人格障碍的特征

人格障碍的诊断主要依据病史进行诊断，具有以下共同特征：

① 有紊乱不定的心理特点和与人难以相处的人际关系，如偏执怀疑、自我爱恋、被动、攻击等。

② 把自己遇到的一切困难都归咎于命运和别人的错误，把社会和外界对自己不利的条件都看作不应该的，对自己的缺点却无所觉察，也不改正。

③ 自我中心，认为自己对别人不负任何责任，对自己不道德的行为没有罪恶感，对伤害别人的行为不后悔，对自己的一切行为都执意地偏袒和辩护，以自己的利益为中心，不能设身处地地体谅他人。

④ 在任何环境中都表现出猜疑、仇视和偏颇的看法，难以改变病态观念。

⑤ 缺乏自知，当行为后果伤害他人时，自己却泰然自若、毫无感觉。

⑥ 一般意识清醒，无智力障碍。

⑦ 幼年开始，一旦形成难以改变。

二、人格的形成与发展

（一）影响人格形成与发展的因素

现有的研究发现，人格的发展是遗传与环境两种因素交互作用的结果。遗传因素对人格的作用通常表现在智力、气质这些与生物因素较相关的人格特质上；而环境因素对人格中价值观、信念、性格等因素的影响比较大。

大学生人格形成和发展的影响因素有：

1. 生物遗传因素

由于人格具有较强的稳定特征，因此人格研究者非常关注遗传因素的作用。许多心理学家认为：双生子研究是研究人格遗传因素的最好方法。弗洛德鲁斯等人对瑞典的 12 000 名双生子进行了人格问卷测试，结果表明，同卵双生子在外向和神经质上的相关系数是 0.50，而异卵双生子的相关系数只有 0.21 和 0.23。同卵双生子在外向和神经质上的相似性要明显高于异卵双生子，这说明遗传在这两种人格物质中显示了较大的作用。

20 世纪 80 年代，明尼苏达大学对成年双生子的人格进行了比较研究，有些双生子是一起长大的，有些双生子则是分开抚养的，平均分开时间是 30 年。结果，同卵双生子的相关比异卵双生子高很多，分开抚养和未分开抚养的同卵双生子具有同样高的相关。从结果来看，人格的许多特征都有遗传的可能性。

2. 家庭环境因素

在个体发展的早期阶段，家庭环境因素对人格的形成起着主导作用。许多精神分析学家认为，从出生到五六岁是人格形成的最主要阶段，这时个体的人格类型已经基本定型。在这个阶段，绝大多数儿童在家庭中生活，在父母抚养下长大。父母按照自己的意愿和方式教育孩子，使他们逐渐形成某些人格特质。父母教养方式与儿童发展之间的关系如表4－1 所示。

表 4－1　父母教养方式与儿童发展之间的关系

父母教养方式	儿童发展的可能结果
民主型	童年：活泼、快乐；高自尊和高自我控制能力；较少传统的性别角色行为 青春期：高自尊、高社会和道德发展，学习成绩好，受教育水平高
专制型	童年：焦虑、孤僻、抑郁；受挫折时有攻击行为 青春期：心理调适能力比民主型的差，但学习成绩比溺爱型的好
溺爱型	童年：冲动、抗拒和反叛；对成年人既苛求又依赖；做事往往半途而废 青春期：自我控制能力和学习成绩都差；比民主型和专制型更经常滥用药物

1）父母的教养方式

（1）民主型。在这种教养方式下，父母与孩子在家庭中处于一种平等和谐的氛围中，给孩子一定的自主权和积极正确的指导。这类父母充分尊重孩子的意愿，既严格要求又不苛求子女；既有极大的爱心，又不盲目溺爱。在这种充满宽松民主、温暖和睦的气氛中成长的孩子，容易形成独立、坦率、自信、活泼、快乐、积极向上、善于交往、乐于合作、彬彬有礼、思想活跃等心理品质。

（2）专制型。采用这种方式的父母在子女教育中表现得对子女过于专制，孩子的一切都由父母来控制。父母常常忽视子女的兴趣和要求，按照自己的意志去支配子女；对子女有过高的期望，要求过分严厉；缺少宽容和理解。在这种压抑、紧张的气氛中长大的孩子，容易导致消极、被动、依赖、服从、懦弱，做事缺乏主动性，胆小、自卑、自责、过分追求完美，也容易形成粗暴、敌意、执拗、不诚实等性格。

（3）溺爱型。在这种教养方式下，父母通常对孩子过度保护、过于溺爱，让孩子随心所欲，百依百顺；低估孩子的能力，不让孩子自己去解决问题，一切包办代替。在这种家庭中成长的孩子，易形成任性、幼稚、自私、野蛮、无礼、独立性差、唯我独尊、蛮横无理、自我中心等性格，同时，孩子还容易胆小、自卑、依赖性强、缺乏创新精神。

2）家庭成员的情感关系

家庭成员的相互关系，特别是父母的关系对儿童的人格形成有重要的作用。和睦、互相尊重、互相理解和支持的家庭氛围，对孩子的人格产生积极的影响。反之，父母间的争吵、隔阂、猜疑乃至关系破裂与离异，会对儿童产生消极的影响。

3. 早期童年经验

俗话说："三岁看大，七岁看老"。人生早期所发生的事情对人格会产生一定的影响。斯毕兹对孤儿院里的儿童进行了研究，发现这些早期被剥夺母亲照顾的孩子，长大以后在各方面的发展均受到影响。许多孩子患有"先天性忧郁症"，其症状表现为哭泣、僵直、退缩、表情木然。彼得森等人也在研究中发现，在儿童早期，父母的忽视和虐待对子女的心理有明显不良的影响。伯恩斯坦提出，遗弃会使儿童产生心理疾病，形成攻击、反叛的人格。鲍尔毕对在非正常家庭成长的儿童和流浪儿做了大量的调查，得出的结论是儿童心理健康的关键在于人在婴儿和幼儿期与母亲建立的一种和谐而稳定的亲子关系。西方一些国家的调查发现，"母爱丧失"的儿童(包括受父母虐待的儿童)，在婴儿早期会出现神经性呕吐、厌食、慢性腹泻、阵发性绞痛、不明原因的消瘦和反复感染，这些儿童还表现出胆小、呆板、迟钝、不与人交往、敌对、攻击、破坏等人格特点，这些人格特点会影响他们一生的顺利发展，并出现情绪障碍、社会适应不良等问题。

总之，人格发展的确受到童年经验的影响，幸福的童年有利于儿童发展健康的人格，不幸的童年会使儿童形成不良的人格，但两者不存在一一对应的关系。顺境有可能也会使孩子形成不良的人格特点，逆境也可能磨炼出孩子坚强的性格。早期经验不能单独对人格起决定作用，它与其他因素共同决定着人格的形成与发展。

4. 社会文化因素

每个人都处在特定的社会文化环境中，社会文化对人格的影响是极为重要的。社会文化塑造了社会成员的人格特征，使其成员的人格结构朝着相似性的方向发展，这种相似性具有维系社会稳定的功能，又使每个人能稳固地"嵌入"到整个文化形态里。社会文化对人格的影响力因文化而异，这要看社会对顺应的要求是否严格。越严格，其影响力越大。影响力的强弱也要看行为的社会意义，对于社会意义不大的行为，社会允许有较大的变异；而对社会意义十分重要的行为，就不允许有太大的变异。如果一个人极端偏离其社会文化所要求的人格特质，不能融入社会文化环境中，就可能被视为行为偏差或患有心理疾病。

社会文化对人格具有塑造功能，这表现在不同文化的民族有其固有的民族性格。例如，米德等人研究了新几内亚的三个民族的人格特征，这三个民族居住在不同的自然环境中，有着不同的社会文化背景。他们在民族性格上的差异，显示了社会文化环境和自然环境对人格的影响。研究显示，居住在山丘地带的阿拉比修族，崇尚男女平等的生活原则，成员之间互助友爱、团结协作，没有恃强凌弱和争强好胜，人与人之间显示出一派亲和的氛围。居住在湖泊地带的张布里族，男女角色差异明显。女性是这个社会的主体，她们每天劳动，掌握着经济实权；而男性则处于从属地位，其主要活动是艺术、工艺等活动，并承担孩子的养育责任。这种社会分工使女人表现出刚毅、支配、自主与快活的性格，男人则有明显的自卑感。而居住在河川地带的孟都古姆族，生活以狩猎为主，男女间有权力与地位之争，对孩子处罚严厉。这个民族的成员常常表现出攻击性强、冷酷无情、嫉妒心强、妄自尊大、争强好胜等人格特征。

（二）当代大学生人格发展的基本特点

1. 能正确认知自我

能正确认知自我，首先是能自我认可，能接受属于自我的东西，从而形成对自己的积极的看法。其次是自我客体化，对自己的所有与所缺都比较清楚和明确，理解现实自我与理想自我之间的差别，有明确的奋斗目标和愿望，并为之而努力。

2. 智能结构健全而合理

健全而合理的智能结构是指个体具有良好的观察力、记忆力、思维力、注意力和想象力，各种认知能力能有机结合并发挥其应有作用。

3. 对社会环境的适应能力较强，不断地进行社会化活动

当代大学生对外部世界有着浓厚的兴趣爱好和广泛的活动范围，积极参与各种形式的社会实践。同时，能容忍别人与自己在价值观与信念上存在的差别，能根据实际情况看待事物，而不是根据自己的主观愿望来看待事物。

4. 富有事业心，具有一定的创造性和竞争意识

当代大学生能把事业看成生活的重要组成部分，在事业上有较强的进取心和责任感；具有竞争意识，具有开放性的思想观念，少有保守思想；喜欢创造、勇于创新、甘愿冒险、独立性强、富有幽默感、态度务实。

5. 情感饱满适度

情绪上稳定性与波动性、外显性、内隐性并存，情感丰富多彩，积极的情绪、情感体验在学习、生活中占主导。

三、人格缺陷

常见的人格发展缺陷与调适不良人格，又称为人格缺陷，是介于正常人格与人格障碍之间的一种人格状态，也可以说是一种人格发展的不良倾向，或某种轻度的人格障碍。大学时代既是学习掌握知识的黄金时代，也是人格发展的重要阶段，但在大学生人格发展中，也存在着一些人格发展缺陷问题，其主要表现在以下几方面：

（一）自卑

自卑心理来源于心理上的一种消极暗示，是人的自怨自艾、悲观失望、变形自尊的情感体验。有些同学一遇到不如意的事便垂头丧气、怨天尤人，或自认为无能为力并甘愿失败，对前途失去信心、心灰意冷等，这都是自卑的表现。引起自卑的既有人生态度、意志品质方面的原因，也有认知错误，人格不成熟的原因。

为克服自卑，大学生应该培养多方面的兴趣与爱好，积极参加集体活动，主动加强体育锻炼，多看幽默剧、相声等能给人带来笑声的节目，培养乐观的性格。

(二) 猜疑

猜疑主要表现在人际交往中过度的神经过敏，遇事太敏感，疑神疑鬼。有些大学生在人际交往中往往具有双重性，一方面渴望能得到他人的理解和信任，另一方面又经常不理解、不信任他人。疑心重的人对他人的一言一行、一举一动都十分敏感，认为有其特定含义，总以为他人在评论自己，说自己坏话，于是整天闷闷不乐。猜疑心理实际上是一种对别人不放心、不信任的戒备情感体验，这种心理往往把自己带入如履薄冰的境地，容易造成人际交往中的对立、误解情绪。

当出现猜疑心理时，可以尝试运用以下方法加以调整：

① 当产生猜疑时先不要外露，可留心观察所疑的人和事，若猜疑被证实，不会因此感到震惊；当猜疑不成立应打消疑心。因为不曾外露也不会伤害他人。

② 加强沟通。猜疑常常是由于误会或他人搬弄口舌引起的，因此遇到这种情况应主动地和被猜疑者沟通交流，这样有助于消除误会，改善、增进彼此的信任感。

③ 抛弃成见和克服自我暗示，学会全面、发展地看问题，改变封闭的思维方式。

④ “心底无私天地宽”，无私无畏，坦坦荡荡做人，和同学朋友坦诚相处，不必过分在意别人如何看，相信“日久见人心”。

总之，要克服猜疑的心理主要是自己做人要正，“身正不怕影子斜”，对他人宽厚为怀，即使被别人误会也不必去计较；充分驾驭好“语言”这个工具，出现了误会或彼此不信任、猜疑时，通过沟通思想说明情况，彼此谅解。

(三) 羞怯

羞怯在大学生中并不少见，比如不敢在大众场合发表意见，害怕与陌生人打交道，路上见到异性同学会手足无措，见到老师便难为情，说话总是感到紧张等。羞怯是自我防御心理过强的结果，它会阻碍人际交往，影响个人正常发挥才能，还会导致压抑、孤独、焦虑等不良心态。

虽然羞怯的人格特征与神经类型有一定的联系，但更多的还是后天因素所致，所以通过有意识的调节是可以改变的。

① 要对自己作一个具体分析，找到自己的所长和所短，发扬所长可增强自信心并补偿不足，特别是要多看到自己的长处以增强自信心。

② 放下思想包袱。事实上每个人都有怕羞心理，只是有些人善于调节，注意锻炼罢了。“金无足赤，人无完人”，一个人说错话、办错事没什么可怕，也不必难为情，错了改正就是了。

③ 不要太在意别人的议论，所谓“人多口杂，金子也会熔化”，总把别人说的话放在心上便寸步难行，什么也不敢做、不敢说了。只要自己看准的就大胆去做。要明白无论你做得多好，也不可能人人称赞。

④ 有意识地锻炼自己。胆量和能力都是锻炼的结果，要敢于说第一句话，敢于迈第一步。一旦这样做了，会发现自己不仅有能力把事情干好，而且有潜力把事情干得更好。

（四）褊狭

褊狭是人们常常说的“小心眼”，主要表现为心胸狭窄、耿耿于怀、挑剔、嫉妒。褊狭是一种有百害而无一利的人格特征。褊狭人格多出现于性格内向者，尤其是女性。褊狭不是与生俱来的，而是后天习得的。因而，克服褊狭人格首先要学会宽容，能够容人容事，正确看待生活中出现的矛盾冲突，对事不对人；其次要开阔心胸，拓宽视野。人一旦心胸狭窄，就容易进入管状思维，只见树木，不见森林。

（五）急躁

急躁是常见的不良人格品质，表现为碰到不称心的事情马上就激动不安；做事缺乏充分准备，没准备好就盲目行动，急于达到目的；缺乏耐心、细心，性情急躁之人说话办事快，竞争意识强，容易冲动，情绪常常处于紧张状态。日常生活中有急躁特点的人为数不少，常常什么都想学，而且想短时间内学会，生怕比别人落后，急于求成，但实际常常达不到期望的目标，从而泄气、发怒，既影响自己的健康和工作学习效率，又妨碍人际关系。

要克服急躁的人格缺陷，必须做到以下几点：

① 思先于行。加强自我修养，自觉地养成冷静沉着的习惯。在学习、生活中，对非原则性问题，尽量避免与人发生矛盾，把精力用到积极思考之中。

② 改变行为。细心认真行事，吃饭时间不得少于 20 分钟，细嚼慢咽；说话控制语速，想好了再说，不随意打断别人谈话；看书要一字一句细读，边读边想；走路骑车有意不超过别人；学习生活中改掉冲锋陷阵式的习惯，不着急，有条不紊地干。

③ 控制发怒。性格急躁的人容易发怒，应把制怒格言“能忍则自安；退一步则海阔天空”铭记在心，时时提醒自己遇事冷静。

④ 采用松弛疗法，坚持静养训练。在学习之余，常听轻松、优雅、恬静的音乐，赏花悦心，书画静神，打太极拳和练练气功，闭目养神，使肌肉、神经都处于完全放松状态。

（六）懒散

懒散是指一种慵懒、闲散、拖拉、疲沓、松垮的生存状态。其主要表现在：活力不足，什么也不想做，没有计划，随波逐流；无法将精力集中在学业中，无法从事自己喜欢的事，百无聊赖、心情不爽、情绪不佳、犹豫不决、顾此失彼、做事磨蹭。在大学生活中常常是踏着铃声进教室，生活中的“九二学社”会员，常为自己的懒散寻求合适的解释，做事一误再误，无休止地拖下去，虽下决心改正，但不能自拔，不接受教训，对任何事没有信心，没有欲望。克服懒散的办法是从小事做起，自我监控，学习运筹和管理时间。正如学者所言：你是容量极大的水库，里面蓄积了从未使用过却随时随地可以供你使用的天赋与才干，但如果拖拉和胆怯使你永远无法打开那智慧的闸门，那么水库也就如同空的一样。

（七）退缩

退缩是指在困难面前表现出怯懦与畏难的心理恐惧，选择逃避与后退。其主要表现是：在困难面前缺乏勇气和信心，不表明自己的态度，不敢承担责任，不敢冒险，不敢与不良行为做斗争，回避困难，逃避责任等，这样的人常常抱怨自身的不幸，却宁愿忍受痛苦而不主动追求。克服退缩的办法是：鼓励自己积极应对生活中的挫折，发现自己的优点，变被动为主动。克服退缩需要勇气与毅力。

(八) 虚荣

虚荣是指过分看重荣誉、他人的赞美，自以为是。虚荣心往往与自尊心、自卑感紧紧相连。没有自尊心，就没有虚荣心，也就没有自卑感。虚荣心是自尊心与自卑感的混合产物。虚荣心强的人一般性格内向、情感脆弱、极度敏感、自尊心强，又担心别人伤害自己的尊严，过分介意别人的评论与批评，与人交往时防御性强，喜欢抬高自己的形象，他们捍卫的是虚假的、脆弱的自我。克服过强的虚荣心，首先要对虚荣心的危害有明确的认识；其次要正确看待名利，正视自己的优势与不足，扬长避短；再次是树立健康与积极的荣誉心，恰当表现自己，不卑不亢，正确对待个人得失与他人评价。

(九) 抑郁

抑郁是一种常见的情绪困扰，是一种感到无力应付外界压力而产生的消极情绪，常伴有厌恶、痛苦、羞愧、自卑等情绪体验。抑郁人皆有之，对于大多数同学来说，抑郁只是偶尔出现，很快就消失；但那些性格内向、多疑多虑、不爱交际，生活中遭遇意外挫折的人更容易长期处于抑郁状态，甚至导致抑郁症。

抑郁的主要表现有：情绪低落、郁郁寡欢、闷闷不乐、思维迟缓、兴趣丧失、缺乏活力、反应迟钝、打不起精神、体验不到快乐。抑郁在低年级学生中更为普遍。所谓的“周末综合征”在很大程度上就是抑郁。

要避免抑郁或从抑郁中解脱出来，就需要正确地评价自己，看清自己的长处，建立自尊，增强自信；调整认知方式，建立理性认知，不把事物看成非黑即白；扩大人际交往，多与人沟通，多交朋友。如果抑郁情绪较严重，应寻求心理咨询帮助。

(十) 自我中心

自我中心是指考虑问题、处理事情都以自我为中心，将自我作为思考问题的出发点与归宿。表现为一切以自己为出发点，目中无人，甚至自私自利，遇到冲突时，认为对的是自己而错的是他人。特别是那些自尊心强、优越感强、自信心高、独立性强的大学生，比较容易陷入自我中心之中，当这种倾向与一些不健康的思想意识(如个人主义、自私自利)和心理特征(如过强的自尊心、唯我独尊)相结合，自我中心与自我膨胀便呈现出来。改变自我中心的途径主要有：一是正确估价自己，认识到自己的社会责任，既不妄自菲薄也不夜郎自大，既不自我贬损也不自恋；二是树立正确的人生观与价值观，将自己与他人，自我与社会、个人利益与集体利益统筹考虑，从狭隘的小天地走出来；三是学会尊重自己与尊重他人，懂得设身处地，换位思考，真诚待人。

四、常见的人格障碍及矫正

人格障碍，也称病态人格，是一种人格发展的内在不协调，是指在没有认知障碍或智力障碍的情况下，个体出现的情绪反应、动机和行为活动的异常。

人格障碍的类型有很多，目前尚无统一公认的分类。现在大多参照美国《心理障碍的诊断和统计手册》(DSM－Ⅲ)中的分类，将人格障碍分为三大类群。第一类以行为怪癖、奇异为特点，包括偏执(妄想)型、分裂型人格障碍；第二类以情感强烈、不稳定为特点，包括表演型、自恋型、反社会型、冲动型人格障碍：第三类以紧张、退缩为特点，包括回避型、依赖型、强迫型人格障碍。从生理—心理—社会医学模式角度看，人格障碍往往是由遗传基因、病理生理因素、不良社会环境和家庭教育方式等多种因素共同影响，经过长期塑造而形成的，其中，幼年期的家庭心理因素起着主要作用。

(一) 常见人格障碍的类型

1. 偏执型人格障碍

偏执型人格又叫妄想型人格，是一种以猜疑和偏执为主要特点的人格障碍，始于成年早期，男性多于女性，其行为特点常常表现为：极度敏感，对侮辱和伤害耿耿于怀；思想行为固执死板，敏感多疑、心胸狭隘；爱嫉妒，对别人获得的成就或荣誉感到紧张不安、妒火中烧，不是寻衅争吵，就是背后说风凉话或公开抱怨和指责别人；总认为自己正确，过分自负、自以为是、自命不凡，对自己的能力估计过高，惯于把失败和责任归咎于他人，在工作和学习上往往言过其实。同时，又很自卑，总是过多过高地要求别人，但从来不信任别人的动机和愿望，认为别人存心不良；不能正确、客观地分析形势，有问题容易从个人感情出发，主观片面性大；忽视或不相信与本人想法不符合的客观证据，别人很难以讲道理或摆事实的方法改变他的想法；如果建立家庭，常怀疑自己的配偶不忠等。具有这种人格的人在家不能与家人和睦相处，在外不能与朋友、同事融洽相处，别人只好对他敬而远之。

2. 分裂型人格障碍

分裂型人格障碍是一种以观念、外貌和行为奇特为主要特点的人格障碍，其主要特点是孤独、淡漠，几乎没有体验过愉快的活动。情绪表现冷漠、疏离，对他人表达温情、体贴或愤怒的能力有限。无论对批评或表扬都无动于衷，几乎总是单独活动，过于沉溺于幻想和内省。极少有亲密的朋友或知已，亦无法享受与他人亲密的关系，让人觉得冷淡、孤单。与人不能建立相互信任的关系，对恋爱也缺乏热情。男性往往单身，女性则往往被动出嫁。因为这些特质，所以往往选择不需与人接触的工作。

3. 反社会型人格障碍

反社会型人格障碍表现为情绪不稳定，常为一时的冲动所左右，以自我为中心，不顾别人的痛苦和社会的损失，易发生违纪行为和不正当的意向活动。这种人在18周岁之前，就常有撒谎、逃学、小偷小摸、打架、被学校开除、虐待动物或弱小同伴等不良行为。18周岁以后有破坏公共财物、经常旷工、长久待业或多次变换工作，易激惹、斗殴和攻击别人，心肠冷酷、忘恩负义，甚至对自己的亲人也不例外，危害别人时毫无内疚感。

4. 冲动型人格障碍

冲动型人格障碍是一种以阵发性情感爆发，伴随明显冲动性行为为主要特点的人格障碍，又称攻击型人格障碍。男性明显高于女性。其表现为：有不可预测和不考虑后果的行为倾向；行为爆发难以自控；不能控制不适当的发怒，易与他人争吵和冲突，尤其是行为受阻或受批评指责时；情绪反复无常，不可预测，易暴发愤怒和暴力行为；做事无计划，缺乏目的性和坚持性；人际关系强烈而不稳定，时好时坏，几乎没有持久的朋友；激情发作时，对他人可做出攻击行为，也可自伤、自杀。

5. 表演型人格障碍

表演型人格障碍(又称癔症型人格障碍)是一种以过分感情用事或夸张言行吸引他人注意为特点的人格障碍。癔症型人格障碍的主要特点是：活泼好动，性格外向，不甘寂寞。例如，在人多的场合，愿意成为大家注意的中心；与他人交往时感情用事，感情胜过理智。这些人常常奇装异服，在服装上追时髦、赶新潮，目的是吸引别人对自己外形的注意；具有表演才能，他们平时与人接触交往，就像一位戏剧演员在舞台上演戏一样，表情丰富，谈话内容过分夸张；自我中心，在人际交往中只考虑自己的需求，丝毫不考虑别人当时的实际情况，为此常常造成人际关系紧张；对人际关系的亲密性看得超过实际情况，在人际关系受挫折或应激情况下，较易产生自伤或自杀行为。其自伤行为一般程度较轻，常常只是表皮划伤等，较少伤及深处的血管和神经，带有表演性；暗示性增强，很容易接受他人或周围情境的影响。这类人中女性多于男性。其实我们对表演型人格障碍的人并不陌生，有些网络名人就属于这种类型。她们表现得是种和年龄不相符的幼稚。比如三十多岁了，仍然在公共场合撒娇发嗲；穿着奇装异服，怎么搭配奇怪怎么穿；情绪时而激情澎湃，时而痛哭流涕，令人捉摸不定；经常不分场合不分角色含情脉脉地看着异性，用只有舞台上才能出现的形体语言和现实中的人社交；她们爱好表演，爱出风头，经常是麦霸、场霸。

表演型人格障碍一旦形成，目前的治疗方法很难将其彻底改变。即使如此，也应持积极态度进行矫治，经过较长时间的心理治疗，对改善紧张的人际关系具有一定效果。

6. 强迫型人格障碍

强迫型人格障碍的是一种以要求严格和完美为主要特点的人格障碍。具有该人格障碍的男性是女性的2倍。具有强迫症的人中，约72%的人在病前具有强迫性人格，常表现为：做任何事情都要求完美无缺、循规蹈矩、按部就班、不容改变，否则会感到焦虑不安，并影响其工作效率；主观、固执，比较专制，要求别人也要按照他的方式做事，否则即感不愉快，往往对他人做事不放心；遇到需要解决问题时，常犹豫不决，推迟或避免作出决定；常有不安全感，反复考虑计划是否得当，反复核对检查，唯恐有疏忽或差错；拘泥细节，甚至对生活小节也要程序化，有的好洁成癖，若不按照要求做就感到不安，甚至重做；完成一件工作之后常缺乏愉快和满足的内心体验，相反常悔恨和内疚；责任感过强，过分沉溺于职责义务与道德规范，业余爱好较少，缺少友谊往来；常过分节俭，甚至吝啬。

7. 自恋型人格障碍

自恋型人格障碍的主要特点是以自我为中心。其表现为：对批评的反应是愤怒、羞愧或感到耻辱(尽管不一定当即表露出来)；喜欢指使他人，要他人为自己服务；过分自高自大，对自己的才能夸大其词，希望受人特别关注；坚信自己关注的问题是世上独有的，不能被某些特殊的人物了解；对无限的成功、权力、荣誉、美丽或理想爱情有非分的幻想；渴望持久的关注与赞美；缺乏同情心；认为自己应享有他人没有的特权。

8. 回避型人格障碍

回避型人格障碍最大的特点是行为退缩、心理自卑，面对挑战多采取回避态度或无能应付。其主要表现有：很容易因他人的批评或不赞同而受到伤害；除了至亲之外，几乎没有好朋友或知己；除非确信受欢迎，一般总是不愿卷入他人事务之中；行为退缩，对需要人际交往的社会活动或工作总是尽量逃避；心理自卑，在社交场合总是缄默无语，怕惹人笑话，怕回答不出问题；敏感羞涩，害怕在别人面前露出窘态；在做那些普通但不在常规范围的事时，总是夸大潜在的困难、危险或可能的冒险。

9. 依赖型人格障碍

依赖型人格障碍是一种以过分依赖、被动服从为主要特点的人格障碍。主要在孩童或部分成年人中出现。依赖型人格障碍的表现为：无主见，在没有从他人处得到大量的建议和保证之前，对日常事务不能作出决策；有强烈的无助感，让别人为自己做大多数的重要决定，如在何处生活、该选择什么职业等；有被遗弃感，明知他人错了，也随声附和，害怕被别人遗弃；无独立性，很难单独进行自己的计划或做自己的事；过度容忍，为讨好他人甘愿做低下的或自己不愿做的事；独处时有不适和无助感，或竭尽全力逃避孤独；难以接受分离，当亲密的关系中止时感到无助或崩溃；很容易因遭到批评或未得到赞许而受到伤害。

（二）人格障碍的自我矫正方法

人格障碍一般形成于童年或少年时期。具有人格障碍的人，其内心体验背离生活实际，所以矫治比较困难。目前，我国对人格障碍的矫正方法是实行“综合治理”，即通过家庭、社会、学校的共同努力，使本人有所认识，积极配合，不懈地努力改造。同时，配合心理治疗，如认知疗法、行为疗法、集体疗法等。

下面简要介绍几种人格障碍的自我矫正方法：

1. 反向观念法

人格障碍者大多伴随有认识歪曲现象，反向观念法即是改造认识歪曲的一种有效方法。反向观念法是指自己主动与自己原有的不良自我观念唱反调，原来是以自我为中心，现在则应逐渐放弃自我中心，学习设身处地为他人着想；原来爱走极端，现在则学习多方位考察问题，来点“中庸”；原来喜欢规则化，现在则应偶尔放松一下，学习无规则地自由行事。采用反向观念法的要点是：先对自己的错误观念进行分析，然后提出相反的改进意见，在生活中努力按新观念办事。这种自我分析可以定期进行，几天一次或一星期一次，也可以在心情不好或遭挫折之时进行。认识上的错误往往被内化成无意识的，通过上述自我分析，就可把无意识的东西上升到有意识的自觉层次，这有助于发现和改进自己的不良人格状态。

2. 习惯纠正法

人格障碍者的许多行为已成为一种习惯，破除这些不良的习惯有利于人格障碍的矫正。以依赖型人格为例，实施这种方法有三个要点：一是清查自己的行为中有哪些事是习惯性地依赖别人去做，有哪些事是自己决定的，可以每天做记录，记录一个星期；二是将自主意识很强的事归纳在一起，如果做了，则当作件值得庆贺的事，以后遇到同类情况应坚持做，如果没做，以后遇到同类情况则应要求自己去做，而对自我意识差，没有按自己意愿做的事，自己提出改进的想法，并在以后的行动中逐步实施；三是找一个自己信赖的人做监督者，并与监督者订立双边协议，当你有良好表现时，予以奖励，当你违约时，予以处罚。

3. 行为禁止法

对于人格障碍者的许多不良行为，可以采取行为禁止法矫正。例如，当一个偏执型人格障碍的人对一件事忍无可忍而将要发作时，可以要求对自己默念如下指令：我必须克制住自己的反击行为，我至少要忍十分钟，我的反击行为是过分的，在这十分钟内，让我当即分析一下有什么非理性观念在作怪。采取这种方法后，不久就会发现，每次自己认为怒不可遏的事，只要忍上几分钟，用理性观念加以分析，怒气便会随之消减。不少自己认定极具威胁的事，在忍耐了几分钟后，会发现灾难并未降临，不过是自己一种无谓的担忧罢了。

4. 情绪调整法

人格障碍者多伴有情绪障碍，如有表演型人格的人表达常太过分导致旁人无法接受。采用此法首先要做到的便是向自己的亲朋好友作一番调查，听听他们对自己的看法。对他人提出的看法，应持全盘接受的态度，千万不要反驳，然后扪心自问一下，上述情绪表现哪些是有意识的，哪些是无意识的；哪些是别人喜欢的，哪些是别人讨厌的。对别人讨厌的坚决予以改进，对别人喜欢的则在表现强度上力求适中。对无意识的表现，将其写下来，放在醒目处，不断地自我提醒。此外，可请自己的好友在关键时刻提醒一下，或在事后对自己的表现作一评价，然后从中体会自己情绪表达的过火之处。这样坚持下去，情绪表达就会越来越得体和自然了。

第三节　积极人格特质的培养

故事引入

一位年迈的北美切罗基人教导子孙们人生真谛。

他说：“在我内心深处，一直在进行着一场鏖战。交战是在两只狼之间展开的。一只狼是恶的，它代表恐惧、生气、悲伤、悔恨、贪婪、傲慢、自怜、怨恨、自卑、谎言、妄自尊大、高傲、自私和不忠。另外一只狼是善的，它代表喜悦、和平、爱、希望、承担责任、宁静、谦逊、仁慈、宽容、友谊、同情、慷慨、真理和忠贞。同样，战争也发生在你们的内心深处，在所有人内心深处。”

听完他的话，孩子们都静默不语，若有所思。过了片刻，其中一个孩子问：“那么，哪一只狼能获胜呢？”

饱经世事的老者回答道：“你喂给它食物的那只。”

哈佛大学心理学家威廉特(George Vaillant)做过一个堪称心理学史上最为完整的追踪

调查。这项调查发端于20世纪30年代，持续70余年，调查对象包括268名哈佛学生和456名波士顿当地的同龄人。该调查旨在探寻某些人格特质的机能与意义，这些人格特质包括利他、乐观、幽默和延迟满足等。结果发现，那些在各个生命阶段中经常表现出这些正向人格特质的人，年老时比经常表现出负向人格特质的人身体更健康，生活更幸福，寿命也更长。

20世纪末，以马丁·塞里格曼(Martin E. P. Seligman)、谢尔顿(Kennon M. Sheldon)和劳拉·金(Laura King)为代表的心理学家们在西方心理学界掀起了一股新的研究思潮——积极心理学的研究。他们认为，“积极心理学是致力于研究普通人的优势与美德的科学。”积极心理学主张研究人类积极的品质，充分挖掘人固有的、潜在的、具有建设性的力量，促进个人和社会的发展，使人类走向幸福，其矛头直指传统的“消极心理学”。

一、积极人格特质

1. 常见的24种积极人格特质

积极人格特质又叫人格优势。如今，积极心理学家已经建构起了“人格优势的价值实践分类体系”(Values in Action Classification of Strength，VIA)。该体系提炼出人类本性中的六大美德，即智慧、勇气、仁慈、正义、节制与超越。这六大美德里面包含了个体人格中的24种优势。(详见表4-2)

表4-2 人格优势的价值实践分类体系(VIA)

美德	人格优势
智慧与知识：知识的获得和应用上的认知优势	(1) 创造性；(2) 好奇；(3) 开放性、全面看待问题的眼光；(4) 好学；(5) 远见卓识
勇气：面对内外冲突亦要实现目标的坚定意志的情感优势	(1) 真实性，真实地表达自己；(2) 英勇，面对挑战、威胁和苦难毫不退缩；(3) 坚持不懈；(4) 热情，充满动力和激情的生活
仁慈：包含照顾和友好地面对他人的人际交往优势	(1) 善良；(2) 爱与被爱的能力；(3) 社交智能
正义：促成健康社区生活的文明优势	(1) 公平、平等；(2) 领导能力；(3) 团队合作精神
节制：避免无节制带来的伤害的处世优势	(1) 宽恕；(2) 谦逊、适度；(3) 谨慎；(4) 自我管理
超越：将人类与自然、宇宙相联系的，提供更深层“意义”的性格优势	(1) 对美的欣赏和领会；(2) 感恩；(3) 希望；(4) 幽默；(5) 对更高目标、更有意义的生活的信仰

该表引自：林雅芳，刘翔平. 论积极心理学在特殊教育中的应用

2. 积极人格特质的测量

2001年，积极心理学家彼德森(Peterson)等人，在“人格优势的价值实践分类体系”的

基础上，开发出了人格优势的评估工具即《优势价值实践调查》(Values in Action Inventory of Strengths，VIA-IS)。该量表可以帮助个体评估其在24项人格优势上的情况，得分最高的五个优势被称为显著优势，即个体人格中最为突出的积极特质(详见表4-3)。

表4-3 优势价值实践调查表(简版)

	非常同意	同意	中立	不同意	非常不同意
1. 我总是对世界充满好奇	5	4	3	2	1
2. 我总会感到无聊	1	2	3	4	5
3. 学习新东西总会让我兴奋惊讶	5	4	3	2	1
4. 我从来不会主动去参观博物馆	1	2	3	4	5
5. 我是一个冷静而理性的"思考者"	5	4	3	2	1
6. 我常常很冲动,匆忙做出判断	1	2	3	4	5
7. 我总喜欢琢磨解决问题的新方法	5	4	3	2	1
8. 我的大多数朋友都比我有想象力	1	2	3	4	5
9. 各种社交场合,我都能应付自如	5	4	3	2	1
10. 我不太善于体察他人的想法或情绪	1	2	3	4	5
11. 我比较擅长分析形势、顾全大局	5	4	3	2	1
12. 很少会有人会来向我寻求建议	1	2	3	4	5
13. 我总能在逆境或困境中挺身而出	5	4	3	2	1
14. 痛苦或挫折常常让我灰心丧气	1	2	3	4	5
15. 一旦我开始做某事,我总能坚持到底	5	4	3	2	1
16. 学习或工作时,我经常容易分心	1	2	3	4	5
17. 我总能信守承诺	5	4	3	2	1
18. 从来没人告诉我,我是个实事求是的人	1	2	3	4	5
19. 我常常帮助他人,与人为善	5	4	3	2	1
20. 我不太会为他人的成就感到由衷的欣喜	1	2	3	4	5
21. 在我的生命中,有人像关心自己一样关心我	5	4	3	2	1
22. 我不太懂得如何接受别人的爱	1	2	3	4	5
23. 我总会竭尽全力完成团队的任务	5	4	3	2	1
24. 我不太愿意为了集体而牺牲自己的利益	1	2	3	4	5
25. 我能够平等地对待任何一个人	5	4	3	2	1
26. 如果我不喜欢某人,我很难以公平之心来对待他	1	2	3	4	5
27. 我总能召集他人,同心共事	5	4	3	2	1
28. 我不太擅长组织集体活动	1	2	3	4	5

续表

	非常同意	同意	中立	不同意	非常不同意
29. 我能很好的控制自己的情绪	5	4	3	2	1
30. 节食对我来说是件异常困难的事	1	2	3	4	5
31. 我尽量避免参加那些可能危害身体的活动	5	4	3	2	1
32. 我有时会在人际交往中做出有失妥当的选择或决定	1	2	3	4	5
33. 当别人称赞我时，我总会试图转换话题	5	4	3	2	1
34. 我常常向人夸耀自己的成绩	1	2	3	4	5
35. 我总能被音乐、戏剧、电影这些艺术作品所感动	5	4	3	2	1
36. 我从未亲手创造过任何美好的事物	1	2	3	4	5
37. 哪怕是不起眼的小事，我也会对帮助我的人说谢谢	5	4	3	2	1
38. 我从来不会静下心来回顾生命中曾有过的感动	1	2	3	4	5
39. 我总能看到事物好的一面	5	4	3	2	1
40. 我很少会为达成目标而制定一个周详的计划	1	2	3	4	5
41. 我有明确的人生目标	5	4	3	2	1
42. 我对生活没什么特别的追求	1	2	3	4	5
43. 我能做到既往不咎	5	4	3	2	1
44. 我有时会得理不饶人	1	2	3	4	5
45. 我能很好的协调工作与娱乐，张弛有度	5	4	3	2	1
46. 我不太会说笑逗乐	1	2	3	4	5
47. 做任何事时，我都能全身心投入	5	4	3	2	1
48. 我总是闷闷不乐	1	2	3	4	5

计分方法：以上这些题目，两两一组对应同一优势，例如，第 1、2 题对应“兴趣好奇”，第 3、4 题对应“热爱学习”，以下依次为：思考判断、创造才能、社交智慧、洞察悟性、勇敢无畏、坚持勤奋、正直诚实、善良慷慨、爱与被爱、公民责任、公平平等、领导才能、自我控制、谨慎审慎、谦逊谦虚、美的领悟、感恩感激、希望乐观、信仰灵性、宽容宽恕、幽默风趣、生机活力。

把配对的两题的得分一一相加，得分最高的五种优势就是你的“显著优势”。

二、积极人格特质的培养

心理学的终极目标是增强人们的幸福感，发现、培养、放大学生的积极人格特质，有助于从根本上帮助其预防心理疾病，提升幸福感。

1. 认识自我，发现优势

每一个人在人格上都有自己的优势和不足，传统心理学聚焦于人的不足，努力帮助人改善不足，去掉问题，但是这违背了“人无完人”这一规律，在教学和咨询实践中往往容易出现事倍功半的结果。既然太阳都有黑点，人世间的人和事就更不可能没有缺陷。积极心理学更多地采用“扬长避短”的方法，聚焦于人的优势和美德。

其实，人格塑造也就是为了实现优化人格整合，以达到人格的健全。人格整合的基本含义是：随着个体心智的成熟，个体内在的各项人格特征发展到和谐一致的状态的过程。我们应本着“天生我材必有用”的积极乐观心态，聚焦于自信、勇敢、勤劳、坚毅、善良、正直等积极人格特质，并努力把其积极影响发扬光大。

2. 学习“积极心理案例”

传统的心理案例都是病理性案例，比如广泛性焦虑、抑郁、强迫和精神分裂等案例，这样的案例能提醒我们关注自身心理状况，预防心理疾病的发生，但同时也容易给我们带来负面的心理暗示，把我们的思维引向消极。

俞敏洪怎样从一个自卑的农村孩子成长为一个成功的创业者，实现了把一个小小的培训学校做大做强，并成功上市的神话；马云具备一些什么样的积极品质，使得他能成功地带领一群人创造了阿里巴巴的神话；华人赵小兰自身的哪些积极品质使得她能克服身在异国他乡的种种困难，登上美国劳工部部长的席位等积极的心理案例能带给我们信心和激情，能激发我们的正向思维，进而激励着我们积极乐观地去一步步实现自己的目标。

3. 积极参加各项实践活动

实践是发现和培养积极人格特质的必由之路。无论是知识的汲取、能力的培养，还是意志力的磨炼都离不开实践。勤奋、细致、乐观和坚韧等积极人格特质都是在实践中发现并培养的。积极参加社会实践有助于帮助自己改掉不良的人格特质，强化积极人格特质。

积极人格特质的培养是一个细水长流的事，不是一蹴而就的。只有踏踏实实、勤勤恳恳、持之以恒地磨砺自己，才能养成更多积极的人格特质。

4. 磨砺心理弹性

心理弹性是由逆境激发出来的潜能和建设性力量，心理弹性强的人能够轻松面对压力、逆境和挫折，有效调控情绪与行为，能不断提升自己的综合素质，积极主动地适应社会。

当我们面临逆境等不利因素时，来自个人特质、家庭环境、社会支持三方面的保护性因素会交互影响，进而构成心理弹性的动力系统，促使我们的心理弹性得以进一步的发展，以保护我们免受逆境伤害，增进身心健康。

5. 勤学善思

培根说：“读史使人明智，读诗使人灵秀，数学使人周密，科学使人深刻，伦理学使人庄重，逻辑修辞学使人善辩，凡有所学，皆成性格”。无知或者只是短缺，容易使人认知狭隘、生活被动，进而产生自卑、脆弱、冲动、鲁莽等不良人格特征。相反，知识面广、认知深刻的人容易养成理智、豁达、聪慧、坚韧、自信等积极人格特质。

博览全书、参观博物馆、观看优秀影片，勤学善思，可以丰富我们的文化内涵，陶冶我们的情操，修养我们的性情，升华我们的人格。

知识拓展

富兰克林的人生信条

本杰明·富兰克林是18世纪美国最伟大的科学家，也是美国的开国元勋。小时候，他生活在一个普普通通的小商人家庭，爸爸妈妈养育了17个孩子，他排行第15，打小就觉得自己很卑微。但是他为自己制定了13条人生准则，助其成就了一生伟业。

1. 节制：食不可过饱，饮不可过量。
2. 缄默：避免无聊闲扯，言谈必须对人有益。
3. 秩序：生活物品要放置有序，工作时间要合理安排。
4. 决心：要做之事就下定决心去做，决心做的事一定要完成。
5. 节俭：不得浪费，任何花费都要有益，不论是于人还是于己。
6. 勤勉：珍惜每一刻时间，去除一切不必要之举，勤做有益之事。
7. 真诚：不损害他人，不使用欺骗手段。考虑事情要公正合理，说话要依据真实情况。
8. 正义：不损人利己，履行应尽的义务。
9. 中庸：避免任何极端倾向，尽量克制报复心理。
10. 清洁：身体、衣着和居所要力求清洁。
11. 平静：戒除不必要的烦恼，也就是指那些琐事、常见的和不可避免的不顺利的事情。
12. 贞节：性生活健康。
13. 谦逊：以耶稣和苏格拉底等伟人作为自己的榜样。

第四节　心理素质拓展训练

一、心理影片赏析：《美丽人生》

《美丽人生》是一部由罗伯托·贝尼尼执导，罗伯托·贝尼尼、尼可莱塔·布拉斯基、乔治·坎塔里尼等人主演的剧情片。1997年12月20日，该片在意大利上映。

该片讲述了一对犹太父子被送进了纳粹集中营，父亲利用自己的想象力对儿子说他们正身处一个游戏当中，最后父亲让儿子的童心没有受到伤害，而自己却惨死的故事。1999年，该片在第71届奥斯卡奖获得了最佳外语片、最佳男主角、最佳配乐三项奖项。

二、心理游戏：信任背摔

项目目的：通过这个活动建立起彼此间的信任关系，同时锻炼心理素质，克服恐惧。

项目任务：全队每个人轮流上到背摔台上背向队友，双脚后跟1/3出台面，（培训师做出示范动作）身体重心上移尽量垂直水平倒下去，下面的队员安全把他接住即为完成。

项目要点：

(1) 背摔队员在背摔台只能严格按照动作要领来做，以保证足够安全，特别是不要向后窜跃、倒下时肘关节收紧不要打开、不要垂直向下跳、要控制自己的双脚不要上下摇动并打开。

(2) 搭人床第一组队员的肩膀距背摔台沿约30厘米的距离，个子可以不用很高，通常可以安排女士在该位置。第二、三组应用力度最强的四个人，当然，如果背摔者的个子较高，受力点应向后调节。

(3) 每组队员的肩膀应紧密相连勿留空隙，人床形状应保持由低渐高的坡状，剩下的队员要用双掌推住最后一组队友的肩膀处，以保护人床的牢固，所有队员在任何时候都不可以撤手或撤退。

(4) 当听到背摔队员的询问："准备好了吗"时，头要向后仰同时侧向队友的背部，当队友倒下来后一定遵守"先放脚后将身体扶正"的安全第一原则。

(5) 做保护的队员不要迅速撤手或鼓掌，以免发生其他意外。

(6) 二、三组队员在承接几名队员后要互相交换组位以免疲劳。

场景导入：

大家都是一艘即将沉没的海船上的船员，船上仅有的救生艇都已经坐满了人，可是还有一位同伴在甲板上没有搭上救生艇。如果三分钟内这个同伴没有安全地搭上救生艇，那么我们就将失去这位可爱的同伴。与此同时，救生艇已经达到饱和，如果那位站在甲板上的同伴就这样跳上救生艇，很可能会冲击到救生艇使大家都沉入大海。所以，我们必须寻找一个最安全最稳妥的办法，让这位同伴顺利上艇。

基本动作：

1) 接人动作布置

做右弓步，双手伸出，手掌掌心向上交叠放在对方锁骨上(要注意五指并拢、拇指不能向上)，一组的两个人要将脚和膝盖贴紧，腰挺直，抬头斜向上45度看背摔者。

2) 背摔者动作布置

(1) 背摔者手部的准备动作：前伸、内翻、相扣、翻转抵住下颚。

(2) 绑带后，令背摔者站在站台上进行以下动作：脚跟并拢、膝盖绷直、腰挺直、含胸、低头、手抵住下颚，准备背摔。

注意事项：

这个项目的危险性大，所以一定要端正自己的态度，保持极高的警觉性，一丝不得懈怠，以保证队友的安全；如有身体异常(如：脊椎错位……)，可告知培训师，培训师视队员的伤病程度决定其是否参加；队员熟记动作要领后，教练员需检测一下每一组"人床"的力量，"人床"必须坚实有力方可通过；队长组织其他队员喊名字及队训，给做背摔队员充电以示鼓励；所有队员进行项目前都要将身上的尖锐物品(如：眼镜、发卡、手表钥匙、戒指等)放在一边，做完项目后再收回。

三、心理测试：气质测试量表(气质测验60题)

请认真阅读下列各题，对于每一题，你认为很符合自己情况的，在题号前面写上"2"，比较符合的写上"+1"，介于符合与不符合之间的写上"0"，比较不符合的写上"−1"，完全不符合的写上“－2”。

(1) 做事力求稳妥，一般不做无把握之事。
(2) 遇到可气的事就怒不可遏，想把心里话全说出来才痛快。
(3) 宁可一个人干事，不愿很多人在一起。
(4) 到一个新环境很快就能适应。
(5) 厌恶那些强烈的刺激，如尖叫、噪音、危险镜头等。
(6) 和人争吵时，总是先发制人，喜欢挑衅。
(7) 喜欢安静的环境。
(8) 善于和别人交往。
(9) 羡慕那种善于克制自己感情的人。
(10) 生活有规律，很少违反作息制度。
(11) 在多数情况下情绪是乐观的。
(12) 碰到陌生人觉得很拘束。
(13) 遇到令人气愤的事，能进行自我克制。
(14) 做事总是有旺盛的精力。
(15) 遇到问题总是举棋不定，优柔寡断。
(16) 在人群中从不觉得过分拘束。
(17) 情绪高昂时，觉得干什么都有趣；情绪低落时，又觉得什么都没意思。
(18) 当注意力集中于某事物时，别的事很难使自己分心。
(19) 理解问题总比别人快。
(20) 碰到危险情景，常有一种极度恐惧感。
(21) 对学习、工作、事业具有很高的热情。
(22) 能够长时间做枯燥、单调的工作。
(23) 符合兴趣的事情，干起来劲头十足，否则就不想干。
(24) 一点小事就能引起情绪波动。
(25) 讨厌做那种需要耐心、细致的工作。
(26) 与人交往不卑不亢。
(27) 喜欢参加热烈的活动。
(28) 爱看感情细腻、描写人物内心活动的文学作品。
(29) 工作学习时间长了，常感到厌倦。
(30) 不喜欢长时间谈论 个问题，愿意实际动手干。
(31) 宁愿侃侃而谈，也不愿窃窃私语。
(32) 别人总是说我闷闷不乐。
(33) 理解问题常比别人慢些。
(34) 疲倦时只要短暂的休息就能精神抖擞，重新投入工作。
(35) 心里有话宁愿自己想，不愿说出来。
(36) 认准一个目标就希望尽快实现，不达目的，誓不罢休。
(37) 学习、工作同样一段时间后，常比别人更疲倦。
(38) 做事有些莽撞，常常不考虑后果。

(39) 老师讲授新知识时，总希望他讲的慢些，多重复几遍。
(40) 能够很快地忘记那些不愉快的事情。
(41) 做作业或完成一件工作总比别人花的时间多。
(42) 喜欢运动量大的剧烈运动或参加各种文艺活动。
(43) 不能很快地把注意力从一件事转移到另一件事上去。
(44) 接受一个任务后，就希望能把它迅速解决。
(45) 认为墨守成规比冒风险强些。
(46) 能够同时注意几件事物。
(47) 烦闷的时候，别人很难使自己高兴起来。
(48) 爱看情节起伏跌宕、激动人心的小说。
(49) 对工作抱认真严谨、始终如一的态度。
(50) 和周围人的关系总是相处不好。
(51) 喜欢复习学过的知识，重复做能熟练操作的工作。
(52) 希望做变化大、花样多的工作。
(53) 小时候会背的诗歌，似乎比别人记得更清楚。
(54) 别人说自己“出语伤人”，可自己并不觉得这样。
(55) 在体育活动中，常因反应慢而落后。
(56) 反应敏捷、头脑机智。
(57) 喜欢有条理而不甚麻烦的工作。
(58) 常因兴奋的事而失眠。
(59) 老师讲新概念，常常听不懂，但是弄懂了以后就很难忘记。
(60) 假如工作枯燥无味，马上就会情绪低落。

确定气质类型：

(1) 将每题得分填入下表相应的得分栏内。

(2) 计算每种气质类型的总得分数。

胆汁质	题号	2	6	9	14	17	21	27	31	36	38	42	48	50	54	58	总分
	得分																
多血质	题号	4	8	11	16	19	23	25	29	34	40	44	46	52	56	60	总分
	得分																
黏液质	题号	1	7	10	13	18	22	26	30	33	39	43	45	49	55	57	总分
	得分																
抑郁质	题号	3	5	12	15	20	24	28	32	35	37	41	47	51	53	59	总分
	得分																

① 如果某类气质得分明显高出其他三种，均高出 4 分以上，则可定为该类气质。如果该类气质得分超过 20 分，则为典型型；如果该类得分在 10～20 分，则为一般型。

② 两种气质类型得分接近，其差异低于 3 分，而且又明显高于其他两种，高出 4 分以上，则可定为这两种气质的混合型。

③ 三种气质类型得分均高于第四种，而且接近，则为三种气质的混合型，如多血-胆汁-黏液质混合型或黏液-多血-抑郁质混合型。

一般来说，正分值越高，表明被试者越具有该项气质的典型特征；反之，分值越低或越负，表明越不具备该项特征。

四、心理训练：转变心态

生活中我们可能经历了不少失败。选择任何一件让你感到沮丧失败的事情，然后按照这些提示，尝试改变表述的方式，体会一下自己的内心感受。

请结合自己的经历，补充完整后面的句子：我做不到____________。

例：

① 我就是做不到。

② 到现在为止，我还不能做到。

③ 因为过去我不懂，所以到现在为止，尚未能做到。

④ 如果我学会懂得，我就能做到。

⑤ 我要去学，我将来就会做到。

思考题

(1) 人格是什么？影响人格形成的因素有哪些？

(2) 积极人格特质有哪些？你有哪些帮助自己养成积极人格特质的好方法？

心灵语录

君子之行，静以修身，俭以养德，非淡泊无以明志，非宁静无以致远。

——诸葛亮

健全自己身体，保持合理的规律生活，这是自我修养的物质基础。

——周恩来

05 第五章 大学生的情绪管理

案例导入

2015年5月3日，一段男司机殴打女司机的视频在网上疯传，触动了五一小长假期间网友们敏感的神经。网友们纷纷谴责视频中男司机的行为，认为应当予以严惩。从保护女性的角度说，大家都会质疑，男司机怎么能对女性下此狠手？视频中男司机的每一脚都是往死里踹的感觉，好像有什么深仇大恨一样。第二天，另一段男司机行车记录仪记录下的当天事件的视频在网上公布，比较完整地还原了事发经过。该视频显示，当天被打女司机多次随意变道等行为惹怒了男司机，双方均有开斗气车等不当行为。经此，网上舆论一片哗然，有网友表示男司机的行为可以理解。我们暂且不论男司机将会受到何种惩罚，只关注路怒症及相似情绪的管理问题。

学习思考：

（1）你认为路怒症有哪些表现？

（2）你遇到情绪不佳的时候，会用怎样的方式发泄？

情绪是一个人行为的催化剂，它不仅影响人的身心健康，而且可能左右一个人家庭、事业、生活的成败。你一旦成为情绪的主人，也就扼住了命运的咽喉。

大学生心理健康与否在很大程度上依赖于情绪是否健康，心理素质的高低取决于情绪智商的高低。积极、健康、良好的情绪状态是大学生幸福生活、愉快学习、健康成长的前提；而消极、负面、阴暗的情绪状态，不仅会降低大学生学习的积极性和效率，消磨意志，影响其生活的热情，而且会严重影响大学生的心理和身体健康，进而影响他们的成长。

第一节 大学生情绪的特点及影响

一、情绪概述

情绪是指人们对客观事物是否符合自己的需要而产生的内心体验。通俗而言，情绪是指人对客观事物的态度、体验及相应的反应。

需要是情绪产生的基础，当客观事物符合并满足人的需要时，就会使人产生积极的情绪体验(正面的情绪)，如喜爱、满意、愉快、喜悦、振奋、热情、自信、感恩等；当客观事物不符合或不能满足人的需要时，就会使人产生消极的情绪体验(负面情绪)，如怨恨、紧张、焦虑、担心、自卑、痛苦、沮丧、伤心、狂躁、悲哀、厌恶、忧愁、愤怒、嫉妒等。一旦人们的需要得到满足，就会表现出喜；当事与愿违时，就会表现出怒或哀。不论是哪种情绪，都会对人的身体和生活产生积极或消极的影响，因此，我们要学会把握，要尽量做到喜不可得意忘形，怒不可暴跳如雷，哀不可悲痛欲绝，惧不可惊慌失措。

在情绪的划分上，不同的学者有不同的方法，但通常情况下，人们普遍认为最基本、最原始的情绪有四种：快乐、愤怒、悲哀、恐惧。快乐(喜)：从舒畅、愉快到快乐、大喜、狂喜。悲哀(哀)：从伤感到难过、悲伤、哀痛、惨痛。愤怒(怒)：从轻微的不满、生气、愠怒、激愤到大怒、暴怒。恐惧(惧)：从害怕、惧怕、惊恐到惊骇。

根据情绪发生的强度、持续时间的长短以及外部表现，可以将情绪分为心境、激情与应激三种基本状态。心境是指一种持久而微弱的情绪状态，具有渲染性和弥散性的特点，如舒畅、忧郁、沉闷、松弛等。心境往往不具有特定的对象，当一个人处于某种心境时，往往以同样的情绪状态看待一切事物。激情是指一种强烈、短暂、爆发式的情绪状态，表现为暴怒、狂喜、绝望等，通常由突然发生的对人具有重要意义的事件引起，如许多大学生会因为一场演唱会而欣喜若狂。激情的特点是强烈的冲动性和爆发性，情绪作用的时间短，往往会随着时过境迁而弱化或消失。应激是指由于出乎意料的紧张或危险情景所引起的情绪状态，即当人处于巨大压力或威胁的情境下，而又要迅速做出重要决定时所产生的一种特殊的情绪状态。应激有两种极端的表现：一种是惊慌失措、目瞪口呆；另一种是急中生智、力量剧增。

二、大学生情绪的特点

大学生正处于青春期向青年期过渡的时期，在生理发育接近成熟的同时，心理上也经历着急剧的变化，尤其反映在情绪上。相对于中学生来讲，大学生的情绪内容趋向于深刻和丰富，情绪的表达趋于隐蔽，情绪的变化也逐渐趋向于稳定。其主要表现为：一是大学生随着自身的成长与发展，情绪状态逐渐趋于成熟，并接近成人；二是大学生在情绪上仍然存在着许多尚不成熟的方面；三是大学阶段，在情绪上表现出一些特殊的情绪反应(如矛盾性、两极性和想象性)。

具体而言，大学生情绪的特点主要表现为：

(1) 外向、活泼、充满激情。整体而言，大学生的情绪表现为乐观、活泼、开放、热情、精力旺盛、积极向上，充满着朝气和激情。

(2) 情绪延迟性及趋向于心境化。情绪心境化，是大学生情绪的重要特点。中学生时代，青少年的情绪特点往往受制于外界情境，随着情境的变化，情绪反应来得快，消失得也快。而大学生的情绪反应的发生，往往不会随着外界的刺激和环境的改变而随即消失，而表现为一定的延迟性，趋向于心境化。

(3) 情感体验更加深刻，更加丰富。大学生的情绪体验更加丰富多彩，并随着自我意识的不断发展和各种需要和兴趣的扩展而表现得更加丰富、敏感、细腻和深刻，并更加带有社会内容的情感体验。

(4) 波动性与两极性。大学生的年龄正处于未成年人与成年人的转变阶段，在情绪状态上有两种情绪并存的特点。一方面，相对于中学阶段，大学生的情绪趋于稳定和成熟；另一方面，与成年人相比，大学生的情绪带有明显的波动性，容易从一个极端走向另一个极端，表现为大喜大怒的两极性。

(5) 冲动性与爆发性。大学生的情绪特点还表现在情绪体验上特别强烈和富有激情。大学生对任何事都比较敏感，有时情绪一旦爆发，自己难以控制，甚至表现为一定的盲目狂热和冲动；在处理同学关系、师生关系的矛盾以及在对待学业生活中的挫折时，常常易走极端，给自己及他人带来伤害。

(6) 矛盾性与复杂性。大学阶段正是大学生面临许多重大选择的时期，常常会呈现出一种矛盾而复杂的情绪状态。例如，希望自己具有独立性和希望依赖于他人的需要同时存在；对自己既不满，又不想承担责任；既希望得到他人的理解，又不愿意接受他人的关心等。

(7) 内隐与掩饰性。大学生虽然有时也会喜形于色，但已经不像青少年时期那样坦率直露，不少大学生常会将自己的情绪隐藏和掩饰起来，体现为外在表现与内在体验并不一致。这也无形中给大学生的同学之间的相互交流带来障碍，使一些学生出现孤独和苦闷的情感困惑。

(8) 想象性。有时大学生还会处于陶醉于以前某一特定愉快情绪的状态，或沉湎于某种负性的情绪状态之中，甚至会陷入某种想象出来的欢乐或是忧虑之中不能自拔。例如，有的大学生因在一次运动会比赛中失利感到无地自容，后来竟然泛化想象成周围人都在轻视自己，从此产生了自己处处都不如人的不良心态。

三、不良情绪对身心的影响

现代心理学、生理学和医学研究表明，情绪对人的身心健康具有直接的作用，可以说一定程度上情绪主宰着健康。

不良的情绪主要有两种，即过度的情绪反应和持久性的消极情绪反应。过度的情绪反应包括因一些重大生活事件而产生的过于强烈的情绪反应，如狂喜、暴怒、悲痛欲绝等；也包括为一点小事而情绪反应过分，如怒不可遏或激动不已；还包括情绪反应过于迟钝，如无动于衷或冷漠无情。持久性的消极情绪是指在引起忧、悲、恐、怒等消极情绪的因素消失后，仍数日、数周甚至数月沉溺在消极状态中不能自拔。

目前，大量的实验研究和临床观察都已证明：不良情绪会危害人的身心健康。

负面情绪影响学生的身体健康。负面情绪是人体心理的不良紧张状态，往往会因过分刺激人的器官、肌肉及内分泌腺而损害人的健康。学生面对快节奏的生活、紧张的学习和巨大的压力，容易产生一些负面情绪，如焦虑和忧郁。当焦虑、忧郁产生时，人体胃肠蠕动会减弱，消化液的分泌会减少；焦虑、烦恼、发怒等不良情绪往往会引起或激发某些疾病的发生；过分的抑郁或恐惧，会导致高血压、胃溃疡等多种疾病；更为重要的是，不良情绪会影响机体的免疫系统，抑制免疫系统功能的发挥，从而会增加患上癌症或其他疾病的概率。

负面情绪影响学生的心理健康。处在青年期的学生，心理上正经历着急剧的变化，情绪波动大，情感体验丰富复杂，容易陷入情绪困扰，长期持续的负面情绪还会严重危害学生的心理健康。当人处于负面情绪时，在过度的情绪反应或持久性的消极情绪作用下，神经系统的功能会受到影响。突然而强烈的紧张情绪的冲击会抑制大脑皮层的高级心智活动，使人的意识范围变得狭窄，正常判断能力减弱，甚至有可能使人精神错乱、神志不清、行为失常。持久的负面情绪会使人的大脑机能严重失调，严重影响人们的身体健康，同时它会促使一些病症产生，如焦虑症、社交恐惧症、抑郁症、自杀心理等，甚至诱发神经症和精神病。

第二节　常见不良情绪的表现与调适

一、情绪低落、郁闷

情绪低落、郁闷是一种最常见的消极情绪，大多源于工作、学习压力，或生活中遭遇的挫折。人们在情绪低落时，常常会感到无精打采、压抑苦闷等，对周围事物兴趣减低，工作、学习效率明显下降，严重时还会影响日常的生活和人际关系。

调适建议：

(1) 接受现实。现实生活中没有人能够事事如意，对于某种不能改变的事实，试着慢慢地去接受它，改变一下自己看待问题的角度和心态，也许心情就会好一些。

(2) 做一点运动。参加一些体育运动，如慢跑、散步、游泳等。运动有益于促进血液循环，调节心率并提高机体含氧量。研究表明，这样对改善情绪状况有良好的作用。

(3) 回忆快乐的事。适时地肯定自己，想想自己曾经取得的成绩和克服的困难，找找自己的优点和长处。回忆那些使自己感到快乐的事情，还可以将其写在纸上列举出来，那样会更直观。

(4) 多接触乐观向上的人和事。尝试和乐观积极的人去交往，学习他们看待事物的态度和方式。看两本内容乐观积极的书籍，或者去看部喜剧片，感受一下快乐的气氛。也可以给自己买个小礼物，鼓励一下自己。

(5) 释放压抑的情绪。和亲友、家人倾诉谈心，将自己郁闷、压抑的情绪释放出来，不要总憋在心里。推心置腹的交流或倾诉不但可增强人们的友谊和信任，更能使你精神舒畅。条件许可的话，还可以出去旅游一段时间，让自己的身心放松一下。

二、忧虑、紧张

忧虑、紧张都是一种对即将发生的事件的焦虑，因害怕出现不好结果的一种心理状态。经常感到忧虑、担心的人，大多比较追求完美，不能忍受失败以及未来不确定的事件。

调适建议：

(1) 弄清忧虑对象。首先要知道你忧虑的是什么，你的担心是否可以使结果有所不同。还有，这件事情值不值得你去担心。每天用 30 分钟时间，一项项地写下你所担心的事情，然后放在一边去做其他的事情。

(2)放慢生活节奏。静下心来，放慢生活的脚步。

三、空虚、无聊

空虚是指百无聊赖、闲散寂寞的消极心态，是由不思进取、无所事事造成的，可以说，是一种失去人生奋斗目标，感到生活无聊、心灵空乏虚无等的状态。空虚通常发生在两种情景之中：一种是物质条件优越，无须为生活烦恼和忙碌，习惯并满足于享受，看不到也不愿看到人生的真实意义，没有也不想有积极的生活目标；另一种是心比天高，对人们通常向往的目标不懈追求，自己向往的目标无法达到而难以追求，结果是无所追求，心灵虚无空荡，精神无从着落。

调适建议：

(1)不要做让自己感觉更空虚的事。长时间的上网、看电视会让空虚感和无聊感更加明显，所以，要有意控制自己不采取这些消遣方式。

(2)思想上要改变。人生不一定非要辉煌才算过得充实。平平凡凡、实实在在地做些事，也照样会快乐。

(3)设定可以达到的目标。及时调整工作的脚步，投身到日常真切的生活中，深入到自己内心世界中，总结每一天的收获和体验，寻求安逸平静的内心感受。当新的情况和未知的变化来临时，你就能从容应对了。

(4)只在乎此时此刻。学会把所有的精力都集中在此时此刻，把自己的视觉、听觉、嗅觉、触觉、味觉等感觉都放到此时此刻的事物上，全身心地体验此时此刻的生活现实。事实上，在这个时刻，这可能也是我们所能拥有的一切了。很多人感觉工作很累，其实可能是心思不仅在工作上，同时还在关注着家庭、婚恋、人际关系等种种问题。事实上，如果我们全身心地做某事，并不会感觉那么累。

(5)掌握放松技巧。学会一些放松的技巧，如感到忧虑、紧张的时候，做几次深呼吸，慢慢地把肺里的空气全部呼出去，然后再深吸气，重复6~7次。也可以想象一个你喜欢的地方，如大海、田野、高山，把注意力集中在这些你喜欢的环境中，并调动你的嗅觉、听觉、味觉一同去想象，你会很快感到心情的平静。

(6)音乐可以消除忧虑。听一些舒缓的音乐，轻快、舒畅的音乐不仅能给人美的熏陶和享受，还能使人的精神得到有效的放松。

(7)找点切实可行的事情去做。不要考虑得太多、太长远，想一想自己今天能做点什么事情。比如，做一些简单的家务，阅读一些有益的书籍，外出散步，做些户外的体育运动，还可到郊外走走，或是去闹市逛逛。这些“小事”可让自己的生活充实起来。

(8)帮助他人。试着用心去关怀自己的亲人、朋友，力所能及地帮他们做一些事，在体会助人的快乐以及自我价值感的同时，空虚无聊的感觉也会慢慢远离你。

(9)改变对生活的看法。面对空虚，还要培养对生活的热情。人们常说，生活是美好的，就看你以怎样的态度去对待它。一样的蓝天白云，一样的高山大海，只要你愿意，就可以从中感受到大自然的美丽。

四、发怒

发怒人人都会，但暴躁易怒则是不良的性格和气质特征。如果压抑、控制怒气，长久后可能会对健康不利。经常地发脾气会影响人际关系，影响别人对自己的看法，也可能会伤害身边的人。在家发脾气，有时会伤害到家人，引起家庭矛盾。当然，如果家人能理解你的脾气，则没有什么问题。如果是在外面发脾气，很可能造成一些不必要的纠纷。

调适建议：

(1) 发怒的时候不要讲话。如果在发怒的时候讲话，很可能会导致形势急转直下，导致双方的对立。发怒的时候说话，你会发现对方也会用同样发怒的语气回应，由此就会形成恶性循环。如果在外表上能保持平静，则将会有时间让怒气消退一些。有人说："当发怒的时候，数到10再说话；如果是大怒，要数到100。"

(2) 用冷静的思考平息怒气。当你感到怒气很大时，不妨退一步，冷静地想一句话："这样发火对我来说不会有任何帮助，只能让整个问题变得更复杂。"这样的思考可以帮助我们控制一下愤怒的情绪。

(3) 平静比发怒更值得珍惜。如果你认为平静的心情比发怒的情绪更为宝贵，就会希望让平静的心情代替怒气。可能你对别人发火是有理由的，但应该知道，发火的代价就是让你失去平静的心情。

(4) 离开让你发怒的情境。可以暂时离开那个让你发怒的环境和人，或者独处，或者去做另外一件不相干的事。

(5) 向朋友倾诉。可以找信赖的朋友或亲人，尽情地倾诉自己的不满和委屈，获得对方的支持和安慰；或是和朋友一起唱唱歌；也可痛哭一场，把"气"发泄出来。

(6) 提高表达能力，学会有效地表达自己。从某种角度讲，发怒是因为我们不知道怎样表达自己的意见和想法。

五、孤独

孤独产生的原因多而复杂，比如经历事业上的挫折，缺乏与异性的交往，失去父母的挚爱，夫妻感情不和，周围没有朋友等。孤独的产生，也与人的性格有关。社会文明程度疏远了人与人之间的心理距离。初到一个全新的、陌生的环境，过低或过高的自我评价均会引起孤独的感觉。其实，很多情况下，孤独说明你希望和人交往、沟通。

调适建议：

(1) 孤独是人生的一个部分。在漫长的人生旅程中，总会有无人相伴的时光，任何生命都会体验到孤独。感到孤独时首先要用坦然、平静的心态接受它，然后试着用自己的方式来享受它，可以找一些事情来做，比如看看书、发发呆、理理思绪，倾听一下自己内心的声音。

(2) 学会与人交往。在交往中，首先，学会接受不同人的差异性，不必期望别人对待人的方式一定和你一样，不必强求一致。正是因为人与人之间存在差异，在与人打交道的过程中，才会从别人身上学到很多优于自己的地方，也有助于改进自我。其次，学会适应对方，而不要希望去改变对方。学会适应对方也是学会适应环境，我们改变不了对方，但是我们可以改变自己，真诚地接受周围的朋友，有意识地参加一些群体活动，加强自己的参与感，这会令你发现许多有趣的事和人，使你不知不觉地与他人融为一体。

(3) 充分享受大自然的乐趣。当我们生活中遇到挫折、心绪不好，又不愿向别人倾诉而感到孤独时，不妨到空旷的田野或风景怡人的公园走走，让大自然的清风尽情地吹拂，尽情领略大自然的美妙，心情也会逐渐开朗起来。

(4) 时刻充电，让自己永葆学习热情。这里的学习是指发展一项自己的兴趣爱好或技能，如学习一门外语，美术、健身都可以。在做一些自己感兴趣的事情的同时，可能会交到一些朋友。

六、失望

失望常常源于对人和事期望的落空或不接受自己。生活中每个时期都有特定的内容，也会有不同程度的失望。随着年龄的增长，人们对现实认识逐渐丰富，受到时间和机遇等因素的限制，失望情绪就像普通的感冒一样，总是不可避免。

调适建议：

(1) 承认自己失望。首先要承认失望情绪，不要掩饰它。然后，如果愿意的话，可以让自己难过一段时间。接着，可以对所受的损失作一定分析。这样会让自己领悟到：我们所期望的每一件事情都并非绝对不可缺少。

(2) 调整自己的期望。期望越高，失望越大。我们应该追求同自己的能力相当的目标。有时候，目标虽然同自己的能力大小相符合，但由于客观条件的限制也会失败，导致失望情绪，这时更应注意调整内心的期待值，使之与现实相符，这样有助于减少失望情绪。

(3) 原来的想法并非不能放弃。遇到难遂人愿的情况，我们应有放弃原来想法的思想准备，转而去追求新的目标。当然，这不等于"见异思迁"。比如，你去剧场听音乐会，你原以为自己喜爱的歌唱家会参加演出，不料他因病不能演出，你当时会感到失望。如果这时你将期望的目光投向其他歌唱家，并尝试去欣赏他们的表演，就会抛弃失望情绪，逐渐沉浸在艺术美中，内心充满着欢悦。

(4) 从失望的事中取得收获。令人失望的事也可以成为一次有积极作用的经历，因为它用事实给我们上了一课，使我们清醒过来，正视生活的现实。它提醒我们重新考察自己的愿望，以便使之更加切合实际。事实上，如果回忆过去曾令自己失望的事情，并用现在的观点来重新估量当时的损失，大多数人都会感到自己已经摆脱了过去的失意，而且又有了值得欣慰的收获。

(5) 你不是唯一失望的人。周围有很多人和你一样曾感到失望。你不妨与他们聊聊，听听他们曾经遇到过哪些令人失望的事，他们是怎么对待的。

七、伤心及悲伤

伤心及悲伤是由于遭遇到不如意或不幸的事，内心感觉痛苦、不如意而产生的消极情绪。与亲友离别或自己生活中遭遇挫折和变故等，均可导致这一情绪的发生。

调适建议：

(1) 与亲友分享感受。找一位信得过的亲友，尤其是能够倾听你说话但又不会审视或改变你的人，然后告诉他自己的感受。有人陪伴这样一个简单的事实，也会让你感受好很多。如果找不到合适的人分享，也可以将自己的感受写在日记里。

(2) 留接受的时间给自己。接受令自己伤心的现实，知道出现这种情绪不是错误。主动做一点工作或其他有意义的事情，同时留给自己一些时间去接受伤心的事实，觉得悲伤时就去悲伤，不要勉强自己。学会做自己最好的朋友，用同情和爱意看待、关怀自己。

(3) 不要过多联想。伤心的时候，要想想到底什么事情令自己伤心，不要总是因为此时的不快就联想到过去的种种不易，这样的话，情绪就很难控制了。要知道问题总会有解决的方法，相信自己有解决问题的能力。而且任何事物都有两面性，让我们伤心、悲痛的事同时也会促进我们的成长。

(4) 善待自己。生活还要像平常一样保持规律性。保持自己身体的健康，合理的锻炼、饮食和休息，一样都不能少。还可做一些让自己开心的事，比如买件新衣服，抽时间去旅游，吃一些平时不舍得吃的东西，改变一下自己的发型，让自己焕然一新等。

(5) 不要封闭自己。生活中痛苦总是难以避免的，在悲伤的时候，不要怨天尤人，也不要封闭自己。当手机的铃声响起时，是有人在关心你；当有人对你微笑的时候，说明自己是被人接纳和欣赏的……当你感受到这些的时候，痛苦和悲伤也会减轻很多。

八、懊悔、自责

懊悔、自责即事情过后，遗憾自己做错了事或说错了话，心里自恨不该陷入这样的消极情绪中。经常自责懊悔的人是相当痛苦的，它意味着时常要和自己做斗争，不断地自我批驳。当人处于这种内心冲突中时，除了要耗费很多精力去想，还会因为害怕再犯错而畏手畏脚不敢去行动，严重的还会引起自卑、自贬的情绪。

调适建议：

(1) 懊悔不解决问题。首先要知道一味的懊悔、自责根本解决不了什么实质问题，只会加重自己的心理负担。与其这样，不如把时间和精力放在如何补救上，尽量将可能的影响减至最小。

(2) 对事情做总结。自己总结一下自己的言行是否的确有不当之处，并直接引起不良的后果。如果有的话，可以把它作为教训，避免以后发生类似事情。

(3) 重新找回自信。每个人都不能预料事情的结果，没有人不犯错，即使眼前的事情令自己有些遗憾，还是要看到自己身上所具备的优点和长处，找回自己的信心。

(4) 把目光转向未来，要为将来打算。写下自己一天、一周和一年内想做的事情，包括日常的家务，如清理房间、给宠物洗澡等，还有游玩、看电影等活动，当然，还有自己的工作和生活目标等。然后，把自己的心思转移到需要去完成的这些事上。

九、委屈、冤枉

委屈、冤枉即受到不应有的或者不公正的指责和待遇，感到自尊心受到了伤害，不被人理解，并为此心里难过、不舒畅。必须要去做不喜欢的事情时，我们会感到委屈；被人欺负却无力反抗时，我们也会感到委屈。

调适建议：

(1) 表达自己的委屈。向自己可以信赖的亲朋好友表述这种不快的情绪，寻求支持和安慰。如果实在是不便诉说的，可以通过其他方式去表达，例如，找个安静的地方，大哭一场；去 KTV，大声唱出内心的感受；到一个空旷的地方，大声喊几声；做自己喜欢的运动，出一身汗等。

(2) 原谅别人，优待自己。生命中的很多事是我们无力改变的，不是所有的付出都能得到回报。立场不同、所处环境不同的人，对同样的事情会有完全不同的看法和态度，所以我们要懂得宽容，但是宽待别人的同时不要忘记善待自己。

(3) 调整表达意见的方法，及时调整心态，静静地想一想该怎么扭转局面。比如，在职场中，可以选择在合适的时间和场合表达自己，不要见人就抱怨，不要不分场合地和领导、同事争执；要对事不对人，抱着解决问题的态度，对别人表示必要的理解；最好还能提出相应的建设性意见，来弱化对方可能产生的不愉快。

十、自卑

自卑是指自我评价偏低，自愧无能而丧失自信，并伴有自怨自艾、悲观失望等情绪体验。自卑来源于心理上的一种消极的自我暗示，即“我不行”。长期被自卑情绪笼罩的人，一方面感到自己处处不如人，一方面又害怕别人瞧不起自己，可能逐渐形成敏感多疑、多愁善感、胆小孤僻等不良的个性特征。

调适建议：

(1) 列出自己的优点。多想想自己的长处和优点，可以用笔把它们一项项记下来。还要正视自己的缺点和不足，要知道每个人都是不完美的。慢慢学会接纳自己、欣赏自己，多给自己一些鼓励，相信自己有足够的能力。

(2) 不拿自己的短处和别人的长处比，客观全面地看待事物，看待他人。任何事物都有积极的一面和消极的一面，不要总拿自己的短处与别人的优点去比较。

(3) 踏踏实实做点事。踏踏实实地去做自己有能力并且喜欢的事，不断体验成功的喜悦，你会越来越自信，从而逐渐远离自卑。

(4) 学会微笑。微笑不但能治愈自己的不良情绪，还能有效化解别人的敌对情绪。如果你真诚地向一个人微笑，他就会对你产生好感，这种好感足以使你充满自信和快乐。

第三节 良好情绪的培养

一、培养良好情绪的理论与方法

(一) 著名的理性情绪治疗理论

根据美国心理学家埃利斯的理性情绪理论，情绪是人的思维的产物，人的情绪并非来自事件本身，而是源于对事情的认知与加工。埃利斯的这一理论恰好揭示了情绪的加工机制，同时也开启了情绪的有效管理之门。情绪的加工机制如图 5-1 所示。

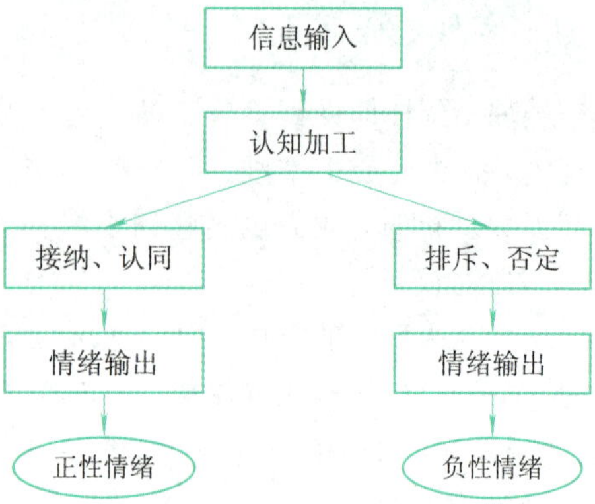

图 5-1 情绪的加工机制

理性情绪治疗理论由美国心理咨询专家埃

利斯创立于20世纪50年代，其要点如下：

1. 理性情绪疗法的基本假设

人生而具有理性的、正确的思考及非理性的、扭曲的思考之潜能，也就是说，人既是理性的，又是非理性的。人的精神烦恼和情绪困扰大多来自其思维中不合理、不符合逻辑的信念。这些会使人逃避现实、自怨自艾，不敢面对现实中的挑战。若人们长期坚持不合理信念，便会导致不良的情绪体验。如果人们接受更加理性和合理的信念，不良的情绪体验就会得到缓解。因此，我们的情绪主要源于我们的信念、评价、解释，以及对生活情境的反应。非理性想法往往是后天(儿童时期)从重要的人那里学来的。此外，人们也自创了非理性教条和迷信，所以我们也有能力控制自己的情绪。

2. 人的不合理信念的三个主要特征

(1) 绝对化要求，即对人或事物都有绝对化的期望与要求。

(2) 过分概括，即对一件小事做出夸张、以点概面、以偏概全的反应。

(3) 糟糕透顶，即对一些挫折与困难做出强烈的反应，并产生严重的不良情绪体验。

埃利斯通过自己的临床经验总结出了11种不合理的信念，认为这些不合理的信念常存在于有情绪困扰或适应不良者身上，具体如下：

① 每个人绝对应该得到生活中周围人的喜爱和赞许，尤其是应该得到每一位重要人物的喜爱和赞许。

② 有价值的人应该是全能的，在人生的每个环节、每个领域都有所成就。

③ 任何事物都应按自己的意愿发展，否则会很糟糕。

④ 一个人应该非常担心随时可能发生的灾祸。

⑤ 情绪是外界因素造成的，自己无能为力。

⑥ 过去的历史是现在的主宰，过去的影响是无法消除的。

⑦ 任何问题都应该有一个正确、完满的答案，无法找到正确的答案是不能容忍的事。

⑧ 对邪恶的人、坏人、犯错误的人应该给予严厉的责备和惩罚。

⑨ 挑战艰难和承担责任太不容易了，逃避困难要容易得多。

⑩ 一个人应该有一个比自己强的人做后盾。

⑪ 一个人应该十分关心他人的问题，为他人的问题悲伤难过。

3. ABC理论

ABC理论是合理情绪治疗(Rational-Emotive Therapy，RET)的核心，RET是一种心理治疗的理论和方法。ABC理论是指情绪不是由一诱发性事件本身所引起的，而是由经历了这一事件的个体对这一事件的解释和评价所引起的。

在ABC理论中，A指诱发性事件(activating event)；B指个体在遇到诱发事件之后相应而生的信念(belief)，即他对这一事件的看法、解释和评价；C指在特定情景下，个体的情绪及行为的结果(consequence)。该理论指出，诱发性事件A只是引起情绪及行为反应的间接原因；而B，即人们对诱发性事件所持的信念、看法、解释，才是引起情绪及行为反应的更直接的起因。假如诱发事件之后相应而生的信念(B)是非理性信念或者是错误的、不合理的信念，就会导致情绪抑郁、行为异常。人们的抑郁、痛苦等消极情绪以及与之相适应的行为，就是非理性信念支配下的不合理思考产生的。ABC这三个要件构成一个简单顺畅的逻辑链条，传统分析直接在A与C之间建立关联，而忽略了B的作用。而B作用的发挥恰是人与一般动物的根本区别所在，即人具有主观能动性。例如：一辆长途公共汽车在路上抛锚，车上的乘客所产生的情绪程度差异很大，有的人焦虑不安，怨天尤人，消极情绪很强；有的人心平气和，耐心等待，情绪波动较小。人的情绪并不是由客观事物本身所决定，而是由个人对客观事物的认知、评价、看法、态度所决定的。同一件事情，不同人的看法、感受、所引起的情绪及主观体验也不同。

有时我们认为自己之所以心情不好是由环境造成的，所以自己是无能为力的。其实这恰恰是因为我们自己看问题的方式和角度有问题，凡事不能仅仅看到事情不利的一面，也要看到有利的一面。

(二) 积极看待人生的苦恼

在美国北部的芝加哥及华盛顿地区，有一种蝉要在地下生活整整17年，这些蝉被称为“17年蝉”。17年一到，在极其有限的时间内，幼虫一齐涌出地面，一平方米的面积上同时有几百只蝉进行着成蛾过程。涌出地面的蝉，停留在树枝上，尽情地歌唱着生命的喜悦。但是残酷的是地下生活长达17年，而在地上只能存活短短的两个星期。如果有一些蝉因此而烦恼、痛苦，它们会怎样？一生一眨眼便结束了……试着想象一只蝉正在苦恼中的情景吧！两个星期的地面生活，对蝉来说是一件不得了的大事，而周围的其他事物却不会有任何感觉。即使是快乐的生活也不过是瞬间即逝的人生，那么，何苦在这宝贵的时间内烦恼、痛苦呢？这只能是白白地耗费生命。

蝉的一生是短短的两个星期，人的一生大概是80年，而80年与地球46亿年的历史对比，则蝉与人都处于同样的境地，都不过是眨眼间的、不可预测的生命而已。正因为如此，生命之火燃烧着的每一时刻才显得十分珍贵。只有向理想挑战，开朗而愉快地、乐观而勇敢地活着，才能体现出生命的真正价值。

(三) 以积极的心态对待事物

有一个人，他21岁做生意失败，22岁竞选美国州议员失败，24岁重入商海再次失败而且赔得一无所有，26岁他的情人离开人间，27岁他一度精神崩溃，29岁再次竞选国会议员又再次失败，34岁竞选美国联邦众议员再次失败，35岁经受恋人死亡的打击，36岁脑神经受损伤，46岁竞选美国联邦参议员失败，47岁提名副总统落选，49岁再次竞选美国联邦参议员又再次失败。

在竞选参议员失败后他说：“此路破败不堪又容易滑倒，我一只脚滑了一跤，另一脚也因而站不稳，但我回过头来告诉自己，这不过是滑一跤，并不是死掉爬不起来了。”正是因为这种积极的心态及不屈不挠的努力，最终，他在51岁时当选美国第16任总统，成就了一番永垂史册的伟业，成为美国历史上与开国元首华盛顿齐名的最伟大的总统，他就是亚伯拉罕·林肯，他的生活信念是:永不言败。

(四) 苦恼由人自己决定

人生是好还是坏，全因人的思维方式而定，这是一条不变的法则。你认为成功的可能性大，则大；你认为成功的可能性小，则小。也就是说，人们是在无意中决定了苦恼的大小和轻重。积极的思维越强大，苦恼越小，即思维本身决定了苦恼变大还是变小，变轻还是变重。

（五）世界上和你有同样烦恼的大有人在

个人在痛苦中挣扎时，往往缺乏冷静，所以很容易忽视周围的一切，认为全世界就自己是个倒霉蛋，就自己一个人挣扎在痛苦中。但是和你拥有同样痛苦并挣扎在痛苦中的人，社会上有的是。

这个世界上，还有人比现在的你更为苦恼。同他相比，你还是较为幸运的。一个人的烦恼，只看表面上是看不出来的，有些人一眼看去似乎陶醉在幸福里，实际上他的生活中却深埋着许许多多的不幸。

（六）注重依旧存在的东西

“不要计算已经失去的东西，数数还剩下的东西。”这是英国哥特曼博士的一句名言。是注意已经失去的东西，还是珍惜仍存在的东西？习惯于运用哪一种思考方式，决定你的人生是灰暗、忧郁的，还是明朗、轻快的。如果你注意那些已不存在、已失去的东西，你就会憎恨他人或自怨自艾。相反，如果你注意那些现存的、剩余的东西，你就会心存感激。二者之间有着天壤之别，心存感激的时候会拥有安定的精神状态；相反，则会烦躁不安、不知所措。

有这样一个故事，一次美国前总统罗斯福家失窃，被偷走了许多东西，一位朋友闻讯后忙写信安慰他，劝他不必太在意。罗斯福给朋友写了一封回信：“亲爱的朋友，谢谢你来信安慰我，我现在很平安。感谢上帝：第一，贼偷去的是我的东西，而没有伤害我的生命；第二，贼只偷去了我部分东西，而不是全部；第三，最值得庆幸的是，做贼的是他，而不是我。”

人生有风调雨顺的时期，也有坎坷泥泞的时期。面对困境与失败，把一切朝良好的发展方向去设想，在困境中找到希望，这是必不可少的。挫折和困苦是一种财富，人不遭遇种种逆境，他的人格、本领也不会长得结实。一切的磨难、忧苦与悲哀都是可以帮助我们、锻炼我们的。

（七）换个角度找优势

有一位画家想画出一幅人人见了都喜欢的画。画好后，他拿到市场上，请过往行人在自己不满意的地方做下记号。结果，他发现画上的每个地方都被人们做了记号，他感到非常失望和伤心，曾一度想放弃画画。朋友提议：“你可以试试看请他们指出他们喜欢的地方啊！”于是，他又画了一张同样的画，完成后放在街边，请人们指出自己喜欢的地方。结果，他的画又被过往行人画满了记号。他非常高兴，并悟出一个道理，那就是：一个人做事，只要有部分人喜欢就行了。有些人认为是丑的东西，有些人却认为是美的。

（八）学会说三句话

“算了吧！”——生活中有许多事，可能你付出再多努力都无法达到，因为一个人目标的实现要受各种条件的限制，只要自己努力过，争取过，结果已经不重要了。

“不要紧!”——不管发生什么事，都要对自己说:“不要紧!”因为积极乐观的态度是解决和战胜任何困难的第一步，上苍对每一个人都是公平的，在关上一扇门时，必定会打开另一扇窗，那么现在要做的就是寻找那扇窗。

“会过去的!”——不管风刮得多猛，雨下得多大，无论遇到什么困难和挫折，都要勇敢地面对，阳光总在风雨后，坚信总有雨过天晴之时。

(九) 正确地认识和悦纳自我

拿破仑·希尔说过:“真正伤害你的，只有你自己，而不是他人。”要快乐，我们就必须学会客观公正地评价自己。有人也许因自己的容貌不佳而深感自卑，有人也许因感情一再受挫而垂头丧气，有人也许因事业无成而怨天尤人。古人云:“尺有所短，寸有所长。”我们在看到自己不足的一面的同时，有没有发现自己身上还有可取之处呢？也许你的能力有限，但你工作勤恳踏实；也许你相貌平平，但你心地善良；也许你身有残疾，但你思维敏捷；人只有客观公正地评价自己，才能找到心理平衡的支点，也就不会自暴自弃、自寻烦恼。

人除了要尽量客观地看待自我外，还要尽量乐观地看待自我。这就好比同是半杯水，自信的人会尽量看到自己已经拥有的一半，自卑的人却总盯着自己还欠缺的一半。这种视觉上的差异会极大地影响一个人的情绪。

英国心理学家克列尔·拉依涅尔提出了十条增强自信心的方法，其中有两条特别适用于当下标榜“社恐”的人们：一是不要过分关注身体缺陷，每个人都有身体缺陷，不应过分关注自己的不足，因为这可能并不是他人关注的焦点；二是认识到自己的感受可能并不被他人察觉，当你感到尴尬或紧张时，可能其他人并没有注意到这些细节。

(十) 对人对己，宽容以待

雨果说:“世界上最宽阔的是海洋，比海洋更宽阔的是天空，比天空更宽阔的是人的胸怀。”

1. 不要拿自己的错误来惩罚自己

生活中有很多烦恼都源于自己同自己过不去，由于自己的一些过错终日陷入无尽的自责、哀怨、痛悔中，觉得如果自己做好了或没做某事该多好。原谅自己的过失，把“如果”改为“下次”吧!

“如果我那时再努力些就好了”改成“下次我会努力把事情做好”。

“如果我当时坚持下去就好了”改成“下次我会坚持到底”。

“如果我那时不那样对待他(她)就好了”改成“下次我会好好对待心爱的人”。

2. 不要拿自己的错误来惩罚别人

为掩饰伤疤、维护自尊，把自己的过错归咎于别人或迁怒于别人，这样只会导致更多的指责和埋怨。谁也不想做“替罪羊”“出气筒”，伤害我们身边真正关心自己的人，只会让生活更加不幸福。

3. 不要拿别人的错误来惩罚自己

德国著名思想家康德说:“生气是拿别人的错误惩罚自己。”人生旅途中总会遇到伤害自己的人和事，这已对自己造成伤害，若自己再对此耿耿于怀，沉浸在痛苦、愤怒中不能自拔，就是反复伤害自己。人非圣贤，孰能无过。学会宽容别人的过错就是让自己保持快乐的心情，原谅别人就是善待自己。我们控制不了别人的行为，但我们完全可以控制自己的态度，做自己心情的主人。

二、放松情绪 50 法

俄罗斯心理学家推荐了 50 种可以放松情绪的方法。

(1) 如果你觉得力不从心，那么应坚决地拒绝任何额外的加班加点。
(2) 拥有一两个知心朋友。
(3) 犯错误后不要过度内疚。
(4) 正视现实，因为回避问题只会加重心理负担，最后使得情绪更为紧张。
(5) 不必时时事事自我责备。
(6) 有委屈不妨向知心人述说一番。
(7) 常提醒自己：该放松放松了。
(8) 少说“必须”“一定”等硬性词。
(9) 对一些琐碎事情不妨任其自然。
(10) 不要怠慢至爱亲朋。
(11) 学会理智地待人接物。
(12) 把挫折和失败当作人生经历中不可避免的有机组成部分。
(13) 实施某一计划之前，最好事先预想到可能出现的坏的结果。
(14) 在已经十分忙碌的情况下，不要再为那些分外的事情操心。
(15) 常常看相册。
(16) 常常欣赏喜剧，学会说笑话。
(17) 每晚洗个温水澡。
(18) 卧室里常常摆放鲜花。
(19) 欣赏最爱听的音乐。
(20) 去公园或者花园走走。
(21) 回忆一下一生中最幸福的经历。
(22) 结伴郊游。
(23) 力戒烟酒。
(24) 邀请性格开朗、幽默的伙伴一聚。
(25) 做 5 分钟遐想。
(26) 培养一两种新的爱好。
(27) 学会自我按摩。
(28) 交一两个异性朋友。
(29) 有苦闷时可向日记本倾诉。
(30) 理一次发。
(31) 穿上喜欢的新衣。
(32) 必须吃早餐，而且要吃好、吃饱。

(33) 参加一项感兴趣的体育运动。
(34) 少去噪声过大的场所。
(35) 养一种宠物。
(36) 浴室、卧室里可以洒一点儿香水。
(37) 宽容他人的缺点。
(38) 大度地接受他人的批评。
(39) 常常清理书籍。
(40) 不时静思默想几分钟。
(41) 看看动画片、读点童话故事。
(42) 跟儿童交朋友。
(43) 给自己买些布娃娃之类的玩具。
(44) 衣服颜色尽量多种多样。
(45) 说话与用餐时有意减慢速度。
(46) 品味美食，但忌高脂肪食品。
(47) 克服嫉妒情绪。
(48) 常常做深呼吸。
(49) 常常拥抱亲人。
(50) 化妆，这有助于摆脱紧张情绪。

第四节　心理素质拓展训练

一、心理影片赏析:《愤怒管理》

戴夫本来是一个很正常的生意人，至少看上去非常正常。他有着温文尔雅的外表和漂亮的女朋友琳达(玛丽萨·托梅饰)。但不幸的是，在一次旅行中，他失去了控制，被认为不能控制自己的情绪，因此被遣送去进行“情绪管理”训练。

被逼入绝境的戴夫，只好忍受巴迪的刺激疗法。巴迪不断地用污言秽语攻击他的女朋友，不断利用戴夫过去的心灵伤疤来刺激他。戴夫感到自己的极限就要到来，他在退缩封闭自己的内心还是勇敢面对完整的自己的两个选择中犹豫了……

巴迪医生与病人戴夫的磨合调整到底会是柳暗花明还是陷入无尽的内心黑洞当中呢?

二、心理游戏:情绪调节

游戏名称:“气”象万千

游戏目标:

(1) 以“气球”这个学生从小就熟悉的材料作为媒介，利用气球充气会膨胀的特性，来让孩子感受“压力”存在的状态及必要性，并利用气球易爆的特性，让孩子感受过度情绪带来的危险后果。

(2) 通过气球或是“人体气球”游戏的媒介作用，将无形的压力化为有形的呈现，使学生对“压力”有更清楚的认知。

(3) 营造游戏式的情境来引导学生主动学习且乐在学习中。

游戏场地：搬走桌椅的空教室或室外场地。

活动形式一：踩气球。

(1) 给学生每人准备两个气球，请学生设法将之充满气并打结，再系上橡皮筋。

(2) 把学生带到空教室或室外场地。

(3) 老师说明游戏规则：

① 规定活动的范围，越界者出局。

② 规定气球需分别系在两脚的脚踝处，不可过高，违规者出局。

③ 不可用手推人，违规者出局。

④ 哨音一开始，可互相踩破别人的气球，气球被踩破者仍可去踩别人的气球，直至老师吹哨时结束游戏。

(4) 游戏开始，老师视学生脚上气球的爆破数来决定游戏停止的时间。(约 5～10 分钟)

(5) 清点脚上还有气球的人数，给予英雄式的欢呼鼓励。

(6) 清理地上破掉的地球。

(7) 心情分享：请学生自由分享玩“踩气球”游戏的心情。

别人要来踩气球时的心情和反应如何？为什么会这样？在不违反规则之下，如何保护自己的气球不被踩破？

活动形式二：“人体气球”。

(1) 请全班学生手牵手围成一个肩并肩的圆圈。

(2) 老师说明游戏规则：

① 说明全班现在是一个气球。

② 老师吹哨，当哨音大时，即气球在充气；当哨音小时，即气球在漏气。

③ 学生依哨音的指示行动，将圆圈扩大(充气)或缩小(漏气)。

④ 除非不得已的状况，否则不可将手松开，随意松开者失去玩游戏资格。

(3) 游戏开始，老师先把圆圈充气成小气球，而后再漏一点气开始玩起，到充很多气又漏很多气，最后一直充气，直到学生的手无法承受彼此的拉力而脱开为止(表示此时气球已爆破了)。在玩的过程中，老师一边将气球充气，一边引导学生联想自身承受压力时的状态是否犹如气球被充气一般。

(4) 老师可看情况自行变化或多玩几次。

(5) 心情分享：请学生自由分享玩“人体气球”游戏的心情感受。

气球若是一直被充气会有什么状况？如何使一个过量充气的气球避免爆炸？感觉到生活有压力的举手，并说说压力来源于哪些方面？该如何缓解这些压力？

活动形式三：吹气球。

(1) 给每位学生准备一个气球。(为了活动效果，气球应准备薄、厚两种，或同一种气球有的是完好无损的，有的是事前已扎眼的。)

(2) 玩吹气球，告诉学生想怎么吹，就怎么吹，吹爆了也没有关系！(时间控制为 1～3 分钟)

刚才我们玩了吹气球的游戏，气球吹爆了的同学请举手，你们知道这是怎么回事吗？

如果气球是我们的身体，不良情绪是里面的空气，不良情绪不断累积，气球会怎样？我们的身体会怎样？(其他同学请注意听，他说的你同意吗？)

三、心理测试：大学生情绪稳定性自我测验量表

情绪是身心状况的重要标志，一个人的情绪是否稳定可以反映她的身心健康状况。那么怎样测量你的情绪是否稳定呢？请做一做下面这个测验，该测验共有30道题，每道题共有三种答案可供选择，请你从中选择出与自己的实际状况最接近的一种答案。对测验题中与自己生活、身份不相符合的情况，可以不予选择。

1. 看到自己最近一次拍摄的照片，你有何想法？

A. 觉得不称心　B. 觉得还好　C. 觉得可以

2. 你是否想过若干年后会有什么使自己极为不安的事？

A. 经常想到　B. 从来没有想过　C. 偶尔想到过

3. 你是否被朋友、同事、同学起过绰号、挖苦过？

A. 这是常有的事　B. 从来没有　C. 偶尔有过

4. 你上床以后是否会再起来一次，看看门窗是否关好？

A. 经常如此　B. 从不如此　C. 偶尔如此

5. 你对于关系最亲密的人是否满意？

A. 不满意　B. 非常满意　C. 基本满意

6. 在半夜的时候，你是否经常觉得有什么让你害怕的事？

A. 经常有　B. 从来没有　C. 偶尔有

7. 你是否因梦见可怕的事而被惊醒？

A. 经常　B. 从来没有　C. 极少有

8. 你是否曾经有过多次做一个梦的情况？

A. 是　B. 否　C. 记不清

9. 是否有一种食物让你吃后呕吐？

A. 是　B. 否　C. 记不清

10. 除去看见的世界外，你心里是否有另外一种世界？

A. 是　B. 否　C. 偶尔是

11. 你心里是否时常觉得你不是现在的父母所生？

A. 是　B. 否　C. 偶尔是

12. 你是否经常觉得一个人爱你或者尊重你？

A. 说不清　B. 否　C. 是

13. 你是否常常觉得你的家庭对你不好，但你又确知他们确实对你好？

A. 是　B. 否　C. 偶尔是

14. 你是否觉得没有人十分了解你？

A. 是　B. 否　C. 说不清

15. 在早晨醒来的时候，你经常的感觉是什么？

A. 犹豫　B. 快乐　C. 说不清

16. 每到秋天，你经常的感觉是什么？

A. 秋雨霏霏或秋叶落地 B. 秋高气爽或艳阳天 C. 不清楚

17. 在高处的时候，你是否觉得站不稳？

A. 是 B. 否 C. 偶尔是

18. 你平时是否觉得自己很强健？

A. 是 B. 否 C. 不清楚

19. 你是否一回家就立刻把房门关上？

A. 是 B. 否 C. 偶尔是

20. 当你坐在房间里把门关上时，是否觉得心里不安？

A. 是 B. 否 C. 偶尔

21. 当需要你对一件事做出决定时，你是否觉得很难？

A. 是 B. 否 C. 偶尔是

22. 你是否常常用抛硬币、玩纸牌、抽签之类的游戏来测吉凶？

A. 是 B. 否 C. 偶尔是

23. 你是否常常因为碰到东西而跌落？

A. 是 B. 否 C. 偶尔是

24. 你是否需要一个多小时才能入睡，或醒得比你希望的提前一个小时？

A. 经常这样 B. 从不这样 C. 偶尔这样

25. 你是否曾看到、听到或感觉到别人觉察不到的东西？

A. 经常这样 B. 从不这样 C. 偶尔这样

26. 你是否觉得自己有超越常人的能力？

A. 是 B. 否 C. 偶尔是

27. 你是否曾因有人跟你走而觉得心里不安？

A. 是 B. 否 C. 偶尔是

28. 你是否觉得有人在注意你的言行？

A. 是 B. 否 C. 偶尔是

29. 当你一个人走夜路时，是否觉得前面潜藏着危险？

A. 是 B. 否 C. 偶尔是

30. 你对别人自杀有什么想法？

A. 可以理解 B. 不可思议 C. 不清楚

【计分与理解】

以上各题的答案，凡选 A 者得 2 分，选 B 者得 0 分，选 C 者得 1 分。请将你的得分相加，算出总分。根据你的总分，查下面的评分表，便可知你的情绪稳定水平。

评 分 表

总分	情绪稳定水平
0～20 分	情绪稳定，自信心强
21～40 分	情绪基本稳定，但较为冷静、沉着
41 分以上	情绪极为不稳定，日常烦恼太多

四、心理训练：学会正确地理解和表达情绪

任务目标：了解情绪障碍的危害，学会正确地理解和表达情绪。

活动项目：察言观色龙虎榜。

活动目的：学会辨识、理解他人的情绪，提高人际沟通能力。

活动方法：

(1) 将全班同学分成若干组，每组 8～10 人。

(2) 提供一组人物的各种面部表情，请同学表演出这些情绪让其他同学猜：微笑、愤怒、害羞、惊讶、悲伤、紧张、恐惧等。

(3) 最会表演和最会猜的同学荣登“龙虎榜”。

(供参考的情绪图片样式)

(4) 活动过程中播放肖邦 A 大调前奏作品 28 号。

讨论与分享：

(1) 你看到的卡片上显示的是什么表情？

(2) 你是根据什么判断出这种表情的？

(3) 回想一下，在现实生活中你是否看见过有人出现过这样的表情？他(她)为什么有这样的表情？

(4) 除了根据面部表情，你还可以根据什么判断一个人的情绪？

角色表演：

(1) 探索内倾的自我谴责型消极情绪的表达。

小周最近非常消沉，主要是考入目前的职业学院，总觉得对不起父母，总认为自己不争气，有时甚至怀疑自己怎么这么笨……

小组讨论：小周的消极情绪主要有哪些？该怎么帮他走出消沉？他又该如何释放自己的消极情绪？

（2）探索外倾的怨恨他人型消极情绪的表达。

课堂上，老师突然批评一个学生，叫他不要讲话，而事实上是他同桌在和前排同学讲话。

小组讨论：如果是我被冤枉，我会有什么样的反应？

把成员的不同反应写出来，全体成员讨论哪种反应最合理。如果大家认为都不尽合理，那么什么样的表达才算合理呢？

思考题

（1）什么是情绪？不良情绪对身心有哪些影响？举例说明。

（2）如何理解一个人的情绪不是由客观事物所引起，而是由自己控制的？

（3）当你的情绪状态不佳时，你会用哪些方法来化解它？

心灵语录

任何时候，一个人都不应该做自己情绪的奴隶，不应该使一切行动都受制于自己的情绪，而应该是反过来控制情绪。无论境况多么糟糕，你应该努力去支配你的环境，把自己从黑暗中拯救出来。

——罗伯·怀特

06

第六章 大学生的压力管理

案例导入

经过火热六月的洗礼，小孙从千军万马中突围而出成为一名大学生，踌躇满志地踏进大学校门，憧憬着美好的大学生活。然而，像很多同学一样，小孙第一次远离父母、街坊邻居，第一次住进集体宿舍，第一次试着安排自己的作息时间。崭新的大学生活带给他的愉悦迅速褪去，开始出现情绪低落、性情改变、想念家乡父母、无缘无故流泪等现象。除了心理上的变化之外，小孙甚至会出现莫名的胃疼、皮肤过敏等症状，医生告诉小孙这是适应不良引起的生理反应，建议他接受有关于压力管理方面的心理咨询。

在与心理咨询老师探讨后，小孙了解到压力的普遍性及压力的影响机制，根据心理咨询老师的建议，开始采用每天跑步和冥想的方式进行自我压力管理。经过一个月的自我调整和训练，情况明显好转，小孙开始积极地参加集体活动，融入到班级宿舍的大家庭中去，情绪逐步平稳起来，身体的疼痛也消失了，非常积极地投入到学习生活中去。

学习思考：

（1）身边如果有小孙这样的同学，你会如何帮助他？

（2）小孙的案例带给你什么启发？

第一节 认识压力

人的一生不可能不遇到压力和挫折。小孙的经历在大学生群体中并不是个案，也不只存在于大学新生阶段，压力影响着众多大学生，影响到大学生活的每一个阶段，从入学初期生活转变带来的压力，到学业压力、情感压力，直至后期的就业压力无不影响着大学生的生活。然而，压力并不全部表现为消极作用，适当的压力会激发大学生的潜能，提升其学习效率，让其享受学业收获的喜悦。压力的大小、多少并不是关键，而是如何正确看待压力，应对压力。

一、压力的界定

压力来源于物理学的术语，表示施加于物体上的力量。汉斯·塞利(Hans Selye)首次用压力来描述个体状态并研究在慢性压力状态下，个体的生理反应及其与疾病的关系，提出压力是施加于身体上且需要个体无条件适应的一切特异性反应。汉斯·塞利的界定更多地停留在生理层面上。著名医生金(Serge Kahili King)则从压力产生的源头上将压力宽泛地界定为个体所经历的一切变化。拉扎勒斯(Richard Lazarus)认为压力是由于事件和责任超出个人应对能力范围所产生的焦虑状态。

无论是汉斯·塞利的生理反应观、金的变化观，还是拉扎勒斯的心理状态观点，都不能反映压力的全貌。个体经历的变化并不必然引起压力，生理唤醒和心理变化两者也不能割裂。沃特·谢弗尔整体医学的观点拓展了汉斯·塞利和拉扎勒斯的观点，将压力界定为：个体对觉知到的(真实存在或想象中的)，对自身的心理、生理、情绪及精神威胁时的体验所导致的一系列生理性反应及适应。该定义强调“觉知到”，觉知表明了压力所具有的个体主动性，一个情景对于一个人是有威胁的，但对于另外一个人却未必是压力。就像很多男女生一起逛街购物时，对于喜欢逛街的一方来说，逛街是一种愉悦的体验，对于不喜欢逛街的一方来说，逛街可能是为了维持两者之间亲密关系不得不做的事情，变成了一种负担。

二、压力的类型

虽然压力是指个体对觉知威胁时的体验，但并不是所有压力都是有害的。相反，压力如同饭菜里的盐，是生活里必不可少的一部分：一是人类身体需要一定程度的生理唤醒，刺激心脏和骨骼系统等器官以保证各器官处于最佳状态；二是人类心理同样需要一定的外部刺激以保持个体内在的和谐与平衡，适度的压力会调节个体的心理状态，调动个体的内在动机，激发个体内在的潜能。

按照产生情景和后果，压力可以分为三类：正性压力、中性压力和负性压力。正性压力可以认为是积极的、激励的、令人愉快的。例如，偶遇暗恋多年的中学异性同学，邂逅心仪已久的偶像明星等。正性压力情景下，个体技能会被唤醒，个体潜能会被激发。中性压力则无所谓好坏，它引起的后续的生理唤醒和心理不会对个体造成负担，这也是我们大部分人日常生活的基本状态。负性压力和我们日常生活中描述的压力基本一致，它是消极的、压抑的、令人不快的。它与真实或想象中的威胁事件联系在一起的，经常伴随着恐惧和愤怒的负面情绪。负性压力根据时间维度可以进一步细分为急性压力和慢性压力，前者持续时间短、强度大；后者持续时间长、强度低。急性压力是瞬间意识到可能的危险所引起的生理和心理的变化。例如，一些同学遇到蟑螂或者老鼠等害怕的动物时，不由自主地大叫起来，大脑一片空白，当蟑螂或老鼠跑掉之后，就会安静下来，体会到筋疲力尽的感觉。慢性压力不会立刻产生迅速的生理和心理变化，然而对生理和心理的危害却更大。例如，很多同学面临人际关系紧张，尤其是宿舍关系紧张而又不得不住在同一个空间内，无力改变。这种弥散性的压力危害是最大的。个体生理被持续地唤醒，心理频繁的变化和压抑，生理上的疾病和心理上的困扰会慢慢浮现出来，更为严重的是会产生激烈的矛盾冲突，近几年频繁出现的宿舍恶性事件与慢性压力关系密切。

按照压力的强度的进行分析，压力并不全部产生负面的影响，压力所产生的影响因人而异。中学阶段面临升学的压力，相信大多数大学生不仅适应了这种压力，还将其转换为动力并成为高考的胜利者。相反，有些同学没能承受升学压力并通过高考踏入大学校门。从一般意义上说，压力的强度和个体绩效及疾病的关系可以借用动机研究领域经典的耶基斯-多德森法则进行解释，即压力强度和个体绩效及疾病的关系呈倒 U 型结构。压力处于太低水平时，情绪唤醒水平过低，产生厌烦情绪，从而降低个体的绩效水平。当压力强度逐渐增加达到中等水平时，压力所产生的生理唤醒水平能够提高个体的效能及注意力水平，即压力的最佳水平。压力强度进一步加大时，个体注意力变窄，生理唤醒超负荷，信息加工范围更为集中，个体的身体处于危险当中。从这个意义上说，个体面对压力时有两种选择：选择适合自己达到最佳水平的压力，忽视过高的压力水平，调整过低的压力水平；利用学习压力应对策略或压力放松技术，降低生理唤醒水平，使自己远离压力大的区域。

三、压力源分析

压力源是指能够引发压力的情景、环境和刺激。无论对于个体还是整个人类来说，压力源很难穷尽，而且个体之间的压力源也会千差万别。人类所处的外部世界不断发展变化，新的情景、新的环境和新的刺激层出不穷。例如，社交软件出现的抢红包功能加剧了手机成瘾的可能，很多人为了抢红包手机不离手，精神高度紧张，最后出现眼睛干涩、手抽筋等身体机能的变化。无论如何变化，压力源从本质上来说脱离不开三类：生物生态层面、精神心理层面及社会层面。

生物生态层面的压力源的一些因素甚至不为人所知，主要指生物节律的变化所引起的反应。研究者认为人类一般有三类生物节律：昼夜节律、次昼节律及超昼夜节律。这三者是以昼夜 24 小时的时间间隔为对照进行分类的。昼夜节律是 24 小时人体规律性的变化，比如体温的高低。次昼夜节律是低于 24 小时的规律性变化，比如细胞的分裂。超昼夜节律是高于 24 小时的规律性变化，比如月经。北极及其附近居民非常容易患季节性情绪障碍是比较有代表性的生物生态影响的例子。他们长时间处于黑暗中，见不到阳光，慢慢地情绪低落下来，直至抑郁。

精神心理层面的压力源占据的比重最大，从压力的定义上就看得出来，压力与个体的知觉相关。个体通常囿于自我固有的信念、思想、态度、观点、知觉及价值观等，一旦发现外界的情景、环境和刺激与自我不相符合，自我就会感受到威胁产生压力。精神心理层面反映了个体独特的人格结构。

社会层面的压力源是早期压力研究者关注的焦点，它也是最为直观的压力源。早期研究者聚焦于城市过度扩张和居住环境的过度拥挤对个体的负面影响，采用动物进行模拟实验。多个研究结果表明个人空间的重要意义对于不同物种是通用的。另外的研究者则关注生活变故事件，对生活变故事件进行量化，确认生活变故事件对于个体压力的作用及其与疾病的关系。研究者通过调查总结出成人 43 个重要的事件，不仅包括非常明显的负性事件，如配偶亡故、离婚、分居等成年人的烦恼，还包括看起来积极的事件，如结婚、旅游等事件。

对大学生来说，由于所处年龄阶段的缘故，压力源和其他群体一样有共同规律的同时，又有自己鲜明的特点。对于很多人来说，大学是人生的一个重要的转变，开始许多的第一次，享受新的生活带来挑战的同时，不可避免地承担着各方面的压力。

大学生首先面临众多生活变化，而且变化的数量超出了以往任何时候。第一次离开家乡，离开自己熟悉的房间，离开自己熟悉的家庭日常生活，离开熟悉的朋友和熟悉的群体；第一次开始集体生活，成为六人或八人宿舍的一员，开始和来自不同地域、不同文化背景、不同成长环境、不同方言的同学成为朋友；开始学着适应完全不同于中学阶段的课堂组织形式和教学风格，相比于中学阶段明显减少的成绩的反馈，需要参加学生社团和其他的学校组织，需要自己规划金钱花费等。对于大多同学来说，适应转变可能需要一周或者一个月的时间，并不会产生长期的负面作用。然而对于有些同学就不那么简单了，他们可能整个大学生活，甚至一生都在为适应转变而受到困扰。更为严重的是，他们中的大部分人并不知道，自己从一个成绩优异、勤学上进、情绪平稳的中学生转变为有课程挂科、沉溺游戏、情绪低落等困扰的大学生的原因，很大程度上是没有适应大学生活的变化。实际上，明确自我问题所在，找到适合自己的应对压力的策略和技术，压力就没有那么可怕了。

大学阶段大部分同学会到陌生的城市开始大学生活，第一个重大变化是与父母的分离。与父母分离是情感上的断乳期、自我管理和控制的空窗期的开始，标志着青少年阶段的结束和成人阶段的开始。中学生活的重心完全是学习，几乎没有学习之外的任何事情，甚至早上穿什么、午饭吃什么、晚上几点睡觉都会有家长来决定或者安排，不需要做任何决策，不需要过多考虑人际关系和社交技巧。而大学生活一开始就需要自我决策、自我管理还有自主性发展等。与父母分离还包括父母对于分离的焦虑。大学生的父母正处于中年危机阶段，由于衰老带来的焦虑和压抑，父母会把子女离开看作自己不像以前那么重要的标志性事件，加之作为夫妻关系缓冲剂的孩子的离开可能会改变父母之间的关系，这也加剧了大学生与父母分离的压力。面对与父母分离的困境，大学生需采用建设性的应对方式，如通过电话、社交软件等各种通讯方式和父母保持联系，迅速地建立新的关系，找到新的伙伴等，都会有利于大学生度过困难期，避免陷入酗酒、生活杂乱无章的窘迫处境。

其次，人际关系是大学生大部分时间的主要任务，也是大学阶段产生负性压力的主要来源。大学是大学生建立起新的社会关系网络非常重要的阶段。众所周知，人是社会性动物，不能脱离群体而单独生存。发展良好的社会网络会成为大学生自我发展、克服困难、舒缓压力及获得幸福体验的坚实基础和重要源泉。经历大学开学之初对家乡父母的想念阶段之后，大部分大学生开始发展出新的友谊关系，有些同学会建立起庞大的朋友圈，有些同学则和三两个同学建立起稳定且深入的友谊并与其分享自己的酸甜苦辣。无论哪种模式都会帮助大学生排遣孤单寂寞。问题在于，人际关系的建立并不是自然而然发生的，需要同学们主动出击方能掌握主动，然而并不是所有同学都有信心主动出击。羞怯的压力、自我形象的压力、口音的压力等多方面的因素会阻碍大学生寻求友谊。因此，克服羞怯心理、展示自我、表现出自己易于接近的形象是友谊关系的第一步。突破心理障碍，在一切可能的场所主动向别人问候，包括宿舍的过道、洗衣房、运动场、教室，甚至是在公共卫生间和集体浴室，都会帮助大学生塑造外向、健康、阳光的个人风貌，提升个人魅力，结交更多的朋友。加入学生社团或兴趣小组是大学生建立友谊最为方便快捷的方式。区别于中学生，大学生一般没有固定的教室，缺少共同活动的场所，班级内部人际网络松散，班级同学之间交流的机会较少，所以班级内同学的友谊常见于同一宿舍或者相邻宿舍同学之间。幸运的是，大学校园相比于中学校园，学生社团和兴趣小组多了许多，学生社团为大学生提供了更多的接触机会和更为紧密的空间联系。兴趣小组也为大学生建立深层次的、持久的、有意义的友谊提供了可行的途径。建立友谊关系的另外一个诀窍在于学会适当地自我表露。自我表露是指向他人暴露自己的内心意愿和情感体验的行为或过程。适当的自我表露能够迅速拉近人际距离，尤其是在困难时期，自我表露能够促进支持性关系的建立。当然，自我表露也要有度，过度的自我表露会适得其反，比如过分公开地分享自己的隐私或非常明显、有选择地表露以彰显自我等，都会影响友谊关系的建立及进一步发展。

知识拓展

友谊的邻近原则实验

1950 年，著名心理学家菲斯廷格等人采用实验法探索麻省理工学院住校生友谊的选择规律。研究者将 270 名大学新生随机分配到 17 个公寓中去。随后，研究者请他们列出 3 个和自己最亲近的同伴。结果发现，有 41%的好友住在隔壁房间，有 22%的好友相隔一个房间，16%的好友相隔两个房间，只有 10%的好友相隔三个房间。而实际上相隔三个房间的距离仅仅是 27 米，但是住在相隔三个房间的学生成为朋友的概率却只有隔壁房间的四分之一。可见，空间上的接近会成为产生友谊的理由。

再次，爱情和性也会成为大学生压力的来源。发展亲密的男女关系是大学阶段自我成长中的一环。亲密男女关系带来欢愉满足感的同时，也会产生紧张、焦虑、沮丧甚至负罪感等负性情绪体验。对于很多大学生来说，要么承受着缺乏男女亲密关系的压力，看到其他同学成双成对、莺莺燕燕而焦躁不安；要么承受着害怕失去男女亲密关系的压力，每天为维持关系、讨好对方殚精竭虑；要么承受着失去男女亲密关系所带来的压力。大学生通常对爱情关系的结束产生过度反应，进而会扰乱其正常的学习习惯，影响学业成绩、人际交往等。严重的同学会将爱情的结束演变成一场灾难，抽烟、酗酒及社会退缩性行为等是大学生们应尽力避免的。还有一部分同学遭受着远距离恋爱的压力。远距离恋爱的同学会时常受到不安情绪的困扰，尤其是在人多的时候，感觉更加压抑，女生受到的影响则更为明显。此外，一直以来，意外怀孕是大学生群体中比较常见的问题。近来大有蔓延之势的艾滋病及其他性传染性疾病都会使大学生在恋爱过程中出现弥漫性的、一般性的焦虑。此外，性取向的迷茫与确立及性骚扰和性暴力等问题都会带来压力。

同时，学业在大学阶段仍然处于重要的位置。赢得奖学金、获得各级荣誉、应聘工作的主要考察依据还是学业成绩。学业成绩为大学生提供挑战、动机因素、奖赏的同时也会带来各种各样的问题。与中学阶段相比，大学阶段同学们的智力水平更为接近，加之大学所学的知识内容与中学差别明显，很多同学可能第一次感受到学习的压力。同学们经常反映有些课程如何努力都听不懂，还有的同学抱怨不论如何努力成绩还是平平。考试焦虑是学习压力中常见的一种，对于很多同学来说，中学阶段同样会考试焦虑，但是由于学业成绩优秀，焦虑往往会激励自己达到最佳状态，充分发挥自我的内在潜力。大学阶段学习竞争更加激烈，学习方式更加灵活，学习内容更加专业，考试焦虑会被进一步放大，进而导致许多同学考试准备不充分、注意力不集中，难以发挥其正常的水平。更为严重者会产生对于失败的恐惧，甚至会逃避考试、放弃考试以至于不能正常完成学业。失败的恐惧来自担心或者害怕辜负自己和其他人的期望，害怕受到其他人的否定，最终伤害到自尊。面对学业成绩的挑战，大学生需要从两个方面加以调整：一是全力以赴做好自己，尽最大努力学习，不留遗憾，避免产生影响深刻的失败经历；二是审视学业成绩的重要性边界，即在认识到学习成绩重要性的同时，又要认识到学业成绩与自尊、认可、期望及未来工作的关系没有想象中那么大。

另外值得一提的是宿舍关系的压力。近年来频繁爆出因宿舍关系导致的恶性事件，从云南大学的马加爵事件到最近发生的四川师范大学滕某事件都传递出宿舍关系紧张的普遍性和严重性。来自五湖四海的同学，出生于千差万别的家庭，成长经历各不相同，生活习惯各有特色，个性特征差异明显，有人擅长表达，有人拙于表达，有人情绪外放，有人情绪内敛，有人第一次住集体宿舍，有人集体宿舍生活经验丰富，这样千姿百态的同学汇聚到同一个生活空间——宿舍，冲突不可避免。于是，宿舍关系紧张往往会成为压垮个体的最后一根稻草。适应和处理宿舍关系的方法有千百种，在此不一一枚举，但其基本原则是相通的，即在宿舍中不搞小团体、不逞口舌之快、不触犯室友的隐私、舍友有难要帮、自己有事要主动开口、积极参加宿舍集体活动、避免斤斤计较并容忍接受别人的斤斤计较。容忍个体差异、理解他人、宽容谦恭对待他人是宿舍生存的首要技巧。学校愿意尽可能考虑同学们的个体差异并做最大努力，如果他人和自己的生活习惯差异太大且难以调和，可以寻找学校心理咨询的帮助，或者开诚布公向辅导员汇报自己的实际情况并寻求帮助。

大学生压力源不仅包括以上内容，还有许多来自日常生活的烦扰。沃特·谢弗尔研究团队借鉴已有的拉扎鲁斯的压力源分析量表，开发出专门针对大学生的“日常烦扰指数量表(daily hassle index)”，并通过对大学生的调查得出 10 项产生压力的日常烦扰，其中包括缺钱、时间紧迫、学习压力、撰写学术论文、考试、未来的计划、令人厌烦的教师、早上起床、体重及校园停车问题。其中大部分和我国大学生的实际压力一致，比如缺钱、时间不够用、早起等问题，有些可能和我国的实际情况不同，比如校园停车问题在当前我国大学生中存在的可能性较小。总之，这个量表大体上能够测量出个体易怒程度的高低并能预测个体反应。如果该量表得分较高，易怒的可能性会增加，不良压力症状会更明显，对生活满意度也会产生负面的作用。其他的压力还包括经济上的压力、角色冲突的压力等。经济上的压力，尤其对于来自于低收入家庭的大学生影响最为明显。角色冲突方面，进入大学之后，社会和他人对大学生期望会发生变化，大学生不再是单纯的学习机器，还要承担社交、自我管理等多个角色，因此往往会产生无所适从的消极体验。

第二节　压力解析

一、压力反应机制

压力作用于个体之后会引发一系列的变化，如心跳加快加强、血液循环加快、血压升高、内脏血管收缩、骨骼肌血管舒张、血流量重新分布、呼吸加深加快、肺通气量增多、汗腺分泌迅速、代谢活动加强，为肌肉活动提供充分的能量等。这一系列变化均有利于机体动员各器官的贮备力，应对环境的变化。根据内分泌学和生化学家塞利的研究，在适应压力的过程中，个体的生理、心理及行为特点分为三个不同的阶段。

(一) 警觉阶段

警觉阶段又叫唤醒期或准备期。发现事件并引起警觉，同时准备应付。交感神经支配肾上腺分泌肾上腺素和副肾上腺素，这些激素促进人体的新陈代谢，释放储存的能量，于是主要器官的活动处于兴奋状态，包括：呼吸、心跳加快；汗腺分泌加速；血压、体温上升；骨骼肌紧张等等。

(二) 搏斗阶段

搏斗阶段又叫战斗期或反抗期。继警觉之后，人体全身心投入战斗，或消除压力，或适应压力，或退却。这一阶段人体会出现以下生理、心理和行为特征：① 警觉阶段的生理生化指标恢复正常，外在行为平复，实则处于意识控制之下的抑制状态；② 个体内部的生理和心理资源以及能量被大量耗费；③ 此时个体变得极为敏感和脆弱，即便是微小的刺激，也能引发个体强烈的情绪反应，爱人的唠叨、孩子的纠缠都会让一个下班的精疲力竭的丈夫或者妻子勃然大怒，找对方“出气”。

(三) 衰竭阶段

衰竭阶段又叫枯竭期或倦怠期。由于抗击压力的能量已经消耗殆尽，此时个体在短时间内难以继续承受压力。如果一个压力反应周期之后，外在的压力消失了，经过一定时间的调理和休息，个体很快就能恢复正常的体征。如果压力源持续存在，个体仍不能适应，那么一个能量已经消耗殆尽的人，就必然会发生危险。此时，疾病、死亡都是极有可能的。长期处于叠加性压力和破坏性压力状态下的人容易出现身心疾病就是这个道理。

二、压力的双重性

(一) 压力的消极效应

尽管压力有积极作用，但是如果压力体验的强度过大，或持续时间过长，我们的身心健康都会不可避免地受到损害。这些损害主要表现在心理、生理与行为方面。

在心理反应方面，过度的压力感受会给人的心理上带来许多负面影响作用，从而损害心理健康。首先，压力会引起个体情绪状态的不稳定，主要表现为紧张不安、焦虑、郁闷等情绪的交替变化。其次，压力会直接影响人的认知与思维。在强烈的压力体验下，我们的认知容易出现偏差，思维容易走向极端，注意的范围狭窄，思维灵活性和记忆力下降。最后，过大的压力会增加我们的心理不安全感。强烈的压力体验让我们处于高唤醒状态，自我受到威胁，处于敏感、不安的心理状态中。

在生理反应方面，强烈的压力体验给我们身体带来的损害主要表现在：交感神经系统和下丘脑-脑垂体-肾上腺轴通路的激活。交感神经系统的激活导致儿茶酚胺(肾上腺素和促肾上腺素)的水平急速增高，引发血压升高、心跳加快、出汗、瞳孔放大等症状。

下丘脑-脑垂体-肾上腺轴通路的激活，导致皮质醇水平增高，出现炎症、免疫力下降等不良后果。

在行为反应方面，压力会让我们在行为上表现得更为明显。比如，在强烈的压力情境中，我们甚至可能会出现退缩、强迫行为、失眠、冲动、酗酒、自杀等消极行为，以降低压力带来的强度。很明显，这些行为不仅会损害我们的身心健康，还会增加新的压力。

（二）压力的积极效应

当我们感受到威胁的时候，压力就会产生。压力会表现在生理、心理和行为等方面。压力有助于我们维持身心的唤醒水平，保持警觉，对人类的生存具有积极的意义。不过，在多数人的眼里，压力是消极的。因为压力让我们的身心处于紧张状态，丧失了舒适感。其实，压力既可以是负性的，也可以是良性的。在压力情境中，我们也会表现出积极的反应，比如，某次工作失误后充分吸取经验教训，把今后工作做得更好。

大家可能都听说过"温水煮青蛙"的故事：如果青蛙被扔进热水锅里，那么它会拼命挣扎；如果青蛙被放在冷水锅里慢慢煮，它就不会挣扎。但是结果令人很意外，在热水锅里的青蛙或许还有逃生的希望，但是温水锅里的青蛙却会慢慢死去。青蛙尚且如何此，我们又何尝不是这样！"温水煮青蛙"的故事给我们的启示是：没有压力，哪来的动力。

实际上，我们体验到的压力并非完全源自压力事件本身，还源自于我们自身的应对方式。以参加四六级英语考试为例，我们可能从开学就开始制定复习计划并参加考试辅导班。但实际上平时我们并没有花很多的时间复习英语，结果一到临考的时候，才知道发愤图强。如果平时功夫下得深，何来考试之前的挑灯夜战呢？因此，我们应该正确地看待压力。适度的压力能使我们有紧迫感，前行的动力。毫无压力的学生常常会因为缺乏紧迫感和只争朝夕的昂扬斗志，最终成为碌碌无为的人。

除了具有生存的意义以外，压力还具有以下积极的作用。

首先，压力是推动我们积极应对困境的动力。孟子曾说过："天将降大任于斯人也，必先苦其心志，劳其筋骨，饿其体肤，空乏其身，行拂乱其所为，所以动心忍性，增益其所不能。"压力可以激发我们的斗志，最大限度地发掘我们的潜力。

其次，压力使我们处于唤醒状态，为采取应对行动提供了必要的准备。重要的工作任务（如公司的重大项目谈判等）会给我们带来不小的压力。这些重要的任务促使我们想办法调节自己的紧张状态，保持良好的心态。

再次，压力可以促使我们成长。在压力研究中，我们常常会提到"钢化效应"。也就是说，在经历了一次压力事件后，当类似的事件再次发生时，我们会有足够的经验和资源解决困境，同时，压力带来的身心反应程度也明显下降。因为，应对压力的过程也是我们不断反思、总结经验的过程，再次遇到类似的情境就不会有失控的感受。

最后，压力能够增进我们的幸福感。压力事件可能不会让我们产生幸福感，但是压力事件却可能使我们有机会重新从认知、情感等多个方面审视自己现在的"幸福状态"，珍视现在。比如，我们可能会抱怨现在的生活是如何的无聊，自己是多么的无能，但是发生汶川特大地震后，所有幸存的人都会想到"活着就是幸福"，至少自己活着还能创造幸福生活。

三、压力信号

(一)压力的情绪信号

日常生活中，擅长自省的同学通常会体验到自己的情绪变化，无论是情绪的突变还是弥散性的改变，有时候也不知道原因在哪里，而很可能的原因在于压力。了解可能引起压力的情绪信号能够帮助大学生敏锐地意识到压力的问题。值得注意的是，这些情绪信号产生原因中，压力是众多可能性的一种，压力产生时也并不必然会产生以下情绪信号。

首先是焦虑情绪。适度的焦虑会激发个体的内在动机和潜力，有助于获取最优的结果。然而，过度的焦虑会产生压力问题。这种过度体现在两个方面。一是事件发生之前和发生时，焦虑唤醒水平过高，从而阻碍个体的发挥。例如，考试前一晚因焦虑引起失眠，会在考试表现出思维敏捷性降低、疲惫等问题，又或者面试时因焦虑过度而引起思维短路，大脑一片空白。二是持续性的、弥漫性的焦虑，杞人忧天就是一个典型的例子。这种慢性焦虑会表现为心悸、胸闷、发冷、哆嗦、食欲不振并伴有呕吐和便秘等症状。

其次是抑郁情绪。抑郁在情绪上表现为显著而持久的情感低落，抑郁悲观。轻者闷闷不乐、无愉快感、兴趣减退，重者痛不欲生、悲观绝望、度日如年、生不如死。在心境低落的基础上，患者会出现自我评价降低，产生无用感、无望感、无助感和无价值感，常伴有自责自罪，严重者出现罪恶妄想和疑病妄想，部分患者可出现幻觉。思维上表现为联想速度缓慢，反应迟钝，思路闭塞，自觉“脑子好像是生了锈的机器”，“脑子像涂了一层糨糊一样”。临床上可见主动言语减少，语速明显减慢，声音低沉，对答困难，严重者交流无法顺利进行。行为上表现为显著持久的抑制。临床表现行为缓慢，生活被动、疏懒，不想做事，不愿和周围人接触交往，常独坐一旁或整日卧床，闭门独居、疏远亲友、回避社交。严重时连吃、喝等生理需要和个人卫生都不顾，蓬头垢面、不修边幅，甚至发展为不语、不动、不食，称为“抑郁性木僵”。伴有焦虑的患者，可有坐立不安、手指抓握、搓手顿足或踱来踱去等症状。严重的患者常伴有消极自杀的观念或行为，消极悲观的思想及自责自罪、缺乏自信心可萌发绝望的念头，认为“结束自己的生命是一种解脱”，“自己活在世上是多余的人”，并会将自杀企图发展成自杀行为。这是抑郁症最危险的症状，应提高警惕。该症患者生理上有睡眠障碍、乏力、食欲减退、体重下降、便秘、身体任何部位的疼痛、性欲减退、阳痿、闭经等症状。躯体不适的体诉可涉及各脏器，如恶心、呕吐、心慌、胸闷、出汗等。自主神经功能失调的症状也较常见。

第三是愤怒情绪。愤怒表现为激怒、敌意及强烈的攻击性行为。愤怒带来的生理唤醒很像焦虑，当没有被表达和释放时，对身体器官和组织造成巨大的损失。该情绪其他表现还包括恐惧、悲伤、挫折感、内疚羞耻感等。

(二)压力的行为信号

压力所产生的行为反应很多是来自于其对情绪影响的副产品。行为反应可以分类为直接症状和间接症状。直接症状表现为：经常的冲动行为、公开场合的吞吞吐吐或结巴、对他人进行语言攻击、讲话语速比平常快、磨牙、不能专注于一件事情、容易受到惊吓、不能单独静坐一段时间、明显的人际冲突、退缩行为、抨击某人或某事、容易发脾气，更有甚者会哭泣。间接症状表现为：开始抽烟或抽烟增多、沉溺于电视、对茶或咖啡类需求增大、开始喝酒或喝酒增多、使用安眠药、为没有明显器质性病变看医生、嗜睡、使用药物或非理性消费（如购物狂等）。

（三）压力的生理信号

压力的生理信号是个体通过身体语言传递自己的压力体验，常见的包括：手指晃动或跺脚、紧绷或耸起的双肩、交叉胸前的双手、咬指甲、握紧双手或绷紧手指、皱额头和皱眉、颤抖或神经抽搐、便秘、嘴巴或喉咙发干、心跳加速、尿频、腹泻、反胃、背疼、头昏眼花、性欲下降等等。

第三节　大学生的压力应对

一、重新认识压力事件

1. 压力效应源自认知

认知在压力反应中起到了关键性作用。我们对压力事件的认识要通过两个阶段：针对事件本身的初级评价阶段和对自身可利用应对策略的次级评价阶段。在初级评价阶段，我们对压力事件会形成无关、消极和积极的评估。这会直接影响到在次级评价阶段对事件的再次评价。如果觉得这些事件与自己无关，那么我们会体验到轻松；如果觉得这些事件对我们而言是消极的、可能会带来不利结果的，那么我们就会在次级评价阶段形成对压力事件的伤害/损失评价、威胁性评价和挑战性评价；如果觉着这件事情是好事，那么我们就会在次级评价阶段容易对压力事件形成挑战性评价。简而言之，初级评价阶段反映我们对压力事件的威胁程度和性质的知觉，次级评价阶段反映我们对自己应对能力和资源的知觉。这两个阶段共同决定我们可以选择什么样的应对策略，做出什么样的反应。

在初级和次级评价阶段形成的看法直接影响到我们对应对策略的选择，继而引发不同强度的压力反应。从压力反应强度来看，威胁性评价造成的压力感受最为强烈。因为该评价下我们将压力事件视为对自己的生活是有威胁、损害的。这种评价不仅会直接导致生理唤醒水平迅速增强，而且会让我们对事件形成不能获得成功的信念，使我们的自尊、自信心受损。

2. 让压力成为积极压力

压力是由于需要应对的事情超过个体内外应对资源而导致的一系列非特异性的生理及心理反应。其中，对压力刺激的认知评价起到关键性作用。如果个体通过对压力源的评价而做出积极反应，那么这就是积极压力；如果个体通过对压力源的评价而做出消极反应，那么这就是消极压力。

既然认知在压力体验的过程中如此重要，那么如果我们梳理对压力事件的认识是不是会改善我们的压力反应状况和强度呢？答案是肯定的。我们可以通过改变认识，将消极压力转化为积极压力。

(1) 转换角度，关注积极的方面，寻找到希望。在旅途中，即便是在同一处风景，我们站在不同的角度领略到的美丽也是不一样的，感受到的愉悦情绪也是不一样的。同样，面对同一个事件，我们从不同的角度对它的认知是不一样的。

任何事情都有其积极的一面。例如，失恋从性质上来讲是一件负性的事件，它给我们带来的是消极的情绪。但是失恋也有积极的一面，我们可以从失恋中学会一些道理或知识。例如，自己的恋爱目的是什么，在以前的交往过程中自己付出了多少，真的没有要求回报吗？由此可见，任何压力事件都有其积极的作用，关键在于你愿不愿去寻找其积极的方面，看到事情发展的希望。

(2) 学会乐观地接纳现状，找寻出应对的意义。在日常生活中，我们往往过分看重事情的结果，忽视了这个事件对自己的意义与价值。正因为我们看重的只是结果，所以很难去面对结果、接纳现实。任何一件事情的发生都会有很多意义，关键在于我们如何去看待。例如，与同事发生争执时，可能我们直观的感受就是体会到对方令人憎恨的个性、过分的言辞，甚至从此以后不愿意和他相处。但是同样的争执，其实可以让我们看到另外一面，争执可以让我们看到彼此观点的差异，看清楚彼此关心的问题焦点。如果我们每天静下心来回顾自己做过的事情，也许会感受到很充实。

(3) 能够在压力困境寻找到解决的方法和资源，获得掌控感。掌控感对于维持一个人的身心健康、心理安全感具有重要的意义。压力事件之所以让我们体验到压力，主要是因为这个事件已经超出了我们当前的应对能力，不能够顺利地得到解决。这种体验让我们失去对事件发展的掌控能力和心理安全感，感受到自己被另外一种力量在主导和决定。压力可以激发我们的斗志，最大限度地发掘我们的潜力。我们寻找困境的解决之道的过程，也是我们恢复掌控感的过程。

(4) 在应对压力的过程中体验到积极情绪。积极情绪对于我们的生存与发展具有更为重要的意义。积极心理学认为，积极情绪有助于扩大我们的注意范围，使我们在更广阔的社会空间中保持清晰的意识，对新的事物和活动保持开放性，接纳这些新事物。更为重要的是，在压力情境中，积极情绪能够扩展个体即时的思维和认识，提供多种可选择的行为方式。这意味着，积极情绪能够使压力情境中的个体打破思维定势而产生多种想法，获得更多可选择的应对策略。这为成功应对压力提供了可能。

总之，无论我们面对的困境有多难，如果能够在面对、解决压力事件的过程中充满希望，找寻到应对事件的意义和价值，获得掌控感和应对效能感，体验到积极情绪，这个事件带来的体验就是积极压力。

3. 改变压力认知的方法

(1) 调整我们的认知信念。当处于压力下时，我们都会对自己能否成功应对当前的困境形成一定的认识或信念。这就是我们所说的应对信念或者应对效能感。应对信念通过决定选择何种调节策略，间接地影响应对效果和人们的身心健康状况。在日常生活及危机事件的应对过程中，积极的应对信念能够帮助我们选择有效的应对策略，降低自杀行为的发生概率，增进主观幸福感，维护身心健康。

积极的应对信念还能够缓解慢性压力事件带来的不利影响。众所周知，家庭经济的困境容易让生活在这些家庭的个体体验到孤独感、较低的自尊和自信心。积极的应对信念有助于他们积极地适应社会，形成健全人格，增进其社会功能。从目前的研究来看，积极的应对信念可能通过三个方面增进个体身心健康。第一，积极的应对信念会让个体体验到高自尊、高自信，直接弥补了家庭贫困环境带来的不利影响。第二，积极的应对信念会影响个体应对策略的选择。拥有积极应对信念的个体能感受到自己可利用的应对资源较多、具有较强的应对能力。他们更倾向于选用解决问题的策略，直接移除压力事件，从根本上消除压力事件的负面影响。第三，积极的应对信念能缓解家庭经济困境与不利发展结果之间的关系。积极的应对信念会促使个体从积极的角度看待目前的困境，降低因家庭经济困境带来的压力感受性。

具有“天生我材必有用”这样的积极应对信念，会让我们觉得压力并不是那么可怕。如果丧失了成功应对压力的信念，那么我们对压力的感受会越来越强烈。积极的应对信念应该包含自信程度、认知水平、胜任力三个成分。具体来说，在面临应激情境时，一个具有积极应对信念的个体应该表现出成功应对压力的自信，对解决问题的积极认识和对自己能够成功应对压力情境的胜任力。我们可以通过一些训练有意识地增加自信程度、认知水平、胜任力，塑造积极的应对信念。其中一个比较有效的方法便是在专业人员的指导下进行积极的归因训练。

然而，在日常生活中有一些认知偏向容易让我们将事件解释成具有威胁性的。比如，以偏概全，压力事件发生之后只会想到消极方面（如“我从来没有做好过工作！”“我总是运气不好！”）；夸大其词，将压力的结果视为糟糕至极、无法改变的结果（如“这次如果考不过职称英语，我就错过了机会，我就再不能晋升职称，我的整个人生就没有希望了。”）；瞎猜疑，尽管不知道事件的结果如何，都会自觉地猜测一些结果（如职称考试还没结束，就说：“我肯定完了。”“要是我不及格怎么办？”）；凭感情论事，进行情绪化的推理，将感觉误认为事实，认定自己的消极情绪必然反映了事物的真实情况（如“我心很慌，一定有什么不对的事发生。”“我心烦意乱，我这次面试一定完蛋。”）；绝对化倾向，持续地过度要求自己应该做什么，不应该做什么（如“我必须不能出任何差错！”“我应该取得成功！”）。这些扭曲的认知常常会引起沮丧、愤怒、焦虑、无助等强烈的负性情绪。

（2）改变语言思维的组织模式。从认知的角度来看，认知在我们压力反应过程中起到关键性的作用。我们要改变压力的感受，除了改变认知以外，还可以通过改变我们的语言组织模式来实现。对情绪的认知评价是通过语言来体现的。反过来，改变语言的组织模式就有可能使我们对事件产生新的认识。

有时我们并不完全是因为压力事件而产生强烈的体验，而是扭曲的语言模式造成了我们的困境。我们来看看自己有没有这些非理性的表达方式：“我必须干得很好！”“如果我做了蠢事，我就是个笨蛋或一无是处的人！”“因为我爱你，所以你就必须这样做。”此刻你可以细细地思考这些话语的深层涵义。“我必须干得很好！”是不是说，“我不能做得不好！”“因为我爱你，所以你就必须这样做！”的涵义是不是“你只有这样做才配我爱你”。我们就是因为这些语言模式背后的深层涵义，时常感受到被强迫、被关心，无形中感受到很大的压力。我们要学会使用语言澄清自己真实的想法，不要被这些语言模式所蒙蔽。给自己和他人留下一点选择或者变通的思维空间，增加正面、肯定性结果的可能性，缓解压力强度。

改变句式，可以改变内心状态。运用语言把处于困境的心态改为积极进取、更有清晰的行动目标和途径。

二、压力应对策略

压力放松的技术与方法很多，当压力来临之时，我们应该找到适合自己的放松方式，缓解压力。下面介绍几种常用的压力缓解方式，包括呼吸放松、冥想、瑜伽、心理意向、音乐治疗、按摩、太极拳、肌肉放松、临床生物反馈、体育锻炼等。

(一)身体放松

身体放松技术的核心是通过放松机体，使副交感神经系统抑制交感神经系统的活动，从而达到减少焦虑、恐惧等紧张情绪，减轻偏头痛、失眠、紧张性头痛等症状，从而达到增进心身健康和防病治病的目的。

(二)呼吸方式

呼吸是人的一种正常的生理现象，是联系生命与意识的桥梁，承载着生命的能量。最常用、最简单的放松技术就是横膈膜呼吸放松，即有控制地深呼吸。对身体和心灵具有放松作用的并不是我们通常采用的胸式呼吸，而是腹式呼吸。胸式呼吸可以使我们得到维持生存所需的氧气，却无法缓解你内心的紧张与焦虑。腹式呼吸却可以帮助我们的心情恢复平静，缓解身心的紧张状态。

横膈膜呼吸会使交感神经活动下降，副交感神经活动增强，同时还可以减少全身的共鸣，使我们产生平静的效果。采用横膈膜呼吸并不困难，只要熟悉方法，经常练习，就能起到良好的效果。

(三)心理意象

如果我们打算去海边旅行，我们会时常对自己在海边休闲的情境进行想象：清澈又碧蓝的海水冲击着海岸，哗哗的海浪声，海边椰树在轻轻地摇曳，脚下踩着柔软的金色沙子，温暖的阳光照着脸庞，一群欢呼的人们正在海边嬉戏……

作为放松技术的心理意象通过我们的想象减少理性的心理活动，达到内心的平静。一般来说，实施心理意象技术主要有三步：首先，寻找一个安静的地方并选择一个令自己舒适的方式；其次，集中注意力，将所有的想象力关注于自己创造的意象及其特征上，如想象情景的颜色、形状、声音等；第三，在想象过程中确定一个意象的主题，如我在海边享受海浪声音和阳光。确定意象的主题是非常重要的。这与你使用心理意象技术的目的密切相关，是暂时逃避压力情景放松自己的身心，还是为了更好地解决问题而使自己冷静下来？因此而产生的心理意象的内容是不同的。

就效果而言，心理意象能有效地缓解压力事件引起的心理紧张，是目前有效缓解压力的技术之一。但这种方法存在两个影响因素。一是使用心理意象技术的次数。使用的次数越多，效果就会越明显。二是对心理意象技术的态度。我们内心是否坚信心理意象技术有用，将直接决定心理意象技术的效果。

另外，我们在进行心理想象的时候，既可以由自己进行指导，也可以由他人进行指导。指导的方式不外乎使用口述或者事先录制好的音频材料。

（四）肌肉放松

当出现压力强度过大的时候，我们的肌肉就会僵硬。这是肌肉组织对威胁做出的警觉反应。当长时间处于压力时，我们就容易体验到紧张性头痛、颈部僵硬、关节僵硬、背痛等症状。肌肉放松技术是通过有意识地去调控主要肌肉群的收缩和放松，达到自动缓解紧张、实现放松的目的。

进行肌肉放松训练时，要保持心情轻松并舒适地坐在椅子上。训练最好在遮光且隔音较佳的房内进行，拿掉眼镜、手表、腰带、领带等容易妨碍身体充分放松的物品。一般情况下，放松训练程序需要首先紧张身体的某一部位，如用力握紧拳头 10 秒钟，使之有紧张感，然后放松约 5～10 秒。这样经过紧张和放松多次交互练习，需要时便能随心所欲地充分放松身体的各个部位。然后，将注意力集中在每个肌肉群(如头部、脸部、颈部、胸、肩、背、手臂、腹部、腿和脚等)，觉察哪些部位还比较紧张，再对这些肌肉群进行放松。

（五）冥想：改变体验

字面上，冥就是泯灭，想就是你的思维。冥想就是去除妄想执着，证得原本的如来智慧德相，以达到此身即佛身的真实境地。冥想是从古代就有的，中国古代道家养身气功以及佛家的功法都有。成年人到 35 岁以后，每天都有 10 万个脑细胞要死去，要想使大脑保持年轻，就必须采用科学的运动方式，使大脑经常处于愉快的冥想状态。冥想是一种身体的放松和敏锐的警觉性相结合的状态。

冥想的种类比较多，如正念、禅坐、静修和超觉静坐等都是不同的冥想形式。虽然不同，但它们的功能基本相同：让人们更加平静、压力减少，拥有更集中、更强大的自我意识，以及更好地处理思想和感情。

不同的冥想技巧实际上可以分为两大类：一类是集中冥想，这种冥想方式是将注意力集中在冥想者的呼吸或者特定的事物上，这样就抑制了其他的想法；另一类称为非指导禅修，这种冥想方式是冥想者毫不费力地专注于其呼吸或者冥想的声音上，但除此之外，思想可以随心所欲地漫游。一些现代冥想方式就是这种类型。

冥想时的着装也有讲究，最好穿着松软的衫裤，因为任何紧束的服饰都会令你在冥想时感到不适。在一个安静的室内进行静坐(最好用瑜伽垫)，缓缓调整自己的呼吸，以自我暗示的方式令自己全身放松。每放松一个部分，便忘却了心里的不安和焦虑。如此静坐十几分钟后，身体便不会再感绷紧和压力。若能多加练习，一段时间后，便可使心灵处于平静状态，思维会更清晰，分析能力也会得到提高。

掌握冥想的基本要领，冥想练习就会变得简单易行：

(1) 以舒服的姿势坐定，传统的姿势是席地盘腿而坐，在臀下放一个圆形小软垫。假如觉得这样坐不舒服，还有许多其他姿势，比如仰卧、坐在自己的小腿上(可以在瑜伽垫上进行)或直背椅子上等。

(2) 挺直脊背，可以想象自己的头给一根绑在天花板上的绳子吊着。

(3) 用鼻子深呼吸，让肺部充满空气，腹部和整个胸腔因而扩张。然后用鼻子或嘴缓缓呼气，到接近呼完就把腹肌收缩，将腹部所有气体排空。

(4) 选一样东西注视，比如烛光、花或图画，或者在每次呼气吸气的时候数数，借此把注意力集中于自己的呼吸。缓缓吸气，数五下；再缓缓呼气，数五下。假如发觉自己开始分心，要慢慢地将心思拉回来，重新集中于呼吸或你正在注视的物体上。

(六) 由外到内的放松

1. 音乐放松

音乐放松可以帮助个体缓解压力、宣泄情绪、塑造人格、陶冶情操，在促进身心健康方面发挥了积极的作用。优美舒缓的音乐刺激无论对人的生理状态还是心理状态，都起到了积极的改变作用，真正达到由外到内的放松与调节。相关实验研究表明：音乐刺激能影响大脑某些神经递质如乙酰胆碱和去甲肾上腺素的释放，从而改善大脑皮层的功能。音乐可以引起各种生理特征的改变，如呼吸、心跳、血压、脑波、皮肤温度、皮肤电阻、肌肉电位、血液中的去甲肾上腺素含量等的变化，调节大脑皮质、丘脑下部、边缘系统，改善人体器官的生理功能，从而增进机体内部稳定状态，解除刺激所引起的身体不良反应，使人体功能恢复正常状态，对治疗某些心身疾病具有辅助作用。在心理方面音乐能影响人格。人格塑造中情感培养是最重要的方面，音乐包含了人的情感的各个方面。音乐能直接作用于下丘脑和边缘系统等人脑主管情绪的中枢，对人的情绪进行双向调节，如人们为了调剂精神，在吃饭、饮茶、休息的同时听轻松愉快的音乐，变得精神格外爽健及愉快。

音乐放松既可以到专业的音乐放松室进行，也可以个人下载放松音乐随时随地进行。音乐放松如果和心理意象放松、冥想等放松技术结合起来运用，效果会更加明显(如表 6-1 所示)。

表 6-1 经常用于放松的音乐曲目

曲目名称	罗密欧与朱丽叶	鸟儿的歌唱	海边的陌生人	小夜曲
曲目名称	沉睡的海滨	爱的喜悦	我离不开你	天鹅
曲目名称	一夜布鲁斯	风雨中的惆怅	如果你离开	圆舞曲
曲目名称	孤独的牧羊人	在你的怀里	圣母的珠宝石	我的路
曲目名称	星期六的早上来	往日情怀	爱的喜悦	蓝色的爱
曲目名称	安妮的仙境	乡村骑士	夏日圣地	抚摸
曲目名称	微风吹拂的方式	月光水岸	寂静山林	一个梦

2. 体育锻炼

剧烈的体育锻炼往往给人疲惫和劳累的感觉，与放松好像离得有些遥远。然而，合适的体育锻炼后，进行正确的放松整理活动，会起到非常好的放松作用。放松整理活动内容也是丰富多样的，下面介绍几种简单易行的放松整理活动。

(1) 身体拉伸运动。在剧烈的健身运动后，可以进行 10 分钟左右抻拉肌肉的活动。首先，做抻拉的时候，可以或蹲或站，但如果要坐下来，则一定要在地上铺海绵垫，防止地上的湿气侵入身体，否则会使正处于脆弱状态的肌肉、关节出现更严重的酸痛感。如果实在太累，可以平躺片刻，让脚的位置略高于头或与头的高度持平，然后依次抖动和拍打大腿、小腿、上臂、前臂上的肌肉。另外，也可以选择慢跑放松，最好快慢交替，当感到自己心率、呼吸都很平稳后，再过渡到行走，从而达到放松的效果。

(2) 拍打按摩运动。剧烈运动后，可先拍打臂、腿、腰、背等局部肌肉，从远心端向近心端进行拍打，同时配以局部轻推按摩、揉捏、按压等活动，配以四肢抖动也可取得良好的放松效果。运动结束后 20～30 分钟内或者晚上睡前进行。

(3) 冥想放松。冥想也是运动训练后常见的恢复手段。你可以坐着或仰卧，四肢平伸，处于安静状态，闭上眼睛，想象自己处在某种使你感到放松和舒服的环境之中。注意状态集中在大脑所想象的事物上，比如温暖的阳光照在你的身上，迎面吹来阵阵清爽的微风，海浪在有节奏地拍打或者正在有鸟语花香的树林里散步等。同时，如果能配合张弛有度的呼吸，放松效果将会加倍。

(4) 正确的沐浴方式。很多人运动后立刻飞奔至浴室，赶快冲洗掉一身的汗水。然而，事实证明这种做法不仅不会让你感觉舒适，甚至会引发各种不适和疾病。在运动时，为保持体温恒定，人体皮肤表面的血管会扩张，汗毛孔张大，排汗增多，在运动停止后，这种状态还会持续一段时间。这时洗热水澡，会使皮肤内的血管进一步扩张，血液过多流进肌肉，血压降低，导致心脏和大脑供血不足，轻者出现头昏等不适，重者可能会虚脱。研究表明，合理的洗浴时间是在运动后心率恢复运动前水平、发汗停止后。沐浴时不宜用过冷或过热的水，水温 40℃左右的池浴比淋浴更能起到使身心放松、解除疲劳的效果，但泡在热水里的时间一次也不宜超过 5 分钟。

(5) 充足的睡眠。睡眠是消除疲劳最根本有效的方法之一。经常参加锻炼的人，要保证充足的睡眠时间和良好的睡眠环境。但是，有的人在运动后会失眠，其主要原因是运动后我们的神经仍然会处于兴奋状态，令人一时难以入睡。尤其是当参加的运动是配有较强音乐的大运动量有氧操时，更容易令神经较敏感的人睡眠困难。这时可以将运动时间改在清晨或傍晚，如果只能在晚上，最好选择瑜伽、打太极拳等这些较为舒缓的运动方式。

第四节　心理素质拓展训练

一、心理影片赏析：《我的左脚》

《我的左脚》是由格拉纳达电视台出品的电影，由吉姆·谢里丹执导，丹尼尔·戴·刘易斯、布兰达·弗里克、科斯汀·谢里丹等主演，于 1989 年 11 月 10 日在美国上映。该片讲述了因小儿麻痹症而全身瘫痪的布朗依靠唯一可以活动的左脚来改变自己的人生，成为画家和诗人的故事。《我的左脚》把具有励志效应的爱尔兰作家克里斯蒂·布朗刻画的丝丝入扣。故事几乎没有多少夸大之处，而是以平实舒缓的方式来描写克里斯蒂生活中点点滴滴的阳光与爱，从而使影片毫不做作，引起观众们在思想上和情感上的共鸣。影片另一个动人之处就是克里斯蒂母亲伟大的母爱。导演吉姆·谢里丹拍摄该片的初衷并不是为了表现一个天才的非凡故事和不俗业绩，而是以抚养和给予一个残疾儿子无限动力使他成为一个优秀画家的母爱和亲情来打动观众。

二、心理游戏：榜样的力量

通过树立积极行为反应训练，调节挫折后的心理，以适应社会的发展。

活动目的：学习英雄人物，做生活的强者。

活动方法：

(1) 老师准备一些战胜挫折的英雄人物的照片，让每位同学从中找到1～2位自己心目中的英雄。

(2) 每位同学把自己心目中的英雄承受挫折的经历和战胜挫折的例子一一列举出来。

① ________________ ② ________________

③ ________________ ④ ________________

⑤ ________________

(3) 活动背景音乐：《飞得更高》。

(4) 谈谈成长经历，交流心理感受。

① 将全班同学分成若干个小组，每组8～10人。

② 每位同学在小组中谈谈自己心目中的英雄是如何承受挫折和战胜挫折的。

③ 每位同学在小组中谈自己成长中遇到的挫折，并与英雄的挫折经历进行比较。

④ 每位同学摘抄一句或自编一句“名言”赠送给小组的同学。主要内容是：正确对待失败和挫折。如古诗：宝剑锋从磨砺出，梅花香自苦寒来；牛顿：如果你问一个善于溜冰的人，如何取得成功，他会告诉你：“跌倒了，爬起来，便会成功。”

三、心理测试：压力测试图

下面是一张静止的图片(可用手机扫右侧二维码看彩图)，测试下您的心理压力。

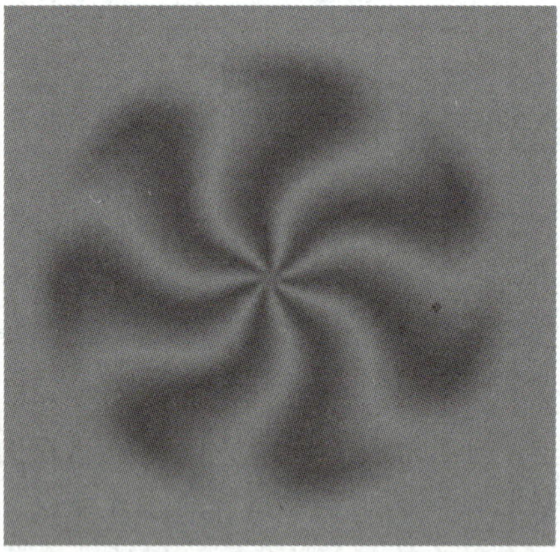

压力测试图

答案：你的心理压力越大，图片转动得越快，而儿童看这幅图片一般是静止的。

四、心理训练

心理训练一：6秒钟平静反应法

腹式呼吸放松的准备：摆出一个舒服姿势，或坐或躺，紧闭双眼。在刚开始进行练习的时候，最好将一只手放在腹部下，另一只手放在胸前，然后通过鼻孔进行缓慢地深呼吸。感受在每次呼吸过程中腹部的起伏。做完这些准备工作后，开始进行下面的步骤：

(1) 首先深深地吐一口气，然后深深地吸气。

(2) 屏住呼吸坚持2或3秒钟。

(3) 缓慢地、渐渐地、完全地将气呼出。

(4) 在呼气时，使下巴和双肩渐渐放松下来。

(5) 充分地体验从颈部、肩部开始流向胳膊甚至手指的放松感。

六秒钟平静反应法是横膈膜呼吸放松技术的一种精简反应模式。在刚开始进行练习时，一天内需要数次练习，同时，练习的时间要达到每小时 1 次的频率。在压力情境中缓解你的紧张反应，这是一个不错的放松方法。

心理训练二：身体各部位进行放松的方式

头部：皱起额头——注意到头部肌肉的紧张，然后放松，并略为闭上眼睛。

脸部：紧紧地合上双眼，感受到面部肌肉的紧张，试探紧张与放松的感觉，再轻轻睁开眼睛。

颈部：用力低头或昂头，感觉颈部肌肉的紧张，先保持这种紧张，然后放松。

肩：耸起你的肩部向耳部靠拢，感觉和保持肩部的紧张，(保持一会儿后)让肩部放松(左右可以分开做，每次只耸一个；也可以一起做)。

背部：将背往后弯曲，抬起使双肩用力前收，感觉背部肌肉的紧张，然后慢慢放松。

胸部：深吸气，半举双臂，使双肩用力往后扩，感受胸部肌肉的紧张状态，保持，然后放松。

腹部：抽紧腹部肌肉，保持 5～10 秒钟，注意到腹部的紧张，然后慢慢放松。

手臂：用力水平伸展双臂，感受到手臂肌肉的紧张感，然后慢慢放松，并缓缓放下手臂。

双手：用力攥紧双拳，感受前臂与双手的紧张感，然后慢慢放松。

腿部：用力伸直双腿，绷紧腿部肌肉，注意到腿部肌肉的紧张，然后将双腿慢慢放回原姿势，感受放松。

脚部：用力向上弯曲脚腕，将脚尖尽量朝上指，感受脚面肌肉紧张。然后放松。用力弯曲双脚脚趾，感受双脚脚掌的肌肉紧张，然后缓缓放松。

思考题

(1) 试着描述自己正在承受的压力事件?

(2) 思考最为经常使用的压力应对方式，分析其优缺点。

心灵语录

天将降大任于斯人也，必先苦其心志，劳其筋骨，饿其体肤，空乏其身，行拂乱其所为也，所以动心忍性，增益其所不能。

——《孟子》

失败也是我需要的，它和成功对我一样有价值。

——爱迪生

07 第七章 大学生学习心理健康

案例导入

1979年“保安哥”张军之出生于安徽庐江，中专毕业后便南下打工。2003年春天，“非典”爆发，广东成重灾区，人人自危，他不得不离开广东，回到家乡。

“我不知道我今后要去哪里，也不知道要干什么。”一天，他翻看杂志，一个故事引发了他的共鸣。“一个女孩子，和我一样也是没读高中就去打工，十几年，却一步步地读到了博士。”女孩的人生路似乎让迷茫的张军之看到黑夜里的一丝亮光，“我想读书，做研究，读博士，也没有什么不可以的。”

与同样考研的大学生相比，张军之的确有太多弱势，无论是时间还是精力，都远不及在校的学生。“但是，我唯一的优势就是我强烈的动机和坚定的信念。我比任何人都珍惜学习的时间。”他的眼神中透露着坚定。

有了追求，张军之便在求学的康庄大道上“快马加鞭”。白天在合肥的一家工厂里上班，晚上窝在工厂的宿舍里学习，他只用了4年的时间，就自考了大专和本科心理学的全部课程。

“那时候家里人正好说科大招保安，我一听是科大，就去了。”经家人介绍，张军之成了中科大的一名保安，从此，他穿上制服，白天上班，晚上却成了科大自习室里的一道风景线。对于他来说，考研，最难攻克的莫过于英语。他还清楚地记得，第一次考研就因为英语分数太低而无缘面试；而第三次考研，却因面试的英语口语遭遇了“滑铁卢”。

2013年9月，“四战”的张军之终于顺利地踏进了江西师范大学心理学院的大门。从2003年到2013年，整整十年的寒窗苦读，终于给了他一纸满意的答卷。

学习思考：

(1) 如果你是“保安哥”本人，你是否能够坚持下来？

(2) 在学习的道路上，你是否也曾受挫过，想想当时你是怎样应对的？

学习是大学生活中最重要的一部分，是大学生活的主旋律。绝大多数大学生都是经历了多年的奋力拼搏与激烈竞争才得以跨进大学校门的。有些学生认为大学的学习可以放松一下。有些学生虽然在主观上并没有这种想法，但对于大学教学体制、学习方法等方面与中学阶段存在的显著差异没有明确的认识，学习上缺乏自主性，客观上还是放松了对自己学习的要求。还有一部分大学生虽然意识到大学阶段的学习对人生的重大意义，也曾努力学习，但无论如何也达不到理想的学习效果……种种原因使大学生们在学习过程中，会产生各种各样的心理问题，如学习动机缺乏、自我管理学习能力低下、考试焦虑、考试作弊等。因而，了解大学生学习特点，分析大学生常见的学习心理问题，改善他们的学习状况，进而促进大学生的全面发展是很有必要的。

第一节 大学生学习心理概述

一、学习的心理学原理及应用

（一）学习的内涵

一般来讲，学习有广义与狭义之分。广义的学习是指人和动物不断地获得知识经验和技能，形成新习惯，改变自己的行为的较长的过程。它是有机体以经验方式引起的对环境相对持久的适应性的心理变化。从这个定义我们可以看到，学习是人和动物共有的心理现象。学习有不同的水平，各种水平的学习都能引起适应性的变化。学习是后天的习得性活动。狭义的学习是指人对客观现实的认识过程。

人类的学习与动物的学习有质的区别。首先，人类的学习离不开对几千年来人类社会历史所积累的知识经验的继承；其次，人类的学习是有目的的，是主动积极的；第三，人类的学习既包括间接经验的获得，也包括个体在实践中获得直接经验。人的一生都在学习，通过学习不仅保持了有机体与环境的动态平衡，而且还产生了改造客观世界的力量。

（二）学习的心理学理论

关于学习的心理学理论有许多，影响较大的有以下几种：联结理论、认知理论和人本主义理论。这些理论都对学习做了较深入的探讨，在教育界有一定的影响。

学习的联结理论是 21 世纪初由桑代克首先提出来的，后经行为主义心理学家华生(J. B. Watson)、赫尔(C. L. Hull)、斯金纳等人的进一步发展，而成为一个较为完整且影响较大的学习理论。这一理论是用刺激与反应的联结即条件反射来解释学习过程。它解释了学习发生的原因以及影响学习的主要因素。

学习的认知理论以格式塔的顿悟说、托尔曼(E. C. Tolman)的认知论、布鲁纳(J. S. Bruner)学习理论等为代表。格式塔流派强调在整体环境中研究学习，同时还强调知觉经验组织的作用。该流派认为，学习是知觉的重新组织，这种知觉经验变化的过程不是渐进的尝试与错误的过程，而是突然领悟的。托尔曼关于学习的理论受格式塔理论的影响。他认为外在强化并不是学习产生的必要因素，不强化也会出现学习。另外，他还强调内在强化的作用。在学习过程中存在着尝试与错误的过程，在多次尝试中，有的预期被证实，有的投影未被证实。预期的证实是一种强化，这就是内在强化，即由学习活动本身所带来的强化。布鲁纳是美国当代著名认知学家。他认为，学习是认知结构的组织与重新组织。他强调学生的发现学习，认为学习是主动的过程。他也非常重视内在动机与内在强化训练的作用。

人本主义心理学兴起于二十世纪五六十年代之交的美国，主要代表人物是马斯洛与罗杰斯(C. R. Roogers)。前面我们已提到过马斯洛的需要层次理论，人本主义学习观的代表人物则是罗杰斯。罗杰斯的学习理论可以概括为以下几点：① 学习是有意义的心理过程，而不是机械的刺激和反应联结的总和。② 学习是学习者内在潜能的发挥。人类的学习是一种自发的、有目的、有选择的学习过程。教学任务就是创设一种有利于学生学习潜能发挥的情境，使学生的潜能得以充分的发挥。③ 从学习的内容上讲，罗杰斯认为应该学习对学习者有用的、有价值的经验。④ 最有用的学习是学会如何进行学习。罗杰斯特别强调对学习方法的学习和掌握，强调在学习过程中获得知识和经验。

二、大学生的学习特点

(一) 学生学习的特点

学生的学习是狭义的学习。冯忠良教授在《学习心理学》一书里，对学生学习的特点进行了高度的概括和精辟的分析。他指出，在校学生的学习与人们在日常生活和工作中的学习有三个显著的区别：

其一，掌握前人的经验是学生学习的主要内容。前人的经验，包括文化科学知识、技能和社会生活规范或行为准则。将前人的经验纳入自己的知识结构，内化为自己的精神财富形成必要的才能和品德，则是学生学习的主要任务。由于学校有特定的教学目的、明确的教学大纲、严格的规章制度和训练有素的师资力量，所以可以保证学生在有限的时间内快速高效地完成学习任务。

其二，从总体上看，学生的学习是以间接经验的形成为主(这是由学生学习的主要内容是前人经验而决定的)，以直接经验的形成为辅(这是由于直接经验是学生理解、占有间接经验的基础)，而教师的传授则是学生掌握前人经验的必要条件。教师是把物化为文字、语言或其他符号的前人经验传递给学生的中介。

其三，由于学生正处于生理和心理不断发展的时期，必须在德、智、体诸方面全面地发展。这是学生具备从事未来职业的道德品质、专业知识、专门技能和健康体魄的基本条件。

冯忠良教授在《结构——定向教学的理论与实践》一书中对于学生学习特点这个问题又从理论上作了进一步的发展和阐释，突出强调了学生学习的接受本性，即学生的学习从本质上说属于接受学习。“所谓接受学习，是指这种学习本身是占有传播者所提供的经验，使其成为自己辨认事物、处理问题的工具”。学生学习的接受性不是一种任意的规定动作，而是受制于教育系统的整体特性。“教育及教学是一种经验传递系统，也是一种人际交往系统”，在此系统中，师生是一对相互依存的社会角色。“教师所处的地位，是经验所有者及传授者的地位，其职能主要是传授经验，其规范行为是经验的传授活动。学生所处的地位是经验欲得者及接受者的地位，其职能是接受经验，其规范行为是经验的接受活动。”基于这种分析，学生的学习必然是接受学习。

从学生的学习属于接受学习这个根本特点又可繁衍出四个派生性特点。

（1）学生学习的定向性。所谓定向性，是指学生的接受学习有着一定的、明确的目的和方向。

（2）学生学习的连续性。所谓连续性，是指学生所接受的学习内容之间存在着内在的联系性："前面的学习为后来的学习提供了准备、条件，后来的学习是前面学习的补充和发展。"因而学生学习的成效受制于教学的整体设计。

（3）学生学习的意义性。所谓意义性，具有两层含义：其一，学生的接受学习不仅需要了解负载着经验或信息的媒体或信号本身，而且特别应当掌握媒体或信号的含义（意义）；其二，"从总体上说，各种学习内容之间不是一系列孤立因素的积累，而是可以分门别类、相互沟通的，最终构建起具有意义联系的结构"。

（4）学生学习的言语性。所谓言语性，是指"在接受学习中，用以传输经验的主要媒体是言语信号"。学生借助语言信号可以使自己的学习超越狭隘的直觉限制，"通过语义网络的构建，整合各种经验，建立起稳定的经验结构"。

（二）大学生的学习特点

大学生的学习特点与大学生的生理、心理发展水平紧密相关。大学生一般在18～25岁之间，生理功能已基本达到了成熟水平。在此基础上，其心理功能迅速发展，特别是思维能力达到了较高程度。他们已经能够接受比较复杂的、大量的科学文化知识，掌握难度较大的操作技能，具备一定的科学研究能力。与此同时，他们的价值观、世界观、道德观、美感及其个性也逐步形成并且日趋稳定。与中小学生相比，大学生的社会角色有着更加丰富的内涵。他们既是公民，归属于知识分子群体，同时又即将成为某种社会职业角色。以上种种因素规定和制约了大学生的学习特点。

1. 学习内容的特点

（1）职业方向明确，专业性较强。大学生的学习既区别于中学生的学习，又不同于职业学校的学习活动。大学生的学习活动实质上是一种学习——职业活动。它一方面是在较高层次上积累专业知识，另一方面又带有较强的职业方向。也就是说，大学生所选择的专业同他毕业后准备从事的职业直接相关。

大学生进入高等院校后，就要分系、分专业，按照国家对各种专业人才的需要，有组织、有计划地在教师的指导下深入地进行专业学习，为今后从事的工作做准备。

（2）学科内容的高层次性和争议性。高等院校开设的基础课程，包括了本学科的基本理论、基本知识和基本技能，这"三基"是大学生在校学习期间应当牢固掌握的。但是，在科学技术日新月异的今天，仅仅具备本学科的基本知识还不足以适应社会的发展。因而，许多高等院校十分注重在教学中增添处于本学科前沿性的、内容起点高、视野较宽的新理论、新知识，但这类知识正因其新，故而也有不成熟的一面。再有，教师自身知识和教材内容的更新需要一个过程，因而教师在讲授这部分知识时，有时很难拿出一个被专家公认的观点，只能介绍各家学派、各种观点供学生参考。学生可通过查阅资料、独立思考、切磋讨论、论证阐释会大大提高自己分析问题和解决问题的能力。

2. 学习方法的特点

（1）自学能力的增强和提高。大学生在学习活动中逐渐感受到自学的重要性。他们认识到如果总是一味地依赖于教师的教学，反而把获取知识的途径仅仅局限在课堂上，这样不仅难以顺利完成大学的学习任务，而且，对于未来从事的职业以及一生的继续学习都是极为不利的。因而许多大学生，尤其是高年级学生已经把自学变成学习的重要形式。

从大学生的身心发展、知识积累和思维水平看，他们已具备了主动学习的强烈动机和独立学习的主观条件。同时，学校也为大学生的自学创造了必要条件：

① 课程安排留有余地，保证学生有自学的时间。

② 教师介绍教材之外的参考书和各种学术观点，为学生提供学习内容。

③ 有些高校实行学分制，设置了较多的选修课、讲座，学生可以跨系、跨专业听课，涉猎更广博的知识。

④ 经常举办演讲会、学术讨论会、报告会、辩论会，使学生可以相互切磋、博采众长、集思广益。

⑤ 通过撰写学年论文和毕业论文、参加实习和科研活动，在确立题目、研究分析、实验操作等过程中，大大提高独立从事科研的能力。

(2) 校内和校外学习相结合。高等院校是一个宽松、开放的亚社会环境，为学生提供了优越而特殊的学习条件。许多大学生没有把自己禁锢在校园里死读书，读死书。他们放眼世界，放眼未来，在校学习期间就有意识地把学到的科学文化知识同社会实践紧密结合起来。譬如，社会学系的学生到工厂、农村搞社会调查；播音系的学生到电台、电视台参与播音和主持节目；广告专业的学生研究市场营销情况；理工科的学生进工矿企业参与新产品的研制工作。他们不仅为社会提供了服务，而且还在社会实践中发现了自己知识和能力的不足，进而对校内学习做及时调整和补充，使自己的知识更加完善。校内外学习的结合大大激发了大学生学习科学文化知识的自觉性、积极性，并进一步增强和提高了他们的自学能力，这为大学生将来顺利地走向社会并获得事业成功打下了坚实的基础。

3. 自我意识的发展

自控性、批判性和自觉性是大学生自我意识的反映，也是大学生比高中生思想更成熟、思维水平更高的表现。

(1) 自控性的增强和提高。自控性是大学生对自我进行控制、调节的能力。它包含着大学生对自我、自己与他人、自己与周围环境的认识、评价和调节。能不能有效地控制自我，直接关系着大学生能否较快地适应大学生活，正确认识自己实际的学习能力并凭借意志力去克服学习障碍，取得好的学习成绩。

在我国，学生从高中毕业到升入大学，这中间相隔的时间很短，但二者之间的跨度却很大。在教学管理、教学方法、课程设置、教材内容等方面，高中和大学之间差别很大。学生在高中几年的学习中已形成了依赖教师的详细讲解和具体指导的心理定势，陡然转入教师“大撒手”、学习安排由自己做主的大学生活，常常有种失控的感觉，甚至惶惶然不知所措。客观现实逼着他们重新审视自我，重新评价自己的学习能力，认真分析学习中新出现的问题，寻找克服学习障碍的办法和提高学习效率的途径。经过一段痛苦的反省和艰苦的努力，许多大学生的自我控制能力得到了较明显的提高。

(2) 批判性的增强和提高。处于青年中期的大学生，他们的抽象逻辑思维已占主导地位，创造性思维得到发展；他们的记忆方式也由机械记忆为主过渡到意义记忆为主；他们的世界观、价值观正在逐渐形成。对于教师的讲课内容、教材中已有的结论，他们总爱投以探询的目光，抱以审慎的态度。他们愿意独立思考，通过与他人的辩论，争得别人的认同。当然他们的观点难免偏激，这正需要教师的点拨和指导。

(3) 自觉性的增强和提高。多数大学生能清醒地意识到自己将要肩负的重任和学习意义。他们为自己订出学习计划，利用课余时间钻图书馆、听学术讲座、参与课外活动开拓知识面。还有的学生不满足于本专业的学习，力求多旁听外系课程，还有的人在低年级就为考研究生、出国深造积极做准备，表现出很高的学习热情。

第二节 大学生常见学习心理问题及调适

一、大学生常见学习心理问题分析

(一) 专业学习引起的学习心理问题

“20岁之前，我有过辉煌和荣耀，一度是世界上最幸福的女孩。考上大学之后，我却彷徨起来，选了自己不爱学的专业，再也没有了少年时的渴求和激情。高中时，只憧憬自己有一天能够妙笔生花，把世界变成文学，于是坚持要学文科，希望在自己的海洋里避开与日俱增的郁闷。面对世界的形势，为了我的前程，父亲却毅然要我选学理科，甚至明确地要我将来当医生。父亲的理想是美好的，因为我有一个非常优秀的堂叔——居住于美国的博士医师，他有着精湛的技艺。可是，我的脑筋里缺少对生理的研究。初中时数理化恒冠全校的我在高中时已显得力不从心，我开始对它们不抱希望，只想把自己的作文写得精彩绝伦。父亲的愿望与我的爱好背道而驰，我注定要走进深深的悲哀。

高二分科后，因为成绩不太理想，班主任残忍地把我调到教室的最后一排，而一直对我宠爱有加的语文老师也突然对我冷漠，英语成绩向来很好的我也总是不能引起英语老师的注意。所有这些让我年轻的心里下起冰冷的雪花。狂妄自傲的我自然地离开了人群，孤独地生存。我写给父亲的信从来没有回复。于是，我收起两代相融的心思，重新审视“代沟”二字。从点点回忆和生活细节中看，父亲无疑是疼爱我的。从小到大，学业的颠途中，父亲一直相伴我，为我扛起沉重的行李，为我……只是他很少了解我的心。高考是失败的，我进了大专班，并选学了中药学专业。但是，我对这个专业没有兴趣，离开散文、诗歌和小说，我开始堕落在无可奈何中，并与周遭的人们格格不入，真正相知的朋友也是屈指可数。我的固执与高傲已经把我的生活与欢娱隔绝开来。20岁了依然没有固定的目标，我却再也不想读书。前路一片渺茫，不知道喧嚣的尘世中是否有我残存的领地……”

这是一篇摘自《大众心理学》中的文章，文中的主人翁在大学学习中由于专业选择不理想而使得学习索然无味。在前文中，我们就分析过，专业性是大学生学习活动中的一个显著特点，大学教育的主要目的是为社会培养高级专业技术人才。根据我国目前的情况来看，大学生的专业定向问题提前到了高考志愿填报，甚至更早的偏文还是偏理的选择之时。具体到每一个确定的个体来说，专业一旦定向，是很难根据个人的意愿加以改变的。专业定向的不理想是由专业学习引起的学习问题的一个重要方面。此外，即便是大学生对自己所学的专业没有厌恶感，也存在因专业学习内容本身造成学习不适应的问题。

大学的专业学习对很多尚未跨入大学校门的学生来说，是很陌生的，但是，专业的定向恰恰在这个阶段就必须完成。普遍来说，大学生当初在填报高考志愿时，除少数学生是出于个人志向的主动选择外，大多数学生是在教师和家长的劝慰、参谋和要求下进行的被动选择。而老师和家长进行专业选择时一般来说要考虑这样几种因素：高考分数与填报专业的分数要求、毕业之后就业的问题及所填报的专业在目前的热门程度等。而对于学生本人的志愿因素，则考虑得少得多。在这样的情况下，进入大学校门之后，专业学习与个人志向的矛盾就显露出来了。当大学生专业与个人志向大体一致时，当然会感到欣喜、满足与安慰，并由此增添向上的动力；当所学专业与自己的志向不一致时，就会产生苦恼、迷惘、失落之感，直接影响他们对专业知识的学习，引起学习问题产生。

大学生专业不理想引发的学习问题主要表现为以下几种类型。

1. 深恶痛绝型

前文示例中的大学生即属这种类型，这类学生因为种种不得已的原因进入了一个自己最不喜欢的专业，内心必然会产生相当强烈的失落、沮丧、郁闷、忧伤甚至绝望等情绪反应。在这些消极情绪的影响下，学生对所学专业存在着严重的排斥心理，一提起自己的专业就头疼，对专业知识的学习不仅缺乏兴趣，而且感到厌烦，终日无精打采、消沉冷漠。在这种心态的影响下，自然学不好专业，这样一来，也加深了自己根本不适合这个专业的主观判断。

2. 游移不定型

此类大学生对自己所学专业没有深厚的情感，对专业的态度不坚定，时好时坏，容易受到外界各种因素的影响。当听说此专业大有前途时，对所学专业充满热情、兴趣，学习劲头十足；而一旦听到有关该专业的负面消息时，就热情全无，回到无动力的观望状态。

3. 委曲求全型

这类学生在专业选择上虽然没有选择到自己所喜爱的专业，但是在主观认识上意识到仅凭自己的力量无法改变现实，讨厌也好，喜欢也好，都得学下去，所以尽量改变自己的主观情感，尽力学好这个专业。如果他们的委曲求全最终得到相应的回报，那么万事大吉；如果在此过程中出了问题，很容易回头找到专业的毛病，不愿意继续努力。

（二）学习动机引起的学习心理问题

人们无论从事什么活动，总要受到动机的调节和支配。动机是引起和维持个体的活动，并使活动朝着一定目标而展开的内部动力。个体的学习活动也同其他活动一样，受到一定动机的调节与支配。学习动机即是推动、引导和维持人们进行学习活动的一种内部力量或内部机制，它是影响学生学习活动得以发动、维持、进行直至完成的内在动力，是学习过程中不可缺少的条件。但是不仅学习动机的缺乏会对学生的学习深造产生不利的影响，学习动机过强也会产生这种不利的影响。

大学生中，由学习动机引起的学习问题主要分为两种情况。一是学习动机缺乏造成的不愿继续学习。这类大学生可能是在高考前为了一纸大学录取通知书而拼命苦读，进入大学后，再也没有向上的目标激励自己努力学习；也可能进入大学后，在学业上自己也曾努力过，但是种种原因的影响，自己的学习成绩再也不能像高中时那样，在班级中名列前茅，因而对学习失去兴趣，再也没有向上的动力与决心，产生了破罐子破摔的消极心理；也可能因对所学专业的不满意而产生了消极情绪，继而影响了学习积极性……总之，原因是多种多样的，但在表现形式上都是类似的，即学习缺乏主动性、积极性和自学性。二是学习动机过强导致的学习焦虑。学习动机过强的大学生一般来说都有争强好胜的人格特征，在学习方面有着严格的要求，不允许自己有一丝一毫的放松。这类学生往往抱着只要自己努力就一定能达到目标的错误认知，为自己设立了远大的有些不合实际的学习目标，当自己经过万般的努力，目标仍不能实现时，给自己造成了很大的心理压力，产生了学习上的焦虑，降低了学习效率，使自己处于抑郁的心境状态之中。

（三）自我管理学习能力低下引起的学习心理问题

大学生的学习与中学阶段的学习有了巨大的不同，这种显著的差异使大学学习表现出独有的特征，尤其是大学学习自主性这一特点，对大学生更多地提出了“学会学习”的要求，由此，对大学生的自我管理学习能力也提出了较高的要求。但并非每一个进入大学阶段的个体都能迅速适应大学学习的要求。

对于自我管理学习，班杜拉(Bandura)认为，自我管理是一种控制自己行为的能力，是一个人个性的表现。他把自我管理学习分为三步：第一步，自我观察，即仔细观察自己，密切注意自己的行为；第二步，判断，即用一个标准来比较自己所看到的事情；第三步，自我反馈，即如果做得好，就给自己一个奖赏反应，若做得还不够，就给自己敲响警钟。齐默尔曼(Zimmerman)指出，自我管理学习的过程包括自我评价、组织和转化、目标和计划的制订、寻找信息、自我监督、建构学习环境、责任心、练习和记忆、寻找社会帮助、复习等。这表明，大学生的自我管理学习能力指的是大学生在学习活动过程中所展现出来的对自己学习开展全部的自我调节、监控及计划安排的能力。

大学的学习生活中，如果能够对自己的学习进行有效的自我管理，充分调动自身认知的、情感的、行为的因素参与学习过程，使自己真正成为学习的主人，就能成为一个高效的学习者。但是现实情况并非如此，进入大学校园的学生们，在学习方面的心理问题恰恰更多地表现在这些方面：不能有效地安排好自己的学习，缺乏时间管理技能；面对学业压力，尤其是考试的压力，没有良好的应试策略的指导；对学习的目的与意义存在矛盾态度，缺乏与自己相适应的学习目标；对学习任务及学习成绩无法达到理想状态造成的学习压力、紧张等负面情绪难以进行有效的调节等。

二、大学生学习心理问题的调适

（一）专业引起的学习心理问题调节

1. 了解自己、了解专业，改变原有的不合理认知

现实中的一部分大学生，实际上并不是像他们自己所意识到的那样存在着严重的专业定向与自己本身特长爱好不一致的问题。专业定向方面的心理困扰更多的是由于对自己的了解不深入，对专业的认识不全面而引起的不合理的认知造成的。这种大学生往往在还没有系统深入地与所学专业接触前就深感自己的专业让人讨厌，他们往往是过多地受到了他

人意见的影响而轻易得出的结论。这种认知上的偏差进一步影响大学生对待专业学习的态度及效果，而专业学习成绩的不理想又反过来加深了他们的专业选择错误的认知偏差，导致一个恶性循环。所以，大学生对自己所学专业感到并不称心如意的时候，不要轻易地下结论，而应通过各种途径加深对相关情况的认识了解，尤其应全面地了解自己，全面地了解所学专业。

选择一个与自己的兴趣、爱好、特长相符的专业，是大学生专业定向时一个很重要的理由。既然如此，全面地了解自己，包括能力倾向、专业兴趣、个性特征方面的自我认识了解就是非常必要的。美国心理学家霍兰德根据人格特征与专业定向乃至将来的职业选择的关系，把人格划分为六个类型。他认为，不同的人格类型在专业的选择方面具有明显的差异。例如，研究型的人有强烈的好奇心，重分析、好内省、比较慎重，他们喜欢从事有观察、有科学分析的创造性活动，如天文学研究等。艺术型的人想象力丰富，有理想、易冲动、好独创，他们喜欢从事非系统的、自由的活动，如表演、绘画等。常规型的人易顺从，能自我抑制、想象力差，喜欢稳定、有秩序的环境。他们愿意从事重复性、习惯性的工作，如统计、财税、金融业、文秘等。而企业型的人喜欢支配别人，有冒险精神，自信而精力旺盛，好发表自己的见解。他们愿意从事组织、领导的工作，如企事业单位领导人、律师、工业顾问、个体经营者等。自己对哪一方面的工作感兴趣，是确定专业的一个重要依据，能力倾向和专业兴趣可以用“霍兰德职业偏好测验量表”来进行检测。个性特征方面，主要指的是个体的气质和性格，比如好动还是好静，乐于与人打交道还是乐于与物打交道，反应是否灵敏等，不同个性的人适应于学习不同的专业，从事不同类型的工作。大学生可以通过气质调查量表、16PF 人格测验等量表来增加对自己个性特征的了解。只有在全面准确地认识了解自己的基础上，才能在专业定向上找准自己的坐标，不致盲目听从他人的意见而对所学专业心生厌恶之感。

了解自己，明确自己的特点和长处仅是改变不合理的认知的一个方面，还有一个重要的方面在于全面认识自己所学的专业。大学生除了通过找本专业的老师或高年级同学进行咨询，倾听他们对本专业的情况介绍及他们自己的建议外，应更多更深入地接触专业理论知识，甚至在可能的条件下，最好亲自参加一些自己所学专业的相关实践活动，在实践中加深对专业的了解。社会心理学上有这样一个实验，两组大学生分别评价一项工作的好坏，一组大学生只是凭一些书面介绍，而另一组则要亲自参加这一项工作，结果第二组对这项工作的评价明显要比第一组的评价高。心理学家认为之所以会出现这种情况是因为第二组学生参与了工作，为维护自己参与性的价值，所以明显提高了对工作的评价。可见，当我们全身心地投入到某项工作中时，会发现该项工作的重要性与价值所在。因而，通过实践活动的开展加深对专业的了解，是大学生全面认识本专业的一个重要途径。

总之，通过对自身的客观分析和对专业特点及发展前景的了解，促使自己改变以往对所学专业不合理的认知，增加对本专业的心理认同感，是摆脱专业不理想的心理困扰的途径之一。

2. 改变原有态度，培养专业兴趣

从大学生的实际情况来看，的确有一部分大学生存在专业定向上的偏差，对于这部分大学生，在可能的情况下改学其他专业是解决其专业选择不理想的较好方式，但在我国目前的教育体制下，转专业是比较困难的。而且从实际情况来说，任何一个专业都不是十全十美的，都有其局限性和不尽如人意的地方，但是，每个专业又都有其独一无二的特点和诱人之处。所以，大学生针对自己所学专业的特点，通过改变原有态度，培养专业兴趣来解决自己专业不理想的问题是一个可行的办法。

1）态度构成中认知成分的改变：通过新经验的建立改变原有的专业认知

态度的认知成分会在人们的头脑中形成一种既定的模式或刻板印象，使人倾向于按照刻板印象的轨道来认识对象，如提到上海人，很多人马上想到精明，而提到山东人，会想到豪爽。这种认知是在过去所得经验(既包括直接经验也包括间接经验)的基础上形成的，我们可以通过新的经验的建立而引起态度的改变。如果我们现在多次接触到的山东人，都是精打细算的，那么我们关于山东人豪爽的认知就会动摇，并最终发生改变。据此，大学生要改变对原有专业的态度，首先得改变对原有专业的认知，这可以通过建立一些新的经验来达到目的，如：

——我所学的专业就其就业前景来看是十分乐观的！(可通过毕业年级同学寻找工作的感受得知)

——从事本专业工作的收入还不错哦！(可通过行业收入调查获知)

——本专业的学习还是有一些有意思的地方嘛！(可通过多参加知名学者、教授的讲座，多听专业课名师的课堂教学获得)

——把专业知识用到实践中还真管用！(可通过多了解一些本专业成名人物传记获知)

——原来同班的同学中有那么多喜欢本专业、认为本专业很有发展前途的人！(可通过与同学之间的沟通交流获知)

——同寝室的某某原来对专业学习那么不满意，这段时间怎么专业学习这么起劲？原来他说我们无法改变环境来适应我们，就得改变自己来适应环境！(可通过与专业学习态度发生改变的同学的交流获知)

——其他的专业看来也不都是尽如人意的！(可通过与其他专业同学的交流而获知)

大学生要改变对自己专业原有的认知，需尽可能地多建立一些与原有认知不一致的新经验，引起新建立的经验与原有经验之间的矛盾，再通过自己积极能动的调控，最终达到自己想要的目的。

2）态度构成中情感成分的改变：通过积极的自我暗示改变原有的专业学习情感

态度的情感成分指个人对于一定对象的体验，如接纳或拒绝、喜爱或厌恶、热情或冷漠、敬重或轻视等。态度中的认知与情感是不能截然分开的，态度的情感倾向是有理由的，有认知因素的直接支持。所以，大学生对专业学习态度的改变，应在认知改变的基础上，进一步改变自己对专业学习的负面情绪情感。

大学生可以在认知发生变化的基础上，通过积极的心理暗示来改变原有的专业学习情感。所谓心理暗示，是指通过语言动作，以一种含蓄的方式，对他人(或自己)的认知、情感、意志以及行为产生影响的心理活动过程。在这里，心理暗示主要指的是自我暗示。

3）重新选择专业

如果采用以上两种调适方法仍然不能克服因专业不理想带来的心理困扰，则不妨考虑采取重新选择专业的办法。虽然通过学校的正式途径来实现专业转换是较为困难的，但国内的某些高校还是允许入学新生在经过一年的原专业学习后重新选择专业。不过这种转专业的方式不是每一个专业不理想的大学生都能采用的，这也没关系，因为直接转换专业仅是重新选择专业的一种情况；除此之外，大学生还可以通过读第二学位、继续升学之机重新选择专业。如果个人所在学校不允许直接转专业，或没办法通过直接转专业来达到重新选择的目的，那么可以在修读所学专业的同时，修读自己感兴趣的第二学位。此外，大学生还可以借考研之机，选择自己喜欢的专业。这两种情况都会让大学生涉足到两个不同的专业，这既能扩大知识面，增加自己就业的竞争实力，也满足了专业与志向之间的一致性。

(二) 学习动机引起的学习心理问题调节

1. 对于学习动机过强的大学生，引导其适当降低学习动机

一般大学生都认为，学习动机越强，学习越努力，学习效率也越高，越能在学习上获得自己想要的好成绩。心理学家耶基斯和多德森的研究指出，动机强度与学习效率的关系不是线性关系，而是成倒U形曲线关系。也就是说，学习动机的强度有一个最佳水平，此时的学习效率最高，一旦超过了顶峰状态，动机程度过强时就会对活动的结果产生一定的阻碍作用。而且学习动机的最佳水平不是固定不变的，它与学习任务的难易程度有关，在学习任务比较容易时，学习效率有随动机强度的提高而上升的趋势，其最佳水平为较强的动机强度；但在学习任务比较困难时，学习效率反而随动机强度的提高而下降，其最佳水平为低于中等水平的动机强度；对于一般难度的学习任务，学习动机强度居中为最佳水平。

有着太强学习动机的大学生，一般对自己抱有很高的希望，制定了一些不切实际的学习目标，这样一来，学习活动的成绩好坏对自己的影响非常大。当心理压力过大，情绪过于紧张时，学习效率会降低。所以，有着太强成就动机的大学生，有必要对自己的实际水平与能力作一个正确的分析，对过强的学习与成就动机进行适度的调节。

2. 对于缺乏学习动机的大学生，应激发其学习动机

学习动机虽然不是提高学习效果的唯一心理因素，但却是极其重要的因素。学习动机缺乏的大学生，一般来说，都存在程度或轻或重的学习困难，轻则考试不能通过，重者还存在留级、退学的可能，由此还可能引发大学生的自卑、抑郁等心理疾病，甚至更为严重的其他问题。所以，面对由学习动机缺乏而产生学习适应不良的大学生，应通过各种途径强化其学习动机。

(三) 自我管理学习能力低下引起的学习心理问题调节

学习时间管理训练主要是帮助大学生提高科学规划学习时间的能力，达到合理利用时间，提高单位时间的利用率，正确支配时间，以取得良好的学习效果。

1. 学会时间分配，提高时间使用效率

我们每天都有很多事要做，其中包括很多学习任务需要完成，但是每天面对的这些事情对我们而言有着不同的重要性，有轻重缓急之分。因而，学会将任务按一定的标准加以排序，再统筹计划分配时间逐一完成，可以帮助我们更有效地利用时间。

学习时间分配的几种方法介绍：

(1) 次序分配法。所谓次序分配法，即将每天的学习(工作、生活等)活动，按其实际需

要(或复杂程度等)，有次序地予以分配，以便使一天的活动有节奏、有次序地合理进行的方法。美国时间管理专家艾伦·莱金在其代表作《如何控制你的时间和生命》一书中指出：每个人要做的事情均可分成A、B、C三类。A类的事情最重要(或每天需完成的常规性的)；B类次之(一般性的)；C类可以放一放。如果把A、B两类事情办好，就完成了工作的80%以上。要是有特殊情况出现(如老师要求催办C类)，就可将其上升为B类，或将B类上升为A类，等等。莱金将此法称之为有计划的转移。这种方法的精妙之处，就在于将有效的时间安排给最重要的事情。

(2) 重点分配法。所谓重点分配法，即指按事情的轻重缓急，有重点地对时间给予分配，以便使重点任务能保证完成的方法。英国社会经济学家巴特莱称此为80/20分配规律法。他指出：可将事情分成80%与20%的比例关系，并分配以不同的时间，从而既实现对时间的控制，又实现事情的有效完成。他以藏书为例，假设某人有藏书1000册，他就应该将使用率最高的20%即200册挑选出来，放在取用最方便的地方。这样，查阅时既节省了时间又提高了效率。在学习时间的分配上，我们也可以借鉴和使用此法，如把80%的课余学习时间分配给20%最重要、最需要完成的学习任务，把20%的时间分配给80%的一般事情上，这样一来，就突出了学习重点，保证了学习任务的完成。

(3) 性质分配法。所谓性质分配法，即指按事情的不同性质(工作、学习、生活、休息等)来分配时间，以便获得时间的无形“扩展”和“增值”的方法。例如，大学生可能将一天24小时按性质划分为“刚性”时间——必需的常规性的课内学习时间、睡眠时间、休息时间等，“弹性”时间——每天可调节使用的学习时间、社交活动时间、体育锻炼时间、其他时间等。从“弹性”时间中又可分为学习与非学习时间，学习时间又可分为整体学习时间和分散学习时间。性质分配法的优点在于，既然每天的活动中，除了“刚性”时间外，还有不少“弹性”时间，我们便完全可以利用这种“弹性”原则，让时间得到“扩展”和“增值”。

2. 了解和掌握自己的“生物钟”，充分利用最佳学习时间

你充分了解自己的生物节律吗？知道自己在一天的哪段时间里学习效率最高吗？根据学习者对不同学习时间的偏好，可将学习者分为四种类型：清晨型(也叫百灵鸟型)、上午型、下午型、夜晚型(也叫猫头鹰型)。

(1) 清晨型：该类型的学习者在清晨头脑清醒，反应敏捷，记忆和思维效率高。清晨型学习者这样描述自己对学习时间的偏爱：“我总是习惯于在清晨学习，这时候，思维特别活跃，记忆也特别好。所以，我总是把需要记忆的知识放在清晨记诵，这样往往收到好的效果。相反，如果让我在下午学习，那简直糟透了：心不在焉、注意力不集中、反应迟钝，其学习效果是可想而知的。因此，我习惯在下午运动。我并非‘猫头鹰’型，从不习惯熬夜，所以早睡早起成了我的习惯。”

(2) 上午型：上午型学习者在四个时间段中上午的学习效率最高。他们常常说“我发现上午9点后头脑才完全清醒，这时候注意力集中、思维活跃，学习效果最好。所以我对这段时间抓得特别紧，决不把它轻易放过。”

(3) 下午型：该类型学习者偏爱下午学习，他们在下午时的学习效率最高。该类型的学习者较少，但确实存在。

(4) 夜晚型(猫头鹰型)：该类型学习者一到夜间，大脑即转入高度兴奋状态，且特别清醒，注意力集中、精力充沛、思维活跃，学习效率特别高。下面是一位猫头鹰型学习者对

自己偏爱的学习时间的描述："如果让我选择什么时间来自修，那答案无疑是晚间，甚至深夜。清凉沁人的空气中，飘荡着湿润的泥土气息与淡淡的花香。此时，坐在敞开的窗户前，伏在橘黄色的光影里，头顶着星星，面对着书卷，让知识渗入脑中，的确是一种享受。那一刻的学习与在白天拥挤、喧嚣状态下的学习相比已有天壤之别。乐于晚上学习的另一重要原因是，此刻我的心情特别平静，可以说是心静如水，但大脑却运转飞快。众所周知，情绪对学习是很重要的，大喜、大怒、心乱如麻、胡思乱想等状态下都不可能进行良好的学习活动。所以，我选择了心情平和的晚间学习。再加上我的大脑夜间工作的效率优于昼间，故而晚上学习常使我感觉有事半功倍之奇效，而且常常有顿悟式的发现。"

三、考试的心理健康

考试是大学生学习生活中很重要的一部分，每个人对考试的态度和感受都不尽相同。许多同学不同程度地存在着对考试的焦虑感，而作弊现象也在不同的考试场合中存在。如何对待和消除考试焦虑，如何正确看待作弊行为，这是大学生心理健康教育的重要内容。

（一）什么是考试焦虑

1. 一般意义的焦虑及其特点

从一般意义讲，焦虑是一种类似担忧的反应，是对当前或预计到对自尊心有潜在威胁的任何情境所具有的担忧的反应倾向。但焦虑与担忧又有本质区别，担忧通常是指对身体上的威胁的反应，而焦虑则是对威胁到自尊心的情境的相应反应。例如，一个人担心自己会因受凉而生病是一种担忧，而当一个人担心自己考试不及格从而丧失自尊时，便是一种焦虑反应。

根据威胁来源的不同，可将焦虑分为正常焦虑与神经过敏性焦虑。当焦虑是由来自外部的对自尊心的威胁引起的时候，便是正常焦虑，在人格心理学中，它被称为由客观情境引起的正常人的焦虑。神经过敏性焦虑的威胁则来自受到严重伤害的自尊心本身，它表现为焦虑者对于会进一步有损于自尊心的新情境的过度担忧反应。

2. 考试焦虑及其特点

考试焦虑是焦虑的一种情况，它是指在一定的应试情境激发下，受个体认知评价能力、人格倾向与其他身心因素所制约，以担忧为基本特征，以防御或逃避为行为方式，通过不同程度的情绪性反应所表现出来的一种心理状态。

与一般性焦虑相比，考试焦虑有以下特点：

(1) 考试焦虑是由应试情境引起的，它比一般性焦虑的威胁要简单得多。

(2) 考试焦虑的持续时间较短。因为其威胁来自考试情境，它一般随应考时间的长短而变化，且随着考试的结束，这种焦虑也就逐渐消除了。而一般性焦虑则在较长时间内始终表现出焦虑的症状。

(3) 考试焦虑不是一种人格特性，而是一种特定情境(考试情境)下的状态反应。它只在某些人中、在某种程度上，受个体人格倾向的制约与影响。与之不同的是，一般性焦虑则反映了个体人格上的一种稳定的倾向。

3. 考试焦虑的影响

焦虑对考试的影响受多方面因素的制约，如学习者原有焦虑水平的差异、考试材料难易程度以及学习者本身的能力水平等。

(1) 适度的焦虑有利于考试。一般来讲，考试过程中有适度的焦虑，会对个体产生一定的激励作用，使其较好发挥自己的水平，获得较为满意的成绩。

心理学家指出，高度的焦虑只有同高度的能力相结合才能促进学习；而高度的焦虑同低能力或一般能力相结合则往往会抑制学习。因此就大多数人而言，应当把焦虑控制在中等程度。

(2) 过度焦虑的危害。适度的考试焦虑有利于水平的发挥，但过度的考试焦虑则对学习有着极大的危害，甚至对人的身心健康造成潜在威胁。

一方面，过度的考试焦虑危害人的认知过程。考试焦虑是阻抑个体认知活动的消极情绪反应，具体表现在：① 过度考试焦虑易分散和阻断注意过程。注意是人的心理活动对一定对象的指向和集中。任何行为都须保持一定的注意才能进行，在考试过程中尤其如此，考生必须使注意力高度集中，才能按要求完成答题。而过度的考试焦虑会使应试者注意力分散，从而影响考试。② 过度考试焦虑干扰回忆过程。回忆是提取大脑中保存的内容。考试中要求考生能准确迅速地回忆起学习过的内容，以完成考试题目。过度的考试焦虑会使考生头昏脑胀，致使回忆发生混乱，甚至无法回忆起学过的内容。③ 过度考试焦虑对思维过程有瓦解作用。思维是认知过程的核心，清晰灵活的思维过程有利于考试中的顺利作答。但过度的考试焦虑会使考生的思维陷入混乱甚至停滞，同样不利于考生水平的正常发挥。

另一方面，过度考试焦虑还会危及考生的身心健康，考试焦虑所伴随的生理反应会导致有害于机体健康的变化，如会使考生神经衰弱、胃肠功能紊乱等。另外，考试焦虑所引起的生理变化，对机体的天然防御机制有破坏作用，使人对疾病的抵抗力降低，甚至在考后会继续危害考生的心理，使他们终日处于烦恼不安之中，为自己的考试成绩担忧，时时感到胆怯自卑。

总之，长期、过度的考试焦虑既不利于考生在考试中的正常发挥，又会危及考生的身心健康，是应该尽量避免的。

（二）考试焦虑的形成与消除

1. 影响考试焦虑的因素

1) 生理因素

考试焦虑的形成与水平的高低首先受个体生理特点的限制。在生理因素中，遗传素质与健康状况对个体的焦虑状况影响较大。

个体的遗传素质存在着个别差异。由于个人的遗传基因以及胎儿时期的内外环境的不同，使人的神经类型及其他生理特点各不相同。有些人的神经系统属于弱型，极易对刺激环境产生紧张反应，这种类型的人较易有较高的考试焦虑水平。

另外，个体的身体健康状况也是影响考试焦虑水平的因素之一。身体健康状况良好的人，精力充沛，情绪稳定，能够对考试做出积极反应，因而考试的焦虑水平较低。而身体状况不佳的人，极易受考试的烦扰，特别是面临重大考试时，情绪很容易波动，考试焦虑水平较高。

2）认知评价能力

认知评价能力取决于对刺激性质的认识程度，对该刺激利害关系的预测程度以及对自身应付能力的估价程度。认知评价能力对个体的考试焦虑水平影响非常大。假如一个人对某一次考试很重视，把它看作对自己的一生有重大影响的事件，那么他就会十分在意自己能否考好，考试焦虑水平相应地也就较高，反之，焦虑水平就比较低。另外，当考生对自己的能力不太有把握的时候，焦虑水平也会提高。

3）知识经验

考生自身所具备的知识的多寡也决定着其考试焦虑水平的高低。如果考生在考前准备较为充分，对将要测验的内容已做到心中有数，便会泰然等待考试的来临，在考试中也会镇定自如地答题，而不会产生焦虑情绪。相反，若考生考前准备不足，便会产生焦虑感。

4）应试技能

具备一定的应试技能会使考生在考场上得心应手、自如地答题，焦虑水平自然较低。而没有很好地掌握基本应试技能的人，在考场上极易陷入慌乱之中，要么时间不够，要么答卷涂改过多等，如此便会引起考生的焦虑。

2. 如何消除考试焦虑

如何消除过度的考试焦虑是许多同学所关心的问题。根据以上的分析，这里提出几点消除考试焦虑的建议，供大家参考。

1）认真学习，充分备考

前面已提到，知识经验准备得是否充分，是影响考试焦虑的重要因素之一。所以，想要降低考试焦虑，首先就要认真复习功课，真正灵活掌握要测验的内容，只有这样，在考场上才不至于因为不会做题而惊慌，引起焦虑。从这个意义上讲，考试没有捷径可走，唯一可行的方法是认真复习功课，为考试做尽可能充分的知识上的准备。

2）增强考试的自信心

许多考生产生焦虑的原因不是知识经验不足，而是自信心不足，对自己的评估低于自己的实际水平。所以，要消除考试焦虑，考生就必须学会对自己树立起信心，相信以自己的知识水平能够自如地应付将要到来的考试，并能在考试中取得令人满意的成绩。当然，这种自信心应当建立在一定的知识基础之上，没有知识准备的盲目自信，不仅不会有利于焦虑的消除，反而会使考生在失败后陷入更大的失望与焦虑之中。

3）形成考试的正确认知评价

一个人对考试的认知评价正确与否也影响其考试焦虑的程度。要想消除不必要的考试焦虑，一个很重要的方面就在于要力求形成对考试的正确认知。正确认识考试的重要性，既不夸大也不缩小其重要性，特别是不要夸大考试的重要性。许多考生之所以产生过度的焦虑，主要在于过分夸大了考试的重要性。另外，还要学会正确评价自身的能力水平。只有充分了解自身，才会做到心中有数，镇定地迎接考试；否则，便会在惶惑不安中产生过多有害的焦虑。

4）学习必要的应试技能

考试主要考查考生对知识的掌握情况，因此，考试成绩的好坏在很大程度上取决于考生的知识水平，这是人所共知的。但是还有一个很重要的因素却为许多人所忽视，那就是应试技能的影响。知识准备不充分，只懂应试技能的应用，无疑不会提高考试成绩，但若在较为充分地做了复习准备之后，学会运用应试技巧，则会消除对考试的焦虑，顺利完成考试。

具体的应试技能因科目的不同而不同，这里只介绍应试技能的一般方法，希望对同学们有所启发。

应试技能的第一点就是要做到对考试心中有数。考前要对考试题型、解题思路、答题要点以及评分标准进行较为全面的了解，这样在考试中才能泰然答题。

其次，在考试过程中，要保持平静。为了做到这一点，不妨在发试卷的前几分钟，闭目做几次深呼吸，排除一切杂念，只把心思放在考试上。发下试卷之后，不要提笔就答，而应将试卷大体看一遍，了解清楚题量以及各题的难度等情况，以便分清轻重缓急，掌握好答题时间。

最后，也是很重要的一点，就是在考试后不要过分关心已考过科目题目的对错，特别是当后面还有考试时，就应将已考过的课程暂时抛开，全心全意地准备后面的考试。只有这样，才能保持平静的心情，而不至于出现过高的考试焦虑。

影响考试焦虑的因素很多，相应地消除考试焦虑的方法也就很多，同时由于每个人有各自不同的特点，不能一概而论。大家可以根据上面的建议，结合自身的特点，找出合适的方法消除自己的焦虑感，以便在考试中取得好成绩。

（三）大学生的考试作弊心理

伴随着大学生对当前大学里的考试的种种不满，越来越多的大学生加入了“作弊族”的行列。从流行于大学校园的种种关于考试作弊的顺口溜中，可以看出大学生对待考试作弊的心态。诸如“考试不作弊的是傻蛋，作弊被逮住的是笨蛋，作弊逮不住的是精蛋”“考，考——老师的法宝；分，分——学生的命根；抄，抄——学生的绝招”“不抄白不抄，白抄谁不抄，抄了不白抄”等。据史志英对892名大学生的抽样调查显示，有82.74％的大学生有过作弊行为(包括帮助同学作弊者8.86％)，而且学习成绩中等以上者有作弊的也不少，占80.66％。这充分说明了大学生考试作弊现象存在着普遍性，同时也反映出了问题的严重性。

1. 大学生考试作弊的心理表现及特点

根据对大量调查材料的分析，考试作弊的大学生大致有如下几种情况：

第一，“不得不抄”，即作弊纯属迫不得已。这种情况多见于平时学习不认真，学习成绩较差，考前没有进行系统复习和充分准备的大学生。他们自感及格困难，又害怕补考，于是靠作弊蒙混过关。他们的作弊动机和目的非常明确，就是混及格。而且考前大多有作弊准备，或打小抄，或和学习好的同学约好坐前后座以得近水楼台之便，或在考场中“眼观六路，耳听八方”以获取有用信息，等等。他们对考试抱有厌恶态度并认为作弊不是什么坏事，考试情绪低沉，意志力较差，久而久之由偶尔作弊发展成“惯抄”。

第二，“能抄则抄”，即只要条件许可，不被监考老师察觉，就不失时机地抄袭。这种情况多见于学习成绩中等和较好的大学生。他们一般无不及格之忧，作弊动机是为了取得更高的分数。例如，有的大学生说：“假如允许作弊的话(老师不太管的情况下)，我想我也会抄的,因为谁不想‘好上加好’呢!”他们对考试作弊大多持无所谓态度,作弊大多是在“攀比心理”“从众心理”的驱使下产生的,是虚荣心在作怪。

第三,对于那些平时学习认真、学习成绩好、复习较充分的大学生来说,一般是不作弊的,他们对考试作弊大多持反对态度,认为作弊是不诚实的表现,是自欺欺人的事。但他们当中也有参与作弊的,多属于帮助别人作弊。这其中又有两种情况:一种是碍于同学面子,在对方要求下为其提供方便,他们大多有一种怕得罪对方的心理,参与作弊是不情愿的、被动的。另一种是主动帮助别人,这多发生在彼此要好的学生之间,在“哥们义气”驱使下共同作弊,参与作弊是主动的。还有一种奇怪的现象,即有的学习成绩好的大学生热心过度,在没有事先约定的情况下,在考试中主动帮助那些落后生,被帮助者自然是来者不拒。造成这种现象的主要原因是有的学生想得奖学金,当三好学生,但需要同学拥护,为给其他同学一个“好印象”,以捞取选票,遂伸出了“援助之手”。

此外,不同年级、不同性别的大学生的作弊心态也有差异。一般地,男生作弊者多于女生,女生、低年级大学生在考试作弊时的紧张程度明显高于男生和高年级学生。

2. 大学生考试作弊心理的原因

大学生考试作弊心理是十分复杂的,究其原因主要有:

第一,对考试反感。这是造成大学生作弊的主要原因,其中最主要的因素是考试内容多为记忆性知识,大学生很反感。据调查有34.14%的作弊者出于此而作弊。

第二,考前未认真复习,在考试中就采用作弊的方式以投机取巧。由于各种原因,例如不喜欢某一门课,或某一科目学起来较困难等,使得许多人考前未能对所学内容进行认真复习。为了通过考试,许多人就采取了作弊的方式,希望以这种方式应付考试。

第三,出于虚荣心和自尊心。有些大学生是出于自尊心和虚荣心而作弊的。他们认为考试成绩好可以为入党、评优秀干部、当“三好”学生、得奖学金等创造条件,因求高分心切,而产生了弄虚作假的念头。还有个别大学生为逃避补考、维持自尊铤而走险。

第四,有作弊诱因。很多大学生考试作弊是因为存在作弊的诱因,其中最主要的是见到别的学生作弊,觉得自己不抄吃亏。请看一位大学生的自述:“考试时大家都作弊,谁不作弊谁吃亏,其实考试时很多同学也不想作弊,可是看到周围的同学都作弊,自己不作白不作……如果大家都不作弊那就好了!”有相当一部分大学生是出于怕吃亏的心理而作弊的。

第五,侥幸心理。据调查,11.69%的作弊大学生存在侥幸心理,他们认为不会被发现或发现了老师也会高抬贵手的,在这种侥幸心理的驱使下遂出现作弊行为。

3. 作弊的危害及教育

在不同心理的支配下,许多考生在考试中作弊,而且其中相当一部分人从中“获益”——不费力气地获得了高分数。也许正是这个“益处”使得越来越多的同学已经或打算采取作弊的方式来应付考试。但我们不禁要问:真的有必要作弊吗?

作弊在某些时候虽然可以使考生不费力气就得到高分,但另一方面,也会对考生的心理及其他方面产生不良影响,具体表现如下:

1) 引起考生的考试焦虑

作弊是一种欺骗行为,作弊过程要躲过监考老师,这就必然引起考生的紧张不安,使得本来没有考试焦虑的考生可能因为这种特殊的情境与心理状态，而产生不必要的考试焦虑，影响考试作答。

2）作弊对考生并无实际益处

作弊可能使考生在某一次考试中获得高分，但这并不等于真正掌握了知识，而在以后的学习工作中，考试分数并非衡量一个人知识水平高低的标准。所以，从表面看来，作弊是考生欺骗老师，但从本质上看，作弊则是一种自欺欺人的行为，它并不能使考生得到任何实际的利益，既不会有利于考生的学习，更不会有利于他今后的工作。

3）作弊不利于考生的心理健康

在作弊过程中，难免不被发现，一旦被发现，考生就会感到羞愧与失望，各种沮丧心情都可能产生。有时还会在考后保持较长时间，从而影响考生的心理健康。假如作弊被发现后，下面还有别的考试，这种羞愧感就会影响下一个科目的成绩，更不利于考生心理上的恢复。

杜绝或减少大学生考试作弊现象主要是教育问题。只有培养大学生具有远大的学习目标、崇高的理想、正确积极的学习态度、较高的意志自觉性，才能从根本上解决问题。同时，树立良好的校风、学风也极为重要。考试作弊现象的大量出现是当前“厌学风”“新读书无用论”的必然结果。此外，大学教师应不断提高教学水平，引导大学生好学、乐学，并在考试内容方面兼顾基础知识、解决问题及应用能力的考查。最后，严肃考试过程、严抓考场纪律、严惩作弊学生也极为重要。

第三节　大学生学习指导

一、对于学习态度的认识

学习态度是学生对待学习所持有的比较稳定的心理倾向。构成学习态度的因素有认识、情感、意向三种：认识因素是指大学生对学习目的、意义的看法；情感因素即大学生在学习中的情绪状态和情感体验；意向因素是大学生的学习行为倾向性的心理因素。从认识因素的角度来看，对于自己的学业，大学生中普遍存在着重视和轻视两种不同的认识。重视自身的学业者，一般来说，有远大的理想、抱负，升入大学仅仅是自己理想实现过程中的一个里程碑，因而他们能够督促自己认真、刻苦并坚持不懈地努力学习钻研，尽可能地拓宽自己的知识领域，加深自己的专业水平；轻视学业的大学生也为数不少，他们没有明确的人生奋斗目标，进入大学就算是达到了自己努力的终点，因而以消极懈怠的方式对待自己的学业。从情感因素的角度来看，对于自己的学习，尤其是专业学习，有积极型和消极型之分。积极型的大学生对于自己的专业有强烈的兴趣和热情，能够多途径地进行自主学习，在学习活动中往往更多地获得一种肯定的情感体验，努力的学习让他们的大学生活更加充实丰富；消极型的大学生则相反，学习活动尤其是自己的专业学习不仅不能给他们带来肯定的情感体验，反而让他们心烦意乱，甚至痛苦不堪。从意向的角度来看，有的大学生的学习出于主动，有的大学生的学习则纯属被动。主动型的大学生在强烈的学习动机的推动下，能够在学习中积极思考、举一反三，进行探索性的学习研究；被动型的大学生则缺乏强烈的学习动机，满足于教师课堂的知识传授，习惯于机械式地完成学习任务。

学习动机、学习目标与学习态度之间存在紧密联系。学习动机越强，学习态度就越积极和坚定；反之，学习动机越弱，学习态度就越消极和不稳定。提高大学生对学习态度的认识，可以从多方面着手。首先，大学生要重新调整和树立自己的学习目标，激发起强大的学习动力；其次，大学生要自觉进行自我教育，担负起大学生这一角色职责，树立远大的理想和正确的人生观；再次，培养对自己所学专业的兴趣，对学习体现出主动性与自学性。

二、关于学习策略的指导

大学生所面临的学习环境发生了很大的改变，中学时期那种相对而言带有很大强制性、填鸭式的教学、堆积如山的题海战术在这里不复存在，这必将带来其学习策略的改变。刘电芝认为“学习策略是指学习者在学习活动中有效学习的程序、规则、方法、技巧及调控方式”。这实际上是把不同学者对学习策略的认识加以综合概括而成的。以往的研究者们从四个不同的角度研究过学习策略：① 把学习策略看作内隐的学习规则系统；② 把学习策略看作具体的学习方法或技能；③ 把学习策略看作学习的程序与步骤；④ 把学习策略看作学生的学习过程。在综合归纳的基础上，刘电芝提出，学习策略可指总的学习思路与方法，也可以指具体的活动或技巧；既可能是外部行为，即外显的操作程序与步骤，如SQ3R阅读法，也可能是内部的心理活动，如内隐的思维过程；对学习的影响方面既有直接影响，如记忆策略、组织策略，又有间接影响，如情感策略、社会策略；对策略的运用上，既可能是有意识的行为，也可能是无意识的行为。正是基于这种认识，她认为，凡是有助于提高学习质量、学习效率的程序、规则、方法、技巧及调控方式均属学习策略范畴。迈克卡(Mckcachieet)等人对学习策略的成分进行了总结，如图 7－1 所示。

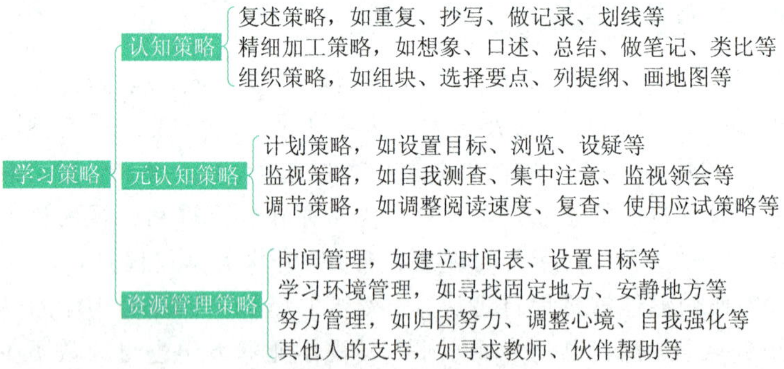

图 7－1 学习策略的成分

有学者认为，在组成学习策略的这 3 个组成部分中，学习资源管理策略对大学生来说是非常重要的，它是辅助学生管理可用的环境和资源的策略，学生使用这些策略能帮助他们适应环境、调节环境以适应自己的需要。

三、学习方法的指导

学习方法是指在学习过程中，为了达到学习目的、掌握学习内容而采取的手段、方式、途径。它是与学习策略不同的两个概念，一般认为，学习策略与学习方法属不同层次的范畴。学习方法往往与具体的学习任务相联系，用于解决具体的学习问题，因而，学习方法是较为直接具体的，学习者可通过反复的使用而熟能生巧，在学习情境中达到凭习惯加以运用的程度。学习策略则比学习方法高一个层次，具有一定的概括性，它的功能在于调节与控制整个学习过程以及具体学习方法的选用，对学习方法具有选择、应用上的指导意义。这二者又有着紧密的联系，学习方法是学习策略的知识与技能基础，学习策略最终要落脚在学习方法上，借助学习方法表现出来。

大学阶段的学习不同于中学时期的学习。在大学里，老师的指导与督促明显少于中学时期，在许多时间里以自学为主。为了帮助大学生更快更好地找到合适的学习方法，这里介绍根据心理学原理得出并在实践中被证明确实有一定作用的学习方法。

1. 整体与部分学习法

整体学习法是指将学习材料作为一个整体来学习。学习过程中，将材料从头至尾反复学习，以获得对材料的总体印象和了解，并进而了解一些较为具体的内容。

部分学习法是指将学习材料分成几个部分或几个具体的概念，每次集中学习其中一部分或一个具体概念。对每个具体的部分或概念根据其难易程度的不同，具体安排学习时间或次数。

2. 集中与分散学习法

集中学习法是指较长时间地进行学习活动，学习的次数相对少一些。一次学习时间的长短则取决于所学习的材料的性质及其他因素。一般来讲，比较复杂难懂的材料，用集中法较为合适，这样可以保证学习者在一定时间内集中注意力，有利于理解并掌握那些抽象难懂的材料，但集中学习的时间不宜过长，否则容易引起学习者的疲劳，使学习效率下降。至于多长时间为宜，要视个人的体力与脑力情况而定。

分散学习法是指将学习时间分成几个阶段，每学习一段时间就稍作休息。至于每次分散学习的时间多长为宜，也要视学习材料的性质以及个人的个体情况而定。

3. 过度学习

所谓过度学习是指对知识达到勉强可以回忆的地步后，继续进行学习。也就是在对知识技能全部学会以后再继续学习一段时间，以巩固学习成果。实验研究结果证明，过度学习对材料的保持率起着很重要的作用。但过度学习超过50%之后，对内容的记忆的效果有下降的趋势。因此，在一个限度之内，过度学习的学习效果较好。

4. 迁移学习

迁移学习就是指先前的学习或训练的内容对后来的类似学习或训练内容的影响。在迁移学习中，有正迁移和负迁移。在应用迁移的方法时，要尽可能地促进正迁移，而避开负迁移。研究表明，迁移的条件是：对刺激（信息）的反应如果相同时迁移量就大，反之则小。迁移量取决于刺激和反应的类似程度。另外，学习时间的间隔也会影响迁移的效果。

为了获得迁移学习的成功，在平时的学习中就要注意掌握最基本的知识，这样就可以形成基本知识对一些具体知识与应用的正迁移。另外，还要注意使新学习材料与原有知识由“近”至“远”的安排，即使新学习的材料先尽可能接近原有知识，然后逐渐扩展到新知识的范围，这样有助于形成正迁移。

四、学习能力的培养

1. 学会读书

具体的读书方法因人而异，但也有一个基本的步骤可供大家参考。

(1) 浏览概貌。拿到一本书，应当先看一下序、后记与目录，以对将要阅读的书形成一个总体印象，并从中了解一些与阅读此书有关的基本知识背景等内容。

(2) 仔细研读。这是读书过程中最重要的一步。在这个过程中要认真阅读书中的每一章，细细地领会其中的内容，必要的时候，还应做读书笔记(做读书笔记的方法后面有介绍)。

(3) 复习思考。读完一本书，不能一扔了之，还要就书中的内容做一番思考，以便使这些内容与自己头脑中的知识与思想相互融合。只有这样，读书才是一件真正有意义的事。而对于专业书籍，则更应在读后再次复习，以加强记忆，达到掌握专业知识的目的。

2. 学会做笔记

做笔记包括做读书笔记和做课堂笔记。做笔记的方法有多种，个人可以根据自己的喜好与习惯选择其中的一种或几种来使用。

一般来讲，做读书笔记有以下几种方法：做眉批、做摘录、写提要以及写心得。眉批式笔记即将自己的看法写在书的空白处，这种方法只适于阅读自己的书时使用。摘录式则是指摘录书中重要的句子、段落。提要式则是在通读全书之后对书中内容的一个概要记录，一般是用自己的话总结全书的内容，有时也可以引用书中的段落作为对本书的概括。心得式是指对一本书的感受与心得的记录，也可以记下对书中内容的疑问以及不同见解。做课堂笔记的方法与上述方法略有不同，其基本步骤如表 7-1 所示。

表 7-1 课堂笔记的做法

主动记	根据学习提纲、布置的作业，预测教师讲的内容
重点记	每节课都是围绕重要的核心观点开展的，因此要重点理解、记录教师介绍的理论观点、支持例证或进行的解释
抓信号词	听课时要抓住教师思路变化的词语，如： “最重要的是……”表示要讲的观点； “与此相对的是……”表示要讲相反的观点； “我们看一个例子……”表示要讲支持主要观点的证据
积极听	坐在能听清楚、可以看到教师的地方，保持与教师的互动，积极提问，保持活跃、机敏的思维状态
选择记	听课要听完整，但记录要有选择，课堂上记住要点即可

3. 培养自学的能力

大学生在校学习的时间很短，在短短的几年时间里掌握本专业的所有知识是不可能的，更何况知识还在不断更新之中，所以，大学生要真正掌握好专业知识，并跟上本专业的发展，就必须学会自学。

1）自学的特点

从广义上讲，自学是指人的一切自主性学习活动，它既包括学习者的自学活动，也包括在校学生在教师指导下的自学。大学生在校期间应注意培养在教师指导下的自学能力，为毕业后完全靠自己学习打下基础。

自学与师授性学习相比，有选择性、灵活性与探索性等特点。但由于大学生的专业方向已基本确定，其自学的特点就与完全以自学获得专业知识的自学者不尽相同。作为大学生的自学，从选择性上讲，可以根据所学专业的情况乃至将来的工作需要进行有限制的选择。这种学习同样具灵活性，自学者可以根据自己的实际情况安排学习的内容、时间及地点等。同时这种自学也具探索性的特点，大学生对本专业已有一个基本的了解，在确定自学的内容时，便会从具有突破性的地方入手，进行深一层的学习，以获得某些突破性的知识与发现。

2）自学的方法

完全靠自己探索的自学与在教师指导下的自学的特点略有不同。大学生在校期间主要以后一种形式的自学为主，而毕业走上工作岗位后则主要以前一种方式为主。一个人的工作时间要比在校时间长得多，为了帮助大学生在今后的工作中更顺利地进一步自学本专业的知识，这里介绍一下完全靠自己自学的方法。在校的自学与之并无本质上的区别，所以，尚在校学习的大学生也可以从下面的介绍中了解自学的基本规律，用以指导自己的学习。

自学的首要任务是确定自学的目标。自学者可以问自己："我为什么要自学？是为了跟上本专业的发展，还是为了进一步拓宽自己的知识面，以适应各种工作需要？抑或是从自己的长远和全面的利益出发进一步学习本专业的知识，以适应社会潮流？"自学的目标有许多，只有明确了自学目标之后，才能根据既定的目标选择自学的内容和具体方法。

在确定了自学目标之后，下一步该做的就是制订较为详细的自学计划，明确自学内容、进程以及具体的学习时间安排等，这对自学者同样是很重要的。

自学过程中，也要注意自学方法的选择，科学的学习方法将使自学达到事半功倍的效果。学习方法在前面已有介绍，大家可以参考选用。

第四节　心理素质拓展训练

一、心理影片赏析：《风雨哈佛路》

《风雨哈佛路》是上映于 2003 年 4 月 7 日的，美国一部催人警醒的励志电影。影片由 Peter Levi 执导，索拉·伯奇（Thora Birch）、迈克·里雷（Michael Riley）等主演。影片中，一位生长在纽约的女孩莉斯（Liz），出生在美国的贫民窟里，从小就开始承受着家庭的千疮百孔，母亲酗酒吸毒，并且患有精神分裂症，父亲进入收容所。贫穷的莉斯出去乞讨，和一些朋友流浪在城市的角落。随着慢慢成长，她知道，只有读书成才方能改变自身命运，走出泥潭般的现况。她用最真诚的态度感动了高中的校长，争取到了读书的机会。然后，莉斯在漫漫的求学路上开始了征程。她一边打工一边上学，用两年时间学完了高中四年的课程。她尝试申请各类奖学金，但只有《纽约时报》的全额奖学金才能让她念完大学，于是她努力并申请到了这份奖学金。影片的最后，她迈着自信的脚步走进了哈佛的学堂。贫困并没有阻止莉斯前进的决心，在她的人生里面，勇往直前的奋斗是永恒的主题。

二、心理游戏：时装秀

游戏目的：

(1) 通过“时装”设计与展示，培养个体的自信与团体的合作。

(2) 打破思维定势，发挥想象力和创造力，追求美、创造美。

(3) 在交流中学会展示自己、欣赏他人，培养接纳自己、包容他人的胸怀。

游戏时间：大约 30 分钟。

游戏道具：大量报纸、透明单面胶、12 色水彩笔、塑料打包绳若干、录音机及音乐磁带。

游戏场地：以室内场地为宜。

游戏程序：

(1) 把全班分成若干个 6 人小组，每组推荐 1 名组长。

(2) 领取时装设计材料：报纸、透明单面胶、12 色水彩笔、塑料打包绳若干。

(3) 在 15～20 分钟内完成男女两套“时装”设计与制作，选派男女各一名参加“时装”表演，在“时装”表演的基础上，派 1 人介绍设计创意。

(4) 评出“最佳设计奖”“最佳表演奖”。

注意事项：

(1) 要求 6 名学生相互合作、积极配合，“时装”表演的人数可以是 2 人以上，鼓励全体参与表演。

(2) 鼓励学生开拓思维、创新设计，展示各种富有艺术风格、个性特色的作品。

(3) 允许采用报纸以外的材料。

三、心理测试：时间管理自我诊断量表

请你根据自己在日常与工作中对待时间的方式与态度，选择最适合于你的一种答案。

(1) 星期天，你早晨醒来时发现外正在下雨，而且天气阴沉，你会怎么办？

A. 接着再睡　　B. 仍在床上逗留　　C. 按照一贯的生活规律，穿衣起床

(2) 吃完早饭后，在上课之前，你还有一段自由时间，你怎样利用？

A. 无所事事，根本没有考虑学点什么，时间不知不觉地过去了

B. 准备学点什么，但又不知道学什么好

C. 按照预先订好的学习计划进行，充分利用这一段自由时间

(3) 除每天上课外，对所学的各门课程，在课余时间里怎样安排？

A. 没有任何学习计划，高兴学什么就学什么

B. 按照自己最大的能量来安排复习、作业、预习，并紧张地学习

C. 按照当天所学的课程和明天要学的内容制订计划，严格有序地学习

(4) 你每天晚上怎样安排第二天的学习时间？

A. 不考虑　　　　B. 心中和口头作些安排　　C. 书面写出第二天的学习安排计划

(5) 我为自己拟定了“每日学习计划表”，并严格执行。

A. 很少如此　　　　B. 有时如此　　　　C. 经常如此

(6) 我每天的休息时间表有一定的灵活性，以使自己拥有一定时间去应付预想不到的事情。

A. 很少如此　　　　B. 有时如此　　　　C. 经常如此。

(7) 当你发现自己近来浪费时间比较严重时，你有何感受？

A. 无所谓　　　　B. 感到很痛心　　　　C. 感到应该从现在起尽量抓紧时间

(8) 当你学习忙得不可开交，而又感到有点力不从心时，你怎样处理？

A. 开始有些泄气，认为自己脑袋笨，自暴自弃

B. 有干劲，有用不完的精力，但又感到时间太少，仍然拼命学习

C. 开始分析检查自己的学习时间分配是否合理，找出合理安排学习时间的方法，在有限的时间里提高学习效率

(9) 在学习时，常常被人干扰打断，你怎么办？

A. 听之任之

B. 抱怨，但又毫无办法

C. 采取措施防止外界干扰

(10) 当你学习效率不高时，你怎么办？

A. 强打精神，坚持学习

B. 休息一下，活动活动，轻松轻松，以利再战

C. 把学习暂时停下来，转换一下兴奋中心，待效率最佳的时刻到来，再高效率地学习

(11) 阅读课外书籍，怎样进行？

A. 无明确目的，见什么看什么，并常读出声来

B. 能一面阅读一面选择

C. 有明确目的地进行阅读，运用快速阅读法，加强自己的阅读能力

(12) 你喜欢什么样的生活？

A. 按部就班，平静如水的生活

B. 急急忙忙，精神紧张的生活

C. 轻松愉快，节奏明显的生活

(13) 你的手表或书房的闹钟经常处于什么状态？

A. 常常慢　　　　B. 比较准确　　　　C. 经常比标准时间快一些

(14) 你的书桌井然有序吗？

A. 很少如此　　　　B. 偶尔如此　　　　C. 常常如此

(15) 你经常反省自己处理时间的方法吗？

A. 很少如此　　　　B. 偶尔如此　　　　C. 常常如此

评分方法：

选择 A，得 1 分；选择 B，得 2 分；选择 C，得 3 分。

将你自己各题的得分加起来，然后根据下面的评析判断出自己的时间管理能力和水平。

结果分析：

35～45 分，有很强的时间管理能力。在时间管理上，你是一个成功者，不仅时间观念强，而且还能有目的、有计划、合理有效地安排学习和生活时间，时间的利用率高，学习效果良好。

25～34 分，较善于对时间进行自我管理，时间管理能力较强，有较强的时间观念，但是，在时间的安排和使用方法上还有待进一步提高。

15～24 分，自我时间管理能力一般，在时间的安排和使用上缺乏明确的目的性，计划性也较差，时间观念较薄。

14 分以下，不善于进行时间管理，自我时间管理的能力很差，在自我的时间管理上是一个失败者，不仅时间观念淡薄，而且也不能合理地安排和支配自己的学习、生活时间。你需要好好地训练自己，逐步掌握时间管理的技巧。

改进方法指导：

如果你做完这套测验以后，所得的分数较低，说明你对时间的管理、处理方式和能力存在不少问题。这时你不但要提高警惕，而且还要努力寻求改进的方法。

(1) 增强自己的时间观念，牢记："最严重的浪费就是时间的浪费。""放弃时间的人，时间也会放弃他。"

(2) 制订时间使用计划，严格执行。以星期为单位制定一个较长的计划，每天要有"每日学习计划表"和"时间使用表"，严格按照计划学习，并自觉进行检查和总结。

(3) 记录和分析自己一天时间的使用情况。为自己设计一套时间使用记录表，将你在一天里所做的事情及其耗用的时间记录下来。然后进行分析，看看自己哪些时间使用很有价值，哪些时间是浪费掉的，长此以往，持之以恒，对于训练你的时间管理能力是大为有效的。

四、心理训练：掌握学习的方法，提高自主学习能力

活动项目："哈姆雷特"表。

活动目的：

(1) 帮助学生了解决策过程，学习决策技术。

(2) 培养学生理性分析、独立解决问题的能力。

活动方法：

(1) 教师指导学生设计一份"哈姆雷特"表。

(2) 让学生进行头脑风暴，把解决这个问题的所有可能选择都找出来。然后，细细考虑每一种选择的可行性(得到预期结果的可能性有多大)、益处(这么做的优势)和代价(可能存在的风险、劣势)，把所有理由详细写下来，并分别赋予一定分值。可行性满分为100%，分数越高表示可行性越大；益处和代价分别用 1～10 打分，分数越高表示该理由越重要。最后，根据公式"总分＝可行性×(益处－2 代价)"计算出每种选择的总分。

例如：

表 7－2　哈姆雷特表

我的问题：我想要一个新款手机　　时间：2018.9

我可以选择	可行性	益处	代价	总分
找父母要钱买	20％	方便、轻松 7 不必对父母隐瞒 5	被唠叨，说浪费 5 扣发零用钱 8	－0.2
找朋友借钱买	40％	快速、高效 7	还钱很麻烦 9 其他人嘲笑 7	－3.6
自己打工赚钱买	50％	自己做主，不必依靠他人 9 丰富阅历、锻炼自己 6 听起来很威风 3	可能耽误学习 9 可能受骗、受欺负 3	3.0
放弃，继续用旧手机	100％	省事、轻松 8 节约时间、金钱 8	常常坏，不方便 5 功能太少，不能摄像 3 被别人笑不时尚 4 感觉失望 2	2.0

活动背景音乐：《我的未来不是梦》

谈谈成长经历，交流心理感受

“哈姆雷特表”活动结束，小组分享与讨论。

（1）将全班分成若干组，每组 8～10 人。

（2）小组成员间相互展示自己的“哈姆雷特表”。

（3）小组内讨论，总分的高低意味着什么意义？

（4）每个小组推荐一位同学在全班分享他们遇到的困扰，以及他们如何使用“哈姆雷特表”澄清各种信息，做出最后的决策。针对发言同学的最后决策，其他同学也可以谈谈其他的决策策略。

思考题

1. 到目前为止，你觉得在大学的学习中收获了什么？

2. 结合本章内容和自己多年的学习方法，想想应该采取哪些途径对常见的学习心理困扰进行调适？

心灵语录

学习要有三心，一信心，二决心，三恒心。

——陈景润

08

第八章 大学生职业生涯与心理健康

案例导入

有一家报社正在招人，但已写明需要有工作经验，应届毕业生一律不接受。但有一位应届女大学生依然走进了这家报社。

问："你们需要一位好编辑吗?"(言下之意自己当然就是好编辑，语言是这么自信。)

答："不。"(拒绝却是那么干脆。)

问："那么，好记者呢?"(语言还是那么自信。)

答："不。"(拒绝还是那么干脆。)

问："那么，印刷工如何?"(依然是坚韧不拔。)

答："不！我们现在什么空缺也没有了。"(路全部都封死了，看来是没戏了。)

问："那么，你们一定需要这个东西。"

这位大学生从包里拿出一块精美的牌子，上面写着："额满，暂不雇用。"报社主任笑了，开始用一种新的眼光来审视面前这位年轻人。最后这位年轻人被录用为报社销售部经理。

学习思考：

(1) 他们的对话对你有什么启示？

(2) 大学生要成功就业必须具备什么心理品质？如何运用这些心理品质？

第一节 职业与人生

一、职业的基本内涵

职业属于劳动社会学的范畴。职业是劳动者能够足够稳定从事的有酬工作而获得的劳动角色。这个定义包含两层含义：第一，职业是一种工作或岗位。并不是任何工作都能成为职业，某些内容变得足够丰富、足够重要，以至于能吸引劳动者长期稳定地投入其中的工作才是职业。并且，劳动者还能从中取得一定的经济收入或其他劳动报酬。第二，职业是劳动者获得的劳动角色，劳动者必须按照社会结构中为这一社会角色确定的规范去行事。

职业一般具有五个特征：

(1) 稳定性。职业是按社会需要将一部分劳动者相对稳定地安置在社会分工体系的岗位上，使之固定从事某项工作。

(2) 经济性。劳动者通过从事某一职业，能取得一定的经济收入。

(3) 技术性。劳动者在职业中可以发挥自己的技术才能和专长。

(4) 社会性。劳动者在职业中要承担社会生产任务和履行公民义务

(5) 伦理性。职业应符合社会需要，遵循带有职业特色的职业规范，为社会提供有用的服务。

职业是多种多样且不断变化的，职业的分类也有很多方法。最常见的划分是体力劳动职业和脑力劳动职业两大类。再细一些可分为体力劳动性职业、机械操作性职业、脑力劳动性职业、教育职业、服务类职业等。从职业指导的角度划分，又可分为实际型职业、调研型职业、艺术型职业、社会型职业、企业型职业、常规型职业等。

二、生涯与人生

人的生命有两个端点：出生与死亡。当一个人开始思考自己的未来时，生涯才存在，是个人主观意识所决定的存在。生涯简单地讲就是过一辈子，美国学者舒伯(Donald Super)认为：生涯就是终其一生，不同时期不同角色的组合。舒伯认为人的职业发展分为成长、探索、建立、维持和衰退五个阶段。

1. 成长阶段(从出生至 14 岁)

这一阶段主要根据儿童自我概念形成的特点，发展儿童的自我形象，发展他们对工作意义的认识以及对工作的正确态度。这一阶段又可分为幻想期、兴趣期、能力期。幻想期(4～10 岁)，以“需要”为主要因素，在幻想中的角色扮演着重要作用；兴趣期(11～12 岁)，对某一职业的兴趣是个体抱负和活动的主要决定因素；能力期(13～14 岁)，以“能力”为主要因素，个体能力逐渐成为儿童活动的推动力。

2. 探索阶段(15～24 岁)

这一阶段青少年通过学校生活和社会实践，对自我能力及角色、职业进行探索。这个阶段可划分为试探期、过渡期和承诺期三个时期。试探期(15～17 岁)考虑需要、兴趣、能力和机会，可能会做暂时决定，并在幻想、讨论、学业和工作中尝试；过渡期(18～21 岁)，开始就业或进行专业训练，更重视现实，并力图实现自我观念，将一般性职业选择变为特定的选择；承诺期(22～24 岁)，青年进行生涯初步确定并验证其成为长期职业的可能性，如果不合适则重复各时期进行调整。

3. 建立阶段(25～44 岁)

这一阶段的任务是根据人们的职业实践，协助进行自我与职业的统合，促进职业的稳定，即通过调整、稳固并力求上进。大致分为两个时期：承诺稳定期(25～30 岁)，个体开

始寻找安定的工作，如果工作不满意则力求调整；建立期(31～44 岁)，个体致力于工作上的稳固，大部分人处于富有创造性的时期。

4. 维持阶段(45～65 岁)

这一阶段的任务是帮助人们维持现有的成就和地位。

5. 衰退阶段(65 岁以上)

这一阶段的任务是根据个体心理与生理机能的日益衰老，逐渐离开工作岗位，协助个体发展新的角色，寻求新的生活方式替代和满足个人发展的需求。

一方面，从生涯发展的角度看，个人的职业兴趣、职业认识和职业选择受多种因素的影响，随着年龄的增长和生活的变化，人的职业心理会发生不断变化，儿童时代的梦想、高中时的理想、大学时代的专业都未必决定个体的职业，职业流动变得更加宽松自由，成本降低，生涯发展成为现实可能。

三、影响大学生职业选择的因素

萨特说过，人生就是选择。大学生进行职业选择的过程是自身的心理因素和外部客观条件相互作用的过程。

(一) 影响大学生职业选择的外部因素

1. 时代因素

职业的出现是社会分工和人类文明的结果。随着生产力的发展、科技的进步、人类的自身需求不断扩张，就会导致新的职业出现和原有职业的更新，并直接影响着人们的职业选择。比如，刀耕火种的时代便不会产生机械播种、收割的职业选择。当今时代，经济飞速发展，科技日新月异，新的职业需求不断涌现。特别是我国加入 WTO 之后，职业需求在数量上大大增加，在质量上更注重高素质的全面发展的人才，这些都是大学生在选择职业时必须考虑的因素。

2. 政治因素

在阶级社会中，统治阶级的思想意识是社会的主体意识，它影响着个人的生活领域，制约着个人的职业选择。在社会主义社会，大学生在选择职业时应树立为人民服务的思想和集体主义原则。影响职业选择是政治因素还表现在有的职业的出现和选择与一定的社会政治制度、一定时期的政策法规密切相关。比如实施市场经济以来，我国在大学生就业政策方面一系列的调整和改革，就为大学生在选择职业时提供了一个“天高任鸟飞，海阔凭鱼跃”的舞台。

3. 文化传统

不同民族有不同的发展历史和不同的传统文化。传统文化是一定的民族精神和社会心理的反映，不同的文化传统必然会产生对自然和社会现象不同的认识和理解，从而产生不同心理需要和行为处理方式。比如，传统文化鼓吹“学而优则仕”，至今仍有部分大学生青睐政府公务员的工作；传统文化对体力劳动的歧视，使一些大学生不愿从事像工人、农民等类型的工作；前些年，受一些不良社会思潮的影响，社会舆论对教师职业曾产生过偏见，认为教师职业贫穷，没有社会地位，一时间导致很多大学生不愿选择教师职业。

4. 家庭因素

家庭因素是影响大学生职业选择最早、最直接的因素。父母从事的职业及其自身的职业理想时时刻刻在影响着子女。他们的职业往往成为子女职业的目标，他们的职业观念在很大程度上左右着大学生在求职时的选择，甚至起决定作用。比如一些"职业世家"，一家几代人都从事同一行业内的工作。当然，也存在有的父母将自己的职业理想不分青红皂白地强加在子女身上的现象，比如强迫子女接受自己年轻时未能实现的职业梦想或自己所看中的某一职业，而忽视子女自己的意愿和兴趣，这时，家庭因素便成了大学生职业选择的干扰因素。

5. 性别因素

"男女有别"的观念在大学生就业问题上表现尤为突出。当前在大学生就业市场上，相当多的用人单位在"重男轻女"的观念作祟下，打出只招男生的口号。他们认为由于生理上的差别，女大学生在智力、体力、毅力、潜力以及工作能力等各方面都不能和男大学生相比，而女性在社会角色上"贤妻良母"的定位更使她们在工作发展空间上受到限制。即使有的女大学生学业优异，各方面素质俱佳，也仍然会在人才市场上遭到冷落。因此，女大学生就业难已经成为一个普遍的现象。

（二）影响大学生选择职业的心理因素

1. 气质与职业的联系

气质是指人们心理活动的速度、强度、稳定性和灵活性等方面的心理特征，是神经类型特征在人的行为上的表现，是选择职业时的重要因素，所以，认清自己的气质对择业至关重要。一般来说，气质分为胆汁质、多血质、黏液质和抑郁质四种类型。每一种气质都有其积极方面和消极方面。气质对个体的职业和效率有一定的影响，不同气质的人适合从事不同类型的职业。

胆汁质的人精力旺盛、热情直率、激动暴躁、情绪体验强烈，神经活动具有很强的兴奋性，反应速度快却不灵活。他们能以极大的热情去工作，克服工作中的困难，但若对工作失去信心，情绪即会低沉下来。此类人适宜竞争激烈、冒险性、风险意识强的职业，如探险、地质勘探、登山、体育运动等。

多血质的人活泼好动、性情活跃、反应敏捷、易适应环境、善于交际。这类人工作能力较强、情绪丰富且易兴奋，但注意力不稳定，兴趣易转移。他们对职业有较广的选择范围和机会，适合于从事要求迅速灵活反应的工作，如导游、外交、公安、军官等，但不适宜从事单调机械的工作和要求细致的工作。

黏液质的人情绪兴奋性低，安静沉稳；内倾明显，外部表现少，反应速度慢，但稳定性强，偏固执、冷漠；比较刻板，有较强的自我克制能力，能埋头苦干，态度稳重，不易分心，对新职业适应慢，善于忍耐。这类人适合于从事要求稳定、细致、持久性的活动，如会计、法官、管理人员、外科医生等，但不适宜从事具有冒险性的工作。

抑郁质的人敏感，行动缓慢，情感体验深刻，观察力敏锐，易感觉到别人不易觉察的细小事物，易疲倦、孤僻，工作耐受性差，做事审慎小心，易产生惊慌失措的情绪，往往是多愁善感的人。他们适合于要求精细、敏锐的工作，如哲学、理论研究、应用科学、机关秘书等。

事实上，大多数人总是以某种气质为主，又附有其他气质。所以，大学生在职业选择中，一定要“量质选择”，找到适合自己气质类型的工作。

2. 性格与职业的选择

性格是个人对现实的稳定态度和与之相适应的习惯化了的行为方式中表现出来的个性心理特征。从广义讲，性格是人的自然追求和精神欲求的追求体系，是行为方式、心理方式、情感方式的总和，集中反映了一个人的心理面貌。在求职中，性格是构成相识和吸引的重要因素，与职业选择的关系极为密切，既彼此制约，又相互促进。

性格中的意志特征与职业的选择有密切的关系，缺乏坚强意志的人常常不能顺利地选择职业，今后也难以胜任工作，往往一事无成或成就平平。他们由于意志薄弱，一遇挫折、困难就产生被动、退缩，因而失去许多成功的机会。缺乏坚韧性的人无法从事要求耐力很强的工作，如科研人员、外科医生等，而缺乏自制、任性、怯懦的人也不适宜去做管理和社会工作。

一般说来，开朗、活泼、热情、温和的性格，比较适合从事外贸、涉外、文体、教育、服务等方面的工作以及其他同人交往的职业；多疑、好问、倔强的性格，比较适合从事科研、治学方面的工作；深沉、严谨、认真的性格，比较适合做人事、行政、党务工作；勇敢、沉着、果断与坚定是新型企业家和管理者不可缺少的性格。

性格就类型而言，可以分为外向型和内向型。就求职而言，在面对面的交谈中，一般是外向性格为好。一项调查显示，在求职面试时，性格外向的人其求职成功率高于性格内向的人。在求职过程中，有时其他条件皆占优势的个性内向者，却竞争不过其他条件不如他的性格外向者。这是因为性格外向的人更善于把自己展示给对方，特别是把自己的长处展示出来。性格内向的人即使有真才实学，但由于不善于展示自己，用人单位也就无法通过感性印象认识他。求职面试中的感性印象，对于用人单位的招聘者来说有着不可忽视的作用。所以说，求职者的性格是影响其求职成败的重要因素。

美国心理学家霍兰德是著名的职业指导专家，他提出了性格类型——职业匹配理论。他认为，学生的性格类型、学习兴趣和将来的职业密切相关。他将人的性格分为六种：现实型、研究型、艺术型、社会型、企业型和常规型。

(1) 现实型。他们通常喜欢有规则的具体劳动和需要基本技术的工作，这类人擅长技能性职业、技术性职业，但往往缺乏社交能力。他们粗犷、强壮和务实，情绪稳定，有吃苦精神，生活上求平安、幸福、不激进，倾向于用简单的观点看待事物和世界。适合职业主要有需要用手工工具或机器进行工作的手工工作和技术工作。

(2) 研究型。他们喜欢智力的、抽象的、分析的、推理的、独立的定向任务。这类人喜欢独立，不愿受人督促，对自己的学识与能力充满自信；擅长解决抽象问题，尊重客观事实而不愿毫无疑问地接受传统。具有创造精神，不喜欢做重复工作，但往往缺乏领导能力，这类人擅长科学研究和实验工作。

(3) 艺术型。他们喜欢通过艺术作品来表达自己的思考和情意，爱想象，感情丰富，不顺从，有创造力，习惯于自省，擅长艺术、文学方面的工作，但往往缺乏办事员的能力。他们适合的职业主要是艺术创作工作(包括音乐、摄影、绘画、文字、表演等)。

（4）社会型。喜欢社会交往，喜欢有组织的工作，喜欢能让他们发挥社会作用的工作。喜欢讨论人生观、世界观、人生态度等问题。关心他人利益，关心社会问题，愿为团体活动工作，对教育活动感兴趣，往往缺乏机械能力。社会型的职业主要指为大众做事的工作（包括教师、医生、服务员、社团等工作者）。

（5）企业型。他们喜欢竞争，乐于使他们的言行对团体行为产生影响。其自信心强，善于说服别人，喜欢加入各种社会团体，喜欢权力、地位和财富。他们性格外倾，爱冒险，喜欢担任领导角色，具有支配和使用语言的技能，但缺乏耐心和科研能力，擅长管理、销售等工作。

（6）常规型。他们喜欢有系统、有条理的工作，具有安分守己、务实、友善和服从的特点，此类人适宜从事办公室职员、办事员、文件档案管理员、出纳员、会计、秘书等工作。

一般而言，具有六种典型的职业个性的人是极少数的，多数人的职业个性具有多重性，是这六种典型个性的交叉。我们可以通过“霍兰德职业爱好问卷”测试自己的职业兴趣。

3. 兴趣与职业的关系

兴趣是个体积极探究事物的认识倾向，这种倾向带有稳定、主动、持久等特征。人的兴趣可以是多方面的，可以是精神的、物质的、社会的兴趣等。如果个人对某种工作产生兴趣，在工作中就会具有高度的自觉性和积极性，就会做出成就。反之，则会影响积极性的发展，有可能一事无成。爱因斯坦曾经说过：“兴趣是最好的老师。”兴趣是努力的原动力，是成功之母。走自己的路，做自己喜欢的事情，选择自己感兴趣的职业，是当今社会最具有典型性的择业观念。

一般来说，兴趣是在后天生活实践中形成的，但兴趣有相对的稳定性，它与个人的个性有内在的联系。因此，大学生在择业过程中应适当考虑自己的兴趣和爱好，不能为了暂时的眼前利益而选择不适合自己兴趣的职业，这样不仅不能充分施展自己的才能，而且会贻误终生。但兴趣爱好在职业选择中，也并不总是起着正向的驱动作用，有时它也是一种耗散力，给大学生带来职业选择的困惑。如有的同学对什么都感兴趣，但没有形成自我特色，在择业时就没有竞争优势；有的同学兴趣面太窄，以至于不能满足社会需要；还有的同学因种种客观因素，个人兴趣与所学专业不一致，也不可避免地造成职业选择的困难。所以，即将毕业的大学生，要对自己的兴趣有一个客观的分析，同时还要树立正确的人生志向，调整自己的兴趣爱好，适应社会的需要，争取找到适合自己兴趣的职业，使自己的才智得以最大程度的发挥。

4. 能力和职业的关系

能力是指才干、技能或能胜任某项工作的主观条件，人们成功地完成某种活动所必须具备的个性心理特征，是人们在社会实践中所表现出的身心力量。一个人的能力高低会影响他从事各种活动的成绩，影响一个人的活动效果。

能力是在先天素质的基础上，在生活条件和教育的影响、熏陶下，在个体的生活实践中形成和发展起来的，对从事任何职业都是十分必要的。能力包括一般能力和特殊能力，不同的职业要求人有不同的能力。人的职业能力通常可分为言语能力、数理能力、空间判断能力、察觉细节能力、书写能力、运动协调能力、动手能力、社会交往能力、组织管理能力等九个方面。例如，教师、播音员、记者等职业要求有较强的言语能力；统计、测量、会计等职业要求有较强的数理能力；而画家、建筑师、医生等职业对形态知觉能力要求颇高；手指灵活能力较强的人则适合从事外科医生、乐师、雕刻家等职业；觉察细节能力强的人，对物体和图形的有关细节具有正确的知觉能力，适合从事绘图员、医生等职业；运动协调能力强的人，身体能够迅速、准确地做出动作反应并保持平衡，适合的职业有舞蹈演员、司机等；动手操作能力强的人，能够准确、熟练地操作物体，适合成为技术工人、手工艺者等；社交能力强的人，善于与人交往，并建立良好的人际关系，从事公关、市场营销等工作比较有优势；组织管理能力强的人，擅长组织、安排各种活动，适合的职业是各类管理人员。大学生在选择职业时，首先要对自己的能力做出客观而又全面的评价，以便选择适合自己的职业，让自己的某种能力得到最大限度的发挥。

能力还存在着性别差异，女性在哲学界、经济学界、自然科学界所占比例较小，而在文学、新闻、医学、教育、艺术等领域所占比例较大，也就是说，需要形象思维和细致情感的工作更适合女性。

能力与择业的关系十分重要，是择业的重要依据，是求职者开启职业大门的钥匙。我国近代职业教育的倡导者黄炎培先生说："一个人职业和才能相不相当，相差很大，用经济眼光看起来，要是相当，不晓得增加多少效能，要是不相当，不晓得埋没了多少人才；就个人论起来，相当，不晓得有多少快乐，不相当，不晓得有多少怨苦。"因此，大学生对自己的能力要有一个自我评价，在择业时，大学生应根据自己的能力，扬长避短，选准与自己职业能力倾向相同的职业，在强手如林的竞争中立于不败之地。

第二节　大学生择业中常见心理问题及调适

大学生求职就业的过程是告别大学生活的过程，也是通过同用人单位打交道，自我推销的过程。这其中困难重重，不仅有来自外部的许多障碍，比如就业市场的供求变化，用人单位的种种要求等，而且还会遇到大学生本身在就业中产生的一些心理问题。这些心理问题集中表现在两个方面：择业与求职面试。

一、大学生择业中常见心理问题及调适

（一）自傲心理

在职业选择中，自傲心理主要表现在自命清高、自命不凡、求职期望过高、不切实际。比如，有的大学生无视"双向选择"的求职规则，认为自己是最优秀的，只存在自己选择用人单位的问题，而无须用人单位选择自己。带着虚幻的期望去接触用人单位、接触社会往往容易遭到现实的无情打击。一些大学生可能会因此而萎靡不振、心情灰暗，甚至抱怨自己"怀才不遇"。自傲心理是大学生职业选择的大敌。大学生应当牢记"人贵有自知之明"，重视自我认知能力的培养。在大学生活中，要多与人交往，以人际关系作为一面镜子，照出自己的优点和不足；要有意识地参加一些集体活动和社会实践活动，以便发现自己，认识自己；要多审视、反省自己，不断总结自己的经验教训，在别人的评价和自己对自身的

总结评价相结合的基础上，客观、正确地评价自己，以防止自傲心理的滋生和蔓延。

阅读材料

心比天高

某大学大四女生小慧当年以全省前几名的身份进入大学，在学校也担任过学生会、各种社团的干部，颇具领袖气质。她认为自己各方面条件都不错，不会没有好的归宿，哪个单位录用自己是其荣幸。但是在很多次的面试当中，超常的自信并没有带给她好运，许多单位都在她的高姿态面前撤退了。

小慧现在也感觉到非常失落和孤独，但她不愿意放低自己的要求去适应，她觉得这样是对现实的一种投降，如果今年找不到合适的工作，她宁愿放弃找工作，复习准备明年考研。她说她并不是好高骛远，期望值过高，看不上这个单位，瞧不起那种职业，她只是不愿意让自己的能力被淹没在平凡当中，她希望“好钢用在刀刃上”。

（二）自卑心理

在职业选择中，大学生的自卑心理表现也比较突出。有的同学要么觉得自己成绩不好，要么觉得自己能力不行，要么觉得自己关系不硬，总之纠缠在自己某方面所谓的“缺陷”里走不出来，看不到自己的优势，也找不到信心。比如一位大学生曾经说：“自己成绩不怎么样，也没什么专长，家里又不认识什么权高位重的人，毕业了怎么找工作啊?”有这种就业自卑感的同学多以一些女同学、农村地区的同学和家庭经济困难的同学为主。

有自卑心理的同学，应首先树立一种平等观念，即只要进入大学，大家的起跑线都是相同的，不论是男生还是女生，家是在农村还是在城市，没有高低贵贱之分，同样都要通过自身的不懈努力为将来的就业去奋斗，要正确看待当今社会出现的一些不公平现象。要认识到在就业市场上存在的不公平现象毕竟只是少数的暂时现象，树立“有志者事竟成”的观念。在大学生活中要经常和同学、老师、朋友多交流，在一些集体活动中寻找成就感，塑造自信心。

（三）依赖心理

某些大学生从小在家里就备受父母亲友的关爱，有些甚至在大学期间也经常受到虽远隔千里但却仍无微不至的父母的照料，再加上这种学生从中学到大学一帆风顺，很少经历什么挫折，也从未独立地处理过一些事情，久而久之便产生一种依赖心理。他们懒于思考生活中的问题，不善于对自己生活中的事做出抉择，凡事拿不定主意，极愿听从父母师长的安排。在求职市场上，常常有父母递简历、填表格、答问题的现象。有的同学受传统教育意识的禁锢，还迷恋在“统包分配”的误区里，害怕竞争，把就业的希望寄托在人事部门、教育部门的身上。他们对自己的毕业去向问题漠不关心、不闻不问、听天由命、消极等待，幻想机遇会敲响自己的大门。有的同学自以为家境优越，在找工作时懒于行动，缺乏独立、开拓意识，凭借家庭的社会关系投机取巧，找到满意的工作，这也是种依赖心理的表现。抱有依赖心理的同学，即便找到工作，也会在日后的工作中出现难以适应，工作效率低的情况。

大学生应当从在校期间就开始锻炼自己的独立性。从学会独立处理日常生活中的种种琐碎问题开始，养成自己独立思考、自主解决问题的习惯。在择业问题上，大学生应充分了解自己的兴趣和性格特征，结合自己的专业特色分析就业市场，主动出击，发挥自身的主观能动性，把择业的过程不仅当做找工作的过程，而且作为锻炼自己独立性的一次机会，为将来的发展打下基础。

（四）从众心理

从众心理是在社会或群体的压力下，个人放弃自己的意见，而采取顺从的心理倾向。从众心理重的人，容易接受暗示，缺乏主见，依赖性强，不能独立思考，为了保持与大家一致，往往说违心的话，做违心的事。在大学生职业选择问题上，相当多的同学受从众心理的影响，盲目追求所谓的“潮流”，而忽视个人的真正需求。比如，在就业地点上，一味追求到大城市、中心城市、沿海城市去，不愿意到相对偏远的小城市或县乡镇工作；在职业类型上，计算机、建筑设计、自动化等行业门庭若市，而农林牧渔、地质采矿、海洋石油等行业却无人问津；在择业标准上，盲目追求“三高”，即起点高、职位高、薪水高，对“三高”单位趋之若鹜，往往由于竞争激烈，容易遭遇失败。

大学生择业的这种从众心理，究其原因，主要是由于大学生对当前的就业形势没有很好地了解，再加上本身存在一定程度的自卑心理和依赖心理，不敢独立做出自己的选择，只好跟着大家一起走，人云亦云。人家往哪里走，他就往哪里走，什么职业热门，他就选择什么职业。大学生应当充分了解人才供需情况和就业形势，认清自我，合理确立自己的职业方向，增强自信心，克服从众心理的影响，为今后走上社会做好准备。

（五）虚荣心理

虚荣心理也是大学生择业过程中的一种不良心理。虚荣心强的大学生，往往不切实际，好高骛远，他们选择职业的目的是为了让别人羡慕，满足自己的虚荣心，而不是为自己寻找施展才华的空间。有的同学在择业过程中有明显的功利意识，他们把眼光集中在知名度高、社会地位好、经济利益实惠的单位上，不考虑自己的专业、爱好以及能力。比如，北京某高校一位学计算机专业的大学生，一心想进入某中央机关工作，认为这是一种值得炫耀的资本。但经过激烈的竞争如愿以偿后，他却感到很失落，其计算机方面的知识派不上用场，生性活泼奔放的热情也受到压抑，工作中还不断出现差错，事业陷入低迷。当年的同窗好友一个个都取得了可观的成就，自己却还是一无所成，这才后悔当初不应该太虚荣，“一着不慎，全盘皆输”。有的同学在择业中有较强的攀比意识，总是“这山望着那山高”，特别喜欢关注其他同学的就业取向，非要优于其他同学，自己才会心满意足。

虚荣心重的同学应当端正自己的就业动机，摆脱爱慕虚荣、喜欢炫耀的特性，在择业时更注重实事求是；要加深对自身性格、气质、兴趣的了解，树立合理的择业观念，以保证自身的素质资源得到以合理的配置和充分利用。

（六）挫折心理

随着我国就业市场的复杂，就业竞争的加剧，就业形势越来越严峻，而大学生未经世事，在就业中容易产生自我评价偏高、职业期望偏高的情况，在职业选择时容易受到挫折。理想的职业愿望不能实现，自己的职业选择不能被亲朋好友所接受和理解，都容易使他们产生挫折感。由于人们对挫折的承受能力各不相同，因此挫折对大学生择业造成的影响也有所差别。有的大学生耐挫折能力相对较强，因此对挫折的反应比较轻微，并能在短期内从失望中恢复过来；有的同学心理承受能力较弱，对挫折的反应较强烈，持续的时间也长些。挫折心理如果调整不好的话，会成为大学生职业选择的绊脚石。反之，如果能正确对待，积极调适，就会是职业选择过程中的一次磨炼，成为成功就业的垫脚石。

大学生在择业过程中要正确对待挫折，勇于战胜挫折。要善于正确分析挫折产生的原因，自觉调整自己的需要和情绪，认真反思，冷静处理，采取合理的心理防卫机制，如情移、合理化作用等，舒缓心理压力，减少破坏性行为发生的概率。

此外，在职业选择中，还有一种危害性较大的心理——嫉妒心理，表现为对别人在择业中的顺利或成功进行贬低、挖苦、讽刺甚至造谣中伤。有嫉妒心理的大学生，一定要客观承认人与人之间的差距，抛却自私狭隘的意识，学会进行公平、正常的竞争，争取以实力取胜。

二、大学生在求职面试中的不良心理及其克服

大学生最终获取职业的必经途径是走进人才市场，和用人单位进行面对面的接触和交流，即求职面试。大学生在求职面试时所表现出的心理素质，在很大程度上影响甚至决定了求职的成功与否。由于心理的不成熟，社会经验的缺乏，大学生在求职面试时往往会出现这样那样的不良心理，为大学生顺利走上工作岗位增加了难度。

（一）焦虑

焦虑在求职中表现在择业心理压力下所产生的一种不踏实感、失落感和迷茫感。它往往表现为：焦躁、忧虑、烦恼、困惑、紧张、不安；为小小的得失耿耿于怀、为尚未来临的困难担忧不已；对将要面试的单位感到莫名其妙的威胁，以至于在面试前顾虑重重，惶惶不安。比如，一些市场需求不景气专业的学生觉得心理压力重重，甚至由于受到冷落而垂头丧气。又比如，有的大学生，或因成绩平平，或因相貌一般，或因某方面欠缺不足，怕用人单位看不上自己，整日里惴惴不安，吃不好，睡不着。这种焦虑心理必然会影响大学生在求职面试时的发挥，直接导致面试的失败。之所以会产生焦虑情绪，是因为这部分大学生缺乏应有的心理承受能力，他们不知道如何去面对竞争、如何发挥自身优势，因而容易产生困惑、烦躁等心理。

大学生应当学会全面地看问题，不要只看社会的阴暗面，不要把困难想象得过大，要经常以乐观的态度看待就业；同时，当自己心情紧张，情绪烦躁时，要积极寻求放松的方法，可以通过参加某些自己感兴趣的活动来转移注意力，缓解压力。

（二）恐惧

大学生在求职面试时也存在恐惧心理，表现为害怕与用人单位接触，一想到和用人单位见面，就感到恐惧。大学生之所以产生求职恐惧心理，原因各不相同。有的同学是源自于一种“社会恐惧”。大多数大学生从小到大一直生活在单纯的校园里，社会阅历不深，面临着即将跨入社会，独立生活的转折点，心理上难免有些害怕。有的同学在听了亲朋好友诸如“社会很复杂”、“到处都是陷阱”、“要时时小心”等劝诫后，更是加剧了恐惧心理。有的同学的恐惧源自于“社交恐惧”。因为对与人交往怀有恐惧心理，因而在面试时也产生恐

惧感，轻者举止拘谨，结结巴巴；重者手足发抖、出汗、头晕、恶心。还有的同学的恐惧心理是源自于求职与求学的冲突。比如大学生杨某本想毕业后考研，延缓几年再进入职业生涯，但又总是担心自己考不上研究生，工作又没有着落，内心患得患失，产生对找工作的恐惧。克服恐惧心理的关键是要引导大学生正确分析、认识自己，认识社会，充分做好踏入社会的心理准备；增强求职的自信心，敢于展现自己、推销自己。

(三) 急躁

求职中的急躁心理就是指缺乏主见、缺乏思考、急于确定工作的不安心理。有的大学生在找工作时不能冷静地、客观地思考去向问题，急切地想落实工作单位，缺乏耐心，情绪常常处在一种难以自制的躁动状态；在求职面试的过程中对自己的行为不加约束，感情用事，草率决策。有的同学为尽快落实单位，对所联系的单位缺乏全面的了解，甚至连单位的地点、性质、发展现状都弄不清楚，仅仅通过一次人才交流会的简单接触就与用人单位草草签约，造成自己的被动局面。造成急躁心理的原因主要是大学生在求职前期的准备不足，尤其是对当年毕业生的就业形势、国家的就业政策不了解，东奔西跑，盲目出击，往往处处碰壁，因而失去耐心。

克服急躁心理的方法：一是要充分了解、正确运用国家的就业方针、政策，二是要善于控制自己的情绪，学会理智、冷静地处理事情。

(四) 犹豫

犹豫是指大学生在求职面试过程中缺乏主见、犹豫不决、顾虑重重的心理状态，是大学生心理品质中的意志品质缺乏果断性的一种表现。在求职时大学生应该慎重行事，反复斟酌，以保证决策的科学性。但有的同学过于谨慎、瞻前顾后、优柔寡断，该拍板的不敢拍板，四处征求意见，结果还是难以决定。有的即使做出决定也是心有余悸，心绪不宁。人家一说好，就沾沾自喜；一说不好，马上就后悔不已，丝毫没有自己的主见。有位文秘专业的大学生，由于擅长写作，发表过数篇文章，因此就业期望值较高。在求职时，他陷入了高不成、低不就的困境，在权衡中失去了很多机会。后来在一次招聘会上，好几家新闻单位都想要他，他更是徘徊不已，举棋不定。这便是典型的犹豫心理。

消除犹豫心理，大学生首先要树立正确的得失观。要认识到有得必有失，有失必有得，两者是共存的，关键是要准确迅速地权衡得大还是失大，以此作为决策的依据。其次，要敢于决断。对于看准的职业，要毫不犹豫地选择，选择了就不要后悔，而应该全身心地投入到工作中去，力图除弊兴利，克服工作中的种种困难。

(五) 胆怯

胆怯是指一些大学生一到求职面试现场，就会胆小怯场，不能发挥出自己的正常水平。有的同学平时成绩不错，能力也不低，但就是因为胆怯，在面试时神情紧张，心神不定，举止拘谨，谈吐失常，发挥不好而丧失了求职机会。某大学应届毕业生李某，在校时学习成绩优秀，尤其是写得一手漂亮的书法，曾多次获奖。其时正逢一家合资电脑公司招聘设计字形字体的人才，该公司工作环境优雅，待遇优厚。李某鼓足勇气前去应聘面试，平时知识底蕴丰厚的她，在公司主考官面前却慌乱无措，不仅回答问题时结结巴巴，毫无逻辑。考官让她当场手书一幅拿手的书法作品，她的手竟然无法自制地颤抖不停，结果她当然被淘汰了。胆怯心理一旦形成，会在心里形成阴影，并可能持续影响大学生以后的面试。出现胆怯心理的同学大多性格内向，过于看重面试的重要性；同时，没有做好失败的心理准备，要求自己只能成功，不能失败，因此在面试中不敢大胆、自由地发挥，担心“一失足成千古恨”。

大学生在面试前应当调整好心态，以平常心对待每一次面试；要多参加一些求职培训，掌握一些面试技巧；要接触参加各种社会实践活动，锻炼胆量，克服怯场心理。

三、心理调适的具体方法

大学生要控制自己的心境、自觉地调整内在的不平衡心理、增强心理素质、保持乐观向上的情绪，就需要不断地对自己进行心理调适。下面介绍几种常用的心理调适方法，供大学生在择业过程中，根据自己的实际情况有选择地加以使用。

（一）自我激励法

自我激励法主要指用生活中的哲理、榜样的事迹或明智的思想观念来激励自己，同各种不良情绪进行斗争。坚信未来是美好的，因为失败、挫折已经成为过去，要勇敢地面对下一次，尽可能地把不可以预料的事当成预料之中的。即使遇到意外事件出现或择业受挫，也要鼓励自己不要惊慌失措、冲动、急躁，而是开动脑筋、冷静思考、寻找对策。大学生在择业过程中，要相信自己的实力，通过自我激励，增强自信心，消除自卑感，保持良好的情绪和心态。

（二）注意转移法

注意转移法即把注意力从消极情绪转移到积极情绪上。当不良情绪出现时，可以采取转移注意力的方法寻找一个新的刺激，激活新的兴奋中心以抵消或冲淡原来的兴奋中心，使不良情绪逐渐消失。例如，大学生可听听音乐，参加体育运动，进行自我娱乐，接受大自然的熏陶，参加有兴趣的活动等等，使自己没有时间沉浸在因各种原因引起的不良情绪反应中，以求得心理平稳。

（三）适度宣泄法

当遇到各种矛盾冲突，引起不良情绪时，应尽早进行调整或适度宣泄，使压抑的心境得到缓解和改善。宣泄的较好方法是向挚友、师长倾诉忧愁、苦闷，使不良情绪得到疏导。在倾诉烦恼的过程中，可以获得更多的情感支持和理解，获得认识和解决问题的新思路，增强克服困难的信心。也可通过打球，爬山等运动量较大的活动，消除压抑心理，恢复心理平衡，但应注意场合、身份、气氛，注意适度，宣泄应是无破坏性的。

（四）自我安慰法

自我安慰法，又称自我慰藉法，关键是自我忍耐。在择业中大学生常常会遇到挫折，当经过主观努力仍无法改变时，可适当地进行自我安慰，以缓解动机的矛盾冲突，解除焦虑、抑郁、烦恼和失望情绪，这样有助于保持心理稳定。在因受挫折而情绪困扰时，可用

"亡羊补牢，犹未为晚""塞翁失马，焉知非福"等话语来做自我安慰，解脱烦恼。

(五) 合理情绪疗法

合理情绪疗法认为，人们的情绪困扰是由不正确的认知即非理性信念造成的，因此，通过认知纠正，以合理的思维方式代替不合理的思维方式，就可以最大限度地减少不合理的信念给人们的情绪带来的不良影响。例如，有的大学生择业不顺利就怨天尤人，认为"人才市场提供的岗位太少""用人单位要求太高"，其原因就在于他只从客观上找原因，认为"大学生择业应当是顺利的""社会应该为大学生提供充足的岗位"等。正是由于这些不正确的认知信念，造成了他的不良情绪，而这种不良情绪恰恰来自于他自己。所以，如果能改变这些不合理的观念，调整认知结构，不良情绪就能得到克服。大学生运用合理情绪疗法时要把握三点：第一，要认识到不良情绪不是源于外界，而是由于自己的非理性信念所造成的；第二，情绪困扰得不到缓解是因为自己仍保持过去的非理性信念；第三，只有改变自己的非理性信念，才能消除情绪困扰。

自我调适的方法还有很多，如环境调节法、自我静思法、广交朋友法、松弛练习法、幽默疗法等。这些都是应变的一些方法，但最主要的是大学生要树立正确的择业观，对择业要充满信心，要注意磨炼自己的意志，培养乐观豁达的态度，不要惧怕困难、挫折，要始终保持积极向上的精神状态和健康的心理。

第三节　大学生职业生涯规划

职业生涯设计可使大学生充分认识自己、客观分析环境、科学地树立目标、正确选择职业，运用适当的方法、采取有效的措施，克服职业生涯发展中的困阻，避免人生陷阱，从而获得事业的成功。然而，由于社会的快速变迁，经济竞争的不断加剧，一些不能体察时代变异和环境变迁的人，在这种多变的时代往往手忙脚乱、不知所措，造成内心惶恐、紧张不安，不知何去何从，其结果不仅事业无成，而且身心也受到严重的影响。因此，在新时代的变革中，青年人应及早做好职业生涯设计，认清自己，并在开发自身内在潜能上不断探索和发展，正确掌握人生方向，创造成功的人生。

无论从事什么职业、从事什么工作，只要通过科学的职业生涯设计，都可能使一个人的目标得以实现，使一个人的事业获得成功，使一个平凡之人发展成为一个出色人才。每位大学生都应确信，职业生涯设计是青年成才的一种有效方法。

一、职业生涯规划与生涯定位

职业生涯规划由审视自我、确立目标、生涯策略、生涯评估四个环节组成。

有效的职业生涯规划，必须是在充分且正确地认识自身的条件与相关环境的基础上进行。对自我及环境的了解越透彻，越能做好职业生涯设计。

有效的生涯规划需要切实可行的目标，以便排除不必要的干扰，全心致力于目标的实现。如果没有切实可行的目标作驱动力的话，人们很容易对现状妥协。

有效的生涯规划需要有确实能够执行的生涯策略，这些具体且可行性较强的行动方案会帮助你一步步走向成功，实现目标。

有效的生涯设计还要不断地反省修正生涯目标，反省策略方案是否恰当，以能适应环境的改变，同时可以作为下轮生涯规划的参考依据。

美国麻省理工学院人才教授指出，职业定位可以分为以下五类：

1. 技术型

这类人出于自身个性与爱好考虑，往往不愿从事管理工作，更愿意在自己所处的专业技术领域发展。

2. 管理型

这类人有强烈的愿望去从事管理，同时经验也告诉他们自己有能力达到高层领导职位，因此他们将职业目标定为有相当大职责的管理岗位。成为高层经理需要的能力包括三方面：一是分析能力，在信息不充分或情况不确定时，判断、分析、解决问题的能力；二是人际能力，影响、监督、领导、应对与控制各级人员的能力；三是情绪控制力，有能力在面对危急事件时，不沮丧、不气馁，并且有能力承担重大的责任，而不被其压垮。

3. 创造型

这类人需要建立完全属于自己的东西，或是以自己名字命名的产品或工艺，或是自己的公司，或是能反映个人成就的私人财产。他们认为只有这些实实在在的事物才能体现自己的才干。

4. 自由独立型

有些人更喜欢独来独往，不愿像在大公司里那样彼此依赖，很多有这种职业定位的人同时也有相当高的技术型职业定位。但是他们不同于那些简单技术型定位的人，他们并不愿意在组织中发展，而是宁愿做一名咨询人员，或是独立从业，或是与他人合伙开业。自由独立型的人往往会成为自由撰稿人，或是开一家小的零售店。

5. 安全型

有些人最关心的是职业的长期稳定性与安全性，他们为了安定的工作，可观的收入，优越的福利与养老制度等付出努力。目前我国绝大多数的人都选择这种职业定位，很多情况下，这是由于社会发展水平决定的，而并不完全是本人的意愿。

二、职业生涯的起点

（一）确立正确的自我概念

舒伯在其生涯发展理论中提出了自我概念理论。他认为：“职业指导即协助个人发展并接受统合的自我概念，同时，发展适切的职业角色形象，使个人在现实世界中经受考验，并整合为实际的职业，以满足个人需要，同时造福社会”。他还认为，职业自我概念包含两个部分：一是个人或心理上的，专注于个人如何选择及如何调适其选择；二是社会的，重点是个人对其社会经济情况及工作生活情况的个人性评价。职业自我概念是整体自我概念的一部分，也是生涯发展的驱动力，通过在生涯上实践自我概念，以完成自我实现。良好的职业自我概念，是健康择业心理的核心，指一个人能够全面恰当地认识自己，即了解自己的思想、价值观，了解自身的气质、性格、兴趣、能力倾向等个性心理特征，对自己有一个实事求是、恰如其分的评价。选择与自己的个性气质、性格、能力相适应的工作，才能有效地发挥自己的潜能，实现自我价值，提升自我形象。经由成熟自我选择的职业，是个体自我发展与职业发展的完美统一。也就是明确自己想干什么，能干什么及社会需要你干什么。

（二）合理的生涯规划

生涯规划，简言之就是规划你的人生，“就是使你的人生更精彩”。人生无非三个时段：对过去成长岁月的反思，对目前发展状况的审视和对未来可能发展方向的预测。这三个阶段，过去是现在的基础，现在是未来的基础。生涯规划主要包括十个方面的内容：一是生涯自主与责任意识；二是系统的自我探索；三是发展暂定生涯目标；四是以暂定目标为主的生涯探索；五是收集生涯发展的主动性；六是个体特质与教育职业的关系；七是从环境资源检测生涯发展的可能性；八是生涯决策能力；九是形成短期目标；十是增进生涯规划与问题解决能力。

大学生涯规划也是终生的，因为职业选择、适应与发展在学习型社会对青年尤其重要。在生涯规划中，将自己生涯规划的每一个环节都进行认真的审视，充分考虑生涯的现实可能性并进行合理调整。

（三）生涯决策能力

生涯决策是个体在生涯发展中抉择的活动。个体在个性心理特点、成长背景、家庭与社会资源、职业理想与职业期望等方面均有不同。换句话说，个体的背景经历都具有其特殊性。大学生处于职业生涯的起始端，生涯决策能力显得非常重要。正如智者所说：“人生的路有很长，但关键时候只有几步。”生涯决策理论认为，人生包含七次重要选择：一是选择何种行业；二是选择行业中的哪个工种；三是选择所使用的策略，以获得自己想要的工作；四是从多个工作机会中选择自己的唯一；五是选择工作地点；六是选择工作取向，即个人的工作风格；七是选择生涯目标或系列升迁目标。

对大学生而言，首先要做出生涯决策，即你是否准备从事你所学专业。在此基础上，进行目标设置与调整。大学生涯决策中遇到的问题主要有：一是不喜欢自己的专业，专业方向不适合自己的能力倾向与兴趣；二是只自知不喜欢现有专业，但说不清楚自己到底喜欢什么，缺乏明确的生涯定位；三是个人有多方面的潜能，在诸多方向的选择中不知如何做出决策；四是职业期望过高，与市场需求错位。生涯决策能力需要积累，不断分析自己的优势，积累自己的专业优势与素质，才能在人才市场立于不败之地。

三、大学生的职业生涯规划

（一）职业生涯规划的含义

所谓职业生涯的规划，是个人结合自身情况、眼前机遇和制约因素，为自己确立职业方向，制订教育计划、发展计划，为实现职业生涯目标而确定行动时间和行动方案。职业生涯规划不只是协助个人按照自己的资历条件找一份工作，更重要的是尽可能地规划未来职业发展历程，考虑个人的价值、智能、兴趣以及助力和阻力，进一步详细估量内外环境的优势和限制，设计合理可行的职业生涯发展方向。职业生涯规划是一个不断发展的过程，一个人的每一种经历、每一种职业体验，都会导致对自我的重新认识并且促使个人校正自己的职业抱负。

（二）职业生涯规划的目的和意义

职业生涯规划的目的是帮助个人真正了解自己，并且详细估量内、外环境的优势与限制，在“衡外情，量己力”的情形下规划出合理且可行的职业生涯发展方向，以实现个人目标。

职业生涯规划对个人具有重要的意义。对于大学生而言，人生，特别是能够自主去开展的人生，才刚刚开始。面对自己的未来，如何开展就成为大学生常常挂在嘴边的话题。随着计划经济体制向社会主义市场经济体制的转轨，“国家统包统配”的毕业分配体制已经改变，取而代之的是大学生通过“供需见面”“双向选择”，参与人才市场竞争，落实就业单位的毕业生就业制度。大学生择业的自主权有很大的提高，同时大学生面临的就业压力也相应增大。也有越来越多的人选择攻读硕士、博士研究生。无论是考研还是就业，都需要大学生从一年级开始就学习认清自己，明确自己的发展方向及目标，并在大学四年内不断督促自己，挖掘自身潜力，切实提高自己的综合素质，不断挑战自我、超越自我，为走上社会打下坚实基础。而不是到大四快毕业了，才开始思考自己究竟想干什么。

（三）职业生涯的规划步骤

1. 明确生活的目的与工作的志向

职业生涯规划，首先要考虑的不是如何找工作，而是考虑生活的目的和意义，明确自己活着是为了什么，人生所追求的又是什么。其次要确定工作的志向。工作的志向是事业成功的基本前提，没有志向，事业的成功就无从谈起。正如一辆没有方向盘的超级跑车，即使有最强劲的发动机，也不知要跑到哪里去。立志是人生的起跑点，立定志向也可以成为追求成功的驱动力，因为定下目标有助于排除不必要的犹豫，可全心全意致力于目标的实现。所以，在制订生涯规划时，首先要明确生活的目的和工作志向，这是制订职业生涯规划的关键。

2. 自我评估

自我评估就是对自己作全面的分析。自我评估的目的是认识自己、了解自己。因为只有认识了自己，才能对自己的职业作出正确的选择，才能选定适合自己的职业生涯路线，才能对自己的职业生涯目标作出最佳的抉择。通过自我分析，可认识自己、了解自己，这是实施生涯规划的重要一步。自我评估的内容包括自己的兴趣、特长、性格、学识、技能、智商、情商、思维方式、思维方法、道德水准以及社会中的自我等。

3. 职业生涯机会的评估

职业生涯机会的评估，主要是评估各种环境因素对自己职业生涯发展的影响。每一个人都处在一定的环境之中，离开了这个环境，便无法生存与成长。尤其是近年来，社会的快速发展，科技的日新月异，市场竞争的日趋激烈，都对个人的发展有着重大的影响。所以，在制订个人的职业生涯规划时，要分析环境条件的特点，环境的发展变化情况，自己与环境的关系，自己在这个环境中的地位，环境对自己提出的要求以及环境对自己的有利条件与不利条件等。只有对这些环境因素充分了解，才能做到在复杂的环境中趋利避害，使个人的职业生涯规划有实际意义。

4. 职业的选择以及确定职业生涯路线和目标

在经过自我评估、职业生涯机会的评估、认识自己、分析环境的基础上，主要从自己的价值、理想、成就动机方面对自己以后要从事的职业作出选择。职业选择正确与否，直接关系到人生事业的成功与失败。据统计，在选错职业的人当中，有80%的人在事业上是失败者。由此可见，职业选择对人生事业发展相当重要。如何才能选择正确的职业呢？在选择职业的过程中至少应考虑性格与职业的匹配，兴趣与职业的匹配，特长与职业的匹配，内外环境与职业的相适应四个方面。

适合自身特点是毕业生择业的着眼点。社会上的职业多种多样，不同的职业对从业人员的知识、技能、素质等要求不同，而大学生所具有的素质也是有差异的。所以，大学生对职业的选择，一方面要从社会需要出发，同时也要考虑自身的实际情况，扬长避短，只有这样才能做到人尽其才，才尽其用。

职业确定后，向哪个方向发展，此时要作出选择。例如，是向行政管理发展，还是向专业技术发展，是先走专业技术方向，还是先转为行政管理……由于发展方向不同，对职业发展的要求也不相同。因此，在职业生涯规划中，需及时作出抉择，以便使自己的学习、工作以及各种行动措施沿着自己的职业生涯方向或预定的方向前进。通常职业生涯方向的选择需考虑以下三个问题：我想往哪个方向发展；我能往哪个方向发展；我可以往哪个方向发展。对这三个问题进行综合分析，便可以确定自己的最佳职业生涯模式。当然，职业生涯方向也可能出现交叉与转换，这可以根据自身的情况与处境来决定。

在职业选择及职业生涯方向确定后，个人要对自己的人生目标作出抉择。职业生涯目标的确定，是职业生涯规划的核心。一个人事业的成败，很大程度上取决于有无正确、适当的目标。没有目标如同驶入大海的孤舟，没有方向，不知道自己走向何方。只有树立了目标，才能明确奋斗方向。职业生涯目标的确定，是以自己的最佳才能、最大兴趣、最有利的环境等信息为依据。通常目标可分短期目标、中期目标、长期目标和人生目标。短期目标一般为1～2年，短期目标又可分为日目标、周目标、月目标、年目标，中期目标一般为3～5年。长期目标般为5～10年。

5. 制订行动计划与措施

在确定了职业生涯目标后，行动便成了关键的环节。没有行动，目标就难以实现，也就谈不上事业的成功。制订行动计划是指制订落实目标的具体措施，主要包括工作、训练、教育、学习等方面的措施。例如，在职业素质方面，个人计划学习哪些知识，掌握哪些技能，开发哪些潜能等。行动计划由长期和短期两部分组成。长期计划有点像人生目标。它的实现有众多不确定因素，我们有必要根据自身实际和社会发展趋势，不断地设定新的短期可操作的目标。

6. 评估与修订

俗话说："计划赶不上变化"。影响职业生涯规划的因素很多。有的变化因素是可以预测的，而有的变化因素难以预测。人是善变的，环境也是多变的。在这种情况下，要使职业生涯规划行之有效，就必须时时审视内外环境的变化，不断对自己的职业生涯规划进行评估和修订，并调整自己的前进步伐。其修改的内容包括：职业的重新选择、生涯路线的选择、人生目标的修正、实施措施与计划的变更等。

（四）职业生涯设计应注意的问题

1. 根据社会需求设计职业生涯

选择职业作为一种社会活动必定受到一定的社会制约，任何选择职业的自由都是相对的、有条件的。如果一个人择业脱离社会需要，将很难被社会接纳。

大学生求职时应坚持社会与个人利益的统一，社会需要与个人愿望的有机结合。所以，大学生在职业生涯设计时，应积极把握社会人才需求的动向，把社会需要作为出发点和归宿，以社会对个人的要求为准绳。既要看到眼前的利益，又要考虑长远的发展；既要考虑个人的因素，也要自觉服从社会需要。

2. 根据所学专业设计职业生涯

大学生都经过一定的专业训练，具有某一专业的知识和技能，大学生都有自己的专业，每个专业都有一定的培养目标和就业方向，这是大学生职业生涯设计的基本依据。用人单位对毕业生的需求，一般首先选择的是大学生某专业方面的特长。大学生迈入社会后的贡献，主要靠运用所学的专业知识来实现职业目标。

如果职业生涯设计离开了所学专业，无形当中增加了许多应用知识技能的学习负担，个人的价值就难以实现。大学生对所学的专业知识要精深、广博，除了要掌握深厚的基础知识和精深的专业知识外，还要拓宽专业知识面，掌握或了解与本专业相关、相近的若干专业知识和技术。

3. 根据个人兴趣与能力特长设计职业生涯

职业生涯设计要与自己的性格、气质、兴趣、能力特长等方面相结合，充分发挥自己的优势，扬长避短，体现人尽其才，才尽其用的要求。大学生职业生涯设计时应适当考虑自己的兴趣与爱好。兴趣是个体积极探究事物的认识倾向，这种倾向常有稳定、主动、持久等特征。如果一个人对某种工作产生兴趣，他在工作中就会具有高度的自觉性和积极性，就容易做出成就。反之个人对工作没有兴趣，就不可能将自己的全部精力投入到工作中去，也就不可能取得成功。兴趣爱好并不总起着正向的驱动作用。例如，有的大学生对什么都感兴趣，但没有形成自我特色；有的大学生兴趣面太窄，不能形成优势；有的大学生兴趣与所学专业不一致等，这就给职业生涯设计带来困惑。因此大学生在职业生涯设计时，对自己的兴趣应有一个客观的分析，在需要时进行重新培养和调整。

能力特长是人们成功地完成某种活动所必须具备的个性心理特征，是人们在社会实践中所表现出来的身心力量。按照自己的能力特长进行职业生涯设计是大学生应特别注意的问题，因为任何一种职业都需要一定的能力，不同职业有不同的能力要求。能力特长对职业的选择起着筛选作用，是求职择业以及事业成功的重要保证。但是知识多、学历高不一定能力强，大学生切不能以学习成绩作为评价能力高低的唯一尺度。大学生应在对自己的能力特长有一个正确的自我认知和评价的基础上，根据自己的真才实学和能力特长进行职业生涯设计。

第四节　心理素质拓展训练

一、心理影片赏析:《穿普拉达的女王》

《穿普拉达的女王》是根据劳伦·魏丝伯格(Lauren Weisberger)的同名小说改编而成的,由大卫·弗兰科尔执导,梅丽尔·斯特里普、安妮·海瑟薇和艾米莉·布朗特联袂出演。影片于2006年6月30日在美国上映,讲述了一个刚离开校门的女大学生,进入了一家顶级时尚杂志社当主编助理的故事。这个女生从初入职场的迷惑到从自身出发寻找问题的根源,最后成了一个出色的职场与时尚达人。《穿普拉达的女王》是一部适合每一个职场新人看的电影,影片中体现了白领阶层群体所关心的话题,诸如:初次择业、职场奋斗、事业与家庭、个人形象提升,甚至连减肥都可以在影片中找到相应的情节。每个年轻人、每个女性观众都能够在影片中找到自己的影子,找到自己老板的影子。它在时尚圈人士和年轻女性白领中产生强烈共鸣,被奉为"办公室生存宝典",成为都市白领与各色老板斗智斗勇的参考。另一方面,影片中大量时尚潮流元素也为女性在办公室这个大竞技场中争奇斗艳提供了借鉴,也使其成为一部引领风潮的影片。

二、心理游戏:价值观大拍卖

拍卖规则:你有5000元,可以随意叫卖下表中的东西。每样东西都有底价,每次出价以500元为单位,价高者得到东西,有出价5000元的,立即成交。

序号	东西	底价	序号	东西	底价
1	爱情	500元	10	财富	1000元
2	友情	500元	11	长命百岁	500元
3	健康	1000元	12	诚实	500元
4	美貌	500元	13	享受一次美食	500元
5	礼貌	1000元	14	分辨是非的能力	1000元
6	威望	500元	15	大学毕业证	1000元
7	自由	500元	16	孝心	500元
8	欢乐	500元	17	专业技能证书	1000元
9	爱心	500元	18	地位	500元

讨论:

(1) 你是否后悔你买的东西?

(2) 拍卖过中,你的心情如何?

(3) 有没有人什么都没买,为什么?

三、心理测试:职业兴趣测试题

本测验共有四个部分,每部分包含6个方面的测验题,共计192题,请按照自己的实际情况依次对每道测验题做出选择，请不要漏掉任何一道题目。

第一部分：你愿意从事以下活动吗？

R 型(现实型活动)	I 型(调查型活动)	E 型(事业型活动)
1. 装配修理电器或玩具	1. 读科技图书和杂志	1. 说服鼓动他人
2. 修理自行车	2. 在实验室工作	2. 卖东西
3. 用木头做东西	3. 改良水果品种，培育新的未来	3. 谈论政治
4. 开汽车或摩托车	4. 调查了解土和金属等物质的成分	4. 制订计划、参加会议
5. 用机器做东西	5. 研究自己选择的特殊问题	5. 以自己的意志影响别人的行为
6. 参加木工技术学习班	6. 解算术题或玩数学游戏	6. 在社会团体中担任职务
7. 参加制图描图学习班	7. 物理课	7. 检查与评价别人的工作
8. 驾驶卡车或拖拉机	8. 化学课	8. 结交名流
9. 参加机械和电气学习班	9. 几何课	9. 指导有某种目标的团体
10. 装配修理机器	10. 生物课	10. 参与政治活动
A 型(艺术型活动)	**S 型(社会型活动)**	**C 型(常规型、传统型活动)**
1. 素描/制图或绘画	1. 学校或单位组织的正式活动	1. 整理好桌面和房间
2. 参加话剧/戏剧	2. 参加某个社会团体或俱乐部活动	2. 抄写文件和信件
3. 设计家具/布置室内	3. 帮助别人解决困难	3. 为领导写报告或公务信函
4. 练习乐器/参加乐队	4. 照顾儿童	4. 检查个人收支情况
5. 欣赏音乐或戏剧	5. 出席晚会联欢会、茶话会	5. 打字培训班
6. 看小说/读剧本	6. 和大家一起出去郊游	6. 参加算盘、文秘等实务培训
7. 从事摄影创作	7. 获得关于心理方面的知识	7. 参加商业会计培训班
8. 写诗或吟诗	8. 参加讲座会或辩论会	8. 参加情报处理培训班
9. 艺术(美术/音乐)培训	9. 观看或参加体育比赛和运动会	9. 整理信件、报告、记录等
10. 练习书法	10. 结交新朋友	10. 写商业贸易信

第二部分：你具有擅长或胜任下列活动的能力吗？

R 型(现实型活动)	I 型(调研型能力)	E 型(事业型能力)
1. 能使用电锯、电钻和锉刀等木工工具	1. 懂得真空管或晶体管的作用	1. 担任过学生干部并且干得不错
2. 知道万用表的使用方法	2. 能够列举三种蛋白质多的食品	2. 工作上能指导和监督他人
3. 能够修理自行车或其他机械	3. 理解铀的裂变	3. 做事充满活力和热情
4. 能够使用电钻床、磨床或缝纫机	4. 能用计算尺、计算器、对数表	4. 有效利用自身的做法调动他人
5. 能给家具和木制品刷漆	5. 会使用显微镜	5. 销售能力强
6. 能看建筑设计图	6. 能找到三个星座	6. 曾作为俱乐部或社团的负责人
7. 能够修理简单的电气用品	7. 能独立进行调查研究	7. 向领导提出建议或反映意见
8. 能修理家具	8. 能解释简单的化学	8. 有开创事业的能力
9. 能修理收录机	9. 理解人造卫星为什么不落地	9. 知道怎样做能成为一个优秀的领导者
10. 能简单地修理水管	10. 经常参加学术会议	10. 健谈善辩

续表

A型(艺术型能力)	S型(社会型能力)	C型(常规型能)
1. 能演奏乐器	1. 有向各种人说明解释的能力	1. 会熟练地打中文
2. 能参加二部或四部合唱	2. 常参加社会福利活动	2. 会用外文打字机或复印机
3. 独唱或独奏	3. 能和大家一起友好相处地工作	3. 能快速记笔记和抄写文章
4. 主演剧中角色	4. 善于与年长者相处	4. 善于整理保管文件和资料
5. 能创作简单的乐曲	5. 善于从事事务性的工作	5. 会邀请人、招待人
6. 会跳舞	6. 会用算盘	6. 能简单易懂地教育儿童
7. 能绘画、素描或书法	7. 能在短时间内分类和处理大量	7. 能安排会议等活动顺序文件
8. 能雕刻,剪纸或泥塑	8. 善于体察人心和帮助他人	8. 能熟练使用计算机
9. 能设计板报服装或家具	9. 帮助护理病人和伤员	9. 能搜集数据
10. 写得一手好文章	10. 安排社团组织的各种事务	10. 善于为自己或集体做财务预算表

第三部分:你喜欢下列的职业吗?

R型(现实型活动)	I型(调研型能力)	E型(事业型能力)
1. 飞机机械师	1. 气象学或天文学者	1. 厂长
2. 野生动物专家	2. 生物学者	2. 电视片编制人
3. 汽车维修工	3. 医学实验室的技术人员	3. 公司经理
4. 木匠	4. 人类学者	4. 销售员
5. 测量工程师	5. 动物学者	5. 不动产推销员
6. 无线电报务员	6. 化学者	6. 广告部长
7. 园艺师	7. 数学学者	7. 体育活动主办者
8. 长途公共汽车司机	8. 科学杂志的编辑或作家	8. 销售部长
9. 大车间机	9. 地质学者	9. 个体工商业者
10. 电工	10. 物理学者	10. 企业管理咨询人员
A型(艺术型职业)	S型(社会型能力)	C型(常规型职业)
1. 乐队指挥	1. 街道、工会或妇联干部	1. 会计师
2. 演奏家	2. 小学、中学教师	2. 银行出纳员
3. 作家	3. 精神病医生	3. 税收管理员
4. 摄影家	4. 婚姻介绍所工作人员	4. 计算机操作员
5. 记者	5. 体育教练	5. 簿记人员
6. 画家、书法家	6. 福利机构负责人	6. 成本核算员
7. 歌唱家	7. 心理咨询员	7. 文书档案管理员
8. 作曲家	8. 共青团干部	8. 打字员
9. 电影电视演员	9. 导游	9. 法庭书记员
10. 节目主持人	10. 国家机关工作人员	10. 人口普查登记员

第四部分：请评定你在下述各方面的能力等级。

请将自己与同龄人在相应方面的能力比较，经斟酌后做出决定，并将评定的等级数填写下来，评定等级共七级(1、2、3、4、5、6、7)，数字越大表示能力越强。

R 型	I 型	A 型	S 型	E 型	C 型
机械操作能力	科学研究能力	艺术创作能力	解释表达能力	商业洽谈能力	事务执行能力
7	7	7	7	7	7
6	6	6	6	6	6
5	5	5	5	5	5
4	4	4	4	4	4
3	3	3	3	3	3
2	2	2	2	2	2
1	1	1	1	1	1
R 型	I 型	A 型	S 型	E 型	C 型
体育技能	数学技能	音乐技能	交际技能	领导技能	办公技能
7	7	7	7	7	7
6	6	6	6	6	6
5	5	5	5	5	5
4	4	4	4	4	4
3	3	3	3	3	3
2	2	2	2	2	2
1	1	1	1	1	1

第五部分：积分规则。

前三大部分，每选中一题记 1 分，第四部分由被试者自己打分，将他们填写在下列表格中，并做纵向累加。

测试	R 型	I 型	A 型	S 型	E 型
第一部分					
第二部分					
第三部分					
第四部分					
总分					

第六部分：结果解释。

测试方面	得分比例	六种职业人格倾向得分顺序
R 现实型	12	6
I 研究型	47	4
A 艺术型	96	2
S 社会型	97	1
E 企业型	94	3
C 常规型	25	5

第七部分：类型解释。

1. 社会型(S)

共同特征：喜欢与人交往、不断结交新的朋友、善言谈、愿意教导别人；关心社会问题，希望发挥自己的社会作用；寻求广泛的人际关系，比较看重社会义务和社会道德。

典型职业：喜欢要求与人打交道的工作，能够不断结交新的朋友，从事提供信息、启迪、帮助、培训、开发或治疗等事务，并具备相应能力，如教育工作者(教师、教育行政人员)，社会工作者(咨询人员、公关人员)。

2. 企业型(E)

共同特征：追求权力、权威和物质财富，具有领导才能；喜欢竞争、敢冒风险、有野心、抱负；为人务实习惯以利益、得失、权利、地位、金钱等来衡量做事的价值。做事有较强的目的性。

典型职业：喜欢要求具备经营、管理、劝服监督和领导才能，以实现机构、政治、社会及经济目标的工作，并具备相应的能力，如项目经理、销售人员、营销管理人员、政府官员、企业领导、法官、律师。

3. 常规型(C)

共同特点：重权威和规章制度，喜欢按计划办事，细心、有条理。习惯接受他人的指挥和领导，自己不谋求领导职务，喜欢关注实际和细节情况，通常较为谨慎和保守，缺乏创造性，不喜欢冒险和竞争，富有自我牺牲精神。

典型职业：喜欢要求注意细节、精确度，有系统有条理，具有记录、归档、根据特定要求或程序组织数据和文字信息的职业，并具备相应能力，如秘书、办公室人员、记事员、会计、行政助理、图书馆管理员、出纳员、打字员、投资分析员。

4. 实际型(R)

共同特点：愿意使用工具，从事操作性工作，动手能力强，做事手脚灵活，动作协调，偏好于具体任务，不善言辞，做事保守，较为谦虚，缺乏社交能力，通常喜欢独立做事。

典型职业：喜欢使用工具、机器，需要基本操作技能的工作。对要求具备机械方面才能体力或从事与物件、机器、工具、运动器材、植物、动物相关的职业有兴趣，并具备相应能力，如技术性职业(计算机硬件人员、摄影师、制图员、机械装配工)，技能性职业(木匠、厨师、技工、修理工、农民、一般劳动)。

5. 研究型(D)

共同特点：思想家而非实干家，抽象思维能力强，求知欲强，肯动脑，善思考，不愿动手；喜欢独立的和富有创造性的工作；知识渊博，有学识才能，不善于领导他人，考虑问题理性，做事喜欢精确，喜欢逻辑分析和推理，不断探讨未知的领域。

典型职业：喜欢智力的、抽象的、分析的、独立的定向任务.要求具备智力或分析才能，并将其用于观察、估测、衡量、形成理论、最终解决问题的工作，并具备相应的能力，如科学研究人员、教师、工程师、电脑编程人员、医生、系统分析员。

6. 艺术型(A)

共同特点：有创造力，乐于创造新颖、与众不同的成果，渴望表现自己的个性，实现自身的价值；做事理想化，追求完美，不重实际；具有一定的艺术才能和个性；善于表达、怀旧、心态较为复杂。

典型职业：喜欢的工作要求具备艺术修养创造力、表达能力和直觉，并将其用于语言、行为声音、颜色和形式的审美、思索和感受，具备相应的能力；不善于事务性工作，如艺术类工作（演员、导演、艺术设计师、雕刻家、建筑师、摄影家、广告制作人），音乐类工作（歌唱家、作曲家、乐队指挥），文学类工作（小说家、诗人、剧作家）。

四、心理训练：未来可能从事的职业

活动目的：测试自己未来可能从事的职业。

活动时间：30 分钟。

活动准备：五张纸、一支笔。

活动步骤：

(1) 填写第一张纸：我的父亲想要我做什么。比如说，父亲希望我毕业后多赚些钱补贴家用。然后，详细写下你父亲认为你应具有的品质。

(2) 填写第二张纸：我的母亲想要我做什么。比如说，我的母亲希望找一份当教师的工作等。然后，写下母亲认为你具有的教师应该具有的品质。

(3) 填写第三张纸：我的朋友认为我应该做什么。比如，他们认为你特别适合做教师（或者演员、社会工作者、作家、老板等）。然后也把他们认为你所具有的品质写下来。

(4) 填写第四张纸：我不想做的是什么。把你不愿意做的事情都列出来，你愿意写多少就写多少，把你肯定讨厌做的事情都尽力回忆列举出来。

(5) 填写第五张纸：我大概不反对做的是什么。不必担心写错，因为这不是做决定，权当拓展你的想象力，以新的思想方法和行动方式来练习一下。一定多动脑筋，写下所有对你多少有些吸引力的事情，即便你相信某件事情是你不可能去做的，也要把它写下来，因为这里希望你比较仔细地考虑一下你能够接受的是什么，不仅仅是为了做这个练习。

五张纸都写好之后，选一张你自己最想留下的那一张，把其他四张全部扔掉。你现在手上这张纸所写的职业或许就是你将来会从事的职业，不用怀疑，因为这是你最看重的东西，你可以从这里开始采取积极的行动了。

思考题

(1) 个性心理特征与职业的关系是怎样的？

(2) 结合自己的实际，制订大学四年的职业生涯规划。

心灵语录

人无远虑，必有近忧。

——《论语·卫灵公》

09 第九章 大学生人际交往与心理健康

案例导入

小江是某师范大学语文教育专业一年级学生。他来自农村，父母均是农民，家里有五个姐姐，他是唯一的男孩，因此全家人都对他倍加疼爱。他从小性格内向，不善言辞，很少与同龄人玩耍。但他比较聪明，学习踏实用功，成绩一向很好，从小学到高中毕业期间的十几年成长还算顺利。然而自上大学之后，他开始感到许多事情总不顺心，入学以来，他和班上同学相处很不融洽，和宿舍同学曾经发生过几次不小的冲突，关系相当紧张。后来他竟擅自搬出宿舍，与外班的同学住在一起。从此，他基本上不和班上同学来往，集体活动也很少参加，与同学的感情淡漠，隔阂加重。他没有一个能谈得来的知心朋友，常常感到特别孤独和自卑，情绪烦躁，痛苦至极。最近，他开始厌倦学习，厌恶同学和班级，一天也不愿再在学校待下去了。他不顾老师的劝告，也听不进家长的来信劝阻，坚持要求退学。

学习思考：

（1）你身边有这样的同学吗？

（2）如果小江是你的同学，你会怎样帮助他呢？

第一节　人际交往的心理行为原理

一、人际关系概述

（一）什么是人际关系

1. 人际关系的定义

梅传强将人际关系定义为：人与人之间心理上的关系，它表现为人与人之间心理上的距离，反映着人们寻求满足需要的心理状态。郑全全和俞国良共同编著的《人际关系心理学》则将人际关系概念从广义和狭义两方面作出了定义。他们认为："从广义上看，人际关系是指人与人之间的关系，包括社会中所有的人与人之间的关系，以及人与人之间关系的一切方面"。显然，这个定义没有揭示出人际关系，以及人与人之间关系的特殊性。因此，"从狭义上看，人际关系是人与人之间通过交往与相互作用而形成的直接的心理关系"。

以上学者对人际关系的定义应该说是大同小异的，都强调了人与人心理上的关系。本章采纳郑全全和俞国良对人际关系的狭义定义，将人际关系定义为：人与人之间通过交往与相互作用而形成的直接的心理关系。

2. 人际关系的心理成分

人际关系包括认知、情感和行为三种心理成分。认知包括对他人的认知和对自我的认知，是人际知觉的结果；情感成分是交往双方在情绪与情感上的积极或消极状态以及对人际关系的满意程度，包括情绪与情感性、对他人和自我成功感的评价等；行为成分主要包括人际交往过程中双方的行为表现，包括行为举止、语言、表情等。在人际关系的这三种心理成分中，情感成分占主导作用，制约着人际关系的亲密程度、深入程度和稳定程度，所以情感的相互依存是人际关系的特征。一般来说，在正式的组织关系中，行为是调节人际关系的主导成分，但在非正式的组织关系中，情感是调节人际关系的主导成分。

3. 人际关系的类型

从不同的角度，可以把人际关系分为不同的类型。从性质上分，人际关系有积极的人际关系和消极的人际关系；从范围来分，有两个人之间的关系、个人和团体之间的关系；从相互角色来分，有夫妻关系、同学关系、师生关系等。

美国社会心理学家舒尔茨(W. C. Schutz)根据对他人需求的内容和方式的不同，首先把人际关系的需求分为三大类：第一是包容的需求。希望与他人来往、结交、沟通、参与、融合等；与此相反的行为有孤立、退缩、排斥、疏远等。第二是控制的需求。在权力上与他人建立并维持良好的关系的控制需求，在此基础上支配或领导他人等；与此相反的行为有抗拒权威、忽视秩序、受人支配、追随他人等。第三是情感的需求。在情感上希望与他人建立并维持良好关系的感情需求。在此基础上的交往行为有喜爱、亲密、同情、热情等；与此相反的行为有憎恨、厌恶、冷淡等。接着，舒尔茨将这三种不同的需求类型按照主动性和被动性进一步划分，分为六种基本的人际关系倾向或类型，具体参见表 9－1。

表 9－1　基本人际关系倾向(类型)

需求类型的表现 / 需求内容及方式	E(主动性)	W(被动性)
I(包容)	主动与他人来往	期待他人接触
C(控制)	支配控制他人	期待别人引导
A(情感)	对他人表示亲密	期待别人对自己表示亲热

4. 人际行为的模式

一定的人际关系表现出一定的人际行为模式，一方的行为会引起另一方相应的行为反应。积极的人际关系、良好的人际行为会引起对方积极的行为反应；消极的人际关系和不友好的人际行为会引起消极的行为反应。人们之间的行为受到多种因素的影响，但彼此的人际关系却起着重要的作用。R. F. 利里把人际行为归结为八种模式：

(1) 由管理、指挥、指导、劝告、教育等行为导致尊敬和服从；

(2) 由帮助、支持、同情等行为导致信任和接受等反应；

(3) 由同意、合作、友好等行为导致协助和温和的反应；

(4) 由尊敬、信任、赞扬、请求帮助等行为导致劝导和帮助的反应；

(5) 由害羞、礼貌、敏感、服从等行为导致骄傲和控制等反应；

(6) 由反抗、疲倦、怀疑、异样等行为导致惩罚和拒绝的反应；

(7) 由攻击、惩罚和不友好等行为导致敌对和反抗等反应；

(8) 由激烈、拒绝、夸大、炫耀等行为导致不信任或自卑的反应。

对于人类群体来说，存在着上述一般的人际行为模式；对于每个个体来说，在各种人际关系的相互作用中，也经常表现出一种相同的基本反应倾向，这种比较稳定的并且每个人都不同的基本人际反应倾向，被称为人际反应特质(characteristics of interpersonal reaction)。根据舒尔茨的上述人际需求理论，人际反应特质一般表现为下列三种：① 交往、相属和参与；② 权力、支配和控制等；③ 同情、热情和亲密等。其也可能表现为各自相反的人际反应特质。了解不同人的人际反应特质，就可以在交往的过程中预测他人，进行有效交往。

(二) 人际关系的理论

1. 镜中自我说

库里(C. H. Cooley)提出“镜中自我说”。他认为，每个人与社会同时存在，而且每个人必须通过他人的眼睛才能了解自己，通过他人对自己的判断来评价自己，通过他人对自己的认可来认可自己。如同自己不能直接看到自己，必须通过外在的他人这面“镜子”，才能看到自己。同样，个体也不能直接了解自己的人格特征、自我和身份地位，必须通过别人才能反射出自我。个体接收到别人的反应和身份地位，必须通过别人才能反应和评价，然后将它内化，从而构成自己的自我概念和人格结构成分。所以从这种理论来看，人际关系是个体用以建立自我概念、自尊心和进行自我判断的信息来源。在人际互动的过程中，个体把外界他人的反应和判断看作一面镜子，以此来调整自己的行为。这样，个体一方面发展内在的自我，一方面学习环境中的文化。

2. 重要他人说

米德(C. H. Cooley)提出“重要他人说”。米德认为，个体的“自我”并不是单独存在的东西，必须依赖于人际互动才能产生，它只存在于人际交往和人际互动的情境中。所以与个体互动以产生“自我”互动的他人非常重要。但是在实际的生活中，并不是每个与“自我”互动的他人都非常重要，只有少数与个体关系密切、互动频繁并且对个体具有一定影响力的他人才是“重要的他人”。根据这种理论，随着人际关系的发展，个体在不同的生命阶段有不同的重要的他人，个人与重要的他人互动时，容易受到潜移默化，逐渐形成或扩展自我。所以人际关系是个体建立自我的必要因素，不同阶段的重要他人在个人的发展中具有不同的地位和作用。不同阶段的重要他人也可以说是个体基本的关系网络。

3. 社会交换论

霍曼斯(George Homans)和布劳(Peter Blau)共同提出“社会交换论”。这种理论从经济学的观点出发，认为人与人之间的互动是一种计算利弊得失的理性行为，如果利大于弊、得大于失、收获大于代价，互动就会维持下去；如果个体无法获得满足，代价大于收获，人际互动就会停止或变成另外一种形式。这里所说的利益的含义比较广泛，U.G.福阿等人提出六种基本的利益，包括物品、金钱、地位、服务、信息和爱；代价包括时间、金钱、精力和丧失机会等。人与人之间的交换行为是维持社会秩序的基础之一。

4. 自我成长论

卡尔·罗杰斯(Carl Rogers)提出“自我成长论”。他认为个人的成长需要在个人能够感到真诚、温暖、安全的情况下完成，这样个人才能真实地展现自我，才能完成独立和自我实现的需要。良好的人际关系能够满足这种温暖的情境，帮助个人彼此接纳和探索自我，所以人际关系是自我成长的必要因素。

5. 社会生物学观点

在进化理论中，动物最愿意帮助那些与它基因最接近的个体；比起远亲或陌生个体，它们更愿意帮助家庭成员。这种生物学上的倾向，使我们自然地走向特定的关系，如母子关系、亲戚关系等。然后再从这种基本的基因相同的人际关系中扩展开来，经过社会化学习建立朋友、邻居、同学、同事等人际关系。根据这种观点，人际关系最早是通过生物延续下一代的自然倾向而建立的，所以最亲密的人际关系存在于人类最早的生活环境——家庭，然后再扩展到生活的其他领域，如学校学习领域、工作领域等。

二、人际交往的功能

人际交往是指个体与周围人之间沟通信息、交流思想、表达情感、协调行为的互动过程。人际即人与人之间，人际交往是人与人之间最基本的交往。每个人本身就是其父母相互交往的产物，一来到世界就投入到人际交往之中，与他人发生千丝万缕的联系。不论你愿意与否、自觉与否，都得与人交往，不与他人交往的人是不存在的。

交往活动无论是直接的还是间接的，都是人类必然会出现的一种社会活动。其必然性来源于由人的需要所决定的合群倾向。合群倾向是人际交往的驱动力，是人际交往的心理基础。

人际交往是身心两方面健康的基本保证。从人生发展的角度和增进健康的角度来认识人际的功能，可以把人际交往的功能概括为以下几个方面。

1. 人际交往是个人社会化的必经之路

每个人的社会化进程自出生以来就开始了。人一出生就落入人际交往中，首先依赖父母的照顾，提供生长所需要的食物、衣着、抚爱、关怀等。与此同时，儿童也接受父母及其他周围人的影响，使自己的行为适合周围环境的需要，所以人际交往是个人社会化的起点。

人际交往是个人社会化的重要手段，对大学生而言，这种手段的作用更加强烈。通过人际交往，他们获得更丰富的信息，与社会保持更紧密的联系，对大学生角色的责任和义务认识得更加深刻，因此，人际交往促进了大学生的社会化进程。

2. 人际交往是个体自我认识的途径

人们常问自己：“我究竟是怎样一个人?”这在人际交往中可求得解答。人对自己的认识总是以他人为镜，需要通过与别人的比较把自己的形象反射出来而认识自我。别人是尊重、喜爱、赞扬你，还是轻蔑、讨厌、疏远你，这常常成为认识自我的尺度。从他人对自己的反应、态度和评价中，发现了自己的长处和短处，找到自己恰当的社会位置，从中得到丰富的教育意义，为自我的设计、发展、完善创造了有利条件。离开一定的人际交往，就无法弄清这一点。因此有必要多方位、多层次与更多的人交往，与他人有更密切的接触，以此来吸收更多可靠的信息，使自己能更清楚地回答：“我是谁”，更清楚地确定自己的形象，更清楚地知道怎样的行为才最符合自身情况，从而最有利于自身发展。

通过人际交往，大学生对如何与人交往才能获得更加良好的人际关系有了更深刻的认识，同时也能从自己与他人的交往活动中认识到自己的优势与不足，进而选择更加适合自己身份的交往行为。

3. 与人交往是培养良好个性的需要

一个人的个性除了受先天遗传因素影响之外，更重要的是受后天环境的影响。如果长期生活在互助、互爱、充满热情、友好和睦的人际关系氛围中，一个人的个性就会变得乐观、开朗、积极、主动，这在父母的教养方式对子女性格形成的影响中表现得最为明显。相反，一个人如果长期生活在人际关系充满冲突的环境中，则性格压抑、内向或者性格暴躁、疑心猜忌，这反过来又会促使人际关系更加不和谐。

人际交往对人个性发展的积极作用不言而喻。云南大学学生马加爵的真实案例表明了良好的人际交往对大学生个性发展与完善的重要作用。由于缺乏良好的人际关系和人际交往，再加上一些随机事件的诱发，马加爵最终走上杀人泄愤、害人害己的不归路。

4. 人际交往是获得知识的手段

在与他人的广泛交往中，随时可吸取对自己的工作、学习和生活有意义、有价值的知识经验；以别人的长处填补自己的短处；借鉴别人的优势改变自己的劣势；学习他人成功的经验，吸取他人失败的教训；以此扩充自己的知识积累，发展已有的知识体系，更新思想观念，追踪新鲜信息。这也是当今社会对大学生的要求。

5. 人际交往是获得事业成功的重要条件

人类得以生存、发展的一个主要条件是人与人之间能够通过交往，建立各种关系，相互分工协作，相互依从，协调一致，达到目的。同样，在我们为某一事业奋斗的过程中，也需要努力与他人交往合作。一个人的能力是有限的，且各有其擅长的一面，也有其不擅长的一面，这就需要把各人的知识、专长和经验融合在一起，才有获得成功的希望。为此，只有通过人们的相互交往才能实现。同时在这一过程中，一个人的能力、才华、品格得以充分表现，从而得到社会的承认、他人的肯定，也获得尊重、友谊、爱情和自信心，从而达到在社会和群体中的自我实现。

6. 人际交往是社会联系的桥梁

社会是一个有机整体，其存在与发展，离不开信息的传播与反馈，以保证管理机构与执行者以及各自内部之间的沟通、联络，这一功能除了正式的传播媒介之外，大部分由人际交往来实现。人际交往通过个人间的相互联系、相互影响，把个人联系为各种集体，以实现社会的系统功能。因此，人际交往不但对交往者个人有着重要作用，而且对整个社会都有积极意义。

7. 人际交往是维持心理健康的基本需要

当我们忧伤时，需要有人抚慰，能够倾诉；当我们面临危机时，需要有人帮助，得到支持。每个人都需要友谊、爱情，需要别人的认可、支持与合作，需要与他人保持人际关系。人际交往对人的心理健康十分重要。心理学研究证明，环境剥夺，即以人为方式造成环境中的感觉经验、外来刺激及社会机会的贫乏，对个体的身心发展有极大的影响。例如人类母爱的剥夺可造成孩子的智力不足和情绪上的挫折与异常。人本主义心理学研究人的心理需要层次时指出，一个人在生理需要得到满足之后，就会追求更高级的需要，如安全需要、归属与爱的需要、自尊与尊重的需要，这些高级需要都是在人际交往中得到满足的。如果建立了良好的人际关系，就会产生心理安全感，对人更加信任、宽容。特别是情绪不好的时候，向人倾诉对于心理健康有积极的作用。

大学生情感丰富，情绪尚不稳定，特别需要他人的关心和理解。通过交往活动，同学之间彼此诉说心中的喜怒哀乐，表达自己的思想感情和生活态度，可以寻求友谊、理解和帮助，还可以激发多种兴趣和爱好，加强自尊心和责任感，从而得到思想的升华和心理上的满足。而一个自我封闭、不善交际的人总是更多地体验着情绪低落、孤独空虚，甚至感受自卑、抑郁、恐惧等不良心理。

三、影响人际交往的因素

1. 空间因素

一般来说，空间距离越近，越容易形成亲密的关系。也就是平时所说的“近水楼台先得月”“远亲不如近邻”。在学生之间的交往中，同桌比同班容易，同班又比同年级容易，同年级又比同校容易。家离得比较近的两位同学比家离得比较远的同学更容易形成比较紧密的人际关系。这是因为：第一，空间距离越近，越有接触的机会，熟悉的程度越深，互动的速度越快；第二，空间距离越近，共同关心的事情越多，利害关系越接近。例如，家离得比较近的学生都比较关心交通便利情况、社区附近娱乐情况等。

2. 时间因素

时间也是影响人际关系的因素之一。交往的时间越长，接触的机会越多，交往的次数也就越多，个体之间也就越比较容易形成亲密的关系。即使原来比较亲密的朋友，不见面的时间一长，也容易生疏起来。

3. 个人品质

有了空间和时间上的便利条件，两个人也不一定会形成亲密的关系，个人的品质也是一个重要的因素。安德森(Norman Anderson)曾经用一张表列出555个描写人格品质的形容词，让大学生指出他们在多大程度上喜欢具有这样特点的人，结果表明，评价最高的是“真诚”，评价最低的是“说谎”和“装假”。

4. 人际吸引

人际吸引对于人们良好的人际关系的建立和发展具有重要的作用。所以社会心理学家对于人际吸引现象及其心理机制进行了大量的研究，至今已经形成了各种理论，如认知平衡理论、强化情感理论、相互作用理论、利益相等理论、得失理论等。一般来说，人际吸引现象中体现了下列规则：

(1) 外表吸引。一个人的体形、外貌、衣着、言谈举止等外表因素影响着这个人的人际吸引力，尤其是对第一印象更加重要。研究表明(D. Landy 和 H. Sitall，1974)，个体的身体魅力严重影响别人对他的社会评价。有魅力的人做了错事更可能会得到宽大处理，如成年人对招人喜欢的孩子的过错很少从否定的方面去认识，而招人讨厌的孩子有同样的过失就不被允许。一般在人际交往中，男性比女性更加重视身体方面的吸引力，更注重女性魅力的影响。

(2) 相似和互补。人们一般喜欢和自己相似的人，如外貌相似、年龄相似、社会地位相似、态度和价值观相似等。J. L. 弗里德曼认为："相似性对友谊模式的影响是广泛而重大的。在友谊、婚姻甚至简单的喜欢和不喜欢中，人们都强烈地倾向于喜欢那些和他们相似的人。"例如，学习成绩差的学生倾向于和学习成绩差的同学在一起，喜欢踢足球的学生比较容易聚在一起等。但另一方面，人们还喜欢满足自己需要、能够补充自己性格特点的人，如支配型的人倾向于和服从型的人在一走，这在婚姻中表现得比较突出。

(3) 相互作用。一种满意的人际关系应该是双方都常得到支持和赞扬，人们的喜欢一般是相互的。我们一般喜欢那些也喜欢我们的人，不喜欢那些讨厌我们的人。C. 贝克曼等人的研究表明，如果事先告诉甲小组成员，乙小组的人喜欢他们，那么在以后重新分组时，甲小组的成员更愿意与乙小组成员分在一组。

(4) 互惠公正。根据人际关系的社会理论及其派生的公平理论，人际关系的稳定依赖于双方认为公正的原则。公正原则是指每个人从人际关系中获得与其贡献相对应的收益。研究表明，人们在很多情况下都是这么考虑的，但也可能为了长期的利益而在短期的人际关系中不这样考虑。公正原则还包括相对需要原则和均等原则。相对需要原则是指每个个体获得与其需要相对应的收益。均等原则是指每个个体从人际关系中获得相等的收益，这在儿童阶段比较常见。

5. 交往规则

在人际交往的过程中，要遵守许多规则，不然容易使人际关系遭到破坏或终止。人际交往的规则是某一文化、亚文化、团体或年龄阶层的大部分人认为或相信应该表现或不应该表现的行为。这些规则不但可以规范行为以降低可能导致人际关系破裂的潜在冲突来源，而且可以通过社会的交换以引导个体保持这种关系。

人际规则有的比较明显，有的比较隐晦；有的涉及范围比较大，如法律、道德、民俗、礼节等，有的针对性比较强。一般在人际交往中都要遵循下列规则：

(1) 规范性规则：指用于维护人际关系使之得以持续下去的规则，如在各个地区和文化中一般要遵守的人际规则有尊重对方隐私，不透露别人的秘密，不公开批评对方等。

(2) 酬赏性规则：指有关规范个体在人际关系中获得或提供报酬、回报的种类或质量的规则，如分享成功的消息，回报恩惠和赞美，表现情绪支持等。

(3) 亲密性规则：在不同的人际关系中有不同的亲密性规则，如家庭中的人际关系的亲密程度一般比朋友之间的要高，同事和邻居之间的亲密程度相对比较低。

(4) 协调和回避困难的规则：这类规则适用于特定的关系，可以协调团体行为的功能，实现人际关系的目标。

(5) 与第三者之间的规则：在人际交往的过程中经常会涉及第三者，这是一个比较敏感的问题，也需要加以规范，如背后传话，不在场的第三者的隐私问题，意见处理问题等。

6. 人际沟通

人际沟通是指个体之间的共同的活动，彼此交流认识、思想、感情等信息的过程。它对于人际关系的建立和保持具有重要的作用。许多人际关系问题产生的原因就是由于没有进行及时有效的沟通。人际沟通的方式主要有言语沟通和非言语沟通，后者包括副言语、表情、手势、体态以及社交距离等。言语沟通和非言语沟通往往是相互补充、相互依存和相互促进的，具体的情况不同，各自的重要性也不一样。近年来，社会心理学家和身体语言学家越来越强调非言语线索在人际交往中的重要性。例如，R. L. 伯德威斯特认为，言语在交谈中只表达不超过30%～50%的信息；A. 朱拉兵估计，情绪信息只有7%是通过言语表达的，55%是由视觉符号传递的，38%由副言语符号传递。有些研究表明，当言语和副言语不一致时，主要依赖于副言语；当副言语和面部表情不一致时，主要依赖于面部表情。

第二节　人际交往中的问题与调适

人际孤独往往造成人际交往封闭，而交往中不遵循原则，不讲究技巧，往往会导致各种各样的问题。这些问题影响了正常的人际沟通，使人际交往陷入紧张或危机之中。

一、大学生人际交往的影响因素

大学校园里，学生来自五湖四海，他们有着不同的家庭、文化背景，有着多样化的兴趣、爱好，有着不同的交友方式，这些差异是大学生之间知识、志趣等多样互补、互相帮助、互相安慰的心理基础。可以说，大学校园是一个最好的社交微环境，为大学生人际交往能力的发展提供了很好的条件。但是，也有一些因素会影响到大学生人际交往实现的顺利程度以及人际关系的好坏。

（一）认知错觉

人际交往过程中，大学生对交往对象和交往关系的看法与态度将直接影响到这种互动关系的性质和发展趋向。因此，大学生在人际关系方面存在的一系列认知错觉是造成人际关系不良的首要因素。大学生中常见的认知错觉主要表现为：

1. 第一印象

第一印象是指素不相识的人初次见面时，通过对方的仪表、言谈举止等外部特征提供的信息迅速形成的印象，也就是常说的先入为主。第一印象是认识的起点，虽然它往往带有明显的表面性和片面性，但是一旦形成，就很难改变，影响日后对交往对象准确、全面的评价。

2. 晕轮效应

晕轮效应又称光环效应，指人们依据已知的或某一局部的特征，推及认识对象未知的其他特征，从而形成一个完整的印象。晕轮效应是一种将信息泛化、扩张的心理效应，是一种以点概面的思维方法，以貌取人就是晕轮效应的直接表现。

3. 定势效应

定势效应指人们早已形成的对认知对象的心理准备状态，这种心理准备状态让人们沿着一定的倾向性解释后得到的信息，从而使客观知觉带上了主观色彩。“疑邻偷斧”讲的就是定势效应。定势效应有一定的积极作用，它可以使人在对象不变的情况下对事、对人知觉得更迅速、更有效；但它也有消极作用，即当条件改变了，固着定势的影响会妨碍知觉的顺利进行，甚至造成歪曲反映。

4. 刻板印象

刻板印象是一种特殊的心理定势，是人们对某一类事物，特别是对某一类人所形成的比较固定的笼统看法，如认为南方人精明，北方人厚道，搞体育的人四肢发达、头脑简单等，都是刻板印象的表现。当刻板印象形成后，在知觉具体角色和个人时，便会比较分析，把某一角色的个人归入某一群体的刻板印象中去，极易产生偏见。

(二) 性格障碍

根据社会心理学家的研究，在阻碍人际关系吸引的人格因素中，性格特征是最突出的。影响大学生人际关系的不良性格特征主要有以下几个方面：

(1) 以自我为中心。只关心自己的兴趣和利益，不为他人的处境着想；对他人缺乏责任感；对别人的进步和成绩怀有很强的妒忌心。

(2) 不尊重别人。对他人缺乏同情心，不关心他人的悲欢情绪；总喜欢控制和支配别人，甚至把别人作为自己使唤的工具。

(3) 待人不真诚。虚伪、浮夸，采取一切手段想得到好处，并以此作为与人交往的前提。

(4) 孤僻、不合群，不愿与人交往；对人有偏见，态度冷漠。

(5) 过分自卑。缺乏自信心；多疑，对他人的言行过于敏感。

(6) 狂妄自大、自命不凡。好高骛远，自我期望值过高，同时又苛求别人。

(7) 固执、偏见。不愿意接受他人的规劝，听不进他人的意见，粗鲁、暴躁。

(8) 自私。学习成绩好，但不肯帮助别人。

(三) 能力缺陷

人际交往能力的欠缺也是影响人际关系的原因之一。缺乏沟通能力或技巧、沟通不畅、沟通失效、语言障碍等都是影响人际交往的重要因素。例如，有人口齿不清，语言表达不准确，常常词不达意，别人不能确切理解其意因而容易引起误会；也有人说话的语调使用不当，很少用商量的语调而习惯用命令式语调，因而引起对方的反感。由于成长环境和个性方面的因素，每个大学生的交往能力是不同的。与性格内向的大学生相比，性格外向的大学生更喜欢主动结识新朋友，具有更多的人际交往的锻炼机会，在不断的实践活动中，他们的交往能力自然会得到更多的训练和提高，而交往能力的提高又会使他们的交往活动更容易成功，并从中体验到愉悦和满足，这将进一步强化他们交往的主动性。因此，人际交往能力的缺陷也是大学生陷入人际关系困境的一个内在因素。

二、大学生常见的人际交往中的问题及分析

大学的同学在生活习惯、性格、过去经验等方面存在很大差异。在校园内，交往的主体同为面临艰巨适应任务而又缺乏经验的个体，双方的人际适应困难较为突出。在与其他社会成员的交往中，由于双方经验不同，对同一事物的看法也不尽相同，因此，相互的人际适应困难也更为突出。由此我们可以看到，在进入大学的转折中，个体的人际适应既可能与其自身的人际交往技能、人际交往经验有关，同时又是与群体的特点相联系的。结合有关资料，大学生常见的人际交往问题主要概括为以下几方面。

（一）人际冲突

人际冲突是指大学生的人际关系不符合大学生群体对其人际关系的基本认识，导致在大学生个体之间出现的人际关系不协调、不适应的现象，是比较常见的一种人际适应不良。有的大学生以自我为中心，过分地苛求别人，对他人的言行挑剔、猜疑，常因讽刺挖苦他人而伤害别人。有的学生互不示弱、互不忍让，进而发生冲突，甚至采取报复措施，造成心理上的障碍；有的学生由于偏激或喜怒无常等个性而难以为他人接受，造成人际关系障碍。

人际冲突通常与大学生的心理健康素质有着重要的联系，自我中心、情绪调控力差等都是导致大学生人际冲突的原因。

自我中心是一种个性特征，自我中心者为人处世以自己的需要和兴趣为中心，只关心自己的利益得失，不考虑别人的兴趣和利益，完全从自己的角度，以自己的经验去认识和解决问题，似乎自己的认识和态度就是他人的认识和态度，而且他们固执己见，不容易改变自己的态度，盲目地坚持自己的意见。自我中心是自我意识发展到一定阶段的产物，在自我意识发展的某一阶段或某些阶段，自我中心会有碍于自我意识的发展。自我中心者在心中建立起自负这样的一种虚假的自尊，要求别人必须服从自己，必须满足自己，这种做法明显违背了人际交往的平等互惠原则，任何人都不愿意建立或保持这种人际交往的不平衡。由于这种不平衡的人际交往不能建立，自我中心者虚假的自尊需要也无法得到满足，这必然导致人际关系的冲突；这种状况继续发展下去，自我中心者虚假的自尊继续受到打击，虚假的自尊最终演变为自卑，多次的人际冲突也可能演变为交往恐惧。

情绪调控力是EQ(Emotional Quotient，情绪智商)的重要组成部分，是建立和维护良好人际关系的重要保证。如前所述，人际关系不和谐随时随地都可能发生，但这种不和谐是否会演变为人际冲突则往往取决于当事人的情绪调控能力。情绪调控力好的大学生，在出现人际关系不和谐时能很好地控制自己的情绪，及时调节和引导人际交往向自己希望的方向发展；情绪调控力差的大学生则刚好相反，出现人际关系不和谐时则往往控制不住自己的情绪，使得人际关系向本不应该发展的方向发展，使人际关系不和谐变为人际冲突。甚至有的大学生心里有不高兴的事时，好像所有人都欠了他一屁股债似的，说话火药味十

足，不能很好地控制自己的情绪，自然难以建立和维护良好的人际关系。

(二) 交往恐惧

交往恐惧是另一种比较常见的人际适应不良。在此需要特别说明的是，交往恐惧与社交恐惧症不同，社交恐惧症是恐惧症的一种，属于心理障碍中的一种，而交往恐惧则是常见的人际适应不良的一种表现形式，其严重程度并没有达到诊断为社交恐惧症的标准。交往恐惧的大学生不敢与人交往，担心自己不会说话，担心被别人瞧不起，担心自己的表情不自然，总之，交往恐惧的大学生不敢面对别人，不敢在大庭广众之下说话发言，不敢与他人积极交往，对人际交往充满恐惧。交往恐惧的大学生往往具有以下两种心理：

1. 自卑心理

自卑是个人由于某些生理缺陷或心理缺陷及其他原因而产生的轻视自己，认为自己在某个方面或某几个方面不如他人的情绪体验。自卑会对人的行为产生极大的负面影响，表现在交往活动中就是缺乏自信，想象失败的体验，不敢积极与他人交往，不敢向他人表达自己对人对事的态度。自卑是导致交往恐惧的重要原因。导致自卑的原因是多方面的，自我认识不足、过低的期望、内向的性格、曾经遭受的挫折、不恰当的归因等都可能导致自卑心理的产生。

大学生由高中升入大学，由各方面都出类拔萃的尖子生一下子变成了非常普通的一员，由过去的交往主角变成了交往的配角。大学生在人际交往中角色身份发生了较大的变化，这种变化越大，引起的心理冲突就越激烈，对其个人身心健康的影响也就越大，越有可能使其产生自卑心理。再加上有的大学生本身性格就比较内向，只是由于高中紧张的学习生活掩盖了性格的缺陷，升入大学后环境改变了，要求也改变了，原来固有的性格不能很好地适应大学的生活，因而产生种种挫折，对这些挫折进行不正确的归因，把失败的原因归结为“缺乏能力”，这样的归因可能使得一个人从此不再相信自己的能力，并且不再期望以后交往活动的成功。这样，有自卑心理的大学生自然不敢与人交往，不敢再去面对自己“缺乏能力”的交往活动，人际交往成为他们心中的噩梦。

2. 戒备心理

戒备心理指大学生在人际交往过程中，由于某些消极心理因素的影响而形成的不切实际的固执的心理偏见，是另一种常见的导致交往恐惧的不良心理状态。俗话说，“害人之心不可有，防人之心不可无”，在形形色色的人群中，不乏极少数的虚情假意之人，如果我们抛出了一颗真心，却遭到欺骗，造成精神上的损失，这自然是得不偿失的。因此，适当的戒备是应该的，具有一定的戒备心理也是个体心理成熟的标志之一。但是戒备心理过重，则往往会影响到人们正常的人际交往。戒备心理过重，说明你对他人的信任度不够，不能够充分相信他人。而人际交往尤其是大学生的人际交往是建立在平等互信的基础上的，缺少了基本的信任，交往自然无法继续下去。由于对人际交往强烈的戒备，害怕别人在与自己的交往过程中获得某种利益，或自己损失某些利益，因此不敢与他人进行积极的交往，对人际交往充满恐惧。

当然，交往恐惧者还有其他一些心理，在此我们主要讨论了自卑和戒备这两种心理。

（三）沟通不良

除了上述两种人际适应不良外，沟通不良也是人际适应不良的重要表现形式。在大学生的人际交往过程中，有的大学生我行我素，从不与别人沟通；有的大学生虽有良好的沟通愿望却不得其法，常常引起误解，造成人际交往障碍。总之，沟通不良严重影响了大学生人际交往的顺利进行。沟通不良与缺乏相关的人际沟通技巧有关，许多大学生不知道在何种情况下应该采取何种沟通方式与他人沟通。据调查，大学生人际沟通存在三种情况：第一种情况就是我行我素，从不与人沟通；第二种情况是虽有良好的沟通愿望但却不知道如何与他人进行沟通，因而在与他人进行沟通时往往不能采取正确的方法；第三种情况是通过自己的主动学习掌握相应的沟通技巧，使自己的人际交往技能不断地提高，人际关系不断地向良性方向发展。这三种情况中的前两种都必然会导致大学生的沟通不良。张翔、樊富珉等对清华大学部分大学生所作的调查显示："沟通障碍"是大学生最为常见的冲突来源。"沟通障碍"在大学生冲突来源中排在首位，因此要提高大学生的人际交往能力，增强大学生的人际适应能力，就要将提高沟通能力作为培养和教育的重点。

要改变沟通不良的现状就必须采取第三种沟通的态度，学习并掌握相应的沟通技巧，提高自己的人际交往技能，促进人际关系向良性方向发展。

三、大学生常见的人际交往障碍的调适

（一）人际冲突的调节

如前所述，人际冲突是大学生中比较常见的一种人际适应不良。在出现冲突时，有必要以一定的办法缓解它；没有出现冲突时，也应该尽量避免冲突产生。下面先介绍解决人际冲突的一般原则和具体步骤。

1. 解决人际冲突的一般原则

（1）保持冷静。当冲突可能要发生或已经不可避免地发生了时，保持冷静有助于更好地解决冲突。纽约大学阿鲁比、巴斯等教授曾经用了 7 年的时间寻找 10 000 件冲突事件的个案，结果发现多数人在争辩过程中，常常不自觉犯的一种通病就是对他人进行人身攻击，使对方受到很大的伤害，从而加剧了冲突。

（2）求同存异。人际冲突并不都是由不公平引起的，有时候，人与人之间的冲突只是由于意见有分歧而已。特别是当人际冲突是由于意见分歧而引起时，求同存异应该成为解决冲突的首要原则。

（3）积极沟通。社会心理学家认为，人际交往就是人与人之间相互沟通、相互知觉、相互影响的过程，沟通与相互作用被看成是人际交往的两个基本特征。正因为如此，积极沟通才成为解决人际冲突的一般原则之一。当然，如何与人进行沟通还存在一些人际交往的技巧方面的问题。

2. 解决人际冲突的具体步骤

易凌峰、杨丽华在其编著的《润滑心灵——人际交往的奥秘与技巧》一书中提出，要顺利解决人际冲突，其具体步骤如下：

(1)相信一切冲突都可以理性而建设性地获得解决。

(2)客观地了解冲突的原因。

(3)具体地描述冲突。

(4)向别人核对自己有关冲突的观念是否客观。

(5)提出可能的解决冲突的方法。

(6)对提出的办法逐一进行评价,筛选出最佳的解决途径,最佳方法必须对双方都最有益。

(7)尝试使用选择出的最佳方法。

(8)评估实现最佳方案的实际效应,并按照给双方带来最大利益和有利于良好人际关系维持的原则给予修正。

坚持解决冲突的一般原则并按照具体步骤实施,可以较好地解决人际冲突,即使是上文所提到的"自我中心"者和情绪调控力较差者,遵循上述原则建立相应的人际关系也可以起到较好的效果。当然,上述原则和一般步骤只是更好地适应大学人际关系的前提,"自我中心"者应该正确认识他人与自己的关系,认识到人际交往的自我价值保护原则;而情绪调控力差者则应更多地学习调控情绪的方法,这样才能更好地促进自己的人际沟通与交流,建立良好的人际关系,避免人际适应不良的产生。

总之,要避免人际冲突的产生,特别是为了避免某些仅仅是由于观点分歧而造成的冲突时,对他人和冲突要有一个正确的认知,这样才能保持平和的心态与人进行人际交往,更好地克服人际冲突对自己造成的不利影响。

(二)交往恐惧的调节

如前所述,交往恐惧者往往有自卑和戒备两种心理,因此在对其进行调节时,也主要从这两方面着手。

1. 自卑心理的调节

要对自卑心理进行调节,首先就要对自卑形成正确的认识,对自卑的来龙去脉和自卑的消极影响有一定的了解。自卑是对自我的否定,是理想自我与现实自我差距过大而无法实现理想时所产生的负面情绪体验。自卑对个体身心健康的消极影响表现在:自卑可以导致求知欲下降、进取心减弱、自信心丧失、积极情感缺乏等。

因此,要使自己从自卑心理中摆脱出来,首先要学会积极自我暗示,提高自我期望。可以把一些激励自己积极奋进的话贴在宿舍的墙上,每天看一看,告诉自己:"我也可以优秀,我也可以拥有良好的人际关系。"

其次,要修正对自己的认识,逐步形成正确的自我认识。总是要求自己"与人交往时只能成功","要成为大家注目的焦点",如果达不到这样的要求,自然会灰心丧气,因此,要逐步形成正确的自我认识,认识到人际交往中自己不会是永远的中心,也不可能成为永远的中心。在交往中,自己也可能犯错误,甚至可能会失去某些人的友谊,这些都是可以理解和接受的。我们要学会"改变自己可以改变的,接受自己不能改变的"。

再次,要积极参加交往活动,增加成功交往的体验。只有在实际的交往中获得成功的体验,自卑者才可能逐渐从自卑中解脱出来。因为,一次成功交往的经验表明自己在人际交往过程中,虽然还会遇到各种各样的问题,但自己始终是不断前进发展的。而如果不参加交往活动，你永远会困在原来的问题上，没有前进和发展。

第四，当人际交往不利而陷于自卑时，可以通过参加运动、阅读书籍、听音乐、唱歌、写作等方式来摆脱不良心境。找亲朋好友倾诉的方式尤为值得采纳。因为这种方式一方面宣泄了自己的不良情绪，另一方面，也或多或少地增加了自己人际交往的机会，无形中培养了自己的人际交往的能力。

最后，要对自己建立信心，要相信自己是能够克服交往中的自卑心理的。只有这样，克服人际交往中自卑心理的各项措施才能畅通无阻，发挥最大的作用。

2. 戒备心理的调节

适当的戒备是必需的，但过分的戒备心理则往往会对大学生的人际交往造成不利的影响。因此，必须想办法调节自己，尽力克服戒备心理带来的不利影响。

要克服戒备心理首先就要对戒备心理有正确的认知，了解戒备和多疑对个体人际关系的负面影响：由于对他人过分怀疑和戒备，不能以真心与他人交往，在碰到需要与他人交往的情境时，往往顾虑重重，产生交往恐惧。有强烈戒备心理的人往往不够自信，害怕别人指责自己，害怕别人在与自己的交往过程中获得某种利益，不能坚持公平互惠原则，不能形成良好的人际关系。

其次，发现自己出现不适当的戒备心理时，要迅速用理智的力量克制自己，告诉自己，适当的戒备是可以理解的，但无端怀疑别人则是不适宜的，会给自己的人际关系带来不良的影响。

再次，要培养自信心。戒备是自信心不足的一种表现形式，因为自信心不足，不相信自己能够保护自己，能够与人友好相处，能够与别人建立良好的人际关系，自然会忧心忡忡，左担心右戒备。只有充满信心地与人进行交往，才不会过分地担心别人对自己别有企图，才不会对交往充满恐惧。

最后，学会适当自我暴露，消除自我封闭心理。社会心理学的研究表明，交往双方心理的公开区域越多，则其交往越深入。因此，适当的自我暴露，坦诚地向交往对象透露自己的某些秘密，可以促进良好的人际关系的形成，也可以使自己的戒备心理在一定程度上得以缓解。在暴露时注意遵循两条原则：第一，与人初交不宜暴露过多、过深；第二，自我暴露的层次应与交往对象自我暴露的层次基本持平，逐渐深化双方关系。

（三）沟通不良的调节

要解决沟通不良的问题，首先要对沟通建立正确的认知。

从沟通的方式来看，人们可以用语言方式沟通，也可以用非言语方式进行沟通，而且非言语沟通方式的作用是不可忽视的。心理学家甚至提出了这样的公式：信息的表达＝7％语调＋38％声音＋55％表情。

沟通的研究使心理学家们受到了极大的启示，他们相信为了克服沟通中的障碍，实现成功的沟通，交往者在不同的场合应选择不同的交往方式和技巧。这就要求我们要培养自己丰富的交往方式和技巧，比如，学会微笑，学会赞美别人，培养自己的幽默感，注意人际交往中的语言和非语言技巧等。

（1）学会妙用微笑。微笑是人际交往中的表情运用。心理学家的多次实验结果证明，一个人最受别人欢迎、最容易让人接近的个性特征是热情。热情的人一般都拥有很多的朋友，而内心冷漠，常常板着一副冷面孔的人，则很容易使人敬而远之。微笑是热情的标志，是友善的信号，它可以使初交者感到亲切和友善，使朋友间体味到信任和支持，也会使对立者感受到谅解和宽容。但微笑必须真诚、自然、发自内心，而不是强颜欢笑或虚伪的笑。微笑还要根据时间、场合恰当地使用。

（2）学会赞美别人。美国哲学家詹姆士曾说：“人类本身最殷切的需要是被肯定”，赞美能够释放出一个人身上的能量，调动人的积极性。实验心理学对酬谢和惩罚所做的研究表明，受到赞扬后的行为，要比挨了训斥后的行为更为合理、更为有效。真心诚意、适时适度地赞美对方，往往能有效地增进彼此的吸引力，因为人们欢迎喜欢自己的人。赞美别人，首先要学会真诚地去看待他人，其次还要学会在别人的行为中看到其内在的优良品质。要学会适度地赞扬别人的优点，要学会在正确的时间用正确的方式赞美别人。

（3）学会聆听。聆听就是在人际交往中，专心听取对方讲话，适时给予对方回应的方法和技巧。在聆听时要注意以下几点：① 要认真地听。对对方所说的话要认真地听，在倾听过程中要身心专注，不抢人家话题，一边听一边品味。不能东张西望，或者“顾左右而言其他”。② 不要随便打断别人的话。打断别人的话是一种不礼貌的行为，也是缺乏个人修养的表现，因此在倾听时要切忌打断别人的话。这样会让别人觉得很扫兴，也会使对方觉得没有受到足够的尊重。③ 积极反馈，适当提问。倾听并不等于一句话也不说，在适当的时候要积极反馈，这是倾听的重要组成部分。适当提问可以增进自己对对方所谈及内容的理解，但要记得提问时要尽量避免干涉性或盘问式的提问。

（4）学会交谈。交往常常从交谈开始，不善交谈的人，往往感到难以与人交往，发展友谊。大学生在交谈时要注意：① 交谈时态度要诚恳、适度，不可过于恭维或过于傲慢。② 谈话要注意用词的准确和通俗，语言自然流利，显示善意。③ 说话时注意场合。④ 注意礼貌，如不宜自己滔滔不绝，不给对方讲话的机会；不宜心不在焉或东张西望、做小动作，目光要注视对方等。⑤ 尽量不说对方没兴趣的话题，若对方说的话题自己没有兴趣，可巧妙地转移话题，不宜直截了当地用语言、表情或动作表示没兴趣。⑥ 可根据谈话内容运用手势、身姿、表情等以表达自己的思想感情，但要恰到好处，不可过于频繁，更不能手舞足蹈。

（5）要培养自己的幽默感受，使人际关系更为和谐。在使用幽默的时候，尤其要注意两点原则，即善意为本和把握分寸。善意为本意为不拿别人的弱点开玩笑，不拿别人的真诚开玩笑，不哗众取宠。把握幽默的度就得看时机、看对象、看场合。牢记使用幽默的原则可以使幽默发挥更大的作用。要记住，幽默不是讽刺，幽默不是蔑视，幽默不是油嘴滑舌。在运用幽默的时候尽量不要涉及别人的缺点。

第三节 人际交往能力的培养

大学生由于自身成长过程中的固有特点及涉世不深、经验不足，对人际交往的认识不够等原因，进而出现各种各样的交往障碍。总的来说其解决的办法，一是提高认识，掌握交际的原则和技巧；二是充分实践；三是培养自己的良好素质。

一、人际交往的基本原则

1. 平等原则

平等是交往的基础，是建立良好人际关系的前提。平等本身的含义是广泛的，包含政治、经济、法律等各个方面。交往中的平等，主要是指一种精神上和人格上的平等。实际生活中，交往双方在政治、经济、文化、社会地位等方面都是很难完全平等的。也就是说，在事实上，交往双方存在很多不平等因素。这些不平等因素往往给交往带来困难。例如，地位优越者往往轻视地位较低者，带有居高临下和盛气凌人的心理；而地位较低者，难免自卑，有一种不敢高攀的心理，这就使交往出现障碍。因此，面对一些客观存在的不平等因素，首先要保持心理上、人格上的平等。人格平等意味着一种独立，双方没有人身依附关系，重视他人的人格和价值，承认他人在人际交往中的平等地位；人格平等意味着一种尊重，既尊重自己也尊重别人。尊重能带来良性反馈，“投我以木桃，报之以琼瑶”，温暖别人的火同时也温暖了自己。

2. 互利原则

互利原则是要求人们在交往中，双方都能得到好处和利益。这种好处可以是物质的，也可以是精神的，还可以是物质和精神兼而有之的。互赠礼品、互相安慰、礼尚往来、投桃报李，这样的互利使人际关系得以维持和发展。如果一方只索取不给予，交往就会中断。互利性越高，交往双方的关系就越稳定、密切；相反，互利性越低，交往双方的关系就越疏远。

3. 信用原则

信用原则是指在人际交往中诚实守信，言行一致。我国对交往中的信用原则向来看得很重。“一言既出，驷马难追”，“言必行，行必果”等，都强调了信用的重要性。人们最不能容忍的就是别人对自己的欺骗。没有信用，人际交往就无法深入，人际关系就无法维持和发展。有人认为，在现代社会里，守信用是一种愚蠢。其实不然。现代社会的交往更加广泛，更加追求互利性，同时也具有暂时性和片面性。例如，现代社会生活中每天都在频繁地进行各种商品交易会、订货会、展览会、酒会等活动，使成千上万本来不可能交往的人聚集在一起，发生交往。这种交往主要不是以感情为基础。那么靠什么维持呢？靠信用。现代社会的人际交往更加依赖信用的作用。

4. 宽容原则

宽容原则要求我们，在交往中要辩证地看待别人，既看到别人的优点，也能容忍别人的缺点。当双方发生矛盾和冲突时，只要不是原则性的大问题，都应抱着豁达大度的心态，“退一步海阔天空”，彼此容忍，这样才能保证交往的正常进行。“金无足赤，人无完人”，世界上本没有完美的事物，我们不能对人太过于苛求。宽容不是害怕，不是懦弱，不是窝囊，也不是无能。相反，它是一种豁达，一种度量，一种成功交往的必备素质。宽容代表着自信。有的大学生人际关系紧张，根源就在于苛求别人。有一位大学生因为搞不好宿舍关系而前来咨询。他说：“我们宿舍里的同学素质都太差，真倒霉，偏偏是我和他们住在一起。有的太不讲卫生，臭袜子也不洗；有的经常邀请朋友到宿舍来聊天；有的老是倒我的开水；

有的心胸狭隘，对什么事都斤斤计较。我想换一个寝室，你觉得有没有必要?”如果这位同学不遵循宽容原则，换到任何环境中都会存在交往障碍。

二、人际交往的技巧

人际交往是一种艺术，技巧纯熟，则会挥洒自如，游刃有余；技巧不当，则难免别扭尴尬，关系紧张。经常有大学生称自己不知如何处理人际关系，希望得到指导。下面是一些常见的问题：“朋友欺骗了我，我该怎么办?”“如何安慰别人?”“我觉得同学都疏远我，有活动也不叫我参加，不知为什么?”“怎样拒绝别人又不至于得罪于他?”这些问题都涉及交往技巧。

人际交往的技巧很多，以下是几个最主要的方面。

1. 树立良好形象

个人形象的好坏，直接影响着交往的深度和广度。形象是一个综合的概念，它应包含三个层次。外层次指容貌仪表，中层次指言行举止，内层次指知识、能力、个性等内在因素。在人际交往中，理想的自我形象是：容貌仪表富有魅力，谈吐高雅，语言生动风趣，举止得体，知识丰富，能力突出，个性健全。有的人拼命指责别人的形象如何不好，却忘了反省一下，自己的形象又如何呢? 要交往成功，塑造自身形象是一条最根本的途径。在形象塑造中，要特别注意第一印象。人际交往总是从第一印象开始的，它常常鲜明、强烈、影响深远，在以后的交往中起着心理定势的作用。第一印象主要来源于一个人的外部特征，如仪表、言行举止等。因此，初次交往时，对自己的一举一动都应特别留心，不能不拘小节、言语无忌、衣着过于随便。要知道，恶劣的第一印象往往带来交往的终止，良好的第一印象则带来交往的持续和深入。

2. 增强人际吸引力

我们可以运用一些技巧来增强自己的吸引力。例如，创造条件让双方在时空上更为接近，多找机会接触对方。了解对方的兴趣爱好、文化水平、个性特征、社会背景等各方面的信息，寻找彼此相似的因素，多谈论对方感兴趣的事情，对对方的观点、看法给予适当的支持。了解对方的需要和弱点，善于利用自身的优势满足其需要，弥补其缺陷。在交往中尽可能地展示自己的知识和能力，让对方感到你是一个知识丰富、聪明能干的人。注意仪表，学会微笑，表情丰富，掌握日常交往的礼仪，举止得体，站要挺拔，坐要周正，行要从容。最后，在交往中表现良好的个性品质，热情待人，真诚关心别人，豁达大度，情绪稳定而愉快，自信开朗等。如果能从以上几方面去努力，就会成为一个受人欢迎的人、一个有吸引力的人。

3. 讲究谈话艺术

交谈是人际交往中最常用、最基本的沟通方式，也是影响交往的重要因素。有的人说了一辈子，却一直没有学会说话，听了一辈子，却一直没有学会倾听。我们经常可以听到这样的话：“你太笨了，简直是个榆木脑袋!”“你看起来比较苍老，这件衣服比较适合你。”“哇，你的鞋是耐克牌的，是真的吗?”我们常常可以看到这样的现象：听人说话，面无表情，毫无反应；漫不经心，目光游移；随意打断别人。这些都是不讲究谈话艺术的结果。同样的内容，用不同的方式表达，效果大相径庭。如批评别人工作没有做好，如果说“你真没用，这点小事都做不好”，只会引起对方的不快和自卑，影响他以后工作的积极性。如果换一种说法，“我想凭你的能力，你可以做得比这好十倍！”既让对方明白了自己的错误，又激发了他的积极性。交谈技巧多种多样，不一而足。

4. 把握对象特点

技巧是灵活的、相对的，面对不同的交往对象，技巧亦有不同。知己知彼，方能百战不殆。把握交往对象的特点，本身也是人际交往的技巧之一。与孤僻者交往，要主动热情，耐心细致，运用暗示法，多启发，多诱导，并善于选择话题，找到他们的兴奋点。与急躁者交往，要冷静、宽容、忍让，很多时候可以付之一笑。与狂妄者交往，可以采取请教式，虚心提问，耐心倾听，满足对方的虚荣心；也可以采取震慑式，即让对方暴露弱点，使其产生强烈的心理震动，这种震慑往往能促进交往。与残疾人交往，要自然，淡化对方的残疾人意识，不可显得过分小心谨慎；因残疾人往往自卑，要多鼓励赞美对方，让他看到自己的价值；另外，要注意言谈的避讳，不要当面叫别人“瞎子”“聋子”“跛子”等，必要时可以换一种说法，如“你腿不方便，请先走”。总之，交往中把握对象的特殊性，有的放矢，灵活应付，将会给你带来更多的朋友。

第四节　心理素质拓展训练

一、心理影片赏析：《放牛班的春天》

《放牛班的春天》是 2004 年 3 月 17 日上映的一部法国音乐电影，由克里斯托夫·巴拉蒂执导，杰拉尔·朱诺、让·巴蒂斯特·莫尼耶、弗朗西斯·贝尔兰德等人主演。影片讲述的是一位怀才不遇的音乐老师马修来到辅育院，改变了一群被大人放弃的野男孩以及他自己的命运的故事。《放牛班的春天》轻松逗趣、温馨可爱到极致，体现了对教师的尊重以及对问题学生的关怀，唤起了人们心灵的共鸣。该片用最古典的技法说出了一则最纯真的故事，是一部轻松愉悦并给人带来实实在在的艺术享受的电影。它一点也不压抑沉闷，而是活泼轻快的，还略带那么一点诙谐幽默，它是潮湿温暖的记忆，是轻轻飞扬的柔风，是回味无穷的感动。观众们面对它，不仅体会到了人性尊重的重要性，而且学会了对人际沟通的思考。

二、心理游戏：无家可归

活动时间：大约 15 分钟。

活动场地：室外最佳。

活动方法：

（1）请大家拉手围成一个圈，指导老师站在中间。听到“开始”指令后，大家拉着手逆时针跑起来。

（2）指导老师说：“马兰花儿开。”同学们问：“开几瓣？”老师答：“开 n 瓣！”（n 可以是随意的数字），所有同学立即自动组成一个正好有 n 个人的小组。

(3) 在任何小组之外，变得“无家可归”的同学表演节目。活动可重复进行，变换 n 数字的大小，让更多的人体验到无家可归时的感受。

活动总结：

活动结束后请同学谈体会，分别找无家可归次数最多的同学和总能顺利找到组织的同学分享自己的收获，启发同学认识到在人际互动中要积极主动，不能只是消极被动地等待，同时启发同学认识到集体归属的重要性。

三、心理测试：人际关系综合诊断量表

这是一份人际关系行为困扰的诊断量表，共 28 个问题，每个问题有“是”(打√)或“非”(打×)两种回答。请认真完成，然后参看后面的评分计分办法，对测验结果作出解释。

(1) 关于自己的烦恼有口难言。 ( )
(2) 和生人见面感觉不自然。 ( )
(3) 过分羡慕和妒忌别人。 ( )
(4) 与异性交往太少。 ( )
(5) 对别人不断的会谈感到困难。 ( )
(6) 在社交场合，感到紧张。 ( )
(7) 时常伤害别人。 ( )
(8) 与异性来往感觉不自然。 ( )
(9) 与一大群朋友在一起，常感到孤寂或失落。 ( )
(10) 极易受窘。 ( )
(11) 与别人不能和睦相处。 ( )
(12) 不知道与异性相处如何适可而止。 ( )
(13) 当不熟悉的人对自己倾诉他的生平遭遇以求同情时，自己常感到不自在。( )
(14) 担心别人对自己有什么坏印象。 ( )
(15) 总是尽力使别人赏识自己。 ( )
(16) 暗自思慕异性。 ( )
(17) 时常避免表达自己的感受。 ( )
(18) 对自己的仪表(容貌)缺乏信心。 ( )
(19) 讨厌某人或被某人所讨厌。 ( )
(20) 瞧不起异性。 ( )
(21) 不能专注地倾听。 ( )
(22) 自己的烦恼无人可申诉。 ( )
(23) 受别人排斥与冷漠。 ( )
(24) 被异性瞧不起。 ( )
(25) 不能广泛地听取各种意见、看法。 ( )
(26) 自己常因受伤害而暗自伤心。 ( )
(27) 常被别人谈论、愚弄。 ( )
(28) 与异性交往不知如何更好地相处。 ( )

Ⅰ	题目	1	5	9	13	17	21	25	小计
	分数								
Ⅱ	题目	2	6	10	14	18	22	26	小计
	分数								
Ⅲ	题目	3	7	11	15	19	23	27	小计
	分数								
Ⅳ	题目	4	8	12	16	20	24	28	小计
	分数								
评分	标准	打“√”的给 1 分，打“×”的给 0 分					总分		

测查结果的解释与辅导：

（1）如果你得到的总分是 0～8 分，那么你在与朋友相处上的困扰较少。你善于交谈，性格比较开朗，主动，关心别人，你对周围的朋友都比较好，愿意和他们在一起，他们也都喜欢你，你们相处得不错。而且，你能够从与朋友相处中，得到许多兴趣。你的生活是比较充实而且丰富多彩的，你与异性朋友也相处得很好。总之，你不存在或较少存在交友方面的困扰，你善于与朋友相处，人缘很好，获得许多人的好感与赞同。

（2）如果你得到的总分是 9～14，那么，你与朋友相处存在一定程度上的困扰。你的人缘一般，换句话说，你和朋友的关系并不牢固，或好或坏，经常处在一种起伏波动之中。

（3）如果你得到的总分是 15～28 分，那就表明你在同朋友相处上的行为困扰较严重，而且你在心理上出现较为明显的障碍。你可能不善于交谈，也可能是一个性格孤僻的人，不开朗，或者有明显的自高自大、讨人嫌的行为。

以上是从总体上评述你的人际关系。下面，将根据你在每一横栏上的小计分数，具体指出你与朋友相处的困扰行为及其可资参考的纠正方法。

（1）记分表中Ⅰ横栏上的小计分数，表明你在交谈方面的行为困扰程度。

① 如果你的得分在 6 分以上，说明你不善于交谈，只有在极需要的情况下你才同别人交谈，你总难于表达自己的感受，无论是愉快还是烦恼；你不是个很好的倾听者，往往无法专心听别人说话或对单独的话题感兴趣。

② 如果得分在 3～5 分之间，说明你的交谈能力一般，你会诉说自己的感受，但不能讲得条理清晰；你努力使自己成为一个好的倾听者，但还是做得不够。如果你与对方不太熟悉，开始时你往往表现得拘谨与沉默，不大愿意跟对方交谈。但这种局面在你面前一般不会持续很久。经过一段时间的接触与锻炼，你可能会主动与同学搭话，同时这一切来得自然而非造作，此时表明你的交谈能力已经大为改观，这方面的困扰也会逐渐消除。

③ 如果你的得分在 0～2 分之间，说明你有较高的交谈能力和技巧，善于利用恰当的谈话方式来交流思想感情，因而在与别人建立友情方面，你往往比别人获得更多的成功。这些优势不仅为你的学习与生活创造了良好的心境，而且常常有助于你成为伙伴中的领袖人物。

（2）记分表中 II 横栏上的小计分数，表示你在交际与交友方面的困扰程度。

① 如果你的得分在 6 分以上，则表明你在社交活动与交友方面存在着较大的行为困

扰，比如，在正常集体活动与社交场合，你比大多数伙伴更为拘谨；在有待人接物存在的场合，你往往感到更加紧张而扰乱你的思绪；你往往过多地考虑自己的形象而使自己处于越来越被动、越来越孤独的境地。总之，交际与交友方面的严重困扰，使你陷入“感情危机”和孤独困窘的状态。

② 如果你的得分在3～5分之间，则往往表明你在被动地寻找被人喜爱的突破口。你不喜欢独自一个人待着，你需要和朋友在一起，但你又不大善于创造条件并积极主动地寻找知心朋友，而且，你心有余悸，生怕主动行为后的“冷”体验。如果得分低于3分，则表明你对人较为真诚和热情。总之，你的人际关系较和谐，在这个问题上，你不存在较明显持久的行为困扰。

(3) 记分表中Ⅲ横栏的小计分数，表示你在待人接物方面的困扰程度。

① 如果你的得分在6分以上，则往往表明你缺乏待人接物的机智与技巧。在实际的人际关系中，你也许常有意无意地伤害别人，或者你过分地羡慕别人以致在内心嫉妒别人。因此，其他一些同学可能回报给你的是冷漠、排斥，甚至是愚弄。

② 如果你的得分在3～5分之间，则往往表明你是个多侧面的人，也许可以算是一个较圆滑的人。对待不同的人，你有不同的态度，而不同的人对你也有不同的评价。你讨厌某人或被某人所讨厌，但你却极喜欢另一个人或被另一个人所喜欢。你的朋友关系某些方面是和谐的、良好的，某些方面却是紧张的、恶劣的。因此，你的情绪很不稳定，内心极不平衡，常常处于矛盾状态中。

③ 如果你的得分在0～2分之间，表明你较尊重别人，敢于承担责任，对环境的适应性强你常常以你的真诚、宽容、责任心强等个性获得众人的好感与赞同。

(4) 记分表中Ⅳ横栏的小计分数表示你跟异性朋友交往的困扰程度。

① 如果你的得分在5分以上，说明你在与异性交往的过程中存在较为严重的困扰。也许你存在着过分的思慕异性或者对异性持有偏见。这两种态度都有它的片面之处。也许是你不知如何把握好与异性同学交往的分寸而陷入困扰之中。

② 如果你的得分是3～4分，表明你与异性同学交往的行为困扰程度一般，有时你可能会觉得与异性同学交往是一件愉快的事，有时又会认为这种交往似乎是一种负担，你不懂得如何与异性交往最适宜。

③ 如果你的得分是0～2分，表明你懂得如何正确处理异性朋友之间的关系。对异性同学持公正的态度，能大大方方地、自自然然地与他们交往，并且在与异性朋友交往中，得到了许多从同性朋友那里不能得到的东西，增加了对异性的了解，也丰富了自己的个性。你可能是一个较受欢迎的人，无论是同性朋友还是异性朋友，多数人都较喜欢你和赞赏你。

四、心理训练：感受沟通——采用互动的沟通方式，建立相互信任与彼此接纳的人际关系

活动项目：信任之旅。

活动目的：

(1) 引导学生体验信任与被信任的心理感受。

（2）帮助学生学习非言语情境下的合作活动。

活动方法：

（1）事先要选择好盲行路线，最好道路不是坦途，有阻碍，如上楼、下坡，拐弯且室内室外结合。每人准备一个眼罩(或蒙眼睛用的布条)。

（2）将学生分成两人一组，一位做“盲人”，一位做向导。

（3）“盲人”蒙上眼睛，原地转3圈，暂时失去方向感，然后在别人的搀扶下，沿着指导者选定的路线前进。期间不能讲话，只能肢体接触给同伴提供指导，共同完成特定距离。

（4）可以互换角色进行游戏。

活动背景音乐：《友谊地久天长》。

谈谈成长经历，交流心理感受

（1）“信任之旅”活动结束后，将全班同学分成若干组，每组8～10人。

（2）讨论与分享。

① 刚才在前进的过程中，什么都看不见，你有什么感觉？(害怕、恐惧、紧张等)

② 在前进中难免磕磕碰碰，这时候你有什么感觉？(埋怨、生气、害怕、内疚、紧张、担心、慌乱等)你对你的伙伴的帮助是否满意？

③ 在整个活动过程中，使你想起什么？你对自己或他人有什么新的发现？

④ 作为向导，你怎样理解你的伙伴？你是怎样想方设法帮助他的？这使你想起什么？

（3）每位同学在小组中谈自己在人际交往中的经历，交流彼此的感受与体会。

思考题

（1）回忆一下自己有没有与他人有过不愉快的交往经历？如果有，请想一想导致不愉快的真正原因是什么？

（2）如果能够让时间倒退，你会怎样避免那次不愉快的经历？

心灵语录

美好的东西时常是由于它是真诚的。

——罗兰

一个永远不欣赏别人的人，也就是一个永远也不被别人欣赏的人。

——汪国真

10 第十章 大学生爱情与性心理

案例导入

李姓女生的来信：大一时自己一心只想着学习，学习成绩非常好，父母也总是叮嘱我不要过早谈恋爱，以免影响学习。可到了大二时，许多同学都有了男朋友，我心里也开始躁动起来，认为别人都有男朋友陪，自己太孤单，而且自己长得也不差，面子上说不过去……正在此时，外系的一个男生向我提出建立恋爱关系。因为平日里在学习上与他有过接触，感觉还不错，于是我就答应了。谁知没几个月我就陷入了热恋中，下课后两人基本上都在一起，可上课时还是想着他，根本没办法专心学习，有时甚至为了与他在一起而逃课。眼看就要期末考试了，可这个学期的课程在我头脑中是一片模糊。而感情归宿问题，自己也没有想那么多，只能走一步算一步。

学习思考：

(1) 如果你是小李，你打算怎么办？

(2) 如何做到学业与爱情双丰收？

第一节 大学生恋爱心理

一、爱的本质

爱情是什么？爱情是人类特有的高级精神生活。它是一种完善的生物、心理、美感和道德的体验，是男女之间相互爱慕、真挚诚实、相互爱悦、渴望对方成为自己终身伴侣的一种最强烈、最深沉而持久的感情。性爱是爱情发生的自然前提和生理基础，情爱是社会性情感生活的产物和要求，“爱情源于性，又高于性”。因此，爱情是人的生理需求与社会性需求的统一，是生理因素与心理因素的统一，是性爱与情爱的和谐统一，是灵与肉的完美结合。正如保加利亚著名剧作家瓦西列夫在《情爱论》一书中所言爱情是生物关系和社会关系、生理因素和心理因素的综合体，是物质和意识多方面的、深刻的、有生命力的辩证体。

恋爱是一种高级的情感交流，是男女双方相互倾心、相互爱慕，以爱情为中心培养爱情的社会心理行为。恋爱经过一段时间的稳定发展和巩固，就会把男女双方带入婚姻的殿堂。

美国心理学家罗伯特·斯滕伯格(Sternberg，1988)认为不论人类的爱情有多么的纷繁复杂，它都是由三种基本的成分构成的。① 动机成分：动机有内发的性驱力，也包括异性之间身体容貌等特征彼此吸引的原因。② 情绪成分：由刺激引起的身心激动状态，如喜、怒、哀、乐、惧等，即所谓的酸甜苦辣的爱情滋味。③ 认知成分：对情绪和动机是一种控制因素，是爱情中的理智层面。斯滕伯格认为，爱情的千差万别就是由这三种成分不等量的混合所演绎的。

斯滕伯格进一步将动机、情绪、认知三者各自单独在两性间发生的爱情关系，分别称为亲密、激情与承诺。以动机为主的两性关系是亲密的，以情绪为主的两性关系是热烈的，以认知为主的两性关系是承诺的、守约的。爱情中，激情维持的时间最短，而亲密和承诺的成分却是随着时间的推移不断上升。理想的爱情应当是激情、亲密和承诺三者的结合统一体，斯滕伯格将这种境界称之为“完美之爱”，如图 10－1 所示。

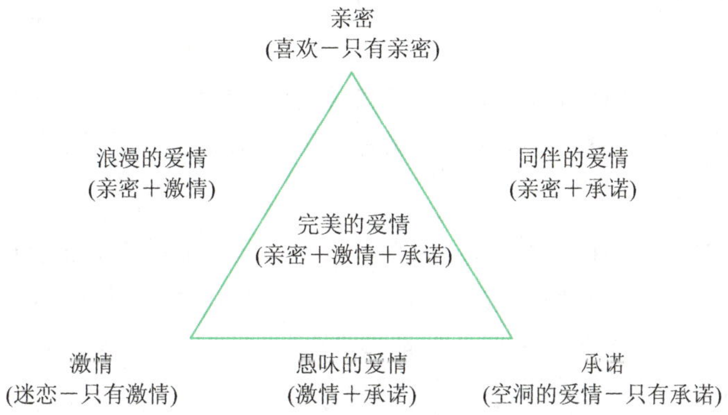

图 10－1　斯滕伯格的“完美之爱”

根据斯滕伯格的亲密、激情和承诺三要素在爱情中的强弱程度，可组合成 8 种不同类型的爱情(见表 10－1)。

表 10－1　斯腾伯格的 8 种爱情

亲密	激情	承诺	爱情类型
－	－	－	无爱
－	－	＋	空洞的爱
－	＋	－	迷恋的爱
＋	－	－	喜欢的爱
－	＋	＋	虚幻的爱
＋	－	＋	伴侣的爱
＋	＋	－	浪漫的爱
＋	＋	＋	完美的爱

注：“＋”表示存在；“－”表示不存在。

这八种类型的爱情，各有不同的内涵以及外在的体现。

1. 喜欢的爱——亲密因素

当两性之间的关系在爱情的三因素中，只有亲密因素时，相处的双方在交往中会感觉亲切、轻松，有很强的信赖感，表现在生活中就是两性之间真诚的友谊。严格地说，此种关系还不能纳入到爱情之中。喜欢和爱的区别被现代男女严格区分，所以他们常常固执地要求明确的答复：你究竟是喜欢我还是爱我？当然，这种关系的稳定会因为二者间任何一方情感因素微妙的变化而发生改变，这也是人们常常怀疑男女之间是否有真正友谊的原因。

2. 迷恋的爱——激情因素

当两性之间的关系在爱情的三因素中，只有激情因素时，双方有强烈的性的吸引，但缺乏彼此的了解，缺乏彼此的信任，当然，更没有发展到承诺的阶段。处于迷恋中的个体相信爱不需要理由，也常常无奈地吟唱“为何偏偏爱上你”。迷恋开始于生活中的一见钟情，这种刹那间绚烂如夏花的情绪是否有生命力，能否发展为稳定的情感，取决于是否会有亲密和承诺因素的形成。

3. 空洞的爱——承诺因素

当两性之间的关系只有承诺，没有亲密和激情时，表明二者只有责任和义务，是高度道德化或价值高度异化的两性伙伴关系。就爱情而言，这是没有爱情成分的空洞的爱。

4. 浪漫的爱——亲密和激情的结合

当两性之间的关系具有亲密和激情两个因素，双方的关系不需要承诺来维系时，被认为是一种最轻松、最享受、最唯美的浪漫之爱，所谓“没有承诺，却被你抓得更紧”。浪漫之爱，若是缺乏承诺的意愿或能力，则与婚姻无缘，即所谓的“相爱容易相处难”。

5. 伴侣的爱——亲密与承诺的结合

当两性之间的关系有亲密也有承诺，而缺乏性爱吸引时，彼此的关系已经升华为亲情式的信任和依赖，仿佛携手走过漫漫人生的银发夫妇，虽没有青春时的激情，却具有难以描述的情感深度，是不离不弃的黄金伴侣。

6. 虚幻的爱——激情和承诺的结合

当爱情没有以信任为基础的亲密因素时，仿佛大厦没有坚实的地基，是虚幻的空中楼阁，随时有变异的可能。

7. 完美的爱——亲密、激情和承诺三者的结合

真正的完美的爱情应该以信任为基石，以性的吸引和欣赏为催化剂，以承诺为约束，既具有相对的稳定性，又充满热情和活力。

8. 无爱——亲密、激情和承诺均无

双方的关系如同日常生活中的一般人际关系，无亲密、激情和承诺，就不可能有真正的爱情。

根据斯滕伯格的理论，爱情是人类心理的色彩世界，亲密(信任)、激情(性爱)、承诺(责任)是爱情的三原色，爱情的色彩之所以如此丰富，差异如此之大，完全在于个体所选择的原色的比例。每一个人，都是自己爱情色彩的调配师，调出的色彩或淡雅，或灿烂，千

姿百态，只需要自己评判和欣赏，当然也必须自己负责。

二、大学里的爱情

（一）大学生谈恋爱的原因

1. 为了爱而爱

部分大学生在长期共同学习、生活交往过程中相互吸引、彼此了解，以感情为基础，由相知到相爱，由友谊发展到爱情。这种动机促成恋爱，双方注重心灵的息息相通，以婚姻关系为目的，把和谐的精神生活和共同的事业成功作为共同目标。

2. 一见钟情，理所当然

网上调查表明，有36.66%的大学生认为他们是一见钟情的恋爱，两个人一下子就产生了“感觉”，没有理由，没有原因。在这类大学生心目中本身就有一幅理想爱人的形象，一旦现实生活中有一个人与之符合，那么他（她）就会采取行动，同时大学文化氛围中带有较多理想主义色彩，“一见钟情”正体现了大学生对浪漫主义的追求。因此，有许多大学生在这种情况下坠入爱河。

3. 渴望了解异性，满足好奇心

性生理成熟使大学生产生对异性好奇、好感和亲近的心理需要，同时也由于大学生正处于喜欢探寻自我与世界的阶段，对未知的事物充满了神秘感。没有恋爱经历的大学生对爱情充满了向往和好奇，渴望亲身体验，加上许多爱情故事、电影、诗歌、小说的影响，所以当机会来临时，即使他们可能不爱对方，也会去尝试，以满足自己的需要和好奇心。

4. 怕失机缘，为把握机会

有些年龄偏大的大学生，特别是部分女大学生，担心自己步入社会后已是“大龄青年”，会成为被爱情遗忘的角色，因而把校园作为爱情最后的殿堂，在大学里抓住机会谈恋爱；还有人认为大学里人才济济，大家经历类似，交往单纯，机会较多，选择范围大，并且有较长时间可以互相了解，找一个称心如意的伴侣相对容易，到了社会上则交往复杂，功利性强，不易找到志同道合的伴侣，所以要把握住大学恋爱的时机。

5. 出于对毕业后的考虑，为自己找出路

目前，大学校园也受到社会上一些功利思想的影响，不少大学生的恋爱也带有功利性。他们把恋爱作为达到自己某种目的的途径，刻意与那些家庭经济状况好的、社会地位高的、有海外关系等条件好的学生或校外的人谈恋爱，以便将来找个好单位、好归宿、好出路，甚至是谁能为自己吃、喝、玩、穿提供优惠条件就主动找谁谈，不再考虑其他，就匆匆加入到恋爱大军中。

6. 模仿从众，为求心理平衡

大学生恋爱容易受到同学恋爱观及周围恋爱情境的影响。在一个群体中（如宿舍、班级），如果大部分人都在谈恋爱，这会给那些因各种原因未涉足者形成压力，带给他们一定的影响。一些大学生原本没打算谈恋爱或还没有意中人，看着周围的同学都成双成对，双方亲密无间，生活上很有浪漫情调，而自己还是孤身一人，心里就很不是滋味，产生了一

种不平衡感，认为大家都是一样的，你有我也应该有；于是为显示自己不比别人差，赶潮流不落后，就急匆匆找个异性朋友。还有人认为自己不谈恋爱是因为自己缺乏吸引力，如果不谈会被人瞧不起，甚至有人感到自卑，为了寻求心理平衡，满足虚荣心，跟随大众潮流草草恋爱。

7. 空虚寂寞，为求慰藉

网上调查显示，有一些大学生认为“大学生活中人际交往、学习考试等紧张气氛使他们压力重重，而谈恋爱可以建立一种比较亲密的关系，可以充实生活，缓解紧张，转移注意力，摆脱孤独，寻得一份感情寄托”。许多大学生远离家乡、父母、朋友，又不能很快适应大学生活及当地文化习俗，加之人际关系复杂，使得他们常有一种孤寂之感。当不能从周围获得这种心理需求的满足时，就谈恋爱，借助爱情来补偿心中的空虚寂寞。

8. 追求时尚，寻求刺激，为了获得经验

有少数大学生把谈恋爱作为一种时尚、一种感情消费，觉得大学阶段不谈恋爱太可惜，认为谈恋爱追求的是一种刺激，可以满足与异性交往的欲望；更有甚者认为在大学里谈恋爱可以为以后的恋爱获得经验，并由此发生婚前性行为。

（二）关于恋爱的那些烦心事儿

1. 友情与爱情

青年大学生在与异性交往时，常常会产生这样的困惑：分不清友情与爱情。有的错把友情当爱情，自作多情，想入非非，影响了正常的异性交往，造成了误会和苦恼；有的错误地认为男女之间只有爱情没有友情，带着谈恋爱的目的与异性交往，以至于尴尬不断；有的谈了恋爱后，沉醉于两人世界，忽略了同学之间的友谊，处理不好爱情与友情的关系，无端猜疑，干涉甚至限制对方与他人正常往来，引起同学之间的人际冲突，关系紧张。更有一些大学生一直在爱情与友情之间徘徊，将二者混为一谈，以致在异性面前茫然无措。

2. 情欲与性欲

恋爱双方坠入爱河之后，由于拥抱、抚摸、亲吻等会使人处于持续的冲动和愉悦的情绪之中，从生理的角度来看，热恋中的男性产生性冲动是自然的，而同期的女性在恋爱中更重视心与心的交流，更向往浪漫纯洁的交往，对性行为往往有所排斥。在很多情况下，女性的第一次性行为，都不是出于自身的性欲需求，而是为了向恋人表达自己的爱意，试图用一种牺牲来赢得对方更热烈的爱情。可是，女大学生的这种牺牲十分危险，虽然男女双方性生理发育成熟，但性心理还极为稚嫩，一旦肉体的需要占据主导地位，原先美好的爱情已经变质，恋爱双方的关系也将发生根本性变化。性的背后有着潜在的危机，使大学生在恋爱中对情欲与性欲的矛盾产生极大的心理困扰，而女生比男生要强烈许多，既担心怀孕影响自身名誉，又怕今后恋爱失败，而且还伴有自责、罪恶感和怨恨对方的情绪。这样沉重的心理负担甚至使一些比较脆弱的人产生了轻生念头。

3. 追求与选择

许多同学有这样的矛盾：爱我的人我不爱他，我爱的人他不爱我。想按自己的理想追求自己的真爱，却又怕失败，放弃追求又不甘心；而在面对别人的苦苦追求时，又不知作

何选择。还有的同学面对众多的追求者，举棋不定、犹豫不决，感到对方对自己的爱都很重要，舍不得放弃，患得患失，但又不能同时去爱他们，加上认识的模糊和道德上的偏差，身不由己地卷入多角恋爱的波澜中，不能自拔而自饮苦酒。心理学家说："人的一生总要面对各种选择，任何选择其实都在得与失的取舍之间。人的主观愿望大都较美好，凡事皆考虑对自己十分合适或十全十美，过于理想化，而世界上的事情偏偏是'有得必有失，有失便有得''鱼和熊掌不可兼得'。"所以，选择本身就是件矛盾而痛苦的事。大学生感情丰富，容易陷入爱情的迷谷，倘若不能理智地把握自己的情感，盲目地为情所困、为爱所扰，其结果不仅是自己痛苦，也给别人带来痛苦。

4. 学业与爱情

在对待学业与爱情的关系上，由于青春期的心理特点，对美好爱情的追求成为主要的心理需求。"爱情第一""爱情价更高"的观点，在相当一部分大学生中流行。虽然有相当一部分大学生认为学业高于爱情，但在实际恋爱过程中，真正在客观上、行为上能够正确处理好学业与爱情关系的大学生为数不多，更多的是一旦坠入情网，便不能自拔，终日沉湎于爱情，成了感情的奴隶，不知不觉中影响了学习，导致成绩下降，荒废了学业。

在当今竞争激烈的市场经济条件下，没有真才实学是难于立足社会的。因此奋发学习，提高素质，掌握本领是大学生的主要任务。恋爱是人生的重要组成部分，但不是生活的全部内容。恋爱的前景如何，在很大程度上与生存状态有关。作为学生，一旦学习成绩急剧下降，不仅恋爱的好心情遭到破坏，自信心也会严重受挫，甚至还会从一个极端走上另一个极端，将自己的失败归责于对方，恋爱的前景也不乐观，最终造成爱情和学业双失意。

5. 现在与将来

大学生的恋爱有一个重要的特点，即一些人只想恋爱而没有考虑到将来的结果。他们之所以恋爱，是因为自己需要爱和被爱，还未考虑到将来的生活，对他们来说，未来美好但如梦幻一般。大学生来自各地，恋爱时沉浸在爱海中，难于顾及未来的事情，毕业前要分手了，才备尝离别的痛苦。天南地北、千里相隔的现实，不少情侣只得忍痛分手；即使不分手，也会因为一方或双方找不到合适的工作而担忧爱情的稳定。更有许多人走上社会后，眼界开阔了，见的世面多了，阅历丰富了，才发现自己原先的想法是多么幼稚、多么不现实，于是爱情动摇，以致失败。

心理学家指出："在人格尚没有成熟的时候就谈恋爱，对该人的人生有可能带来不利。"不成熟的心灵既难以把握自己要选择什么样的人，也难以处理恋爱中的各种矛盾。正如张洁在《爱是不能忘记的》中所言："人在年轻的时候，并不一定了解自己追求的、需要的是什么，甚至别人的起哄也会促成一桩婚姻，等你长大一些，更成熟一些的时候，你才会知道你真正需要的是什么。可是那时，你已干了许多悔恨得使你锥心的蠢事。"

三、爱情成长路

日本心理学家津留宏、泉宇佐在《结婚心理学》中把恋爱过程分为以下几个阶段：

第一阶段：体会到异性的魅力。从对异性的好奇，渐渐变成兴趣，进而发展为爱情，它是从对朋友的好意或好感演变而来的。萌发爱情以后，时刻想念对方，总想和对方在一起，这就是恋爱的萌芽。恋爱对象具有的某种诱惑力，一般称之为魅力。魅力可增加双方的相互吸引力，但随着时间和空间的推移就会发现，真正的魅力不仅在于人的外表，更在于人的内在个性。

第二阶段：想象期。一旦被某个有魅力的人所吸引，就会对这个人产生丰富的想象，如对方的专业、性格、家庭等都是想象的内容，而且想象的内容也逐渐符合自己的理想形象。不仅如此，还千方百计寻找与之接近的方法，如制造邂逅、请人牵线等。这一阶段也叫"单相思"，而且为了不让别人知道，故意装作外表坦然，所以不太会产生热烈的情欲，这一阶段的爱慕之心容易改变。

第三阶段：发生爱情。丰富的想象之后，就会下决心向对方表白自己的爱慕之情。但要真的迈出这一步又有许多担心和焦虑。例如，如果对方拒绝了怎么办？本想向对方吐露真言，但见了面又一句话也说不出，反而态度冷淡，事后又后悔。当机会终于来到，倾诉真情后，紧张感暂时消除，但同时又会提心吊胆、战战兢兢地注意对方的反应。表白一般是男方主动，由于女性能靠特有的直觉预测到男方的意图，所以事情往往进展得意外顺利。在这一阶段重要的是男女双方保持平常的心态，开诚布公地交流彼此的想法。

第四阶段：确立爱情。双方经过表白和接受，相亲相爱的关系便告建立，双方立即亲密起来，一切事情都要从与对方的关系出发着想，如想和对方永远在一起，总想为对方做些什么，力求按照对方的期望去做等；同时，还会百般美化对方，甚至把缺点说成优点；并且会因应讨厌第三者插入而对其他异性不屑一顾，此即所谓恋爱使人盲目。此时，恋人的赞赏有着很大的潜在力量，这种力量常被评价过高，并被视为珍品深埋在心底，每当想起它便充满幸福感。

随着恋情进入热恋期，拥抱、接吻、爱语更加热烈。双方的心思和情感毫无保留，甜言蜜语，海誓山盟，"一日不见如隔三秋"，双方进入无话不说的境界。热恋中的恋人常常处于激动兴奋的状态，受情感支配的程度比平时大得多，而理智则处于比较脆弱的地位。因此，热恋者总是处于强烈的追求之中，在恋人面前表现出过分殷勤和热烈，婚前性关系也容易出现，这些都是热恋中情感的失控现象。

第五阶段：成功或分手。确立爱情后，有的男女青年可能达到以日后结婚为标志的成功境界；有的则可能分手。分手原因很多，有可能是各种外部条件造成的，也有可能是主观因素造成的，如父母反对、相互误解、第三者插入、个性不合等。

分手使很多人产生悲伤感、绝望感、羞耻感或憎恶感等。当双方感情难以长期保持下去的时候，恋爱双方应当采取"好聚好散"的心态来对待分手，应避免产生"不成情人便成仇人"的极端思想。

第二节　大学生性心理

大学生处于性生理发育成熟、性心理逐渐趋向成熟的时期，性意识十分活跃，性冲动和性需求较为强烈。性生理成熟与性心理尚未完全成熟之间的矛盾，性的生理需求与性的社会规范之间的冲突，成了大学生性心理健康的主要问题之一，直接影响大学生的心理健康和发展。

一、何谓性

（一）性的本质

性是在生物进化过程中融贯个体的全部素质，以性器官和性特征为主要标志，以繁衍后代为原始意义的一种客观现象。人类的性是一种多维价值系统，性生理是人类性的生物学基础，性心理不仅仅是一个单纯伴随着性活动过程的神经精神活动，更是一种生命感受和独特的体验，这种感受和体验受意识形态、道德观念、文化沉淀等社会因素的制约，使性又具有社会学意义。

人类的性实际上是生物、心理、社会三因素共同作用的结果。人类的性在表现过程中，一方面受性激素的影响，构成背景性性欲；另一方面受情感和道德因素的影响，构成应激性性欲；大脑综合分析来自视、听、嗅、味、触等各种感觉的刺激，并把是否喜欢、是否符合道德规范等是非标准融汇进去，最后决定性是否或如何表现出来。

总之，人类的性具有生物性、心理性、社会性三方面的内涵，是这三种因素相互作用的产物。

（二）性心理的发展

我国学者一般将性心理的发展分为异性疏远、异性向往、异性接近和恋爱四个阶段。

(1) 异性疏远阶段：一般在 12～14 岁，主要表现为性反感情绪。处于青春初期的少男少女性意识开始觉醒，对两性差别特别敏感，开始产生不安与羞涩心理，原来两小无猜的男女伙伴开始疏远了。在日常学习、生活中男女生很少讲话，互不理睬，同桌之间划“三八”线，看到男女在一起，便起哄嘲笑。与此同时，性好奇心也与日俱增，他们渴望了解男女自身及其相互之间的秘密。性好奇导致性敏感，性敏感又导致性疏远，越疏远则越好奇，一旦接触，双方都有过敏反应。

(2) 性向往阶段：一般在 15～16 岁。这一阶段主要表现为一种自然的对异性的亲和力和吸引力，又表现为一种不自然的退避和羞怯。十五六岁的男女青年，情窦初开，男女之间有一种情感的吸引，有彼此接近的冲动，异性之间的疏远逐渐转变为彼此接近。他们开始注意异性对自己的态度，常以友好的态度对待异性，并在异性面前表现自己，期望博得异性好感。异性间的好感是彼此恋爱的前提，但是与恋爱还有一段距离。青年初期的男女青年，往往分不清好感与恋爱的界限，以致常常造成心理冲突。

(3) 异性接近阶段：一般在 16～18 岁。随着性生理的进一步成熟，异性之间产生向往和倾慕，往往采取各种方式接近异性，和异性相处感到愉快，初恋开始。有的男女生在表现自己的同时，以含蓄的方式表达自己的心意和试探对方的意图，也有人干脆递字条、写情书明确求爱。不过这一阶段亲近的对象具有广泛性、不稳定性、幻想性，这是性意识发展的一个重要阶段。

(4) 恋爱阶段：大概在 20 岁左右。这一阶段是性亲近期的自然延续。其特点是感情比较稳定、专一，并由浪漫的理想走近现实。男女在各种社会交往活动中，培育着友谊，随着时间的推移，全方位的友谊逐渐集中到与自己的理想模式相符的个别异性身上，这样恋爱便产生了。这种恋爱已不是游戏性的恋爱，而是与结婚、未来事业和家庭相联系的。这一时期的男女性生理发育已基本完成，性心理发展达到高峰期，开始进入恋爱期。

上述四个阶段的性心理表现是性心理发展的自然现象，是多数人的必经之路，是积极的、正常的。但如果缺乏正确的引导，也可能出现某种心理与行为问题。在疏远期，如果受到习俗观念的影响太深，就可能出现与异性交往的长期恐惧感；在接近异性期，如果过分热衷于与异性接触，特别喜欢谈论两性的风流韵事，看淫秽影视书刊，可能出现心理不正常；在向往异性期，性机能日趋成熟，而正确的恋爱观、道德观一般尚未形成，对异性的神秘感和好奇心有可能导致越轨行为；在恋爱期，如果缺乏性道德，可能出现许多性问题甚至违法问题。因此，要在每一个阶段进行相应的性教育，以加强青少年在这方面的自我调节能力，使其性意识健康发展。大学生正处在性意识发展的最重要阶段，要建立对性的冷静、自然、科学态度，积极参加有意义的集体活动，以高尚的追求与寄托消除性成熟带来的心理动荡与不安。积极与异性建立正常交往，提高自信，学会用自己的意志驾驭自己的情感，完善并发展自身人格的建设。

二、大学生性发展困惑

（一）大学生的性心理发展特点

1. 性心理的本能性和朦胧性

大学生的性心理，尤其是低年级大学生的性心理，缺乏深刻的社会内容，基本上还是生理发育成熟带来的本能作用，似乎是情不自禁地对异性发生兴趣、好感、爱慕。但这种萌动披着一层朦胧的面纱。一些学生不了解性的基本知识，对性有较浓厚的神秘感，出于对异性的好奇，表现出对异性的关注和兴趣。另外，尽管在性刺激作用下会产生性心理反应，如性兴奋、性幻想、性情感、性梦等，却因性心理的不成熟难以接受自身的性冲动和性念头，产生羞愧、自责、苦恼和困惑。在朦胧纷乱的心理变化中，性意识逐渐成熟起来。

2. 性意识的强烈性与表现上的文饰性

青年期较显著的心理特征是思想上的闭锁性和强烈的求理解性，这就导致了其心理外显方式的文饰性。在对性问题上也是如此。他们十分重视自己在异性心目中的印象和对方的评价，但在外表上又显得拘谨、羞涩、冷漠；心里对某一异性很感兴趣，很想与之接近，但表面上却有意无意地表现得无动于衷，不屑一顾，或作出回避的样子。诸如此类的矛盾心理与表现，使他们常常产生各种冲突和苦恼。

3. 性心理的动荡性和压抑性

青年期是一生中性能量最旺盛的时期，由于不少大学生的心理还不成熟，尚未形成稳固的、正确的道德观和恋爱观，自控力较弱，因而他们的性心理易受外界的不良影响而动荡不安。现实生活中，一方面是丰富多彩、五花八门的性信息充斥耳目视听；另一方面，社会性道德、性规范对人们的约束使得大学生性心理的发展处于多种矛盾的相互作用之中。一些大学生的性意识受到错误强化而沉湎于情爱中，甚至发生性过失；另一些大学生对性冲动过分否定和抑制，使性的能量得不到合理的疏导、升华而导致性压抑，少数人还可能以扭曲的方式表现出来，如厕所文学、课桌文学以及窥视、恋物等。

当然，大学生的性心理因性别不同而有差异。比如，在对异性感情流露上，男生表现得较为外显和热烈，女生则表现得含蓄和深沉。在内心体验上，男生更多的是新奇、喜悦和神秘，女生则常常显得羞涩、敏感和内心矛盾。

（二）大学生性心理表现形式

大学生性心理的表现是多种多样的，一般有以下几个方面。

1. 对性知识的渴求

由于性生理成熟而出现对性知识的渴求是性心理发展的必然产物，是正常的表现。进入青春期后，人们开始关心性问题，对有关性知识发生了兴趣，通过阅读文学作品、医学书籍以及影视、录像、光碟、网页上的有关性和爱情的描写，来获取性知识，探究性的奥秘。调查发现，“卧谈会”是当代大学生讨论、交流、学习性知识的重要形式。在轻松愉快、无拘无束的“卧谈会”中，男生给女生“打分”，传授交女友的经验，甚至炫耀自己成功的性冒险；女生则议论理想的男生形象，讨论婚姻的利弊或袒露自己的恋爱体验等。通过“卧谈会”，大学生们可借鉴同龄人的性体验、性感知，消除自己性生理、性心理发展变化的疑虑、恐惧，强化自己的性别角色认同。但从影视、网络或同伴处获得的性知识，很可能是不准确或不完全的，甚至是不健康的，加上缺乏性道德的知识，可能造成不良后果。

2. 对异性的爱慕与追求

爱慕与追求异性是大学生性心理的主要表现，也是大学生恋爱的性心理基础。爱慕异性是性生理、性心理走向成熟的必然结果，是性心理发展的一条主线。男女由吸引、接近、向往、倾慕再到恋爱，性心理也就向纵深发展。

一般说来，男女大学生对异性的追求特点有所不同。男性对异性爱慕的特点是外露和热烈，但有些粗犷；女性对异性的爱慕特点在于含蓄与深沉，表现为娇媚、自尊、羞涩、执拗。

3. 性欲

性欲是指企图与异性发生性关系的欲望。青春期出现性欲与性冲动，是性生理、性心理发展中的正常现象。性激素是性欲的生理动因，与性有关的感觉、情感、记忆与想象是引起性欲的心理因素。男性 12～14 岁，睾丸素迅速增加导致性驱力的迅速增强，成为性欲的强大动力，但人类的性行为不像动物那样单纯，不是性一旦成熟便立即产生性交欲望，要求与异性结合。性驱力是生理性的，性欲则既是生理性也是心理性的。因此，人们对性行为的表现方式，在很大程度上依赖于个人意志的控制，不是仅仅受性本能的生理机制的支配。

4. 性行为

性行为是人类行为的一种，既因为本能而自然产生，又受社会文化规范制约。人类的性行为多种多样，标准不同，分类与含义也不同。按广义和狭义分，广义性行为泛指为获得性欲、性快感而从外部所能观察到的一系列动作和反应，包括性交、手淫、接吻、拥抱和接受各种外部刺激形成的性行为。狭义的性行为则指两性通过性交手段满足性欲并得到性快感的行为。

（1）按社会文化发展标准划分：符合当时社会文化背景的一切性行为均被视为正常性

行为，不符合某一社会文化环境的一切性行为则均被视为异常性行为。

(2) 按社会规范和道德标准划分：社会性性行为指得到社会法律和道德标准允许和赞赏的性行为，如一夫一妻制的性行为；非社会性性行为指受到社会道德谴责的性行为，如乱伦、强奸等。

(3) 按发生单元划分：单人性行为，指独自进行的性行为，包括手淫、梦遗和无需别人参加的性变态，如露阴癖、窥阴癖、异装癖等；双人的性行为，包括异性性行为、同性性行为(如同性恋)和需别人参加的性变态，如施虐癖、受虐癖等。

(4) 按性欲满足程度划分：目的性性行为，指最大限度地得到性欲满足，获得快感的性交行为；过程性行为，指得到相当程度满足的性交行为；边缘性性行为，指得到一定程度性欲满足的精神性情感交流的行为；类似性性行为，如摩擦癖者所得到的某种快感。

三、正确理解性

(一) 性心理健康的标准

世界卫生组织认为，随着人类文化和生活水平的提高，人类的性问题对个人健康的影响将远比人们以前所认识的更加深入和重要。对性的无知或错误观念，将极大地影响人们的生活质量。

心理学家达拉斯·罗杰斯认为，保持健康的性心理应遵循如下标准：

(1) 具有良好性知识；

(2) 对于性没有由于恐惧和物质所造成的不良态度；

(3) 性行为符合人道；

(4) 在性方面能做到“自我实现”，即能学会拥有、体验、享受性的能力，在社会道德的允许下，最大限度地获得性的快乐与满足；

(5) 能负责地做出有关性方面的决定；

(6) 能较好地获得有关性方面的信息交流；

(7) 能接受社会道德和法律的制约。

达拉斯·罗杰斯的标准适合于广义的成年人，对于大学生而言，其标准应是：

(1) 有正常的性需求和性欲望；

(2) 有科学、客观的性知识；

(3) 有正当健康的性行为方式。

正常的性需求和性欲望是性心理健康的物质基础，科学的性认识是性心理健康的自我调节机制。正当健康的性行为是指符合法律规范、校纪、道德等规范的行为。只有这三者协调、顺畅，才能具备健康的性心理。

(二) 拥有恰当的性观念

性是人类的自然属性，是人性的一部分。纵观人类的历史，时代背景不同，文化传统不同，对性的认识、观念也不相同。但人类是生活在社会中的群体，无论何时理解性，都不能脱离生理、心理和社会三个层面。性既有非常正面的行为和感受，但同时也有一些负面的内容和痛苦，如嫖娼、艾滋病的传播等。大学生正处于性生理的成熟和性心理发展的重要时期，在这一时期，大学生对异性交往的需求逐渐增强，随之也带来一系列与性相关的问题。面对种种困扰，大学生要正确把握自己的性行为，处理好各种问题，保持和谐心理，就必须对性有客观理性的认识，对性的丰富内涵有深刻的理解，懂得性不仅是身体上的愉悦，也有心理和社会的影响，是生理、心理、社会的统一体；要树立正确的性价值观和道德观，尊重自己、尊重他人，对自己负责，也对他人负责；要接纳自己内心因性而产生的各种矛盾和冲突，欣赏自己作为男人或女人的性别美，在接纳和欣赏中，学习如何面对各种矛盾冲突，获得成长，感受生活的美好、幸福与快乐。

（三）正确看待婚前性行为

当下大学生的婚前性行为已经不是个别的现象，而是一种普遍的现象。社会和家人对此感到焦虑不安，也给当事人身心造成影响。因此，引导大学生正确看待婚前性行为是很有必要的。

婚前性行为是指没有配偶的男女双方在恋爱时期发生的性交行为。婚前性行为不受法律保护，不存在夫妻间应有的义务和责任。大学生婚前性行为的心理原因主要表现在下面几点：

（1）热恋心理。两人由初恋进入热恋，感情如胶似漆，难舍难分，海誓山盟，性行为也容易随之而来。

（2）好奇心理。进入青春发育期的男女，随着体内性激素水平的增高，在身体发生一系列变化的同时，对性也产生了好奇感、神秘感，于是抱着好奇的尝试心理而发生性行为。

（3）迎合心理。一方提出，另一方出于爱或其他原因而迎合。

（4）顺从心理。这经常是女生的心理，当男友提出性要求时，从她们内心来讲并不想这样做，但又抵挡不住，于是与男友发生性行为。

（5）占有心理。怕失去对方而发生性行为。

案例　这是一位女大学生的求助信：我是进入大学的时候认识他的。他是我的老乡，在我离家孤独时给予我很多的安慰和帮助，不知不觉我陷入了恋爱中。随着交往的深入，他开始对我提出性要求，起初每次我都是委婉地拒绝，可是搁不住他的死磨烂缠。我终究是心软，不忍拂了他的意，也深恐自己的多次拒绝会毁了彼此之间的感情，于是在某个晚上，我们有了第一次。虽然我们还在恋爱，可一想到我们发生了关系，我就感到恐慌，担心自己会怀孕。我觉得所有人都知道了我们的事情，于是我开始失眠、上课注意力不集中、整天胡思乱想。现在，我陷入了深深的担忧中：如果今后我们分手了，我要如何面对？

婚前性行为的危害性具体表现为：

（1）从生理上看，有可能造成女生怀孕。有的女生因婚前性行为多次做人工流产，给身心都带来无可挽救的创伤。有的人手术后引起炎症，导致输卵管堵塞；有的人多次人流手术，可能导致终身不育。过早性生活和流产还会导致宫颈癌发病率大大提高。另外，婚前性行为有可能造成性病的威胁。婚前性行为的危害有真实的数据：

① 统计显示，20 岁以前发生性行为的妇女比 21 岁以后发生性行为的妇女，其宫颈癌的发病率高出 3 倍。宫颈癌是女性最常见的恶性肿瘤之一，其死亡率在我国仅次于胃癌。

② 对于 15 岁以下的女性，因生育和怀孕引发并发症而死亡的危险是 25 岁以上女性的 25 倍。

③ 专家曾对1236例不孕不育病人的病因进行分析，发现由女方疾患引起的不孕症中，近60%的病人是由人工流产和药物流产引起的继发不孕，在对前来做“试管婴儿”的100多对夫妇进行随机调查中，结果更令人担忧，有90%左右是人工流产和药物流产导致输卵管阻塞引起的不孕。

(2) 从心理上看，婚前性行为容易让人产生恐惧、焦虑、沮丧或负罪感、羞耻感等。婚前性行为往往都是冲动的，缺乏良好的环境。健康正当的性行为才会给心理带来愉悦感，但如果在缺乏一定的心理准备以及健康性心理的情况下，婚前性行为容易形成不良刺激或造成性心理障碍。特别是一部分女性在房事后会产生自卑、沮丧或羞耻感甚至会厌恶男性等心理行为。而男性如果在恐惧或负罪感的背景下发生性关系的话，容易形成性变态的心理。如果男性过去总是在紧张与某种刺激、担心的情境下获得性快感，那么结婚后的安全、自由、合法的性交反而使他感到缺少刺激，因而不能引起性兴奋，个别甚至会有性虐待的倾向。因为虐待对方所产生的特殊刺激能使他重新回到当初婚前恐惧或负罪感的情境中，从而引起他的性欲。以上这些情况都容易造成男女各自的性功能障碍。

婚前发生性行为，一旦分手，可能产生比较大的破坏力。性是一种很强大的力量，一个人对发生过性关系的人会感受到一种强烈的感情联系，而且对其的期待也高度强化，所以当两人关系终止时会感到心痛欲裂，感到类似离婚那样的痛苦。有时，这种性的关系破裂之后，情绪上的反应可能到了怒不可遏的地步，从而导致对前男友或前女友做出暴力行动。此外，婚前性关系造成的痛苦，有时会把年轻男女逼到绝望的边缘。有人发现自己急于渴求的爱情竟在一瞬间消逝无踪后，当事人可能会出现强烈的自我贬低，甚至绝望。几种悲剧性的结果就是自暴自弃、参与社会犯罪、吸毒甚至自杀等。心理损害是最难以修复的，许多人一生都未能从第一次性关系破裂的痛苦中得到完全恢复。性关系破裂之后觉得被利用或被背叛的大学生，会在以后的两性交往中经历感情上的困难，即“一朝被蛇咬，十年怕井绳”。正是记忆中受背叛的痛苦，阻挡了他们走向信任他人的路。女性可能变得对所有追求她的男性持猜疑的态度，认为他们只对自己的肉体有兴趣；男性也可能丧失对女性的信任感，不敢再付出真诚的感情。青少年时期的性经验而导致的感情退缩可能持续多年，所以，有些人在20多岁以后发现自己患了感情麻痹症，无法充分地、无保留地爱另一个人。这种情况可能影响日后幸福的婚姻。

(3) 从社会上看，婚前性行为的后果不受法律保护，破坏了道德规范和社会行为准则，影响到社会风气的好转。

第三节　大学生爱的艺术

心理学家马斯洛指出，爱与归属是人的基本需要之一。恋爱、婚姻是人生的必由之路，也是人生中的关键一环。作为人类精神花园不谢的玫瑰，爱情成为文学家笔下永恒的主题，也是音乐家心中不朽的乐章。毫无疑问，爱本身就是一门艺术。作为憧憬美好未来、开拓幸福人生的当代大学生，理应了解与把握爱的艺术。

一、爱的感知艺术

由心理学原理可知，所有心理活动都从感觉开始，爱的艺术也不例外，它是感知与行为的结合，而爱的艺术的学习将首先从爱的感知开始。爱的感知包括把握爱的感觉与理解爱的完美。

（一）感知爱的特征

1. 爱是一种感觉，由心而生

同性相斥，异性相吸。爱的欲念往往由瞬间的感觉点燃，所谓“一见钟情”即是如此。两情相悦时会“来电”，产生“心跳”、感到“心动”，进而“茶饭不思”“寝食难安”“一日不见，如隔三秋”；单相思则不然，它是一方“来电”，产生“心跳”与“心动”。爱情产生于两情相悦，单相思则无法发展为爱情，简言之，没有感觉，就无法恋爱。因此，如何把握爱的感觉，首先要准确地区分和鉴别是单相思还是两情相悦。

2. 爱是一种欲求，渴望被爱

爱是一种欲求，恋爱双方都有一种渴望，那就是被爱，即被对方关心与重视，被对方体贴与呵护。这种爱的感觉或需求是如何产生又将如何获得呢？

通过对恋爱现象的观察，我们不难发现，爱的感觉与满足源自于双方个性的落差和需求的互补。例如，当一个女孩钟情于一个男孩的“热情洒脱”与“风趣幽默”时，往往是因为她个性腼腆、羞于言谈，二者之间的落差产生了相互间的吸引以及相互爱恋。再比如，当一个热情爽朗、简朴大方的女孩和一个思维缜密、行为稳重的男孩恋爱时，二者之间的个性落差与需求互补是不言而喻的。

由此可见，一个人的优势不一定导致恋爱或婚姻的成功，恰恰是双方个性的劣势与需求的落差形成了彼此之间的相互依赖，从而推动了恋爱及婚姻关系的延续。

3. 爱是一种给予，成就对方

在健康的爱情关系中，伴侣们通常会表现出无私的关怀和支持，愿意为对方的发展和幸福做出贡献。这种给予不仅包括物质上的支持，更包括情感上的理解、尊重、鼓励和陪伴。常见的方式有：① 支持对方的梦想和目标，甚至愿意为此做出牺牲。② 通过倾听、理解和安慰，伴侣们可以在情感上给予对方安全感，使对方在困难和压力面前感到被支持，从而变得更加坚强。③ 爱情伴侣可以相互激励，以帮助对方发现和克服自身的局限，从而实现个人成长和自我提升等。

爱作为一种给予和成就对方的过程，不仅能增强伴侣之间的情感联系，还能提升个人的幸福感和生活满意度。这种相互成就的关系模式有助于构建一种长期、稳定和充满爱的伴侣关系。

（二）理解爱的完美

感知爱的特征，我们获得了这样的理解：原来爱是人的一种需求，即被爱和给予。因为爱产生于个性落差，而所谓个性落差，其本质乃是完美与缺陷的对比。

由此可见，爱本质上是完美与缺陷的互补，因为他的完美，你追求他的爱；因为他的缺陷，他需要你的爱；反之亦然。由于因完美而追求爱，因缺陷而给予爱。因而追求爱无疑也是在追求完美。

一个人的完美，既有外貌形象之美，也包括物质名利的丰满，更包含人格之魅力，其中只有人格魅力可以流芳和永恒。因此，当代大学生应学会全面而准确地理解一个人的完美。感觉完美，犹如昙花一现，稍纵即逝；贪恋完美，却似画饼充饥，空喜一场。那么，如何不仅感觉完美，而且拥有完美并永葆完美呢？

1. 追求自我完美

因为爱表现为对他人完美的追求，所以，一个人若被他人爱，便意味着自身的完美与魅力被他人欣赏与追求。因此，一个人要获得爱，首先需努力追求自身完美与自我完善。反之，只有发现与理解自我的不完美，才能感悟他人的完美，才能产生对他人的依恋。例如，当一个女孩发现并理解自己个性腼腆、羞于言谈时，才会欣赏、钟情和依恋于一个男孩的“热情洒脱”与“风趣幽默”；而一个“热情洒脱”与“风趣幽默”的男生恰恰渴望获得一个腼腆羞怯女孩的默默温情。

2. 不盲目贪恋完美

由于两情相悦源自于完美与缺陷的互补，因此，我们钟情并渴望依恋他人完美的同时，恰恰需要另一种智慧：即发现和理解他人的不完美，并且具备接纳、包容他人缺陷的能力以及他人依恋的魅力。而当一个人无原则地贪恋他人外在的完美资源(美貌、名利)时，必将付出内在人格、自尊等精神代价。例如，有的女生因贪恋名利而被富人包养，在她获得丰厚的财产和利益时，与之交换的就是女生的性与美貌。当女生的性与美貌随时间推移而丧失价值之后，其青春、人格与自尊将失去应有的安全空间，将难以避免被无情践踏的结局。这就是盲目贪恋完美的代价。

3. 创造完美、经营爱情

“长路奉献给远方，玫瑰奉献给爱情，我拿什么奉献给你，我的爱人……”一首《奉献》形象生动地诠释了爱情的心理学内涵：因为依恋你，我的人生之路将归属于你；因为爱着你，我将爱的玫瑰献给你。由此可见，一个人的完美是他爱的资源。一个人追求完美，不一定能获得爱，而一个人学会了爱，同时就创造了完美；一个人奉献了完美，他同时就获得了爱。

毫无疑问，理解完美，才能创造完美；经营爱情，方能持续完美，直至爱的最高境界。鲁迅先生曾经说：“爱情必须时时更新、生长、创造。”初恋时，因为各自的完美而相互依恋。然而，生命在于运动，随着时间的推移，美丽与青春将逐渐褪色，而人格的魅力却能经岁月的洗礼而日臻完美，丰富的人生体验让有限的生命创造出爱的永恒。比如，男女双方因为发现对方身上有着值得自己爱的品德、气质、才干和个性等，而自己也清楚对方爱自己什么，这种相互爱慕、相互吸引、相互尊崇使彼此间的爱情得以深化。但随着时间的推移，彼此的互动增多、了解加深，无论是男生还是女生，在对方的眼里不再是完美无缺，彼此都有使对方感到遗憾的缺点或不足；此时，双方就需要不断发展、完善自己，以品德、气质、能力、成功的更新来保持双方的吸引和依恋，从而永葆爱的完美延续、爱的和谐。

二、爱的行为艺术

爱的欲求因感觉而怦然心动，爱的智慧与魅力则决定于爱的能力，即爱的理解与表达能力、付出与接纳能力。爱的持续和全面成长将成为爱的行为艺术的完整体现。毋庸置疑，爱的成功与否取决于爱的能力——爱的行为艺术。

(一) 理性支配爱的行为

1. 爱的准确表达

有一首歌这样唱道："爱要怎么说出口，我的心里好难受。"它恰好表达了恋爱的初始规律：所有的爱需从"说出口"——准确表达开始。

然而，"爱要怎么说出口"却成为许多大学生恋爱之初纠结在心里的一种思虑。这种思虑一般包含以下内容：

(1)"爱要怎么说出口？"——担心被拒绝，失去自尊。当一个大学生为此而思虑时，需做以下认知调整(如图 10-2 所示)。

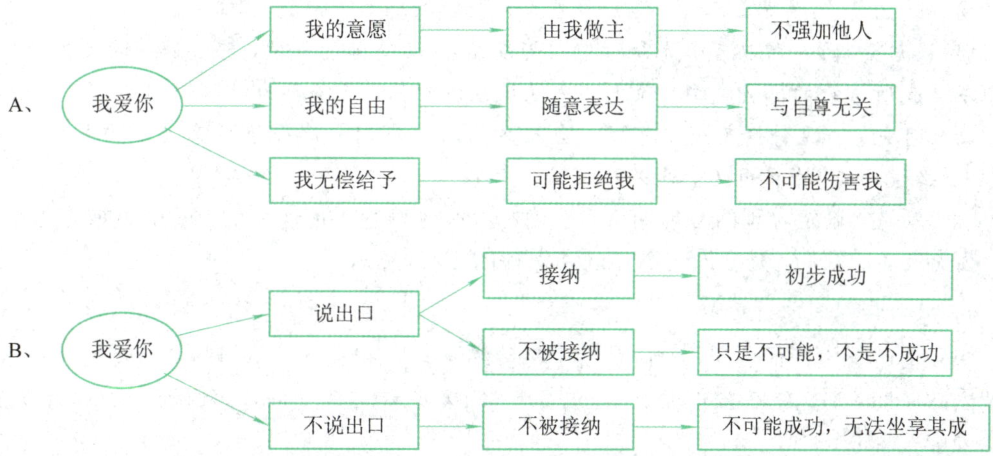

图 10-2　爱的表达认知

图 10-2 说明：当一个大学生经过理性思考，进而做出以上认知调整后，"爱要怎么说出口"还会是问题吗？毫无疑问，是否爱他(她)，由我做主；是否被爱，由他(她)决定。机会拒绝沉默，爱情与单恋无缘。只要"说出口"，一切皆有可能。

(2)"爱要怎么说出口？"——选择什么语言和方式？当一个大学生渴望恋爱，却为"说出口"的语言及方式而思虑时，不妨思考另一个问题：无论你身处何地，当你对自己所处的方位非常清晰和明了并不为交通工具担忧时，你会问自己"我怎么才能回家"吗？由此可见，当你对自己所爱慕的人了解到一定程度时，你就能在直接或间接、直率或含蓄中选择自己最擅长又适合对方的爱的表达了。

(3)"爱要怎么说出口？"——如何选择表达的时机与情境？北宋著名文学家苏东坡说："至时别作经画，水到渠成，不须预虑。"因为爱是一种感觉，由心而生，因此，当感受到对方的目光"脉脉含情"时，当你也为此"怦然心动"时，"两情相悦"之感便产生，此当将爱"说出口”之时机。当然，我们在对方反馈之前无法保证双方感觉完全正确，或许我们所期待的“两情相悦”只是一厢情愿，但依然不妨碍我们去表白，因为“说出口”之后，我们或许没有获得，但并没有失去。

案例：小海(化名)，男，大一男生。其性格温和、大方、健谈。某日，满怀焦虑来到学院心理咨询中心求助。

“老师，我这两天忐忑不安，感觉我喜欢一个女孩，想恋爱了，但不知如何开始，心里焦虑，请老师帮帮我。我和本班一个女孩最近交流感觉不错，自我感觉良好，想跟她做男女朋友，我很想向她表达，但不知如何开口，特别是昨天下午我发现另一个男生在追她，我就更急切、更坐立不安了。”

经了解，小海与该女生近几日通过学习交流，逐渐产生好感，萌生恋爱意愿，因为怕被拒绝而迟迟不敢表达，突然发现还有别的男生追求她，于是便手足无措、焦虑难耐、失去方寸了。

【建议】心理老师给出如下指导意见：① 增加与女孩的交流，并在交流的内容中尝试加入对女孩的欣赏、褒奖及好感表达，观察对方反馈；② 若反馈良好，符合预期，则尝试将恋爱意愿进一步透明；③ 若反馈与预期相差甚远，则选择放弃；④ 若反馈依然积极，则初步成功。

【结果与分析】一周以后小海向心理老师反馈：“按老师的点拨，经过进一步交流，我感觉她不是我所喜欢的那种类型，原先的感觉已经没有了，我不再为此事烦恼了。”

由此可见，一见钟情不一定可靠，当双方增进了解时，是否值得恋爱心中就能明了，“爱要怎么说出口”的问题也就迎刃而解了。

综上所述，确定合理的心理期待，准确、艺术地表达或传递爱的意愿，争取最好的结果，接受最坏的结局，是恋爱中需建立和保持的正确心态。

2. 爱的有效给予

由爱情的行为特征可知，爱情是给予与接纳互动，奉献与感动相结合。如果说表达爱是恋爱的序曲，那么给予爱就是恋爱的展开。当爱的表达成功后，如何进一步展开恋爱，给予爱呢？

“人之所欲，施之于人”，我们给予别人的一定要是别人喜欢和需要的。这是人际经营的白金法则，同样也是恋爱中的行为艺术。例如，一个男生在追求一个女生，于是在某个周末，男生请女生在校外某餐馆共进晚餐。之后该男生则要求女孩下一个周末请他共进午餐，否则就认为不公平。试想一下，这是恋爱还是小孩玩“过家家”？

既然如何爱需要有效给予，那么一个期待恋爱或正在恋爱的大学生如何才能了解他(她)之所欲呢？

“己之所欲，施之于人”，把自己喜欢和需要的和别人分享，这是人际交往的黄金法则，也是逐步实现“人之所欲，施之于人”的有效路径。人际交往中，每个人都希望了解他人心里的想法和意愿。人际交往的有效和成功，其规律就是“交换”。友情是付出与回报的互动，爱情则是给予与接纳的互动。因而，“将心比心”，愿望交换，先让他人了解我，无疑是有效了解他人的捷径。因此，追求爱情的当代大学生务必学会敞开心扉交流情感，通过“己之所欲，施之于人”逐渐了解他(她)之所欲，进而实现有效给予，推动爱情的发展。

尤其需要注意的是，一个能给予他人幸福的伴侣，他（她）将赋予对方自由与和谐。他（她）不仅愿意了解与包容对方的一切，而且能够为塑造他（她）的个性、成就他（她）的价值而付出一生。

因此，爱的给予能力应是全方位的，除了物质的给予之外，相爱的人更重要的是精神的给予——包容、理解与责任。比如，爱或拯救一个心灵受伤的人，必须有理解伤痛的能力，需要承受羞辱的心胸，并且需要付出受伤的代价。

3. 爱的合理接纳

爱的表达是序曲，给予是展开，而爱的接纳就是互动；没有爱的互动，恋爱就将停滞，爱情就将终止。坠入爱河的人常常意乱情迷，那么恋爱中的大学生应如何提高恋爱情商，学会理性接纳呢？

1）把握恋爱动机

因为不了解所以走近，因为了解所以相爱，这恰是所有恋爱乃至婚姻成功的共性。所以，恋爱的成功不是出自恋爱之初的承诺，它源自于对恋爱过程的努力把握和有效驾驭。恋爱过程的把握则体现在对恋爱动机的识别、把握和调整，对情感发展进程的有效驾驭。在此，为渴望追求爱情的大学生正确把握恋爱动机、有效驾驭恋爱过程提出几点思路：

恋爱中的人，都有一个思维惯性——扬长避短，即表现优点掩饰缺点。然而它常常容易成为恋爱中的陷阱。正确的观念是：不要跟不想了解你的人恋爱。因为只有想了解你的人，才是想爱你的人；也只有了解你的人，才懂得如何爱你。一个“亲近”你的“恋人”，他（她）若不想了解你的过去，就意味着只想索取你的现在，同时也无关你的未来。索取成功，则“亲近”终止。

一个人可以占有无数财富，却只能拥有一份爱情。因此，当一个人美其名曰“我对别人都是逢场作戏，真正爱的人只有你”，此时，他的付出已经手段化了，因为他在同时占有两个或更多人的情感。试想，如此行为与“爱”相关吗？

2）学会接纳失恋——放弃

因为不了解所以走近，因为了解所以分手，这既是对失恋的感叹，也是失恋的规律。

因为相识不代表恋爱，恋爱不排斥分手，婚姻不拒绝离婚，所以，恋爱的成功或者婚姻的长久并非一开始就注定，而是在其过程中“时时更新、生长、创造”，才使爱情历久弥新。当恋爱中“更新、生长、创造”失效且调整失败时，就意味着失恋——即情感发展终止。

因为执着恋爱的人，并非吝惜爱的付出。所以失恋的困惑并非来自真情的付出，而是源自于被爱的落空。因而承受失恋，其实就是接纳被爱的失落。然而爱的过程可以尽力，爱的结局只能认命。因此，珍惜情感资源，终止无效恋爱，痛定思痛向前看，无疑是智者的选择。

需要进一步理解的是：分手本身并非错误，恰恰是错误的恋爱导致了分手的结局。因此，果敢地决定或接纳分手是另一种爱的智慧。

（二）把握爱的安全机制

虽然爱情是给予与接纳的互动，奉献与感动的链接。给予并非一定被接纳，奉献也非注定化作感动。因此，就恋爱本身而言，从一开始就存在风险以及结果的不确定性。因而，恋爱中的另一项重要能力就是学会有效控制恋爱成本，合理把握爱的安全。

1. 给予被拒绝，需求当调整

当你对他(她)的付出初次被拒绝时，则需要思考：或者你的给予不符合他(她)的要求，或者你的心愿未被对方理解，或者你不是他(她)心仪的对象。当你经过调整后，对他(她)的付出再三被拒绝时，你不是他(她)心仪的对象(至少现在不是)这个结论就被确定了。不再浪费成本，终止付出就是你唯一正确的抉择了。

2. 奉献无感动，迷途当知返

若你的给予虽多次被接纳，但却毫无感动回馈，感情无任何进展，此时，你唯一需要做的就是终止行动，因为你的付出不仅徒劳无功，还可能在满足他人的贪婪。

3. 珍视爱情，重视贞操

虽然当代大学生性观念逐渐开放，对婚前性行为比较宽容，但对女生而言，婚前性的付出依然是缺乏安全感的。这是因为：对于男人，他索取性时，可能会承诺爱，但并非能付出爱；对于女人，她付出性时，可能在期待爱，但并非能得到爱，往往一厢情愿。许多大学生恋爱经历与事实表明，女生婚前性的付出之日，既是男生对性的占有之时，也是女生安全感丧失、因爱而焦虑的开始。因为，当一个男生的恋爱是以占有为动机时，目的一经达到，行为随即终止。只有当一个人为爱去奉献时，其行为才能延续，爱才可能长久伴随，且终生无悔。

畸形的恋爱往往是无条件、无原则消耗、占有恋爱资源(精神与物质)；而常态恋爱的特征则是有效地保护对方，无偿而有限地付出。

4. 失恋时，需要学习爱

失恋时，恰恰是人的情感最脆弱、最需要抚慰的时候。因此，一个情感受伤的人，需要一个能为你疗伤的人，此时尤为值得警惕的则是可能乘虚而入的人。提防此类情形发生的最安全的办法就是，暂时告别恋爱。因为，此时的你最需要的不是立刻再度寻觅爱，而是重新学习爱。

5. 防止性堕落

当代大学生需要理解的是，人类的性具有社会功能。因为性除了与爱结合，还可以和人的许多欲望相结合，比如：

性＋财富＝物欲，性＋政治＝权欲，性＋安全感＝求全，性＋本能＝色欲，性＋怨恨＝滥交、报复。

当一个人的性被功能化时，他(她)就学会了堕落。征服了她(他)的性，并非能俘虏她(他)的心。和他(她)相处，是没有安全的承诺和保障的。

在当代大学生中，因恋爱所导致的各种性堕落现象并非少见，比如：同时与多角恋爱对象发生性关系，甘愿当二奶，不断更换性伙伴，等等。因此，渴望恋爱或处在恋爱中的大学生务必要学会一种能力：女生要珍视自己的性，男生要保护女生的性。

对当代大学生而言，在恋爱过程中尤为需要认识到：爱的挫折，往往因为未识真情轻言爱；意乱情迷，常常因为幼年缺乏爱。因此，从把握爱的安全出发，大学生在表达爱、追求爱时，务必充分了解自我，理解自己的个性特征、情感需求；端正自己的恋爱动机，及时识别他人的不良动机，避免走进恋爱误区，遭遇爱的挫折。

第四节　心理素质拓展训练

一、心理影片赏析。《青春期》系列微电影

《青春期》系列微电影，主演赵奕欢、王一，是一部讲述90后青春期故事的电影。第一部《青春期》讲述了一位正值青春期的90后问题少女程小雨，由于父母离异形成错误的价值观，而生性胆怯的王小菲被程小雨深深吸引，从而追求小雨，在此过程中为了保护小雨同时让小雨找回自我，改变错误的价值观做出了大胆勇敢的行为，直至用鲜血和意志唤醒了小雨，用身残的代价验证了90后青春的价值。第二部《青春期2青春失乐园》承接第一部《青春期》，讲述90后的七个大学生和他们的两个大学老师之间的爱情故事。影片以幽默诙谐的方式，对年轻人的性态度进行了描绘和探究，展现了当下大学生的生活、友情、爱情和理想。第三部《青春期3游戏青春》也是第一部《青春期》的续集，但却跟《青春期2青春失乐园》有着完全不同的结果。它主要记录了当下年轻网游族群的青春记忆，逃课泡网吧、在游戏中恋爱、遇到人妖、被骗被盗号一应俱全；也直指电击治疗网瘾、游戏人群被妖魔化等残酷的社会现实。

二、心理游戏：你对异性了解多少？

游戏目的：通过活动帮助学生认识异性，认识男女在生理上的差异，掌握男生与女生在心理上的特点。

游戏程序：

（1）分男女生两组，老师将手中的八个信封，四个交给男生组，四个交给女生组。每个信封上贴有一个问题，信封里有供选择的"答案"，按要求作出选择，并张贴在黑板合适的位置上。

（2）男生与女生的信封里的问题基本一致：

女生信封上的问题有：男生具有的第一性征、男生具有的第二性征、印象中怎样的人比较像男子汉、男生哪些方面会比女生稍强。

男生信封上的问题有：女生具有的第一性征、女生具有的第二性征、印象中怎样的人比较像女孩子、女生哪些方面会比男生稍强。

针对问题提供的选项有：睾丸、附睾、阴道、卵巢、输精管、输卵管、阴茎、子宫；肩宽骨盆窄、声音高亢、胡须、骨盆宽大、乳房、喉结、声音粗而低沉、皮下脂肪较多；爱哭、勇敢、攻击性强、丢三落四、斯文、爱笑、不拘小节、细腻敏感、急躁、顺从、想象活跃刺激、想象具体多情、观察敏感细致、观察注重整体、语言运用流畅、语言注重理解推理、形象思维、逻辑思维；踢足球、写作、玩电脑、做手工艺、逛街、摄影。

（3）在学生做选择的过程中，老师可播放优美音乐做背景。选择完成后，老师做小结。一般要求学生在3分钟内完成。

教师辅导：男生、女生在学习生活中天天见面，但是若真正了解对方的性生理特征以及性心理特征，还远远不够。通过此项活动，能够使学生从理性的角度来梳理自己对异性

同学的内在认识，有助于互助互学，也有助于建立友谊，也更利于爱情的健康发展。

三、心理测试：恋爱观

恋爱观是人生观在恋爱上的反映。它不仅决定着对恋人选择的标准，也决定着一个人恋爱的目的和为达到目的所采取的方式，由此也关系到婚姻的幸福美满程度。

请从下列各题所给备选答案中选出最符合你的一项。

(1) 你打主意和对方建立恋爱关系时所依据的条件是：

A. 各有所长，但总是相等　B. 我比对方优越　C. 对方比我优越　D. 没考虑

(2) 对恋爱日程和起始的时间安排是：

A. 懂得了人生的真谛和爱情的内涵，又确定了事业的前进方向和出发点

B. 随着年龄增长，自有贤妻与好丈夫光临，“月下老人”总有空闲的时候

C. 早下手为强，越早越主动　D. 还没想过

(3) 你认为恋爱最终达到的目的是：

A. 结为情投意合的伴侣　B. 成家过日子，养儿育女

C. 满足情欲的需要　D. 只是看着恋爱好玩儿，下步没想什么

(4) (男做)你是个小伙子，你对未来的妻子首先考虑的是：

A. 善于理家，进得厨房　B. 容貌漂亮，出得厅堂

C. 人品好，能体贴、帮助自己　D. 只要爱，其他无所谓

(女做)你是个姑娘，你对未来丈夫首先考虑的是：

A. 潇洒有风度　B. 金钱权势占优势

C. 为人正直，待人和蔼可亲，有上进心　D. 只要他爱我，其他都不考虑

(5) 你希望同你的恋人结识是这样开始的：

A. 青梅竹马，一往情深　B. 一见钟情，难舍难分

C. 在工作和学习中逐渐产生感情　D. 经人介绍

(6) 你认为巩固爱情的最佳途径是：

A. 设法讨好对方　B. 努力使自己变得更完美

C. 对恋人诚恳，言听计从　D. 无计可施

(7) 恋爱的过程是互相了解、互相适应和培养感情的过程，既然是个过程，就需要时间，那么，你希望恋爱的时间是：

A. 越短越好，最好是“闪电式”　B. 时间尽可能长些

C. 时间拖得很长　D. 自己无所谓，听对方的

(8) 你认为了解恋人的最佳途径是：

A. 自己精心设计某些场面，对恋人做无休止的考验

B. 诚挚地交谈，细心地观察　C. 通过朋友　D. 没想过

(9) 当你在恋爱过程中遇到一位比恋人条件更好的异性对你有好感时：

A. 说明真相，更忠于恋人　B. 对其冷淡，但保持友谊

C. 讨好对方并瞒着恋人和其来往　D. 感到困惑，不知如何是好

(10) 你原以为恋人很理想，随着时间推移发现恋人也有缺点和不足时你怎么办？

A. 用对方能接受的方式帮助对方改进B. 因事先没想到而伤脑筋

C. 嫌弃对方，犹豫动摇　　D. 不知道如何是好

(11) 恋爱进程不是一帆风顺的，你对恋爱中出现的波折认识是：

A. 最好不要出现，既然出现也是件好事，是对双方的互相了解和考验

B. 有点儿难过，认为这是不幸　　C. 疑心丛生，打算分手　　D. 束手无策

(12) 当你倾慕某异性并开始对她(他)追求时，你发现她(他)已经另有所爱，你怎么办？

A. 静观待变　　B. 千方百计“切入”

C. 抽身止步，成人之美　　D. 没想过

(13) 当你们的爱情小舟在行驶中由于对方的原因搁浅时，你怎么办？

A. 千方百计缠着对方　　B. 毁坏对方名誉

C. 说声“再见”，各奔前程　　D. 不知所措

(14) 当你的恋人背信弃义，甩掉你以后，你怎么办？

A. 只当自己瞎了眼　　B. 你不仁，休怪我不义

C. 吸取教训，重新开始　　D. 悲愤痛苦，不知所以

(15) 当你多次恋爱都未成功，随着年龄增长成了“老大难”时，你将如何办？

A. 一如既往，宁缺毋滥　　B. 自暴自弃，随便找一个了结

C. 检查一下择偶标准是否切合实际　　D. 自认命不好，对再恋感到绝望

评分与解释：

试题 \ 得分 \ 答案	A	B	C	D
1	3	2	1	0
2	3	2	1	0
3	3	2	1	1
4	2	1	3	1
5	2	1	3	1
6	1	3	2	0
7	1	3	2	0
8	1	3	2	0
9	3	2	1	0
10	3	2	1	0
11	3	2	1	0
12	2	1	3	0
13	2	1	3	0
14	2	1	3	0
15	2	1	3	0

(1) 35～45 分：恋爱观正确。

这是你进入情场的最佳入场券，进场以后也可能有点儿曲折，这种曲折只不过是你实现目标的暂时困难，但你最终会寻觅到你称心如意的恋人，预祝你婚姻幸福美满。

(2) 25～34：恋爱观尚可。

你在情场上虽不至于有大的失误 ，但一时也难以得到真正的爱情。爱情是圣洁的事，为了你的幸福，最好把恋爱观再校正一下，变“尚可”为“正确”后，再跨入情场不迟。

(3) 15～24 分：恋爱观需要好好端正。

这是因为你的恋爱观中有不少问题，甚至还有些霉点，这些霉点使你辛勤撒播的爱情种子难以萌发，即使萌发了也难结甜蜜之果。如你已进入情场，劝你及早退出来，改进恋爱观后，不愁爱情之树不枝繁叶茂。

(4) 得 7 个以上 0 分：你的恋爱观还没有确定。

四、心理训练：大学生恋爱的心理准备——通过自我盘点，衡量自身具备的恋爱资格，做好恋爱心理准备

活动项目：大学生恋爱资格大拍卖。

活动目的：使大家更了解自己具备了怎样的恋爱资格，还需要怎样的准备，使恋爱更理性化。

活动方法：

(1) 全班同学各抒己见，认为大学生恋爱需要具备什么样的条件。

(2) 准备一张大海报，挑出 10 种最具代表性的恋爱资格写在上面。

(3) 全班分成若干组，每组 8—10 人。每组有 100 万元，每项恋爱资格的底标是 5 万，依次竞标游报上的各项恋爱资格，每次加价不得少于 5 万元，若三次无人竞标则由最高价者获得，在该项旁注明得标者的小组。

(4) 在竞标过程中，多注意哪些组花了相当高的代价竞得哪些项目？哪些项目竞标者最多？

活动背景音乐：《爱情证书》。

谈谈成长经历，交流心理感受

(1)“大学生恋爱资格大拍卖”活动完毕，每一组派代表说明：小组竞拍了什么项目？竞拍得了哪些项目？为什么要竞拍这个资格？有什么遗憾？大家分享感受，交流心情。

(2) 活动：《泰坦尼克号》续集(CD 机播放《泰坦尼克号》主题曲营造气氛)。

《泰坦尼克号》男主角杰克和女主角罗丝在泰坦尼克号上相识，相互吸引，直到热情相爱。罗丝愿意放弃富有的未婚夫，要与靠画画和赌博赚取生活费的杰克共度一生。假设杰克、罗丝和未婚夫三人都幸运地在船难中活了下来，那么罗丝和杰克的关系会怎么发展？

(3) 小组成员以故事接龙的游戏方式，完成属于他们的《泰坦尼克号》续集，续集描述要注意深入分析人物的心理活动过程，并记录成简单的剧本。

(4) 讨论：恋爱之后该考虑的问题有哪些？是哪些因素影响故事情节的发展？5. 小组整理后，跟大家分享你们的看法。上交《 泰坦尼克号》续集剧本。

说明：从《泰坦尼克号》续集剧本中挑选 3～5 个优秀剧本进行排练，由该剧本的小组成

员扮演角色，在本单元最后一节课进行心理情景剧会演。

思考题

（1）学业和爱情哪个更重要？

（2）通过学习，你现在如何看待大学生婚前性行为这一现象？

（3）假如你的伴侣发生意外，失去了自理能力，你会留下来陪在他身边，还是会选择离开，为什么？

心灵语录

修身处世，一诚之外更无余事。

——明·朱之瑜

11 第十一章 大学生网络成瘾与心理健康

案例导入

小徐是某工科大学的大三学生，他这几天心情特别郁闷，原因就是接到了学校的退学警告。这都怪自己太沉迷于网络，缺课太多，落下的学分已经到了退学的边缘。其实，小徐在高中的时候就很喜欢计算机，并立志将来成为一名网络专家，高考后因为成绩不错，如愿以偿地成了计算机专业的学生。但过后发现，学好这个专业并非那么有趣和简单。于是，他迷上了网络游戏后不能自拔，开始逃课、泡网吧，有时候甚至连饭都不吃，一玩就是十几个小时……

学习思考：

(1) 简单分析下小徐出现心理健康问题的原因。

(2) 你是如何理解网络成瘾的？

当今社会，网络已经成为我们生活中不可或缺的一部分，网络的便捷带给我们生活方便的同时，如果运用不当，也会带来伤害。作为新时代的大学生，我们应该如何学会更好地运用网络，做网络文明的使者呢？这一章，将和大学生们探讨这个问题。

第一节　当代大学生的网络生活

“世界上最遥远的距离就是……我在你身边，而你却在……玩手机!”这是当今网络上非常流行的段子，也在很大程度上反映了现代人网络运用的状况。大学生是社会年轻一代的生力军，也是网络运用的主力群体。无处不在的网络媒介在方便我们生活的同时，也带来了诸多的问题。如何平衡网络运用的利与弊，让网络发挥其最大优势的同时又尽量避开它的劣势，这是非常需要智慧的一件事。

一、网络与大学生的生活

1. 网络交往已经成为大学生社会交往的重要方式

网络交往就是在网络上进行非面对面的交往，原来的主要方式有 QQ 聊天、BBS、

E-mail 等，随着微博、微信的兴起，让网络交往更加便捷。迷恋网上聊天的学生更多的是一种心理需求。网络既没有国界，也没有等级，人人自由且平等，它为我们提供了一个展示自己个性和才华的舞台，在这个舞台上人人可以尽情地宣泄、表达自我、自由发挥，在虚拟的世界里，个性可以得到充分的展示，因为网络受时空的制约因素较小，可以随时随地跨越地域的限制建立新的人际关系。

网络交往的隐蔽性和广泛性符合大家渴望真情又怀疑真情的心理，它为大家创造了恰到好处的“黄金距离”。它既可以让人毫无顾忌地交流，又可以保护自己的隐私；既实现了交流沟通的需要，又克服了现实交流的重重障碍。实现了在现实生活中无法表达或难以表达的真实情感或想法，满足了个人交往的心理。大学生选择网络交往，一部分原因是进入大学后少了家人的精心呵护，有了更多的个人空间；一部分原因是有些大学生在现实生活中社交面太窄，或者性格比较腼腆，缺乏社交能力，所以喜欢上网聊天，甚至希望来个“缘分的邂逅”，谈一场轰轰烈烈的网恋。他们通过在网上与人进行沟通和交流来获得安慰和支持，宣泄日常生活中的压抑、紧张和焦虑的情绪。

2. 获取信息的需要

网络传播信息的高效性和及时性符合大家追求时效和喜欢猎奇的心理。与传统媒体相比，网络能使我们在第一时间获得自己所需和所感兴趣的信息，这一特征符合我们对信息的敏感及追求时效的时代特点。当今，大学生关注国内外的政治、经济、文化发展，关注人类各种问题，但快节奏的生活模式让传统媒介很难达到迅速获取信息的要求，而网络则满足了大学生的这种需求。网络的便捷使大学生“手指轻轻点击，世界尽在眼前”“足不出户知天下”的梦想变为了现实。

网络信息的丰富性和开放性符合大家对知识信息的渴求心理。网络是一个巨大的信息宝库，学术信息、经济信息、政治信息、娱乐信息及各种各样的新闻无所不包，几乎涉及人类活动的各个领域，上至天文地理，下至衣食住行，都可以在网上找到相应的内容。此外，大学生可以在网上直接访问相关领域的资深人士或专家，可以进行包括专业知识、生活知识等方面的学习，可以尽情地遨游各种类型的信息库，可以围绕关心的问题在网上与一群人展开讨论，强烈的求知心理得到了满足。

3. 网络游戏的吸引力

网络游戏有引人入胜的动画和音响效果，又有生动的故事情节。游戏能使不同地域、年龄和身份的人随时找到共同的爱好者，在游戏中团结协作、沟通与交流，让人感到轻松快乐的同时又能够找到归属感。置身游戏中的紧张、刺激，攻克每个游戏难关时的成就感，能使人得到精神上的愉悦与满足。在许多大学生的眼中，网络游戏不仅仅是一种游戏，它更是一个兴趣和情感相互交融的世界，是另外一种生活方式。但有的同学沉迷于游戏不能自我节制，与现实学习与生活越走越远，最后陷入网游的泥沼，荒废了学业与大好的青春年华。

4. 网络让生活更具有便捷性

随着电子商务的崛起、快递业的迅速发展，信息网络时代让我们的生活更加的方便快捷，现在很多“宅男宅女”足不出户，就可以轻松完成购物，满足生活的一切需求，在校大学生是时代的弄潮儿，自然更会享受网络给生活带来的便捷，有的同学甚至吃饭都不出宿舍，直接在网上订购外卖；更有少部分同学，因为网络游戏成瘾，在网吧打游戏，可以几天不出游戏厅的大门。

但是，网络带来便捷的同时，也会带来很多副作用，如让大学生的人际交往更加冷淡或疏远，少了许多传统交往中的你来我往，因为有网络，因此可以“万事不求人”。网络的便捷让当代大学生惰性越来越严重，作业可以不用思考，直接网络搜寻、复制、粘贴；生活的便捷让当代大学生自理能力下降，一旦离开了网络的支持，很多学生会出现生活要停滞的感觉。

二、网络对促进大学生的成长的意义

1. 开凿信息渠道，广纳百川营养

网络的普及与广泛应用使得大学生能够从各种网络上获得千变万化的时代信息和人文科技知识，广纳百川精华，汲取多层面的知识营养，来发展与充实自我。通过网络，社会经验不足的大学生得到了充实和提高，他们通过网络可以了解政治、经济、文化、军事、哲学、科技的发展动向以及历史延革；了解国际风云、国家大事、社会热点和校园文化；还可以进行深入的专业学习的同时进行休闲娱乐、感情交流等。所以，网络在很大程度上可以使青年大学生得到各方面知识的陶冶和锻炼，成为具有全面知识体系的社会人。

2. 开拓知识视野，有所创造

网络是知识和信息的载体，虽然当今网络事业已经蓬勃发展，但毕竟还是新生事物，网络的新奇刺激，引发了大学生群体的极大好奇，也正是基于网络本身的广谱应用和软硬件技术的不断改进和更新，给广大学子带来了极大的创造空间：网页制作、电脑三维动画、工业造型、网络科研项目、网络课件教辅、远程教育技术服务、大学生网络创业大赛等，无不在内容和形式上造就了大学生的创新欲望。于是，一大批以在校大学生为核心的电脑公司、网吧公司、信息公司、学生企业应运而生，它推动并引领了当今高校学子的无限创造激情，也给国家的未来和现实的经济发展带来了生机和活力。据调查，国际知名品牌“海尔”公司就从全国各高校猎取大批在高校学习中创造性极强的学子充当其技术核心力量，“清华同方”“北大方正”等电脑科技公司旗下更有大批优秀学子的身影。据悉，每年各高校不断涌现大学生国家创造发明专利的获取和技术项目的拍卖。

3. 友情互动，共同提高

网络最突出的优点是它的交互性，它既是信息的载体，又是媒体中介，实现了人与人之间交流的通畅。花样繁多的论坛、聊天室、虚拟社区、情感驿站等使广大学子可以直抒胸臆，发表自己的见解和看法，并充分表达和展现自我，结交各种朋友，相互介绍经验，共同进步。

目前，在校大学生大多数为独生子女，他们渴望与同龄人进行交流，并得到他们的认可，但其在家庭中的中心地位在走出家门后的人际交往中受到了强烈的冲击和挑战，许多心理和情感苦恼常会与他们不期而遇。对高校大学生的问卷调查中发现，大学生心理障碍严重影响了他们的学习和生活。很多案例显示，有的大学生因此形成畸形心理并导致多种不良后果。同时，大学管理机制与中学不同，人际真情沟通减少，学业和择业的压力迫使各个学子为学习而疲于奔命，但是校园文化的丰富多彩又引发不定时人际情感交流的增

加，这样，网上交友就解决了专心学习和择时交友的矛盾。因为网上交友是“点之即来，击之即去”的速成交友方式，可以按大学生的学习闲忙而调度。在网上既可以推心置腹，抒发情感、交流思想和心得，又可以大发牢骚，排遣抑郁，达到缓解学习和精神压力的双重功效。

4. 弥补教育缺陷，拓展教育空间

当前，我国仍以传统的灌输式教育为主，只有极少的高校能部分做到因材施教这一点，而登陆各种各样的教育和科研网站，则可以弥补这一教育真空。英语四六级、考研、考T、考G网站，各种层次计算机学习指导网站，数理化、历史、地理、医学、动、植、生物等各科目类别，均可登陆相应站点进行自学辅导、作业测验、大考冲刺、升学模拟考场等。每个大学生可以根据自身发展需要浏览不同网页来给自己加压充电。

另外，还可以从网站上浏览和学习本高校不具备而其他高校具备的相关教学资料和实验条件，借鉴学习方法，达到居一校而学各高校，知己知彼，扬长避短的效果。尤其近年来全球公开课、慕课等教学资源在网络上的共享，可以让现代的大学生随时随地获得学习资源，不受时空限制地进行学习，大大扩宽了受教育的空间。

三、网络对大学生的消极影响

1. 网络文化垃圾对大学生世界观、人生观及价值观的消极影响

网络资源虽然极其丰富，但是网上虚假信息、文化垃圾却屡见不鲜。大学生的身心还处于不完全成熟阶段，这种不良的网络环境，对一些大学生容易产生不良的后果。在网上虚拟的环境中，容易出现责任心不强、冒名顶替、肆意破坏、粗言恶语等道德伦理问题、感情问题、心理健康、人际关系及个人安全等问题，一些组织或个人可以怀着特定的目的，制造言论，传播非法信息或诽谤中伤他人或误导青年学生。一些西方大国，凭借经济、技术和信息资料的优势，宣扬资本主义意识形态、加强信息大国政治、文化的扩张与渗透。网络上大部分都是那些所谓西方国家的民主、人权的宣扬。大量的外来文化信息对社会主义意识形态和中华民族的传统文化产生了强大的冲击。

青年大学生的世界观、人生观、价值观尚未完全完善与稳定，辨别能力有一定的局限性，很容易受到这些信息的侵扰，使他们在价值观念上更重实惠，对社会的责任感和对他人的人文关怀越来越淡薄，甚至导致人文品格和道德水平的滑坡，同时使许多大学生对未来的目标失之偏颇，更趋向于用金钱来衡量一切。有的网站为了提高点击率，牟取暴利，宣传色情、暴力、沉沦等刺激大学生眼球的文化垃圾，使部分大学生沉溺于其中，难以自拔，荒废学业，有的甚至走上犯罪道路，对社会造成恶劣影响。诸如此类，对那些涉世不深的大学生来说，无疑是一种伤害。

2. 网络游戏沉迷及网络对大学生人际关系的影响

在我们现实生活中，有些大学生对自己所处的现状及处境不甚满意。有的心比天高，整天夸夸其谈，总想超越他人，成为一名受人敬仰的人。网络游戏以独特的魅力吸引着很多大学生，一个很重要的原因是追求心理满足。他们认为在虚拟世界中获取成功的机会远远高于现实生活。很多沉迷于网络游戏的大学生是因为在现实生活中受挫或达不到自己的理想，因此选择网络游戏来满足自己的心理需求。他们一旦从中找到快乐，就难以从中走

出来。比如，现实中的不如意，可以在网络游戏中发泄，级别高点可以带着大批“兄弟”到处砍人、厮杀。不但从心理上得到满足，而且还能得到现实中很难得到的武器装备等使自己更加强大、更具统治力。在这种虚幻的环境中，会使大学生对网络的依赖越来越强，上网成瘾已不再是不可思议，他们每天花大量时间泡在网上，长久下来，不但花费了大量金钱，还荒废了学业，摧残了精神，甚至造成心理畸形发展、心理变态。

学习人际交往和处理人际关系需要时间的投入。由于对网络的沉迷，在人机相对封闭的环境里，他们在很大程度上失去了与别人交往的机会，减弱了与他人交往的愿望。人际交往的减少很容易加剧自我封闭心理，造成人际关系淡化，导致一部分大学生脱离现实，只满足精神需求。一些学生在真实的交往中感到紧张、不适应，产生孤僻的情感反应和对现实人际交往的逃避和恐惧，甚至还会出现“网络孤独症”等症状，造成人际关系障碍，这对人生的发展是非常有害的。

因为网络交往具有虚拟性与匿名性等特点，可以让人卸下防御的面具，展示真实的自我，但也因为和对方看不见、摸不着，也就缺少了很多传统人际交往的约束与规则，在网络交往中体现出和现实完全不符的行为与语言模式，造成“网络双重人格”。

知识拓展

你了解网络双重人格吗？

什么是网络双重人格？我们可以把网络双重人格定义为“个体在网络中和现实中分别具有彼此独立、相对完整的人格，两者在情感、态度、知觉、行为、意志等方面都有所不同，有时甚至在两个极端”。简而言之，就是一个人在网络中的表现与其在现实生活中的表现有很大的反差，甚至判若两人。

网络的一大特点是匿名性，甚至连性别也无从知晓，可以避免面对面交流中出现的顾虑和尴尬，却也带来了责任感的缺失——每个人都可以不计后果地展示自己内心的隐私和黑暗，追求宣泄与解脱，久而久之，一些人在网络中“塑造”了一个虚拟的自己，这个虚拟的人物也许柔情万种，也许可怜之至，也许至刚至强，也许浪漫无比，从而满足了这些人猎奇或实现“理想”的愿望。甚至有人纯粹为了填补内心的空虚而骗取他人感情、财物，表现出人性中极不道德的、肮脏的一面。这就使现实中真实的人与网络中虚拟的人无法重合，不能相互印证，从而导致双重人格的产生。

大学生的网络双重人格主要是对网络人格的虚拟化，也就是说凭空去想象自己所希望的、感兴趣的或者好奇的、努力追求的人格特质，而且以此作为网络交往的基本个体特点，好像自己真正拥有这些人格特征一样。如此一来，这种虚拟人格就逐渐固定下来，在心理上形成某种程度的分离。这种人格的裂变将直接导致某种心理偏差，如社交恐惧、否定和逃避现实等。同时，它也为社会带来了一些不稳定因素。比如近年来媒体披露较多的网恋问题、网络信用危机问题等，都是受害人丧失了自我防御的意识而陷入虚拟的花言巧语中。但当人们从虚拟世界回归现实时，才会发现差距有多远。

3. 网络成瘾问题严重影响大学生的成长与发展

网络的发展是社会高度科技化的成果，为大学生的成长带来诸多便利。但是，部分大学生过度的迷恋网络、依赖网络，陷入网络的世界而脱离现实的环境，严重的还会造成网络成瘾，导致心理的异化，人格的扭曲。

网络成瘾又称因特网性心理障碍(Internet Addictive Disorder，IAD)，指由于患者对互联网过度依赖而导致的一种心理性异常症状。患者主要表现为对网络操作的时间失控，随着乐趣的增加欲罢不能，难以自拔，上网时间不断延长，由此产生了一系列心理和生理的反应。大学生由于精神方面的免疫力较弱，感染网络成瘾的概率特别大。北京大学心理学教授钱铭怡对北京12所高校的近500名本科生进行抽测，结果表明，网络成瘾占实测人数的6.4%。所有具有网络成瘾症状的学生，在学业和生活上都表现出不同程度的异常情况。归纳分析可发现，网络成瘾对大学生的心理造成的危害主要表现为社会化过程中的心理发展、社会互动、人格形成、角色认同出现困难；出现厌食、失眠、精神萎靡、情绪低落、思维迟钝、冷漠、孤僻、丧失兴趣等症状。

网络成瘾已经成为大学生顺利完成学业、健康成长成才的巨大杀手。全国各高校都有为数不少的学生因为网络成瘾而无法正常完成学业，无法成为一名社会功能健全的社会人。

【自我训练】你网络成瘾了吗？

美国IAD评估网瘾的标准：

1. 每个月上网时间超过144小时，即一天4小时以上。
2. 头脑中一直浮现和网络有关的事。
3. 无法抑制上网的冲动。
4. 上网是为逃避现实、戒除焦虑。
5. 不敢和亲人说明上网的时间。
6. 因上网造成课业及人际关系的问题。
7. 上网时间往往比自己预期的时间久。
8. 花许多钱更新网络设备或上网。
9. 花更多时间在网上才能满足。

说明：只要有5项以上的回答为“是”，即说明上网已经成瘾。

4. 网络管理与规范的不完善，容易导致网络道德失范

道德失范，是指社会生活中基本道德规范的缺失与不健全所导致的社会道德调节作用的弱化以及失灵，并由此产生整个社会行为层面的混乱无序。时下，随着网络的发展，网络道德失范行为时有发生，如恶意域名抢注、垃圾邮件、网络盗版、网络垄断、网络诈骗、网络色情传播、网络谩骂、网络腐败等不道德的丑行。

当前我国虽然也制定了一些互联网相关的法律法规，但并没有普及并被广大网民严格遵守。由于缺少对网络中行为的引导和监督机制，当今网络道德行为的监管多数靠舆论、网络评论等非统一、非正规的他律评价标准进行规范与约束。网络他律道德的缺失与难以形成，再加上网民在现实中的自主道德意识存在问题，网络道德失范行为的发生就在所难免。

现实世界价值失衡与诚信危机加剧了网络道德失范。中国改革开放三十年，在取得了一系列发展的同时，也面临很多负面问题。比如，物欲横流的社会发展让人们的价值观发

生了巨大的改变，在金钱至上、效率为先的理念指导下，现代人的行为更加浮躁、急于求成；传统道德规范的约束力显得越来越弱，人在追名逐利的过程中非常容易丧失道德感，继而引发诚信危机。因为网络自身的特点，必然会把现实社会存在的问题加以扩大与蔓延。

【案例】

网络道德失范引发的罪行

黑龙江某大学计算机专业的大学生郭某在专业学习中，对网络病毒特别感兴趣，业余时间就喜欢制造一些病毒软件，和同学、朋友们开玩笑。2006 年，他制作了一款“灰鸽子”的病毒软件，一次偶然机会，通过“灰鸽子”病毒远程监控程序，监控到时任上海某网吧网管孙某的电脑，两人由此相识。

在孙某生活拮据时，郭某还通过网络窃取他人账户内的 1000 元汇给他，解其燃眉之急。2006 年 12 月，郭某在大学生宿舍内，通过“灰鸽子”病毒软件发现了身在北京的张先生的电脑中了“灰鸽子”病毒。随后，他通过该病毒监控该电脑，并在张先生上网进行网络银行卡操作时，获知了张先生的银行卡账号、密码，而后通过远程监控下载了受害人银行卡的电子证书。当看到张先生银行卡里的巨款时，贪念冲破了孙某道德与法律的心理防线。2006 年 12 月 17 日，郭某联络在山东的孙某，要其帮忙将钱转出。随后，两人连夜将张先生两张银行卡内的 48 万余元分 40 余笔转出，打入位于广州、上海和北京的出售游戏点卡的公司，并将点卡存入虚拟的网络账户。张先生的 48 万余元就这样一夜之间蒸发。随后，郭某堂而皇之地在淘宝网上，将这些游戏点卡低价出售，将赃款“合法”化，并支付给孙某 2 万元好处费。郭某和孙某最终换来的是因盗窃罪而锒铛入狱。

郭某的犯罪是比较典型的网络道德失范引发的犯罪行为。在现实生活中，他是一个性格开朗、乐于助人的学生。在老师与同学眼里，郭某为人处世都还不错。父母反映，郭某从小到大都安分守己，很少会犯错误，更不要说违法犯罪了。因此，所有人很难把他和盗窃犯联系在一起。但在网络世界里，因为没有了现实中道德规范的约束，行为具有极大的隐蔽性，在欲望的驱动下，郭某突破了自己的道德底线，走向了罪恶的深渊。

第二节 大学生网络行为的特点及问题分析

一、当代大学生网络使用的行为及心理特点

网络已经成为现代人生活中不可或缺的一部分，大学生在使用网络的过程中表现出了一些共同的行为特点，主要体现在以下几个方面：

（一）对网络依赖性越来越强

大学生使用网络的频率较高，每天使用网络的大学生用户几乎可以达到百分之百，据相关研究调查发现，大学生每次上网时间不超过3小时的占调查总人数的64%；高达90%的学生认为他们的大学生活依赖网络。有的学生甚至养成了在上课期间也不停看手机信息的习惯。课堂上老师在讲台讲课，学生埋头看手机的状况已经是司空见惯。

（二）使用目的的多样化

研究显示大学生上网目的多样化，涵盖生活和学习的不同方面。知识学习、娱乐、交流、消费、创业甚至情感等已经成为当今大学生运用网络的众多目的。其中，近70%的学生认为网络是重要的休闲娱乐工具，这从另外一个层面反映出大学生真正运用网络来学习的时间并不多；56%的学生认为网络是事业和生活的平台。

（三）信息需求类型的多样化

很大一部分学生运用网络时选择休闲娱乐和新闻类信息，其次是购物及美食养生的信息，亦包括旅游信息等。在学习方面，学生对参考书籍和文献相关信息的需求最大。另外，由于微信、微博等手机网络平台的大量应用，很大一部分同学信息的获得来源于朋友圈和微博。总的来说，大学生对网络信息的需求类型主要可以分为四种类型：① 知识学习类信息。相关研究发现，大学生经常运用网络来查阅学习资料的占64.3%（包括学习资料、新闻时事信息等）；② 网络消费类信息，具体包括网购、实体消费电子支付、外卖消费等；③ 网络娱乐类信息，包括电子游戏、影视作品、音乐传媒、电子小说等；④ 网络交往类信息，包括QQ、微信、交友网站等。

（四）网络时代导致生活方式变化巨大

网络的广泛使用及其便捷性直接影响了大学生的生活与学习方式。获取信息的便捷性和信息量的巨大化与综合化让学生“足不出户就知天下事”，改变了大学生传统的学习模式。网络交往的增多促使大学生“宅男宅女”的数量大增，极大地改变了人际交往的模式；网络消费广泛地改变了大学生的消费模式等。网络的兴起与蓬勃发展已经渗透到了我们生活的方方面面，让传统的生活、学习模式都有了翻天覆地的变化。

二、网络运用不当引起的心理问题

1. 沉溺网络影响大学生的认知能力

认知也称之为认识，是人认识外界事物的过程，也是对作用于人的感觉器官的外界事物进行信息加工的过程。有研究发现，网络成瘾患者的工作记忆及短时记忆显著低于常模，这说明网瘾能导致基本认知能力下降，在记忆方面尤为明显。调查发现，近70%的受访者每天上网时间在三小时以上，其中有29%的受访者在五小时以上。而科学研究表明，健康的生活方式以每天上网两小时为宜！长时间上网会导致精神萎靡不振、思维迟钝，没有足够的精力应对学习和生活。大学生正处于青年前期，心理发展趋近成熟但尚未真正成熟，在这一时期正是其认知能力迅速发展的阶段，如果大学生患上网络成瘾症，就会出现记忆力下降、学习困难、对学业不感兴趣等情况，从而导致自身的认知能力下降。更进一步说，认知能力下降使得学习能力下降，从而导致学习成绩差，成绩差又促使学生在虚拟世界寻找寄托，由此极易进入恶性循环。

2. 意志薄弱化，容易导致网络成瘾

网络包含丰富的内容，很多对大学生来说都是不可抵挡的诱惑。层出不穷、花样繁多的网络游戏吸引越来越多的学生沉迷其中，甚至不惜为之荒废学业。还有的大学生因为过于沉迷网络，导致网络成瘾。相关调查研究数据表明：有50%的学生因为使用网络时间失控导致逃课(不是运用网络进行知识学习，而是娱乐或其他用途)。

3. 网络的运用不当导致人格异化

网络人格是人们在网络活动中表现出来的比较稳定和相对持久的心理特点的总和。网络信息内容丰富，便于获得，有利于促进大学生人格的独立性、平等性、个性化和开放性的发展。但是，网络世界的虚拟性和信息的龙珠混杂会极大地冲击大学生的判断与价值观的形成。现实中真实的人与网络中虚拟的人无法重合，进而导致精神沙漠化，自我同一性的分解，使人格发生扭曲或异化。他们常常难以正确评价社会环境的形势对自己的要求，难以正确评价自己的行为方式，难以合理处理复杂的人际关系，难以对周围环境刺激做出恰当的反应。这种人格的裂变将直接导致心理偏差，如社交恐惧、否定和逃避现实，有的还会受网络不良信息的引导产生仇恨心理，甚至导致反社会行为的产生。

4. 法律意识淡薄，网络道德低俗化

网络是一个虚构的世界，在网络上，每个人都可以隐匿自己的一切真实信息。有了虚拟面具的保护，现实中对人们形成道德制约的人际关系和社会地位等在网络上都不再具有约束力，再加上我国网络法制建设的不健全和网络监管的疏漏，让传统的道德约束不再具有威慑力。因此，网络道德失范行为泛滥。网络色情、网络谣言、网络诈骗、人身攻击，甚至反社会行为等不道德行为已经屡见不鲜。网络道德失范还会影响大学生日常生活的价值判断，导致大学生对问题与言论的评价过于片面化和随意化，对自我行为的约束力减弱，社会道德责任感缺失。

5. 网络让人际交往越来越疏远，情感越来越冷漠

正如前面所提到的网络对大学生的消极影响之一就表现在对大学生人际关系的不利影响上。我国相关调查显示，在上网的青少年中，有20%的青少年有情绪低落和孤独感，12%的青少年与家人、朋友疏远。网络世界是由高科技构筑的虚拟空间，这种传播体系强调的是高速、大量、生动与精确，缺少的是现实生活中的人情味。在以计算机为终端的网络中，由于匿名，许多现实社会中的规范、规则、道德在虚拟世界中被冻结。这种状况在一些计算机游戏中体现得尤其突出。

沉迷于网络中的大学生长时间在网络中生活，慢慢变得分不清什么是现实、什么是幻想。他们把虚拟世界中的冷酷与无情带到现实生活中来，对周围的人和事无动于衷，对外界刺激缺乏相应的情感反应，对亲友冷淡，对周围事物失去兴趣，面部表情冷漠，内心体验缺乏，严重时对一切都漠不关心；他们恣意表现自我，放纵自我情感，让现实中无法实现的事情在网络世界中逐一变成现实；他们在表现个人自我时，把社会自我抛得越来越

远，甚至企图借助网络在现实社会凸现自我，将自我凌驾于社会之上，进行网络犯罪，对自己的技术沾沾自喜，却很少对自己所造成的损害感到羞愧。

人际交往的疏离已经体现在当代大学生生活的方方面面，最突出的表现是对手机的依赖，众多年轻的“手机控”们，很多时候的人际交往依附在手机网络上，即使和同学朋友在一起的时候，大家也在上演“闻声不见人”的场景(虽然是坐在一起交流，但每个人还是各自手机不离手，低头要么浏览各种信息，要么秀微信微博)。这样的交流方式必然带来情感的疏离与淡漠。由于接收到的社会负面信息日益增多，大学生人际冷漠还表现在对很多真实情感与事物的怀疑，对应该付出热情或给予帮助的事情却显得满不在乎，用一副冷冰冰的面孔对待身边的一切。

三、引起网络心理问题的原因探讨

引起大学生网络心理与行为问题产生的因素是非常复杂的，既有客观因素，也有主观因素，还有个人特质等因素，我们只有具体问题具体分析，才能够找到应对这些问题的策略。这些因素具体体现在以下几个方面。

(一)客观因素方面

1. 网络技术的发展与社会变革，是导致问题产生的根本原因

众所周知，任何科技的发展都具有两面性，网络也不例外。网络技术的发展与广泛应用也是一把双刃剑，它在带给人们便利的同时，也容易引起人们对它的过度依赖和滥用行为。社会的变迁在很大程度上也改变了人们很多传统的行为模式与思想，对现代人的价值观具有潜移默化的改变。网络作为一种便捷的信息沟通与媒介，也必然会参与其中。网络信息往往具有不全面与不对称性，但传播的迅速性和广泛性又会极大地对现代人的认知与思维产生重要影响，继而影响人的价值判断。

2. 大学时期学习模式的改变，是导致网络行为、心理问题出现的又一重要原因

相比于中学时期的强制、有明确指导性的学习模式，大学时期的学习方法和环境发生变化，大学生的学习方法不能适应大学的自主、自觉、自律和具有创新性学习的特点。此外，大学的日常生活完全需要自理，生活与学习的独立性与心智的不成熟和不稳定必然会对大学生提出严峻的考验与挑战。较高的自尊感和自我评价使当代大学生越来越忽视与他人的沟通交流与相互学习。在遇到困惑或问题时容易采取逃避和自闭的做法，把网络当成伙伴，走进网络寻求解脱，形成网络依赖，逐步发展成心理上的孤独与抑郁，严重的还会影响学业。

3. 教育的失当导致大学生网络行为问题的爆炸性产生

虽然我国的教育改革一直在提倡学生的素质教育和全面发展，但教育资源的有限性等客观因素导致其无法摆脱应试教育的指挥棒。应试教育过多重视智力教育，没法将学生心理素质培养渗透其中，忽视了对学生健康人格的培养。很多大学生在上大学之前要么对网络本来接触就很少，要么由于家长和老师的严格管制，被迫与网络分离。进入大学后，大学生运用网络的时间和频次一下处于了完全自由的状态，必然会引起一个盲目膨胀的爆炸式反弹，导致网络问题行为的产生。

(二)主观因素方面

众多的客观因素也仅仅是诱发大学生产生网络行为心理问题的促成条件，但并不是所有的大学生在用网络时都会出现问题。其中大学生的主观能动性显得尤为重要。导致网络行为或心理问题的主观因素主要包括以下几个方面：

1. 目标缺失

由于长期拼搏，升学目标已经达到，加之有些学生受中学老师与家长的误导，误以为考上大学就可以一劳永逸，轻松自由了。殊不知，大学时期是奠定人生发展的重要时期，很多大学生进入大学后缺失奋斗目标，发展规划盲目，全无竞争意识，转而在虚拟世界中满足自我实现的心理需要，久而久之，内心世界在不知不觉中就被网络充满。

2. 自我放纵

有的学生忍受不了学业上的艰苦和班集体的约束，为轻松一刻而游离于班级团体之外，单个或结对出入网吧或利用宿舍自备电脑打网络游戏、上网聊天和看碟片，寻求“刺激”来放松自己。少数学生由于长时间泡网，甚至用网络上虚拟世界的观念指导现实生活，加之道德纪律和社会规范感的缺失，让这一部分大学生肆无忌惮地放纵自我，浪费青春。

3. 不良的社会风气与校园文化，导致大学生网络运用失当

当今社会发展迅速，变化莫测。社会精神文明建设的步伐远远赶不上物质需求的提高，在经济效率优先的大社会环境下，人们更多以追求多快好省，迅速获得金钱与物质为主要行为目标。在这样的社会风气下，大学校园文化也必然受到影响，难以独善其身。于是，在大学校园里，很多大学生都心存：“学得好不如机遇好，干得好不如嫁得好”等侥幸思想，导致学习内部动机不足。再加上网络不良信息的诱导，就更容易产生慵懒情绪，把精力投入到网络游戏与娱乐之中，借助虚幻带来的欢愉感逃避现实。

知识拓展

黑客和骇客

黑客源于动词HACK，《牛津辞典》把HACK解释为“乱砍、劈、砍”，意味着“劈出、开辟”，很自然地，这个词被进一步引申为“干了一件绝活”。真正意义上的黑客(hacker)并不入侵计算机系统。事实上，黑客们的确技艺高超，是他们设计了Linux操作系统，建立了Internet，是他们将计算机和网络技术不断的推向前进。但相比于入侵计算机系统，他们更喜欢将自己的聪明才智用于更富创造性的事务：开发一款新的软件，创造一种新的程序语言，建立一种共享信息的新形式。

在20世纪50年代美国麻省理工学院的实验室里，一群才华横溢的学生结成不同的课题小组，其中有人以编写简洁、完善的程序为己任，以寻找计算机系统漏洞为乐趣。他们本身并不对别人的计算机做手脚，只是提醒程序编制者注意及改正。

实际上，黑客可分为两类：网络安全管理人员和网络入侵者。贬义的黑客，又称之为“骇客”，指的就是网络入侵者，有人称之为“网上恶棍”，他们闯入别人计算机后，或是修改别人文件，或是窃取文件。

黑客一般都有很高的智商，他们常常向自己的智商挑战，当一次次的挑战成功后，在黑客中的地位也会提高，成为高级骇客。他们打破了以往计算机技术只掌握在少数人手中的现象。有黑客自述：成功地攻击别人的计算机后，虽然并不做什么事情，但能带来快感。黑客一般有自我表现、好奇探秘、报复怨恨等心理。也有部分黑客以“网络侠士”自居，他们不满某种错误的做法，出于维护正义而攻击其网站以示抗议。

黑客们在计算机和网络技术方面有着非常突出的才能，受到许多同龄人的羡慕。据调查，我国有4%的年轻人都愿意成为黑客。事实上，黑客中间也有了道德分化，有以发明追求最先进技术并让大家共享的“白帽子”，他们会协助人们研究如何维护网络系统的安全；有以破坏、入侵为目的的“黑帽子”，他们会散布病毒、潜入网站窃取资料、篡改数据、破坏网页进行网上诈骗等，还有介于两者之间的称为“灰帽子”。

第三节　大学生健康的网络生活

网络应用不当虽然会给大学生的成长与发展带来了很大的问题与障碍，但网络不是洪水猛兽，网络的问题需要认真分析，宜疏不宜堵。大学生是时代的弄潮儿，需要在充分认识这些问题的同时学会合理运用网络，做网络文明的使者。

一、加强自我管理，构筑健康上网方式

网络是一把双刃剑。如何有效利用网络，尽量避免其危害，既是摆在整个人类面前的大问题，也是摆在我们每个大学生面前的具体问题。在整个社会的层面上来讲，我们要建立起一整套与这个新的信息传递方式相适应的经济文化体系；而对个体而言，则是要有属于自己的健康上网方式，事实上这也是对自己生活方式的一种探寻。

网络是一种信息传递工具，而学习正是一种对信息进行寻求、处理、吸收的主动过程。这种天然的联系决定了网络可以在学习过程中扮演重要的角色，利用网络进行学习也成为当代大学生必备的技能。那么我们该利用网络学习什么？又该如何学习呢？

首先，要学会合理地规划与利用时间。网络虽然已经是我们现代社会获取信息不可缺少的手段与途径。但网络学习并不能代替现实中的学习与实践，网络学习的片断性和真伪混杂性并不能代替日常的系统学习。因此，大学生应有较强的时间管理能力，能够合理地规划和利用自己的时间。利用网络的时间也应该是在每天正常上课与学习之外的时间。使用网络学习、娱乐时也应该张弛有度，不能够以牺牲其他日常行为活动为代价。只有懂得规划和有效利用，网络对于大学生的生活学习才能够真正达到利大于弊，真正促进其发展与成长。

其次，要学会甄别信息，学会去粗存精，去伪存真。低成本的信息发布模式和身份鉴别的缺失导致了网络信息的良莠不齐，大学生在学习中必须充分发挥理性的主观能动作用，对所接触的信息进行批判分析，并将其纳入到自己的思想体系当中。在这个过程中，深入的独立思考是最有价值的工具。但是，并非大家热捧的，就是可以无异议接受的。例如，现在网络上流传很广的哈佛公开课——幸福课，很多大学生不加批判地接受这种“先进文化”，却没有思考过这种以“主观幸福感”为核心的体系该如何脱离主观？将“人是万物

的尺度”变化为“我是万物的尺度”，人该如何获得超越于主体之外的存在意义而不仅仅是“感觉”到自己的存在有超越于主体之外的意义？它所反映的都市中产阶级的人生理想，是不是就可以不加变动地作为你自己的人生理想？请记住，未经审视的观念没有价值，虽然你的审视，也不过是以一种价值观来评判另一种价值观而已。

最后，我们必须意识到网络信息组织的局限性。超链接是网络信息浏览的基础，它将所有的信息组织成一张巨大的信息网络，带来了在信息间跳转的自由度；但与此同时，它和知识吸收的快餐化趋势共同导致了知识的碎片化，造成了许多同学看上去知识很丰富，却缺乏将知识统合在一起的能力，或者说知识缺乏体系性。曾经有同学讲：“给我一分钟google，我懂的比你多”。但赫拉克利特也曾讲过：“他们看见，但他们不明白”。必须要意识到一点：知识背后的东西是难以形式化的，更难以用网络的形式进行传播。体系和眼光的获得，仍然是需要下大功夫的。

坦诚地说，要求大学生学会“健康地”使用网络并不是一种恰当的提法。因为网络技术还在日新月异的发展过程中，新的技术手段正不断拓展网络使用的可能形式。与此同时，人的需要的满足方式也在新的网络条件下不断涌现。正如台式电脑时代的网络使用方式不同于平板移动时代，及时通信时代的人际交流不同于电子邮件时代一样，事实上并没有一个恒定不变的“健康的”网络使用方式。适合自己当前现状、能帮助自己达到人生目的，获取生命意义的网络使用方式就是“健康的”网络使用方式。

二、健康利用网络，防止网络成瘾

网络的世界性发展已经势不可挡，而且已在全世界范围内被认同为一种新世纪的生活方式。正大踏步跨入信息新时代的大学生应该十分认真地思考一下如何去安排自己在键盘前面的时间。如果你觉得网瘾太大，自己抵抗力太小，那么以下五条具体建议，可以帮助你预防网络成瘾症：

第一，端正认知。不要把上网作为逃避现实生活问题或者消极情绪的工具。因为借网消愁愁更愁，事实上，当你n小时后下网的时候，问题仍然在那儿，“逃得过初一，逃不过十五”。更重要的是，你的上网行为在不知不觉中已经得到了强化，我们不难看出：上网→注意力从现实中转移→忘记了生活的烦恼。于是，不需几次，用网络来逃避现实的大学生就会像巴甫洛夫的狗形成的条件反射一样，记住上网能带来忘忧。以后，一听到调制解调器的声音就会兴奋不已。如此下去，网络成瘾也会一步步向你靠近。网络只是人生的组成部分，是一种补充。利用网络来逃避现实问题，本质上是本末倒置，玩物丧志。

第二，丰富自己的业余生活内容。除了按部就班地上课、自习之外，一定要多运动或娱乐，可以打打球、跑跑步、到郊外游玩和同学多沟通交流。总的目的是避免陷入“非上网不可”，“除了上网，没有其他娱乐活动可做”的泥潭。因此，在大学期间，大学生在学好专业知识的同时，多培养一些兴趣爱好，是一件非常有价值和意义的事情。

第三，上网之前先定目标。每次花两分钟时间想一想你要上网干什么，把具体要完成的任务列在纸上。不要认为这个两分钟是多余的，它可以为你省10个两分钟，甚至100个两分钟。而且对于网络的使用要扬长避短，尽量避免其负面效应，特别是不要沉溺于网上娱乐，尽量拒绝接触网上的色情和暴力内容。

第四，上网之前先限定时间。看看你罗列的任务，用一分钟估计一下大概需要多少时间。假设你估计要用60分钟，那么把闹钟定到40分钟，到时候看看你进展如何，及时调整自己的计划和速度，告诫自己一定要在规定的时间里完成，准时下网。学会时间管理不仅对预防网络成瘾有巨大的帮助，而且对大学生的学习与将来的发展也有积极的意义。

第五，加强体育锻炼与合理饮食。在日常的学习生活中要注意多吃胡萝卜、鸡蛋、瘦肉、水果等富含维生素A和蛋白质的食物，每天都要留出运动的时间。运动不仅可以锻炼身体，而且可以磨炼人的意志力，对情绪的调控也具有良好的作用。运动可以让人变得更加具有活力，用更积极的人生态度应对学习、生活中的各种问题。

如果很不幸，你已经得了网络成瘾障碍，怎么办呢？除了借助一些外在的监督提醒、心理辅导等方法外，主要还是需要加强自我的管理。

第一，制定一份行为契约，包括目标行为在规定的时间范围内所要达到的程度标准以及相应的强化。例如，平时按时上课、上自习，周末就可以玩3个小时的电脑；如若违反，就不得接触电脑。

第二，合理安排时间。首先从不逃课开始，哪怕上课效率不高，听不懂，也要保证自己按时坐在教室里上课。课余时间要积极参加其他活动，多与人交往，加强沟通能力。

第三，取得尽量多的社会支持，即通过生活中的重要他人提供目标行为的暗示或强化。这一项很重要，可以在戒瘾过程中获得他人监督。例如，一边和寝室的同学约定每天晚上7:00上图书馆；一边远离仍然沉迷于电脑和游戏的同学与朋友。

第四，学会自我暗示和鼓励，来影响自己的行为。例如，一旦有想玩电脑的念头时，就反复自我暗示："不行！绝对不行！我不该玩电脑！我的任务是学习！"每一次抵御了电脑的诱惑后，马上进行积极的自我鼓励："今天不错！坚持就是胜利！"

第五，适当安排强化和惩罚。可请同学或家长监督自己。若契约完美地完成了，则奖励自己美餐一顿或选购一件自己喜欢的东西；如果没有完成，可以用增加体育锻炼或将本来要满足自我的一个愿望向后推迟作为惩罚。

三、提高网络文化素养，培育积极情操

网络是一种革命性的信息传递工具。它不但可以像电话一样实时传递信息，同时还可以保存信息；它不但可以实现点对点的信息传播，也可以实现点对面的信息广播；它不仅适合于有大量资金投入的门户式的信息发布，也适合于论坛、微博等低成本的信息发布方式。这些特点使网络成了新文化最佳的培育床，成了新思想和新观念最容易产生和赢取共鸣的虚拟天堂。但如果只想到网络的自由而忽略了网络文化与网络素养的培养，自由也会换来不自由。

美国学者阿尔特·希尔弗布拉特认为，媒介素养有七大元素：① 批判性思维技能；② 了解大众传播的过程；③ 懂得媒介对个人乃至社会的影响；④ 建立分析讨论媒介讯息对策；⑤ 透视媒介文本；⑥ 研究和欣赏媒介传播内容；⑦ 动手制作媒介产品。这里其实已经蕴含了媒介素养教育的很多方面的内容，比如说关于媒介的基本知识、传播的过程、媒介传播内容的解读等等，这些正是具备批判性思维和分析性眼光的知识前提。

中国学者卜卫认为，媒介素养教育应该包括四方面的内容：第一，了解基础的媒介知识以及如何使用媒介；第二，学习判断媒介信息的意义和价值；第三，学习创造和传播信息的知识和技巧；第四，了解如何利用大众传媒发展自己。这四方面的知识与阿尔特·希

尔弗布拉特所讲的七大元素存在很多的相似之处，由此说明：媒介素养教育的基本内涵与范围，有很大的相似性，不同国家、地区、群体的媒介素养教育内容是不同的。开展媒介素养教育，只能在一个普适性的范围内，紧密结合我国国情，传媒发展趋势以及大学生的生理、心理特点，有针对性地实施教育行为。网络的诞生还只有几十年的时间，网络素养的提高也需要有一个渐进的过程，对于大学生而言，应该从以下几点来入手：

1. 提高恰当应用网络操作技术的能力

网络媒介对于使用者的技术能力要求是较高的，大学生必须具备一定的网络操作技能，这是网络媒介素养的基础。目前，高校普及的计算机基础课程基本上承担着培养大学生网络基本操作技能的任务。但是掌握了技术并不意味着大学生就可以对网络进行恰当的运用。作为技术层面的网络，它只是一个中性的工具，由此而产生的正面或负面的功能都取决于其操作者。由于大学生的世界观、人生观和价值观尚处于形成时期，一些学生难以在网络领域主宰信息，产生了对网络的滥用、误用。例如，大学生运用网络技术攻击网络系统，在网络上实施危害社会的犯罪行为，网络成瘾、网络依赖导致学业中断等等。因此，合理、合法以及有节制地使用网络，是大学生基本的网络应用素养。

2. 提高准确认识网络媒介及传播环境的能力

以往对网络媒介素养内涵的探讨也包含了对网络媒介的认知能力，主要是从媒介的角度强调网络作为第四媒介与传统三大媒介的不同，强调对网络不良信息应具有识别与批判能力。但如果在网络时代，对网络的认识还一直停留在“媒介”的层面，不仅与当前的传播现状不相适应，也容易步入认知的误区。首先作为媒介网络给我们这个时代提供了最快捷、最便利的信息传播方式。同时，通过网络平台而建立起来的其他信息传播方式不断被开发出来，如微信、微博、QQ、博客等，大大拓宽了传播的广度和深度。网络成为人们相互交流、共同畅游的生存空间；网络改变了我们的学习方式、工作方式、思维方式和娱乐方式。总之，网络改变了我们的社会和我们的生活，已成为人类的“第二生存环境”，但这个“第二生存环境”具有虚拟性。其虽并非虚幻，真真切切存在，但这个存在会侵蚀我们的日常生活甚至取而代之。

因此，与网络有着密切接触的当代大学生对网络媒介及其所构建的传播环境的认知必须上升到与人类的生存环境同等重要的高度，认识到网络环境虽然不具有如现实世界那样的外在可感知的客观实在性，但它仍具有功能上的客观有效性，大学生在网络上的一言一行都需严肃对待，共同维护网络的和谐与健康发展。

3. 客观分析与批判网络信息的能力

传统媒体时代的媒介素养教育就强调培养受众对媒体信息的分析、批判能力。网络时代的到来，传播渠道开放，传播主体增多，交互功能强大、“去中心化”的特质都使得网络信息变得异常复杂，信息内容质量参差不齐，尤其充斥着大量信息垃圾和黄色、暴力等危害性信息。大学生好奇心重，自控能力不足，容易受到网络不良信息的影响，因此，具备网络信息的分析、判断及批判能力，能够在相对自由的网络空间学会甄别与筛选，取其精华、去其糟粕是大学生网络媒介素养的重要体现。培养学生的批判精神并不是让其对所有的事物进行移位的批评与否定，而是让学生增强批判动机的养成，提高自己的分析辨别能力，不是人云亦云，也不是武断否定，而是在充分的思考与分析之后再下结论。

因此，批判的动机与意向的形成应是大学生分析批判能力培养的最终目标，这有赖于加强大学生对各种传播主体与传播模式的认识。理解信息、媒介与人的关系，理解对媒介与传播产生影响的各种因素，在这样的基础上，才会形成更具判断力和批判精神的积极的受众。

4. 理性参与网络信息生产及传播的能力

网络超越了时空的限制，突破了传统媒体信息传播的障碍，带来了充分的参与自由，其虚拟性、隐蔽性、匿名性等特点，又在一定程度上降低了参与的成本和风险，激发了大学生参与传播的热忱。当前，大学生对网络传播的参与呈现出非常活跃的状态。2022 年中国青年报调查统计显示，99.39％受访者每天都会使用社交媒体。受访大学生最常使用的社交媒体是微信(95.76％)，随后依次为 QQ(72.25％)、抖音(65.57％)、小红书(36.50％)、微博(35.91％)、B 站(34.54％)、知乎(14.42％)等。其中，52.33％受访者每天使用社交媒体的时间为 4 至 6 小时；25.05％受访者每天使用社交媒体的时间为 1 至 3 小时；22.63％受访者表示每天使用社交媒体的时间超过 7 个小时。但理性精神的缺失使大学生的道德实践能力和自律能力发生偏离，网络恶搞、人肉搜索、网络脏口等大行其道。在参与社会公共事务讨论中，盲目从众、情绪化的言论比比皆是，这使得大学生作为传播者的素养亟须加强。

优秀的网络应用素养主要表现为以负责任的、理性的精神发布网络信息和言论；对信息的真实性进行把关；对自己所发布信息的社会影响进行评估，避免对他人权利的侵害或对社会公共利益的危害；具备社会责任意识，用建设性态度参与传播；在传递信息及网络交往等活动中，思考自己应该承担的义务和道德责任，遵守法律制度和规范。尽管网络在很大程度上还处于“匿名”发言状态，但是，如果因此而无视法律的约束，其破坏性后果是惊人的。因此，大学生要遵守网络法律法规，平等地享受网络的自由权利，承担相应的义务，依法约束自己的网络行为。

四、提高网络道德水平，做网络文明使者

1. 加强网络法制建设与监管力度，创建文明的网络环境

由于网络信息传播具有随意性、虚幻性、匿名性、扩大性等特点，要想建设文明的网络环境，必须要有健全的法律、法规和监管制度作为保障。随着网络的不断发展，我国也相继出台了从网站建设管理、网络文化管理、网络信息传播管理到信息安全管理等一系列的法律法规。当代大学生在学习运用网络的同时，应该学习网络应用相关的法律知识，增强网络法律意识，提高自己抵御网络犯罪的能力，自觉维护良好的网络环境。

2. 加强大学生思想道德修养，提高其网络道德水平

2022 年中国青年报调查统计显示，除了即时通信以外，大学生上网的主要目的是娱乐消遣，其比例占 50.41％，其次是社交交友和获取信息，分别占 42.38％和 37.83％。以娱乐消遣作为上网目的的行为造成大学生网民网络道德水平较现实会有较大差距。由于法律意识和道德观念淡薄，一些大学生在看似“自由”的网络里走上歧途，如果不加反省与改

正，只能是在错误的道路上越走越远。例如，年仅 21 岁的某在校大学生小徐，一直是老师和同学眼中的“好学生”。然而就是这样一个年轻人，竟然组建了 5 个淫秽网站，共计发展“会员”20 万多人，最终由公安机关查获，小徐也因此面临牢狱之灾。

因此，加强大学生的思想道德修养教育，提升他们的网络道德水平，有助于提高他们对网络行为的自我反思与约束，也有利于优秀的网络文化的形成与传播。大学生应清楚，一个高素质的文明网民应具有公德心，有约束力，有明辨是非的能力。此外，大学生要养成慎独的道德习惯和道德观念，并进一步养成高尚的网德，以指导与监督自己的网络行为。

3. 宣扬积极网络文化，做网络文明的使者

大学生是社会文化的重要继承与传播者，是社会发展的巨大推动力量。大学时代不仅是学习专业知识，提高创造能力的时期，大学生在不断学习，提升自身能力的同时，更应该培养自身的社会责任感和社会奉献精神，在运用网络的过程中，文明上网、文明建网、传播文明网络信息，成为一名文明的网络文化传播者与继承者。

知识拓展

中国互联网管理条例内容摘选

第十五条　互联网信息服务提供者不得制作、复制、发布、传播含有下列内容的信息：

（一）反对宪法所确定的基本原则的；

（二）危害国家安全，泄露国家秘密，颠覆国家政权，破坏国家统一的；

（三）损害国家荣誉和利益的；

（四）煽动民族仇恨、民族歧视，破坏民族团结的；

（五）破坏国家宗教政策，宣扬邪教和封建迷信的；

（六）散布谣言，扰乱社会秩序，破坏社会稳定的；

（七）散布淫秽、色情、赌博、暴力、凶杀、恐怖或者教唆犯罪的；

（八）侮辱或者诽谤他人，侵害他人合法权益的；

（九）含有法律、行政法规禁止的其他内容的。

第十六条　互联网信息服务提供者发现其网站传输的信息明显属于本办法第十五条所列内容之一的，应当立即停止传输，保存有关记录，并向国家有关机关报告。

第十九条　违反本办法的规定，未取得经营许可证，擅自从事经营性互联网信息服务，或者超出许可的项目提供服务的，由省、自治区、直辖市电信管理机构责令限期改正，有违法所得的，没收违法所得，处违法所得 3 倍以上 5 倍以下的罚款；没有违法所得或者违法所得不足 5 万元的，处 10 万元以上 100 万元以下的罚款；情节严重的，责令关闭网站。违反本办法的规定，未履行备案手续，擅自从事非经营性互联网信息服务，或者超出备案的项目提供服务的，由省、自治区、直辖市电信管理机构责令限期改正；拒不改正的，责令关闭网站。

第二十条　制作、复制、发布、传播本办法第十五条所列内容之一的信息，构成犯罪的，依法追究刑事责任；尚不构成犯罪的，由公安机关、国家安全机关依照《中华人民共和国治安管理处罚条例》、《计算机信息网络国际联网安全保护管理办法》等有关法律、行政法规的规定予以处罚；对经营性互联网信息服务提供者，并由发证机关责令停业整顿直至吊销经营许可证，通知企业登记机关；对非经营性互联网信息服务提供者，并由备案机关责令暂时关闭网站直至关闭网站。

第四节　心理素质拓展训练

一、心理影片赏析：《楚门的世界》

《楚门的世界》是派拉蒙影业公司于1998年出品的一部电影，由彼得·威尔执导，金·凯瑞、劳拉·琳妮、诺亚·艾默里奇、艾德·哈里斯等联袂主演。

该片于1998年6月1日在美国上映。楚门是一档热门肥皂剧的主人公，他身边的所有事情都是虚假的，他的亲人和朋友全都是演员，但他本人对此一无所知。最终楚门不惜一切代价走出了这个虚拟的世界。《楚门的世界》向人们展现了一个平凡的小人物是怎样在毫不知情的情况下被制造成闻名的电视明星，被完全剥夺了自由、隐私乃至尊严，成为大众娱乐工业的牺牲品。影片反映了人类的希望和焦虑，同时也因触及到最敏感的社会问题而备受瞩目。它以现代派的艺术风格深刻揭露了西方商业活动中唯利是图、践踏人权的丑恶行径，对美国的道德、人情及世态的消极一面进行了有力的讥讽。影片有力地批判了“媒体万能”的价值观，用类似“乌托邦”的虚拟的完美世界寓意着“笼中鸟”式的生存悲哀。

二、心理游戏：无网络体验日

(1) 计划一天时间，不带任何手机等网络设备，体验这一天自身行为与平时的区别。
(2) 拿出一张白纸，尽可能地写出与平时的不同之处。
(3) 思考我们的思维等行为习惯为什么会与平时不同。
(4) 全班分享。

三、心理测试：看看你有没有得手机综合征

(1) 24小时开机，手机没电了会很着急。
(2) 经常会觉得手机在振动或在响。
(3) 出门忘带手机心里会觉得空落落的。
(4) 丢了手机会很抓狂。
(5) 睡觉会习惯性把手机放在手够得着的地方。
(6) 发信息速度惊人，不亚于电脑键盘。
(7) 时不时会看下手机，没信息也会按两下。
符合5条以上的话，说明你极有可能患有手机综合征。

四、心理训练：提高挫折承受力

活动项目：举手仪式。

活动目的：

(1) 让学生体验坚持所需要的耐心和毅力，培养学生的意志力。

(2) 让学生认识到意志力的培养要从小事做起。

活动方法：

(1) 全班同学按体操队形站立，每个人两只手臂伸直向前平举，身体不准晃动，坚持10分钟(教师可根据学生的实际情况调整时间长短)，看谁坚持到最后。

(2) 活动过程中播放一些激励性的歌曲或喊一些激励性的口号。

活动背景音乐：《阳光总在风雨后》。

谈谈成长经历，交流心理感受

(1) “举手仪式”活动结束后将全班同学分成若干个小组，每组8～10人。

(2) 针对下列问题大家一起交流：

① 当时间过了一半的时候，你有什么感受？

② 当坚持到最后的时候，你有什么感受？

③ 在坚持的过程中遇到了哪些困难？你是如何克服的？

④ 你觉得这个游戏对你的学习与生活有什么启发？

思考题

(1) 结合自身实际，思考一下大学生日常生活与学习中存在的网络问题行为有哪些？你是否存在这些问题？若有，你是如何面对与解决这些问题的？

(2) 当代大学生应该如何提高自身的网络文化与道德修养？

心灵语录

业精于勤荒于嬉，行成于思毁于随。

——韩愈

12 第十二章 大学生生命教育与心理危机干预

案例导入

2012年4月末，北京某高校中文系二年级的一个女生在校内跳楼自杀。自杀前几天，她在网上留下的文字可以间接地表明她对人生意义的茫然与混乱："我列出一个单子，左边写着活下去的理由，右边写着离开世界的理由。我在右边写了很多很多，却发现左边基本上没有什么可以写的。回想20多年的生活，真正快乐的时刻屈指可数，记不清楚上一次发自心底的微笑是什么时候，记不清楚上一次从内心深处感觉到归宿感是什么时候。也许是我的错吧，不能够去怪别人，毕竟习惯决定了性格，性格决定了命运。我并不是不愿意珍惜生命。如果某一时刻你发现活下去，二十年、三十年地活着却没有快乐，没有希望。不愿去想象，还要这样几十年下去，去接受命运既定的苦难，看着心爱的人注定的远去，越来越不堪忍受的环境，揪心的孤独感，年轻不再。最终多年以后，没有亲人，没有朋友，苟延残喘活在对过去回忆的灰烬里面，那又为什么不能够在此时便终结生命？不用再说生命的价值了……"

学习思考：生命的意义何在，价值何在？

第一节 生命意义与心理健康

生命只有一次。生命可贵，生命无价，虽然我们每个人无法决定生命的长度，但是我们可以掌握自己生命的宽度，即实现生命的意义，活出人生的精彩，展现自我的价值。缺乏对生命意义的认识就有可能被生存的空虚感所笼罩，产生内在的挫折感，这也是大学生自杀的主要原因。长期以来，我国由于生命教育的缺失，学生对"死"缺乏最基本的了解和思考。一桩桩血的教训告诉我们，引导学生走出生命的误区，教育他们珍惜生命，理解生命的意义，建立积极向上的人生观已成为我国在校园中开展生命教育时的当务之急。生命总会面临无尽的挑战，唯有探索生命的意义，培养尊重生命的态度，关怀、珍爱每一个生命的价值，热爱生活，积极乐观，才能拥有一个丰盛的、无悔的人生。

一、生命存在的形态及特征

生命是一个很直观而又很神圣的字眼，也是人们常常挂在嘴边的词，好像谁都知道。但是到底什么是生命？生命从何而来？生命是由什么组成的？生命的意义何在？这些问题的答案一直是人类社会苦苦探寻的。

（一）生命的存在形态

碧蓝的天空，洁白的飞鸟，摇曳的青草，奔跑的羊儿……我们所居住的星球之所以美丽，是因为到处都散发着生命的气息。生命构成了世界存在的基础，世界正是因为有了生命才变得生动和精彩。而所有生命存在中，人是超越一切其他生命现象之上的存在物。任何人类历史的第一个前提无疑是有生命的个人的存在。人的生命存在的形式有生物性、精神性和社会性三种形态。

1. 生物性的存在

人是生物性的存在，生物性是人的生命最基本的特性，是人的生命的社会性、精神性存在的前提和基础。人的生命作为一个自然生理性的肉体而存在，人的生长和发展就必然要服从生物界的法则和规律。所以，衣食住行、吃喝拉撒、生老病死是每一个人都必须经历的，也是每一个人无法逃避的。

2. 精神性的存在

人之所以为人，就在于人不仅仅是为了满足自己的自然生命而活着，还要追求超越生物性存在的精神性存在。人要规划自己的人生，创造自己的价值，指导和提升生物性的存在。正是有了生命的精神性的存在，才使人的生命有了人文意义和价值，有了理性的意蕴和道德的升华。

3. 社会性的存在

每个人要想生存下去，就必须参与和融入到社会活动中，在与人的沟通、交往和互动中保存自己的生命，追求自己生命的意义，实现自己生命的价值。正是这种社会性存在使人面对千差万别、千变万化的社会生活，拥有一种生命的智慧和坚定的信念，在面对生死爱恨、聚散得失的有限人生和无奈命运时，有一种豁达的胸怀和安然的态度。

（二）生命的特征

1. 生命的不可逆性

从胚胎起，生命便一直生长、发育，直至衰亡。它绝不会“倒行逆施”，返老还童。

2. 生命的有限性

人的生命有限性表现在三个方面。第一，生命存在时间的有限，人的自然寿命一般七八十岁，最多百十来岁。第二，生命的无常性，表现在生老病死、旦夕祸福等不可预测，任何人都逃脱不了，任何人必然走向死亡。第三，个体生命的存在不能离群索居，不食人间烟火，每个人都需要别人的帮助、支持和关怀。正是生命的有限性才促使人去努力思考、发奋创造，积极生活，去实现自己生命的意义。

3. 生命的双重性

在人的生命体中存在着两种生命：一是作为肉体的存在物，是自然界的一部分，受自然规律的决定和制约，具有自然性；二是人作为精神的存在物，要受到道德规律的制约和支配。每个时代、每个人都必须面对这种矛盾，人的这种双重性、矛盾性及其之间的作用是人的生命存在的最根本的动力。人就是在生命的双重性中寻求生命的意义，实现生命的价值。

4. 生命的创造性

生命就是运动，不间断的运动。一切静止意味着死亡。但生命比单纯的持续运动更为丰富。生命就是在此基础上不断产生新内容的创造性运动，生命的基本特点就是创造性。人通过创造去把握生活的变化，通过创造去发现生命的意义，通过创造去实现对自己生命的认识、把握和超越。每个人的生命过程都是不同的、独特的。

二、生命意义的内涵及作用

（一）生命意义的涵义

生命意义是关于生命的积极思考，是个人正在努力实现的自己给予高度评价的生命目标。简单说来，其包括个人存在的意义，寻求和确定获得有价值的目标并去接近这些目标。具体说来，生命意义包含三个方面的含义：第一，生命意义是对个人所理解的“生命”执着；第二，生命意义是对所理解的“生命”价值的内部标准，并用此标准去度量对“生命”意义的实现程度；第三，生命意义是按照“标准”评价自己“生命”的作用。因此也可以说生命意义主要包括两个方面：对生命的意义的执着和对生命意义的理解。人对自己生命意义的认识一般是比较稳定的，它会逐渐转化为生命发展不同时期的信念和价值体系。

（二）生命意义的作用

生命意义对人生发展的作用大致可以体现在三个方面。第一，体会生活的意义。一个人如果能够理解并承担生活中的责任，才会感到满足和充实，真正体会到生活的乐趣和意义。第二，确立生活的目标。对生命意义的探求使人在不同的人生阶段确立自己的生活目标，并在实现目标的过程中感受到活得充实、丰富而精彩。第三，加强自我顽强性，即加强对压力的承受能力和对挫折的耐受力。长久以来我们的教育使学生习惯于被动接受学习，遇到困难和挫折时，往往对生命缺乏足够的反省，总是轻而易举地放弃自己应付困难、面对挫折的机会，这种现象的确值得重视。加强自我顽强性的关键在于当个人在追求生活目标的过程中遇到障碍时，应该坚定沉着，不轻言放弃，要不断尝试着去解决问题，只有这样才不会在压力和挫折面前产生无力感。弗兰克曾经谈到：“今天，如此多的人对生活抱怨，因为他们不知道，也感受不到生命的意义究竟是什么，他们缺乏对活着的价值的理解。他们被自己的内在空虚感所缠绕，或者说被自己的生存空虚感所缠绕。”

（三）生命意义对大学生的影响

韦尔特报告，1967 年大约有 83%的美国大学生把“过有意义的生活”作为他们生活的主要目标；到 1984 年，大约有 47%的美国大学生抱有这样的生活目标。韦尔特认为，当人们生活在贫困线的时候，生存具有重要的意义；但是，当生活富裕的时候，人们的生活就缺少目标。换句话说，人们对意义的追寻也受到社会生活环境的影响，贫困的生活能够提高人们追寻意义的动力。

韦尔特在对 2.5 万名大学生进行调查研究时发现，大学生缺乏对生命意义的理解主要有三个原因：追求金钱、追求享乐生活和缺乏感恩。感恩很重要，因为它可以让人们体会生命的意义。总之，了解生命的意义与价值，了解个人的所作所为与他人、团体以及社会的关联，学会感恩，懂得感恩，有助于认识自我、珍惜生命、尊重他人。

三、生命意义对心理健康的影响

意义治疗学派的创立者弗兰克认为，人们之所以在生活压力之下产生各种心理问题，是因为他们没有找到生命的意义。心理学研究表明，缺乏生命意义的理解与心理问题有正相关，对生命意义的探索和情绪健康有正相关，对生命意义的认识能减缓消极生活事件对忧郁的影响。但当人们无法确立明确的生命意义，其价值观混乱和矛盾冲突就可能导致各种情绪失调和行为问题，甚至导致心理障碍的发生。大学生自杀的个案中，丧失生命意义和希望是他们采取极端行为的主要原因。研究发现，有自杀倾向的人缺乏对生存价值的认识，当遇到较大压力时往往会放弃解决问题的努力和尝试，而选择轻生来逃避问题和痛苦。

四、生命教育及其意义

生命教育是指对个体从出生到死亡的整个过程中，通过有目的、有计划、有组织地进行生存意识熏陶、生存能力培养、生命价值提升，最终使其生命质量充分展现的活动过程。生命教育的宗旨是珍惜生命，注重生命质量，凸现生命价值。生命教育是一种全人的教育(认识生命现象，感悟生命境界)，是一种自我认识及自尊的教育(了解自己的优缺点和性格，并对各种生命现象持尊重和态度和人道的关怀)，是一种生活教育(在生活中发生，也需要在生活中实践)，是一种体验教育(身历其境的感受和体会)。

生命教育的目的就在于协助人建立正面积极的人生观和价值观，以及整合个人的知、情、意、行，并拥有健康的人格和丰富的人生，实现自我与超越自我。具体地讲，其包括认识自己、思考自己生命的历程，以及每项重要的生命事件对自己的意义，同时个人应该如何面对与采取行动。学会欣赏生命的美丽与高贵，无论是动物的生命、植物的生命，还是不同种族、性别、生活经验的人的生命，都有其美丽之处，值得我们以欣赏的心情，指出学习的态度来与之相处，最终能进一步尊重他人的生命，也珍惜自己的生命。

生命教育的内容主要包括人与自己、人与他人和人与环境的教育：① 人与自己，包括认识自己、接纳自己、欣赏自己、尊重自己、发挥潜能；② 人与他人，包括了解他人、尊重他人、与人和睦、关怀弱势、群体伦理；③ 人与环境，包括建立生命共同体，经营人文和自然环境的可持续发展。

生命教育不可能不谈“死亡”，因为生命就是有生有死的过程。《西藏生死书》的作者索甲仁波切说“只有当我们学会面对死亡，我们才能学会生命中重要的课题：生为一个人，在最深层的意义上，如何面对自己并与自我达成协议。”谈论死亡，就得要触动生，触动关于生命的意义、生命的方向的重新追寻，或关于如何停下来思索、调整或作出某些放弃。死亡教育的目的是引导学生通过对生死的思考，加强其对生命的警醒与觉察，降低他们对死亡的害怕、恐惧与逃避，使他们能够以坦然、积极的态度面对死亡，触发其对生命意义的重新体验与思考，懂得珍惜自己的生命及提高生活质量。

第二节　大学生心理危机干预

近年来，大学生因心理疾病、精神障碍等原因不惜伤害自己和他人的案例时有发生，且有上升的趋势。因此，大力做好大学生心理危机干预工作，是当前摆在高等学校面前的一项重要任务。我们一定要进一步提高对加强大学生心理危机干预工作重要性和紧迫性的认识，切实增强做好这项工作的责任感和使命感。

一、危机与危机干预的概念

（一）危机的概念

人与环境之间始终处于一种动态平衡中，任何人都会在其一生中的某个阶段遭遇困难、应激或遭受心理创伤。但实际上应激和创伤的紧急状态本身并不直接构成危机，只有在主观上认为创伤性事件威胁到需要的满足、安全和有意义的存在时，个体才会进入应激状态。而当个体面临逆境，缺少环境(社会)支持，缺乏应付技巧，不能解决问题时，会产生紧张、焦虑、抑郁和失望等情绪问题。由于个体不能承受极度的紧张和焦虑，发生情绪崩溃或想寻求解脱，导致情绪失去平衡，才会进入危机状态。当然，当人处于应激状态及“最低”的功能状态时，额外的、小的刺激也有可能打破平衡，使其进入危机状态。

危机是一种认识，当事人认为某一种事件或境遇是个人的资源和应付机制所无法解决的困难，除非及时缓解，否则危机会导致情感、认知和行为的功能失调。危机一般发生于个体遭遇到无法避免的、强度较大的应激性事件，动员其所具备的应付手段失败时，存在明显的急性情绪、认知及行为上的功能紊乱，同时处于一种心理失衡的状态。经过重新认识和调整，大多数处于危机情况下的人可以建立新的平衡，渡过危机。危机的持续时间一般较为短暂，不超过6～8周。引发危机的事件与境遇很多，如亲人去世、离婚、被强暴、失业、遇到洪水地震等灾害，身体患有重病、失恋、车祸、考试未通过、退学等。

（二）危机的类型与结局

大学生心理危机的主要类型有：① 发展性心理危机，指在正常成长和发展过程中，急剧的变化或转变所导致的异常反应。对大学生来说，新生入学不适应、大学毕业没有适合的工作、考试不及格、对专业没有兴趣，没有担任班级干部等都可能是发展性危机。发展性危机一般被认为是正常的，但是，所有的人和所有的发展性危机都是独特的，因此必须以独特的方式对其进行评价和处理。② 境遇性心理危机，当出现罕见或超常事件，而个人对比无法预测和控制时出现的危机称为境遇性危机。对大学生来说，失恋、被强暴、突然得重病或其他自然灾害都可能导致境遇性危机。境遇性危机常常是随机的、突然的、震撼的、强烈的和灾难性的。③ 存在性心理危机常伴随着重要的人生问题，如关于人生目的、责任、独立性、自由和承诺等出现的内部冲突和焦虑。对于大学生来说，是出国还是留在国内，是考研还是工作，两个不同单位选一个，是否转专业，是否发展恋爱关系，与导师的关系冲突等有可能会发展成存在性危机。

此外，根据危机发生的原因和条件还可以将其分为校内危机与校外危机、自身危机和环境危机等。经过研究人员对一般大学的情况调查发现，在当今的发展条件下，最常发生的危机依次为：意外事故、校内人员引起的危机事件、校外人员引起的危机事件、自我伤害事件、自然灾害等。大部分被调查者认为意外事故是学校中最常发生的危机事件，其原因大多是教育引导不利，事先未采取适当的预防措施，加上警觉性的不足导致不该发生的事件的发生，可避免却又让其发生的被动局面。

危机的结局可以分为：① 有效地应付和渡过危机，获得经验和成长；② 暂时渡过危机，但并没有真正将危机造成的影响解决好，而是遗留下来一些认知、行为、人格问题等，以后在一定条件下再次浮起；③ 心理、生理崩溃，导致物质依赖与滥用、自杀、攻击或精神疾病等。

(三) 危机干预的概念

危机干预(crisis intervention)就是对处于心理失衡状态的个体进行简短而有效的帮助，使他们渡过心理危机，恢复生理、心理和社会功能水平。危机干预有两层含义：一是泛指帮助处于危机状态中的人有效克服危机并降低危机的消极影响；二是泛指帮助企图自杀者打消自杀念头，使其重新振作面对生活，并帮助其有效地驾驭因创伤而引起的精神痛苦。

从心理学的角度来看，危机干预是一种通过调动处于危机之中的个体自身潜能，来重新建立或恢复危机爆发前的心理平衡状态的心理咨询和治疗的技术。危机干预是短程和紧急心理治疗，本质上属于支持性心理治疗，是为解决或改善当事人的困境而发展起来的，以解决问题为主，一般不涉及当事人的人格塑造。危机干预的时机以急性阶段最为适宜，干预过程包括通过倾听和关怀弄清问题实质，鼓励当事人发挥自己的潜能，重建信心来应付面临的问题，恢复心理平衡。

二、危机干预的措施与步骤

(一) 危机干预的目标和方式

危机干预的目的是通过适当释放蓄积的情绪，改变当事人对危机性事件的认知态度，结合适当的内部应付方式、社会支持和环境资源，帮助其获得对生活的自主控制，渡过危机，预防发生更严重及持久的心理创伤，恢复心理平衡。心理危机干预从过程上来说包括预防性干预、引导性干预、维护性干预和发展性干预。心理危机干预从形式上来说包括电话热线、现场干预、来访性干预、跟踪性干预。学校心理危机干预是指建立在学校教育和学校管理基础上的心理危机干预。

（二）危机干预的步骤

1. 实现接触、保持联系，并迅速建立一定的关系

干预者应充分利用各种条件尽快与当事人建立一定的关系，让当事人确信并非单独应对，鼓励当事人开口描述危机发生经过及目前感受，并进行自我及干预目的介绍，表明提供帮助的意愿，取得当事人的信任。

2. 危机评估，并确保安全

迅速确定事件、危机的严重程度；当事人对目前危机的应付状况；是否需要用药等其他医学措施；确定需要紧急处理的问题，提供必要的保证和支持；确保当事人的生理、心理安全。

需要评估的内容有：① 认知状态，对危机认识的真实性和一致性、范围、解释的合理性，是否夸大、持续存在的时间、改变的可能和动机；② 情绪状态，情绪表现的形式和强度、情绪状态与环境是否协调一致，情绪表现的普遍性与特殊性，情绪与危机解决的关系，如否认、逃避等；③ 意志行为，社会功能、社会接触面和频率、能动性水平、自我控制力、危险性行为、确定对自我及他人伤害的危险性；④ 应对方法、资源和支持系统，什么行动和选择有助于当事人，当事人会采纳的行动是什么，其社会支持资源如何；⑤ 评价创伤性事件的含义，创伤对当事人生活的影响，当事人在恢复过程中可能面临的问题；⑥ 了解是否以前有过类似的经历，是如何进行控制的等。在了解了上述情况后，应回顾所有问题，判断什么是最重要的，什么是需要紧急处理的等，为下一步制订干预计划做准备。

3. 制定干预目标

干预的最高目标是帮助当事人渡过危机，恢复心理健康，并实现促进成长。但在具体制定干预目标时，应根据当事人的具体情况，制定切合实际的、可操作、可实现的目标。

干预目标应在对当事人全面评估的基础上，尽可能地发现资源，寻求解决这一问题的证据和方法，帮助当事人制定一个明确而切实可行的目标及特别的行动和时间表，并在必要时提供一定的应对策略。

4. 实施干预

在具体实施干预之前，需要当事人理解问题的解决和危机的渡过需要当事人的积极配合与共同努力；在激发动机的前提下，帮助当事人了解、接受创伤性事件的含义需时间及可能面临各种困难等。

在短期目标达到，新的应付技能发展起来后，可以确定下一个目标，通过不断地督促和强化积极变化，当事人会在获得新的应付技能的同时，症状明显改善，成功解决危机。

具体实施的干预措施包括：向当事人解释情感活动是对危机的正常反应；鼓励当事人讨论目前感受，诸如否认、内疚、悲痛、生气；鼓励当事人谈论过去和现在；帮助当事人理智地面对现实、接受现实及痛苦；增进当事人对现实世界的了解，分清幻想与事实；提供应对的策略，帮助当事人建立新的支撑点，转向其他领域，从丧失性情绪问题中走出来；强调当事人对行为和决定的责任心等。

5. 实现目标与随访

经过积极有效的干预，大多数当事人都可以顺利地渡过危机，恢复心理健康水平。在实施干预时要根据不断了解到的情况、当事人的反应及干预的进程对干预目标进行验证和必要的调整，并调整干预策略。在当事人取得一定进步时，要善于及时地总结回顾。在结束之前，还应不断强化当事人对应对方式、资源利用及适应技能的使用，尽可能使当事人接受、适应变化，熟练地掌握新的技能和利用资源，帮助预测和对未来进行必要的准备，增强对处理将来应激事件的自信心。

知识拓展

危机干预注意事项

2008年5月12日下午2点28分，四川省发生里氏8.0级地震。灾难过后，人们的心理急需疏导。大批的心理学志愿者进入灾区进行心理干预和心理援助，那么在干预中要注意哪些问题呢？根据华南师范大学心理学教授郑希付、王志超培训课程整理的内容如下。

一、危机干预的基本知识

在灾难中主要有三种失去：① 财产的失去；② 亲人、朋友的失去；③ 自己肢体的、健康心理的失去。其中最严重的，也是我们最需要关注的是儿童和青少年的亲人(尤其是父母)的失去。因为每个人生存的信念很大部分来自于支持和依赖，成年人的依赖和支持可以来自于多方面的社会支持体系，而儿童的支持和依赖多半集中于父母等少数人。所以，一旦父母死亡，儿童就完全陷入无支撑状态，很容易发生人生观、价值观的恶性转化甚至自杀的念头。面对这种情况，我们心理干预要做的就是：直面现实——情绪宣泄——建立新的依赖体系——适应新依赖体系的变化。

二、几点注意事项

1. 辅导者要有成熟的心理和良好的承受力以及控制情绪的能力。当时当地的情况确实让任何人都想哭，但是，辅导者可以共情，却不可以放任自己，见到任何场景不要大惊失色，这只会让当事人不信任和反感。仔细估量下你的能力，如果你没有这种成熟和承受力，再大的热情也不要去添乱！

2. 不能急于给别人提建议，先评估危机程度(包括种类、大人小孩、丧失了什么、应树立什么样的目标、危机的程度、有无自杀可能)，先看再听，少讲。

具体方法如下：

① 让当事人发泄情绪，不只是要听他讲，也不一定要让他哭，视具体情况而定，比如可以通过画画、提问、写、打、摔等让当事人把情绪发泄出来。

② 有明显精神病迹象的要及时交给专业人员，切勿擅自做主！

③ 注意支持的重要性：辅导者的支持、当事人周围环境的支持、同辈团体的支持，尤其是儿童中的小伙伴的支持！

④ 让当事人形成一种责任感(对生活、对他人)，有了责任感才不会放弃生的念头，也是一种依赖的变相。比如，让一个失去双亲的孤儿去照顾一个和他遭遇相同的年龄较小的孩子(真实案例)。

三、如何进行心理干预

通过谈话进行心理干预的具体步骤为：

第一步：让当事人将悲惨的故事讲出来。

很多人因从小接受的社会潜规则而不敢表达，如我们从小被教育要“坚强”。我们这一阶段要做的就是带上耳朵引导他们讲，仔细地、耐心地、共情地听他们讲，不管他们讲得有多么重复都不要打断，因为讲到一定时候当事人自己就会意识到老讲是没有意义的。

这一阶段不只是让当事人直面现实，接受现实，更是在不断讲述的过程中让当事人自己成长。为什么呢？因为人都有一种能力，就是在重复一个东西的时候会不断地变换角度，直到跳出圈子来审视。“叙述昨天的故事，带上今天的视角”，在重复的讲述过程中，当事人就从悲惨的受难者转换为地震的经历者，反而在向我们传授地震经验了，此时，当事人的自我重新膨胀，找回一些自信。

当然，在此过程中，我们不只是被动地听，而是做到良好的共情。什么是共情呢？“做喜欢听故事的小孩儿”，弗洛伊德这样解释，就是要打从心底感兴趣，适当追问，有目的地引导。咨询者不能把自己扮演成神，如果我们自居为神，那么当事人就只能永远是需要救赎的痛苦的人。反而应该让当事人觉得在某些方面更懂一些。

做好了这一步，心理干预的任务差不多就做好了一半。但是光把当事人拉出火坑还不够，还要帮助他们找到去路。

第二步：引导当事人展望未来，树立信心和希望。比如问他：你以后打算做什么呢？需要注意的是，不管当事人打算要干什么，只要无害，你就不能否认，否则相当于你又把他推到另一个火坑去了！

最后，我们心理干预的总目标是：帮助当事人自我强大起来。要少说多听，怀有同理心。什么叫同理心呢？“穿别人的鞋，走别人的路，用被人的眼光看世界”，正如所罗杰斯说，“如果你不相信当事人能改变，当事人就不会改变”。

注意事项：

1. 如果当事人有自杀倾向，我们千万什么建议都不要给！十多年以前全国各地组建起来的自杀心理干预之所以现在全部关闭，并且各地的发起人反而都自杀身亡就是因为忽视了这一点。因为当事人为某个问题烦恼到要自杀的时候肯定已经将能想的办法都基本上想遍了，我们草草考虑就给出的建议多半不会超出他们想过了的范围，而咨询者在当事人心目中是很权威的，我们都给不出好的建议，他们就以为真的没办法了，所以才造成了当年自杀干预热线开通后自杀人数反而成倍增长的悲剧。

2. 不要给灾区人民讲任何的大道理。比如：不要悲伤，全国人民和你们在一起；你们的家园一定会重建的，要坚强……这是低估当事人的智商，侮辱他们的人格，会收到反效果。华南师范大学心理学教授王志超曾介绍过他自己的经历：他们的车被拦在了灾民安置点的500米外，管理人员不让他们进入。因为早些时候有个不够专业的心理支援团队去了就拿着大喇叭对着灾民喊这些话，引起了灾民的反感和骚动，差点引出麻烦，甚至惊动了总指挥部，受到了批评。

3. 我们要做的不是去除他们的痛苦，而是和他们一起承担痛苦。因为有了痛苦，才相对有了快乐。

学生心理危机干预是一个系统工程，其目标是：降低精神病发作的人数，降低因心理问题而退学或自杀的人数；对于已有心理问题的学生，使其心理问题得到缓解或解决；及时发现学生的心理问题，并帮助解决；使正常学生具有心理健康知识，有心理自我调节能力，能更好地适应大学生活并具有自我发展能力。

在处理校园危机事件时，应加强与学生家长、媒体、学生等人员优先沟通，所以学校需定期安排与学生家长保持联系的活动，构建个人、家庭、学校、社会整合的心理健康支持系统。同时需要与媒体保持良好的互动及默契，避免因专业知识沟通不足引发各种问题。

需要指出的是，我们要客观地看待危机的存在。危机干预模式的最高水平是没有危机的显现，这是真正最高的境界，但往往又会让我们无法直接感受到它的作用。在一定程度上，学校危机具有不可避免性，但是，危机是危险和机遇的并存。危机的每次出现都是对我们大学管理体系的一次考验，需要我们保持冷静的头脑和科学应对的态度，发现问题解决问题。我们应本着预防为主、科学处理的原则，以维护学生的根本利益为出发点，为创建平安校园、和谐社会而积极努力，这对学校的长远发展和学生的健康成长都具有非常重要的意义。

第三节　大学生自杀与预防措施

在现代社会中，自杀(suicide)已成为人类的十大死因之一，并已经成为15～35岁间的青年人首位死因。世界卫生组织(WHO)的统计数据表明，全世界每年约有100万人死于自杀，平均40秒左右有1人死于自杀，每3秒有1人自杀未遂。自杀不仅伤害本人，还至少对其有关的6个人在心理上产生巨大冲击，同时也对社区和家庭在心理、社会交往及经济上产生不可估量的影响。自杀已经成为现代社会严重影响人类健康和寿命的主要问题之一。

一、自杀概述

自杀是指有意或者故意伤害自己生命的行动。根据自杀发生的情况，一般将自杀分为自杀意念(suicide idea)、自杀未遂(attempted suicide)、自杀死亡(committed suicide)三种形式。自杀意念是指有寻死的愿望，但没有采取任何实际行动；自杀未遂是有意毁灭自我的行动，但并未导致死亡；自杀死亡则为采取有意毁灭自我的行为，并导致了死亡。如果把自杀意愿、自杀未遂、自杀死亡看作是一个发展的过程，则可注意到仅有一小部分有自杀意愿者最终以自杀结束了自己的性命，但自杀未遂的发生率却是自杀致死的10～20倍。

自杀的发生率在有些国家保持相对稳定，而有些国家则有明显的波动，但近年来世界平均自杀率总体呈上升趋势。据WHO(2003)世界各国自杀率的报告，男性自杀率最高的前3个国家是立陶宛、俄罗斯、白俄罗斯，女性自杀率最高的前3位则是斯里兰卡、立陶宛、中国大陆；男性自杀率最低的是伊朗、埃及、叙利亚等国。中国男性自杀率的国际排行(1998)系第47位，为13.4/10万。

西方国家的研究资料表明，自杀死亡中的男女性别比例为3∶1左右，自杀未遂者中男女的性别比例为1∶3左右。而我国的研究表明，男女两性的自杀率却相当接近，其原因尚不清楚。

总的来说，自杀率是随年龄增加而增加的，一般男性的自杀死亡高峰年龄为45岁左右，而女性则为55岁左右。自杀未遂的高发年龄明显低于自杀死亡者，据估计，31%～69%的自杀未遂者的高发年龄在30岁以下。

自杀方法因国家、年代、民族、年龄、性别等有所不同，如美国以枪击为主，英国以汽车尾气中毒为主，我国以服毒(药)、自缢和跳楼较多，还包括溺水、制造交通事故、刀伤、枪击、自焚等其他方法。自杀死亡者及男性自杀者，采用暴力性手段比较多，而自杀未遂者及女性自杀者相反。

二、自杀分析

(一)自杀的动机

曾有学者通过对自杀未遂者事后的回忆和对自杀者留下的遗书进行分析后，总结出了各种各样的自杀动机：摆脱痛苦、逃避现实、实现精神再生；通过死后进入天堂以获得人世间得不到的东西；为了某种目的或信仰而牺牲自己；惩罚自己的罪恶行为(现实的或想象的)；保持自己道德上和人格上的完美；作为一种表达困境、向外界寻求帮助和同情的手段等。日本心理学家认为自杀者的心理特征常常表现为自罚倾向、逃避现实、自我评价低。综合起来，自杀的动机可以用下面的自杀倾向构成图来表示，如图12-1所示。

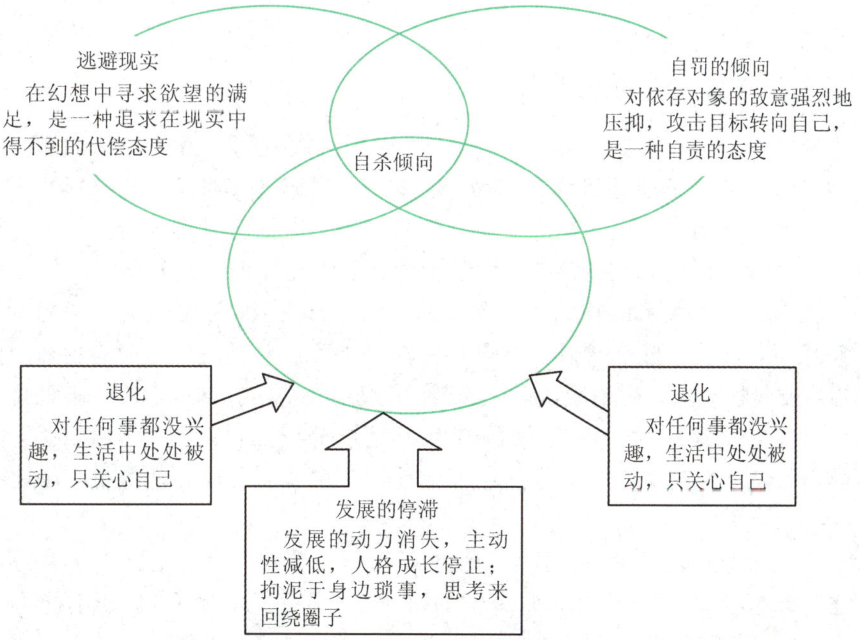

图12-1　自杀倾向构成图

(二)自杀者的心理状态及心理过程

想自杀的人共同的心理特征是孤独，认为谁也理解不了自己，谁也帮不了自己，在这个世界上唯有自己最不幸、最痛苦，因此绝望，想以死来解脱困境。但实际上想自杀的人心情很矛盾，在想死的同时又渴望帮助。自杀者在自杀前具有共同的心理特征，表现在以下几个方面。

(1) 大多数自杀者的心理活动呈矛盾状态，处于想尽快摆脱生活的痛苦与求生欲望的矛盾之中。“生存还是死亡?”，犹豫不决。此时他们常常提及有关死亡或自杀的话题。他们其实并不真正地想去死，而是希望摆脱痛苦。

(2) 自杀行为其实是一种冲动性行为，跟其他冲动性行为一样，是被日常的负性生活事件所触发的，且常常仅仅持续几分钟或几小时。

(3) 自杀者在自杀时的思维、情感及行动明显处于僵化之中，他们常常以悲观主义的先占观念看待一切，拒绝及无法用其他方式考虑解决问题的方法。

自杀不是突然发生的，它是一个发展过程。日本学者长刚利贞指出，自杀过程一般经历：产生自杀意念→下决心自杀→行为出现变化→思考自杀方式→选择自杀地点与时间→采取自杀行为。

日本心理咨询学家松原达哉认为，大多数自杀者的性格特征主要表现为：过于内向、孤独，容易陷入焦虑与绝望感中，偏执、过分认真、责任感过强、缺乏兴趣爱好、情绪不稳定、心情多变等，而这些性格特征常常与父母偏颇的教养态度、复杂的家庭关系有关。内向性格的人容易出现焦虑感、绝望感；而认真固执、责任感强又没有爱好的人，一旦遇到困难则强烈自责，易产生自杀想法。性格外向的人自杀，多与一时冲动有关，如果他们还伴有自我中心、感情变化大、易激怒、对人情感肤浅的癔症性人格，则也可能会出现自杀行为。

(三) 大学生自杀的原因分析

就青少年自杀而言，从个人角度看，搬迁、转校等改变而引发的情绪问题，由于个人体力或智力条件的限制不能达到目的，因个人健康状况不佳、生理上的缺陷、能力不够、经验不足而在生活中遭到失败，都是导致自杀的原因。从心理因素分析，青年期是人一生中心理变化最激烈的时期，也最容易产生各种烦恼。研究发现，当个人内在的不快乐因素或外界环境尤其是人际关系的冲突达到令人无法忍受的地步时就会发生自杀行为。从不同心理发展阶段看，青少年自杀原因也不同。小学生自杀的原因一般比较简单，比如被父母训斥、责骂，被同学欺负。初中生因学习问题、家庭关系、考试、校内问题而自杀。高中生因朋友关系，对前途担忧，高考压力，学校不适应等原因自杀。大学生自杀，多是个人的烦恼、学业压力、异性关系、求职择业等致使心理失衡，出现心理危机，最终选择自杀之路。

据南京危机干预中心的调查显示，恋爱和学习压力分别占大学生自杀原因的44.2%和29.8%。北京市高校关于《学生非正常失学的研究》中列举了学生因“自狂不能得志”“自卑无法自拔”“疾病无法摆脱”“家教方法不当”“挫折承受力差”等原因而自杀的实例。从我们所了解的情况来看，近年来大学生自杀的原因主要有以下几种：

1. 学业压力

尤其是在名牌重点大学，这类情况更为多见。一方面，对他们来说被名牌重点大学录取的荣誉本身就是一种沉重的压力，另一方面家长和母校都为之而自豪，更被低年级同学视为榜样。荣誉的光环笼罩着他们，但同时也是一种桎梏。北京高教学会心理咨询研究会会长林永和教授表示，过去高校自杀的学生中以本科生居多，现在硕士和博士自杀的比例呈增加趋势，这是由于高学历学生面临的压力比过去更突出。涉世不深、心理上对挫折缺乏承受力的年轻人，会因一时想不开而结束了自己本可再创辉煌的年轻生命。

2. 抑郁症、强迫症等神经症的困扰

大学生自杀的事例中，相当大的一部分比例是源于抑郁症、强迫症等心理疾病。在自杀的时间和方式上，他们多选择在上午同学们都离开宿舍时跳楼身亡。

3. 环境适应不良

大学一年级新生中，适应不良是较为普遍的现象。尤其是初次离家第一次过集体生活的同学都需要经历一个从不适应到适应的过程。但在这一适应过程中，从小受溺爱或被过度保护的人，性格孤僻、内向或暴戾的人不易合群，难以适应生活的变化，在孤独感、无助感的折磨下，个别人会选择轻生。

4. 情感挫折

从南京危机干预中心的调查可以看出，恋爱已成为大学生自杀的主要原因，占比达到了44.2%，也就是说接近一半的大学生自杀是因为恋爱。恋爱是大学生中常见的现象，且多数为初恋。感情过分专注的人，一旦失恋便会体验到深切的痛苦。当他们感到难以忍受这种精神上的打击时，便会由怨恨而引起轻生的偏差念头，其中女同学较为多见。

5. 交际挫折

所谓交际挫折就是指人际交往和人际关系方面遭到挫折。人际交往一般来说包括两个方面的含义：从动态的角度来说是指在社会活动过程中，人与人之间的信息传递、情感交流、思想沟通以及相互间施加影响等心理联系过程及物质交换过程；从静态的角度说，人际交往指人与人之间已经形成起来的关系，也就是通常所说的人际关系。人际关系是人与人之间最普遍的联系，它对人的生活及其发展有着根本性的影响。大学是社会的一个缩影，从某种意义上讲，大学是一个小型的社会。所以，大学里的人际关系很是复杂。心理学研究认为，社会支持(或良好的人际关系)能对应激状态下的人体提供保护，即对应激起缓冲作用，能有效地减少忧郁倾向和心态失衡。但是在现实的大学生群体中，人际交往并没有那么顺利，反而成了一些人心理障碍的根源。例如，2005年5月13日，北京某名牌大学学生张某某因为和妈妈发生争吵而跳桥自杀，后来她的室友回忆她的生前状况，说她的人际关系不好，没有要好的朋友，有什么事情也没有地方说。从该案例我们可以看出，大学生的人际交往对大学生的健康成长是非常重要的，交际挫折是大学生自杀的一个诱因。

6. 假性自杀

这种行为本质上属于事故。许多自杀者没有自杀动机，本意并非自杀，但是由于操作不当，由某些危险行为(致死概率很高的行为)导致事实自杀。这些行为主要有：① 追求濒死经验；② 以自杀相威胁达到特定目的；③ 追求窒息性性快感；④ 速度冲动、高处兴奋体验、冒险刺激等极限运动，如疯狂赛车、极限攀岩等。

7. 其他

其他一些少见原因，如亲子失和、经济拮据、毕业后找不到满意的工作等。

三、大学生自杀的预防

美国自杀协会主席希尼亚·帕佛认为:“防止自杀最好的办法不是注意自杀本身,而是应当更广泛地注意是什么因素导致了自杀的发生……”了解自杀的一些征兆有利于我们预防危机事件的发生。

(一)自杀基本线索

自杀并非突发。一般而言,自杀者在自杀前处于想死同时渴望被救助的矛盾心态时,从其行为与态度变化中可以看出蛛丝马迹。大约2/3的自杀者都有可观察到的征兆。通常一个人考虑要自杀时,我们可以从他们所说的话及所做的事来加以判断,是否这类的话语或事件可以造成自杀行为的产生。一般而言,在自杀行动执行之前,想要自杀的人不管是在语言或是非语言的表达上,都会显露出极为明显的警讯。自杀常见的征兆有以下几种。

(1)对自己关系亲近的人,或在日记、绘画、信函中流露出来自杀的意愿,如反复向亲友、同学打听或谈论自杀方法,看有关死的书籍,在个人日记等作品中频繁谈及自杀等。如果听到身边人一再说“我不想活了”“还不如死了利索”“现在没有人可以帮助我”“我再也受不了了”等之类的话,或者其总谈论与自杀有关的事或开自杀方面的玩笑时都要格外小心。一旦确认某人确有自杀动向,要及时采取救助措施。另外不愿与别人讨论自杀问题,有意掩盖自杀意愿亦是一个重要的危险信号。

(2)情绪明显不同于往常,焦躁不安、常常哭泣、行为怪异粗鲁。情绪不稳定、持续性的苦闷、喜怒无常的情况增加;看似情绪低落或是哀伤;感到无价值或失望。

(3)陷入抑郁状态,食欲不良、沉默少语、失眠。睡眠与饮食状况变得紊乱;表情淡漠、注意力不集中;课业或工作表现低落;饮食、睡眠或性习惯的改变。

(4)回避与他人接触,不愿见人。从朋友、家人与日常活动中退缩下来。

(5)性格行为突然改变,像变了一个人似的。在年轻的朋友身上,可见暴力、敌意或反叛的行为,其中也包括经常性的不告而别,中断亲密的关系,增加药物及酒精的使用量,失败的爱情关系,不寻常地忽略个人的外表,快速的人格改变,生理症状的抱怨(如头痛或倦怠感陈述)“这是没有用的”“不再有任何牵挂”的字句出现,突然丢弃所拥有的物品或将原本杂乱无章的事情整理得井然有序。

(6)无缘无故收拾东西,向人道谢、告别、归还所借物品、赠送纪念品。

当发现所接触的人,有类似的情形时,应考虑到其在近期内有进行自杀的可能性,同时有多项表现者,危险性更大,应当引起我们的充分注意,为预防自杀提供线索和可能。

(二)对自杀危险信号的误解

目前社会上对自杀危险信号存在不同程度的误解,如果不加以纠正,对于自杀的预防是很不利的。

(1)自杀事件一般都是无迹可寻的“或”表明想自杀的人通常不会自杀。

自杀者的亲人、朋友等一般对自杀者的自毁行为都会感到意外和诧异,其实大部分的自杀者都有明显或间接的求助讯息。例如,与好友道别、将事情安排妥当等。事实上80%

的自杀者在自杀前都明确表示自杀企图或做出许多与自杀有关的暗示和警告。他们在做最后的决定前，很大程度上会表现出内心的痛苦及犹豫，若自杀者身边的人能及时察觉并加以援助，可能会减少悲剧的发生。

(2) 自杀未遂者并非真正想死。

部分自杀未遂者死亡愿望很强烈，只是自杀的方法不足以致死或抢救及时才幸免于难，这部分人再次自杀的可能性最大。所以，当别人透露自杀意愿时我们应以严肃谨慎的态度去处理。

(3) 下决心自杀的人都是坚决想死的。

许多自杀者在行动前常常矛盾重重，有些人只是拿死亡下赌注，看看有没有人来挽救他们，很少有人是在不让别人知道他们的想法的情况下自杀的。

(4) 情绪好转后自杀危机减少。

一些情绪极度抑郁并有自杀意愿的病人，有时情绪会突然好转，令人误以为他们的自杀危机已减低，但许多时候，病人就是在众人放松防范时，突然自杀，令人难以理解。一种解释是，当一个人面对生死难以抉择时可能会极为困扰；但当他一旦选择了自杀，就像已放下心头大石，情绪反而较为平静；而当病人去意甚为坚决时，可能会尽量掩饰。

(5) 一般人不会有自杀的念头。

很多人认为，除了少数人外，一般人是不会有自杀的念头的。一些研究显示，30%～50%(有部分甚至高达80%)的学生或成年人，表示曾有一次或多次自杀的念头。对于性格健康成长、家庭关系良好且有足够支持系统的人，其自杀念头稍现即逝，较少会发展成真正的自杀行为。相反，对于性格成长及精神状况已存有问题者而言，在缺乏支持及关怀下，其自杀意愿则极有机会转为具体的自杀行动。

(6) 有自杀行为者不需要精神医学干预。

事实上自杀者即使不能被诊断为精神障碍，至少其心理状态是极不稳定的。因此，在关注这一部分人身体，应对其进行相应的心理干预和适当的精神药物治疗。

(7) 自杀者都有精神病。

事实上并非如此，给自杀未遂者贴上“精神病”的标签，会使他们觉得受到了侮辱和歧视，往往成为他们再次自杀的原因。

(8) 不能与有自杀可能性的人谈自杀，否则会促发他死亡。

事实上和可能自杀的人讨论自杀的问题，可以及时发现他的自杀企图，对其自杀的危险性进行正确的评估，使他体会到关爱、同情、支持和理解，反而不会促发他自杀。当然，谈话时要注意方式方法，在涉及有关自杀的方法、手段时要谨慎。

(三) 大学生自杀预防措施

1. 加强大学生心理卫生教育

我们认为大学生自杀的主要原因是心理因素所致。因此，在大学生中宣传普及各种有关心理卫生知识是防止大学生自杀的一个有效的办法。其具体做法是：首先，有计划地组织学生干部、辅导员、团干部进行轮训，轮训的时间一般为10—15天，主要讲授大学生的心理特点、大学生心理卫生和心理咨询等有关内容；然后，由参加了轮训的老师对学生进行心理卫生教育，提高大学生对青年期心理特点的认识，帮助他们了解和掌握人格顺应和情绪控制的基本规律，教给他们有关青年期心理适应的技巧，如合理的宣泄、代偿、转移、升华等，使其应付挫折的能力得到提高。

学校有关的教育工作者、心理咨询人员以及党团干部，系、年级、班干部是预防自杀的主要人员，只要通过一定的培训学习，他们就能及时地从自杀者的行为表现中发现其自杀企图，及时加以疏导、解救和阻止，从而达到防患于未然的目的。

2. 举办或开设自杀预防讲座或课程

通过开设自杀预防讲座或课程，讲解预防自杀的一些常识：如何辨别同学当中存在的自杀征兆，如何向有关机构求助等问题；对自杀未遂者、重返校园的同学，应该给予特别注意，比如不刻意营造快乐的气氛，不与自杀未遂者争辩自杀的害处，不要企图揭穿他为什么自杀，而要主动与自杀未遂者交往相处、做朋友等。

3. 加强精神文明建设，改善大学生心理环境

要加强校园精神文明建设，丰富大学生课余的文化娱乐生活，大力开展各类文体活动，培养大学生奋发向上、积极进取的敬业精神；开展各种学术活动，形成浓厚的校园学术风气；组织大学生参加社会实践活动，在实践中引导他们正确地看待社会、看待人生；组织适合学生的集体活动，促进同学之间的关爱，让学生找到归属感；教育学生认识社会的复杂性，增强他们的心理耐挫力。

情绪发展和人格顺应是影响大学生自杀行为的主要心理因素，学校应为大学生提供一个良好的心理环境，这种环境应具备以下一些特征：

(1) 保证大学生与正直、善良、心理健康的人接触，以利于培养其积极的情绪。

(2) 为大学生提供健康情绪的表达机会，使大学生的不良情绪得以合理宣泄，以免破坏性地爆发。

(3) 给大学生的社会行为创造成功的机会，以免长期遭受挫折和内心冲突。

(4) 培养大学生有效的心理防御机制，帮助他们学会如何保护自己。

(5) 教育学生认识社会的复杂性，从而增强他们的心理耐挫力。

4. 设立心理咨询机构

心理咨询是咨询师协助求助者解决各类心理问题的过程。心理咨询能可持续、稳定地帮助大学生摆脱各种心理困扰，消除各种心理障碍，使之及时恢复心理平衡。受不良心理因素困扰的大学生，如果无法自我摆脱或及时得到帮助，便可能出现自杀念头。有的即使已出现自杀念头，通过咨询，配合适当的心理疗法，也能避免自杀念头发展到自杀行为。

5. 建立健全大学生心理档案

这项工作应由心理学专业工作者或受过心理学培训并有一定经验的教师来承担。心理档案主要包括该大学生的智能和智商、人格特征、气质类型的发展状况等。最好是从大学一年级就开始建立学生心理档案，除了长期观察、记录大学生各方面的行为表现和心理问题外，还有必要定期进行一些心理测试，以便较准确地掌握学生心理上的变化。对心理测验的结果，有关负责人要注意客观慎重地解释，严格地保密，及时地存档。为大学生建立心理档案是一项具有重要意义，且难度较大的工作，最好是在教育行政部门领导的重视和支持下，组织心理学工作者、学生工作者等有关人员有计划、有步骤地开展。

6. 建立完善的心理危机干预长效机制

心理危机干预是一种心理治疗方式，指对处于困境或遭受挫折的人予以心理关怀和短程帮助的一种方式，它能够帮助抑郁症患者正确理解和认识自己的危机。由于患者通常无法看到生活中发生的困境与自己心理障碍之间存在的关系，所以心理治疗者可以通过倾听、提问等直接有效的方法，使患者释放被压抑的情感。研究表明，自杀者在采取行动前的 24 小时内，小的挫折和人际关系的损失的发生频率都很高，帮助他们缓解这些困扰，往往就能挽救一个人的生命。但是，我国心理危机干预的现状却不令人满意，由于经费等问题，规模非常小，水平也有限。尽管政府部门要求各高校要对大学生心理疾病进行危机干预，但高校中的专职心理咨询员数量严重不足，加之现有的心理咨询员的专业水平仍有待提高，不能为学生提供有实效的帮助。此外，由于职称和晋升得不到重视，专职心理咨询员的流失也很严重。因此，建立完善的心理危机干预和治疗机制，还要靠全社会的共同努力。

第四节　心理素质拓展训练

一、心理影片赏析：《入殓师》

由于乐队解散，大提琴手小林大悟就此失业。他和妻子美香一起离开东京回到了老家山形县。然而即使在山形，没有实用的一技之长的大悟还是很难找到工作。“年龄不限，高薪保证，实际劳动时间极短。诚聘旅程助理。”一张条件惹眼的招聘广告吸引了大悟，不料当他拿着广告兴冲冲跑到 NK 事务所应征时却得知——“啊，那个是误导，我们要找人给去那个世界的人当助理。”事务所老板佐佐木向大悟说明了工作性质，所谓的“旅程助理”其实就是入殓师，负责将遗体放入棺木并为之化妆。

大悟踌躇良久，但还是接受了这份工作。他含糊其词地对美香说自己当的是婚葬仪式助理，让她误以为是婚礼助理。人妖青年、舍下幼女去世的母亲、带着无数吻痕寿终正寝的老爷爷，在各式各样的死别中，大悟渐渐喜欢上了入殓师这份工作。

二、心理游戏：感恩父母

活动目的：

(1) 让学生加深对自己父母的了解，感激父母的养育之恩。

(2) 让学生把感恩意识融入自己的日常生活中。

活动时间：大约需要 25 分钟。

活动道具：歌曲《感恩的心》，每个同学一份《我所了解的父母》问卷。

活动场地：以室内为宜。

活动程序：

(1) 给学生五分钟的时间，让学生填写下面的空白处(播放背景音乐《感恩的心》)：

我所了解的父母	
爸爸生日＿＿＿＿＿＿	妈妈生日＿＿＿＿＿＿
爸爸最喜欢吃的食品＿＿＿＿＿＿	妈妈最喜欢吃的食品＿＿＿＿＿＿
爸爸所穿鞋子的尺码＿＿＿＿＿＿	妈妈所穿鞋子的尺码＿＿＿＿＿＿
爸爸的兴趣爱好＿＿＿＿＿＿	妈妈的兴趣爱好＿＿＿＿＿＿
爸爸年轻时的理想＿＿＿＿＿＿	妈妈年轻时的理想＿＿＿＿＿＿
爸爸最得意的一件事＿＿＿＿＿＿	妈妈最得意的一件事＿＿＿＿＿＿
爸爸最后悔的一件事＿＿＿＿＿＿	妈妈最后悔的一件事＿＿＿＿＿＿
爸爸的最大优点＿＿＿＿＿＿	妈妈的最大优点＿＿＿＿＿＿
爸爸对我的期望＿＿＿＿＿＿	妈妈对我的期望＿＿＿＿＿＿

(2) 学生填写完后，让一部分同学起来分享他对父母的了解。

注意事项：

(1) 如果有条件的话，最好找几个学生家长亲临现场，和自己的子女互动，效果可能会更好一些。

(2) 在游戏分享的时候，一定要向学生说明要本着真诚认真的态度。有的同学不知道自己父母的生日，又害怕同桌或周围的同学看不起自己，个别同学觉得是自己家的隐私问题，不愿意回答，此时主持人就不要强求学生回答。

三、心理测试：感恩水平量表

这个量表是研究了15年感恩的心理学家Robert Emmons编写的，经过无数心理学实验的信效性测试验证之后，被学术界认为是测量感恩的最靠谱的量表。量表不仅仅是为了对你进行现实的感恩水平评价，而且可以在你通过感恩练习之后，再重新来做这个量表，然后看看有没有什么变化。问题回答计分依据：1＝强烈不同意；2＝不同意；3＝有点不同意；4＝中立；5＝有点同意；6＝同意；7＝强烈同意。

(1) 我生命中有特别多让我觉得感激的东西或者人。

(2) 如果我要列出所有我所感激的东西，那这个单子将会很长。

(3) 当我看这个世界时，我看不到很多值得我感激的东西或者人。

(4) 我对很多不同的人感激。

(5) 随着岁月的增长我发现自己越来越能够欣赏那些在我个人历史中的人，事件或者情境。

(6) 在我感觉到对什么事情或者人感激之前，可能已经过了很长时间。

(7) 我的人生被深深地祝福了。

(8) 老实说，要让像我这样的人感恩，那需要是一件非常重大的事情。

(9) 我对生命本身有种非常美好的感恩的感觉。

(10) 我经常回想我的生命是如何因为别人的努力而变得更轻松自在的。

如何计算你的分数：

（1）把你在 1、2、4、5、7、9 和 10 项的分数加起来。

（2）把你在 3、6、8 三项的得分反过来相加。也就是说，如果你得分是 7 分，那么把它变成 1，如果你得分是 6 分，那么把它变成 2，以此类推。

（3）把你刚刚在 3、6、8 三项的反向得分相加之后，再加上第一步你的总分数，就是你最后的感恩水平的分数。这个分数应该在 10 到 70 之间。

如何解读你的分数：

65～70 分：极高的感恩水平。

在这个分数值的人有能力把生命看成是一份礼物。对你来说，感恩是一种生活方式。

59～64 分：很高的感恩水平。

你在生活里经常表达自己的感恩，你有能力很容易地认识到别人是怎么帮助了你。

53～58 分：较高的感恩水平。

你的感恩水平在平均值以上，而且你发现花时间去想值得你感激的事情是比较容易的。

46～52 分：平均感恩水平。

你可能发现当事情进展顺利时，你很容易去感恩。但是也许在困难时期就比较难保持这种感恩的心态。

40～45 分：平均值以下感恩水平。

在你生命中去寻找感恩的理由对你来说还是一件有些困难的事情。生命与其说是礼物，不如说是一种负担。也许你在经历一个低谷期。

四、心理训练：生命的价值

活动任务：

（1）理解生命的价值和意义。

（2）寻找自己生命中的重要支点。

（3）学会用目标导向的方式帮助自己确立人生定位。

（4）做做心理游戏，体会心路历程。

活动项目：生涯地图

活动目的：

（1）学会绘制生涯地图的方法。

（2）清楚过去重要事情对自身的影响。

（3）了解未来可能遇到的挫折，确定未来的人生规划。

活动方法：

（1）教师引人：同学们，当你出门旅行时，你会发现地图是很重要的工具，因为它能够告诉你行走的方向，让你不会迷路。我们的人生其实也是一段从出生到死亡的旅行，在这个旅行中，我们需要一张生涯地图的指引。今天我们就来尝试为自己制作生涯地图。

（2）教师让学生在白纸的最上方写上“×××的生涯地图”，然后在白纸的正中间画 t 一条直线，从左侧到右侧。教师向学生说明：这条直线代表了你一生的长度，表示时间轴，如果你觉得自己能够活到 80 岁，那么你就需要在直线的最左侧写上“0”，在最右侧写上“80”。

（3）时间轴画好后，让学生在时间轴上标出自己现在的年龄，如“19”在直线大约四分之一的位置。接下来，教师可以让学生在生涯地图上标出现在以及之前发生过的对自己影响很大的重要事件。教师告诉学生：如果是积极的事件，你可以用红笔在时间轴上方标这个事件，离时间轴越高表明这件事情越积极。如果是消极的事件，你用黑笔在时间下方标出这个事件，离时间轴越低，表明这件事情对你的负面影响越大越消极。在标出事件之后，你还需要在时间轴上标出与这个事件相对应的时间。

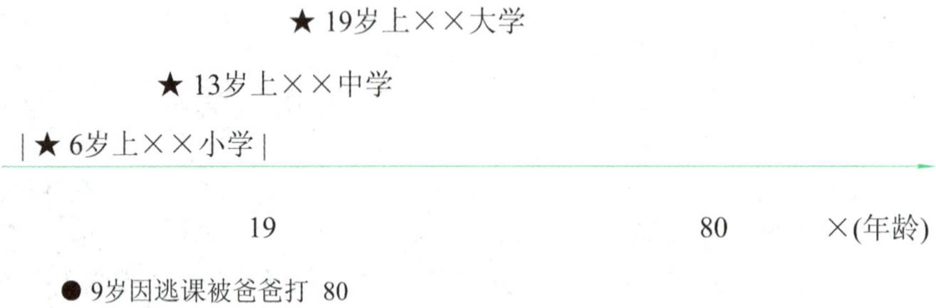

(4) 将过去事件标记好后，教师引导学生开始对自己未来进行规划“你可以标出自想要达到的最终目标，然后标出达到这个目标的过程中，你可能会经历的每一个重要事件。例如：如果你想要在 40 岁时成为位优秀的医生那么可能就需要在 19 岁的时考上医学院校，23 岁的时候读研究生然后在 26 岁左右参加工作并完成第一次成功的术，28 岁的时候可能会结婚，在事业上你投入的时间可能会减少。也许在工作以后的个时间你会遇到一一个很好的机遇或是一次挫折，等等。你可以发挥自己的想象，充分设想你可能会遇到的关键的事件和这个事件可能会出现的大概时间。”学生可以把所有想到的对自己会造成重大影响的事情都在生涯地图上标记出来，绘制的方法同上。

(5) 教师在宣布完规则之后，留给学生 10 分钟绘制生涯地图的时间。活动背景音乐：《紫色的花海》。

<u>谈谈成长经历，交流心理感受：</u>“生涯地图”活动结束后讨论与分享。

(1) 将全班学生分成若干组，每组 8～10 人。

(2) 为了帮助学生更好地了解人生中的重大事件对自己生涯发展的影响，请同学在小组中谈一谈：

① 过去发生的事件是怎样影响你对自己未来人生的规划的？

② 在你的生涯规划中，是正向积极的事件多还是负向消极的事件多(帮助学生总结过去是如何影响自己的现在的，教师还可以引导学生要充分发现并利用自己的资源)。

③ 你如何使用这张生涯地图呢(帮助学生学会思考并规划自己的未来)？

(3) 教师可以建议学生保管好自己的生涯地图并可以对生涯地图进行修改。

思考题

(1) 你认为生命的意义是什么？你怎样规划自己的人生？

(2) 结合生活实际，谈谈如何预防大学生的自杀问题。

(3) 以你现在的人生经历为依据，想一想你最该感谢的十个人都是谁？

心灵语录

哀哀父母，生我劬劳。

——《诗经》

没有感恩就没有真正的美德。

——卢梭

附录　心理测试图

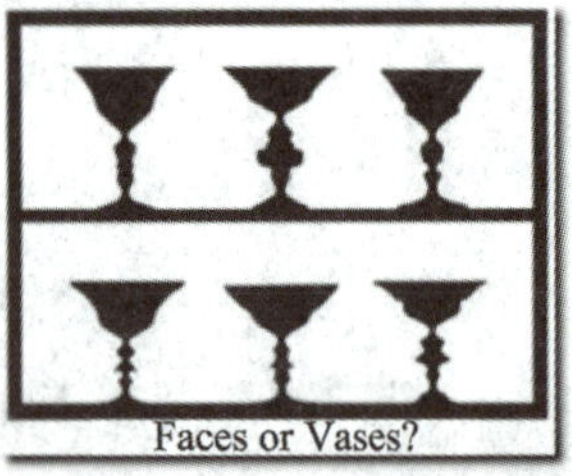

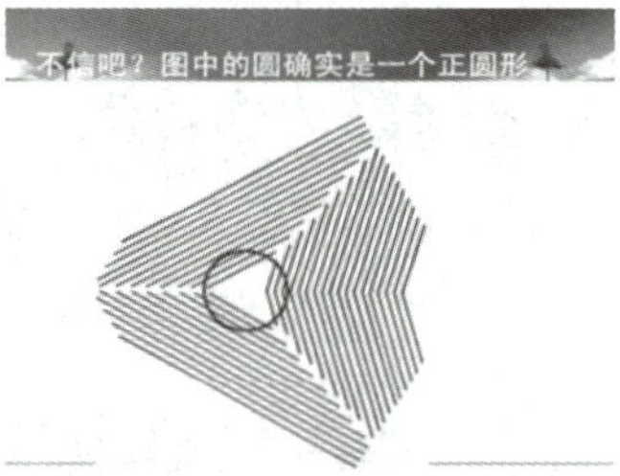

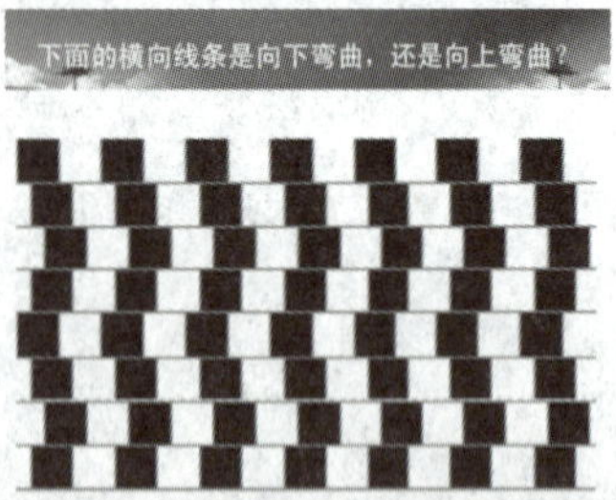

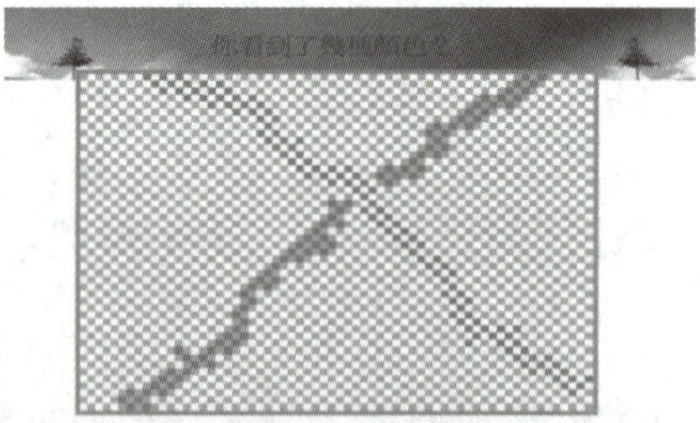

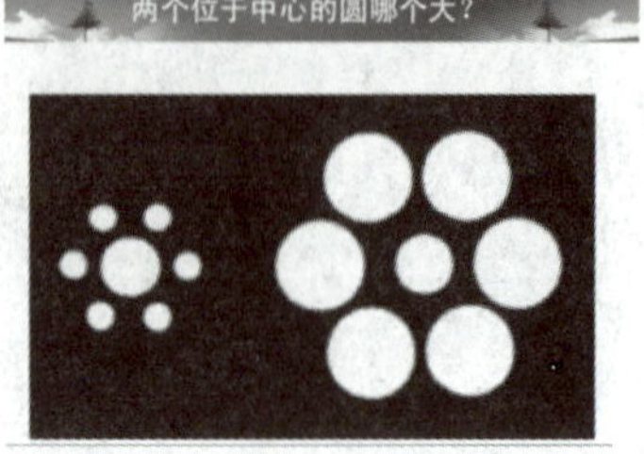

(扫二维码看彩图)

参考文献

[1] 马建青. 大学生心理卫生[M]. 杭州：浙江大学出版社，2003.
[2] 杜华平，等. 大学生入学教育教程[M]. 北京：科学出版社，2010.
[3] 徐世勇. 压力管理[M]. 北京：清华大学出版社，2007.
[4] 段鑫星，赵玲. 大学生心理健康教育[M]. 北京：科学出版社，2005.
[5] 郑雪，等. 健康与人格[M]. 广州：暨南大学出版社，2007.
[6] 吉家文. 新编大学生心理健康教育[M]. 天津：南开大学出版社，2012.
[7] 陈建华，等. 大学生心理健康指导[M]. 北京：高等教育出版社，2012.
[8] 张玉芬. 大学生人格教育[M]. 北京：经济管理出版社，2006.
[9] 黄希庭. 人格心理学[M]. 杭州：浙江教育出版社，2002.
[10] 马雁平，等. 大学生心理健康教育[M]. 长春：吉林大学出版社，2011.